VORWORT ZUR 28. AUFLAGE

Mit dieser Auflage wird die bewährte Tradition der Reihe juristischer Fachbücher im ÖAMTC-Verlag fortgeführt. Gegenüber den Vorauflagen wurde jedoch das „Äußere" den Anforderungen einen modernen Taschenbuches angepasst.
Die Stoffverteilung wurde dem durch die Gesetz- und Verordnungsgebung geänderten Notwendigkeiten angepasst. Demzufolge beinhaltet der Band I die Straßenverkehrsordnung mit einigen Verordnungen und Erlässen, Band II das Kraftfahrgesetz KFG 1967 und die Durchführungsverordnung KDV und Band III das im Jahre 1997 geschaffene Führerscheingesetz mit einer Reihe dazugehörender Verordnungen sowie maßgebliche Bestimmungen des Kraftfahr-Versicherungsrechtes.
Für jeden dieser drei Bände zeichnet jeweils ein Jurist des ÖAMTC verantwortlich:

Band I, StVO-Straßenverkehrsordnung: Mag. Martin Hoffer
Band II, KFG-Kraftfahrrecht: Mag. Karl Heinz Wegrath
Band III, FSG-Führerschein- und Kraftfahr-Versicherungsrecht: Mag. Ursula Zelenka

Die drei Juristen des ÖAMTC setzen damit die erfolgreiche Reihe der juristischen ÖAMTC-Fachbücher fort, die unter der Federführung der in der Fachwelt höchst angesehenen ÖAMTC-Juristen Mag. Peter Soche und Dr. Gerhard Lukas ins Leben gerufen bzw viele Jahre fortgeführt wurde. Beide Autoren sind leider viel zu früh verstorben.

Die Straßenverkehrsordnung 1960 (StVO.) ist am 1. 1. 1961 in Kraft getreten; Österreich wurde um dieses moderne und fortschrittliche Gesetz zu Recht beneidet. Wie sehr gerade auf dem Gebiet des Straßenverkehrs die Dinge im Fluss sind, beweisen die seitdem erfolgten 20 Novellierungen dieses Gesetzes. Marksteine bildeten die 1. Novelle im Jahr 1964, die zugleich zum Anlass der ersten Auflage dieses Werks genommen wurde; das Verkehrsrecht-Anpassungsgesetz 1971, mit dem die langjährige Forderung des ÖAMTC nach Entkriminalisierung des Verkehrsrechts auch im Bereich der StVO. Verwirklichung fand; die 5. Novelle im Sommer 1975, die wiederum einer Initiative des ÖAMTC

entsprang und eine einwandfreie gesetzliche Grundlage (anstelle verfassungswidriger Verordnungen) für „Tempo 100“ und „Tempo 130“ schuf; die umfangreiche 6. Novelle, an deren Ausarbeitung der den parlamentarischen Beratungen beigezogene ÖAMTC maßgeblich beteiligt war; die 7. Novelle, die die Ahndung bestimmter Delikte mittels „Organmandates“ bis 300 S ermöglichte, sowie die – abermals durch den ÖAMTC ausgelöste – 8. Novelle, die die Doppelbestrafung in abgabepflichtigen Kurzparkzonen beseitigte und eine einwandfreie Grundlage für die tarifmäßige Festsetzung der Kosten des Abschleppens verkehrsbehindernder Fahrzeuge brachte. Die 9. Novelle hat die Kennzeichnung von Kurzparkzonen und damit zusammenhängende Frage neu geregelt.
Nach diesen „kleinen“ Novellen brachte die 10. Novelle nicht weniger als 143 Änderungen. Abgesehen von zahlreichen Anpassungen an internationale Übereinkommen über den Straßenverkehr und Straßenverkehrszeichen sowie an das Kraftfahrgesetz, enthält diese Novelle Bestimmungen über die Einrichtung von Wohnstraßen, zur Beschleunigung des öffentlichen Verkehrs, eine einheitliche Regelung des grünblinkenden Lichtes sowie die Einführung des sogenannten „Reißverschlusssystems“. Demgegenüber enthalten die 11. und 12. Novelle vergleichsweise geringfügige Änderungen. Die 13. Novelle brachte vor allem die Möglichkeit vereinfachter Atemluft-Alkohol-Kontrollen; die – in mehreren Punkten missglückte – 14. Novelle saniert insbesondere die vom Verfassungsgerichtshof aufgehobenen Vorschriften über Baustellen-Verordnungen und deren Kundmachung. Die 15. Novelle wurde wiederum durch die Sanierung einer vom Verfassungsgerichtshof aufgehobenen Vorschrift ausgelöst; sie enthält außerdem neue Bestimmungen für den Radfahrverkehr. Den Anlass der 16. Novelle bildeten die Verordnungen über Geschwindigkeitsbeschränkungen und Nachtfahrverbote auf bestimmten Autobahnen und autobahnbegleitenden Straßen; insbesondere sollten die Kundmachungsvorschriften geändert werden, um die Entstehung eines „Schilderwaldes“ zu vermeiden. Die 17. Novelle brachte die „Radklammern“ für vorschriftswidrig abgestellte Ausländerfahrzeuge; mit der 18. Novelle wurden weitere Begünstigungen für stark gehbehinderte Personen eingeführt. Die 19. Novelle brachte 132 – nicht immer

geglückte – Änderungen. Hervorzuheben sind vor allem die Gleichstellung der Atemluftuntersuchung mit der Blutuntersuchung, die Möglichkeit einer Atemluftuntersuchung auch ohne Verdacht oder auch nur Vermutung einer Alkoholisierung, der Vorrang des Fußgängers auf einem Schutzweg schon dann, wenn er diesen noch gar nicht betreten hat (!) und vieles mehr.

Im Jänner 1998 wurde durch eine Novellierung des erst mit 1. 11. 1997 in Kraft getretenen Führerscheingesetzes sowie einer Änderung der StVO die 0,5 Promille-Grenze für Lenker von Kraftfahrzeugen legistisch umgesetzt. Die 20. Novelle schließlich beinhaltet neben zahlreichen rein formellen Änderungen eine neuerliche Anpassung der Alkoholbestimmungen sowie Neuregelungen für Rollschuhfahrer.

Die zahlreichen Anmerkungen berücksichtigen außer den Berichten der Nationalratsausschüsse vor allem die einschlägigen Entscheidungen der Höchstgerichte und die Erläuterungen zu den Regierungsvorlagen; die Autoren haben aber auch ihre – gelegentlich kritische – Meinung nicht verleugnet.

Mit der jüngsten – nicht nummerierten Novelle der StVO, der sogenannten „Drogen-Novelle“ verbesserte der Gesetzgeber die Grundlagen für Tests an auffälligen Fahrzeuglenkern und verschärfte deren Mitwirkungspflicht an klinischen Untersuchungen und Bluttests. In diese Auflage neu aufgenommen wurde eine kurze Übersicht über die Strafsätze bei „gängigen“ Verkehrsdelikten, wobei die bundesweit weitgehend vereinheitlichten Organstrafverfügungen und die bundesländerweise unterschiedlichen Kataloge für Anonymverfügungen eine Grundlage bildeten.

Exemplarisch wurde schließlich das Wiener Parkometergesetz abgedruckt, um einen Einblick in die Rechtsmaterie des Kurzparkzonen-Gebührenrechtes zu bieten.

Ein Hinweis sei abschließend auf die gelungene Verbindung von Druckwerk und Internet angebracht: Die Autoren lassen ihre Leser nicht im Stich, wenn sie ein Fachbuch erworben haben. Einige Illustrationen oder Anhänge und auch Aktualisierungen nach Gesetzes- und Verordnungsänderungen werden ab Erscheinen des Buches auf der Internet-Seite der ÖAMTC-Juristen www.oeamtc.at/recht unter dem Link „Fachbuch-aktuell“ bereitgehalten.

Der ÖAMTC hofft, der Öffentlichkeit auch mit der vorliegenden Neuauflage wieder einen brauchbaren Behelf in die Hand zu geben, der mit den straßenverkehrsrechtlichen Vorschriften vertraut macht und damit im Dienste der Verkehrssicherheit und Verkehrserziehung stehen soll.

DKfm. Werner Kraus
Präsident des ÖAMTC

Dkfm. Hans-Peter Halouska
Generalsekretär des ÖAMTC

Wichtige Hinweise:

Haftungsbeschränkung:
Sämtliche Angaben in diesem Fachbuch erfolgen trotz sorgfältiger Bearbeitung und Kontrolle ohne Gewähr. Beachten Sie bitte, dass Angaben über empfohlene Verhaltensweisen und mögliche Wege der Rechtsdurchsetzung im Einzelfall zu prüfen und zu beurteilen sind.

Rechtshilfe in allen Bundesländern:
Mitglieder des ÖAMTC haben Anspruch auf kostenlose Rechtsberatung und Hilfe, etwa nach Verkehrsunfällen oder in Verwaltungsstrafverfahren. Wenden Sie sich an Ihren jeweiligen Landesclub.

Die Adressen der Rechtsservice-Stellen in den jeweiligen Landesclubs finden Sie im Anhang XIV.

Juristen rund um die Uhr:
Der ÖAMTC hat (im Rahmen des Schutzbrief-Notrufes) einen 24-Stunden-Juristen-Notruf eingerichtet. Diese Dienstleistung ermöglicht, dass rechtliche Hilfe - selbst aus dem Ausland - jederzeit in Anspruch genommen werden kann.

ÖAMTC-SCHUTZBRIEF-NOTRUF:
Österreich: 01 / 25 120 00
Ausland: Landeskennzahl / 1 / 25 120 00

ABKÜRZUNGSVERZEICHNIS

AB	=	Ausschussbericht
ABGB	=	Allgemeines Bürgerliches Gesetzbuch
ABl	=	Amtsblatt
Abs	=	Absatz
Abschn	=	Abschnitt
ADE	=	Allgemeiner Durchführungserlass zum Kraftfahrgesetz 1967
Anm	=	Anmerkung
Art	=	Artikel
AVG	=	Allgemeines Verwaltungsverfahrensgesetz 1991, BGBl. Nr. 51
AZG	=	Arbeitszeitgesetz, BGBl. 1969/461
Bew	=	Bewilligung
BG	=	Bundesgesetz
BGBl.	=	Bundesgesetzblatt
BH	=	Bezirkshauptmannschaft
BMF	=	Bundesminister(ium) für Finanzen
BMI	=	Bundesminister(ium) für Inneres
BMLV	=	Bundesminister(ium) für Landesverteidigung
BMWIT	=	Bundesminister(ium) für Verkehr, Innovation und Technologie
BO	=	Betriebsordnung für den nichtlinienmäßigen Kraftfahrverkehr
BodenmV	=	Bodenmarkierungsverordnung
BPD	=	Bundespolizeidirektion
BPolDion	=	Bundespolizeidirektion
BStMG	=	Bundesstraßenmautgesetz
BStÜG	=	Bundesstraßenübertragungsgesetz
B-VG	=	Bundes-Verfassungsgesetz
BVwAbgV	=	Bundesverwaltungsabgabenverordnung
bzgl	=	bezüglich
bzw	=	beziehungsweise
cm	=	Zentimeter
cm2	=	Quadratzentimeter
cm3	=	Kubikzentimeter
d	=	der, die, das
daN	=	Dekanewton
dgl	=	dergleichen
dh	=	das heißt
€	=	Euro
EB	=	Erläuternde Bemerkungen
EichG	=	Eichgesetz
EKHG	=	Eisenbahn- und Kraftfahrzeughaftpflichtgesetz (BGBl. 1959/48)
Erl	=	Erlass
Exp	=	Expositur
EUGVIT	=	Euro-Umstellungsgesetz (Verkehr, Innovation und Technologie)
f	=	für, und der (die) folgende
Fass	=	Fassung

ff	=	und die folgenden
FSG	=	Führerscheingesetz (BGBl. I Nr. 120/1997)
FSG – DV	=	Führerscheingesetz– Durchführungsverordnung (BGBl. II Nr. 320/1997)
FSG – FV	=	Führerscheingesetz– Feuerwehrverordnung (BGBl. II Nr. 378/1998)
FSG – GV	=	Führerscheingesetz– Gesundheitsverordnung (BGBl. II Nr. 322/1997)
FSG – PV	=	Fahrprüfungsverordnung (BGBl. II Nr. 321/1997)
FSG – VBV	=	Verordnung über die vorgezogene Lenkberechtigung für die Klasse B (BGBl. II Nr. 54/1999)
Fz	=	Fahrzeug (allgem)
G	=	Gesetz
GelVG	=	Gelegenheitsverkehrsgesetz (BGBl. 1952/85)
gem	=	gemäß
GGBG	=	GefahrgutbeförderungsG (BGBl. I Nr. 145/1998)
Ggf	=	gegebenenfalls
HLBV	=	Heereslenkberechtigungsverordnung (BGBl. II Nr. 336/1997)
i	=	in
idF	=	in der Fassung
insb	=	insbesondere
iS	=	im Sinne
iVm	=	in Verbindung mit
JGG	=	Jugendgerichtsgesetz
Kdm	=	Kundmachung
KDV	=	Kraftfahrgesetz-Durchführungsverordnung 1967, BGBl. 399
KFG	=	Kraftfahrgesetz 1967
KflG	=	Kraftfahrliniengesetz
KfV	=	Kuratorium für Verkehrssicherheit
Kfz	=	Kraftfahrzeug
KHVG	=	Kraftfahrzeughaftpflichtversicherungsgesetz 1994, BGBl. 651
km	=	Kilometer
km/h	=	Kilometer pro Stunde
LGBl	=	Landesgesetzblatt
LGK	=	Landesgendarmeriekommando
lit	=	litera
Lkw	=	Lastkraftwagen
m	=	Meter
Mag	=	Magistrat
Mag.	=	Magister, Magistra
Nr	=	Nummer
OGH	=	Oberster Gerichtshof
OSK	=	Oberste Sportkommission
ÖAMTC	=	Österreichischer Automobil-, Motorrad- und Touring Club
ÖRV	=	Österr. Radsportverband
ÖSTAT	=	Österreichisches Statistisches Zentralamt
ParkG	=	Parkometergesetz(e)
PBStV	=	Prüf- und Begutachtungsstellenverordnung BGBl. II Nr. 78/1998

Pkw	=	Personenkraftwagen
PolDion	=	Polizeidirektion
PolKoat	=	Polizeikommissariat
S	=	Seite, Schilling
s	=	siehe
SMG	=	Suchtmittelgesetz, BGBl. I Nr. 112/1997
StGB	=	Strafgesetzbuch
StVO	=	Straßenverkehrsordnung 1960, BGBl. 159
StVzV	=	Straßenverkehrszeichenverordnung
t	=	Tonne
TP	=	Tarifpost
u	=	und
ua	=	unter anderem; und andere
udgl	=	und dergleichen
usw	=	und so weiter
UVS	=	Unabhängiger Verwaltungssenat
v	=	vom, von
V	=	Verordnung
VAG	=	VersicherungsaufsichtsG
VersVG	=	Versicherungsvertragsgesetz 1958, BGBl. 1959/2
VfGH	=	Verfassungsgerichtshof
VfGH-Erk	=	Erkenntnis des Verfassungsgerichtshofes
VwGH	=	Verwaltungsgerichtshof
vgl	=	vergleiche
VStG	=	Verwaltungsstrafgesetz 1991, BGBl. 52
VVG	=	Verwaltungsvollstreckungsgesetz 1991, BGBl. 53
W	=	Watt
Z	=	Ziffer
z.B.	=	zum Beispiel
Zl	=	Zahl
ZustellG	=	Zustellgesetz
ZustV	=	Zulassungsstellenverordnung (BGBl. II Nr. 464/1998)
ZVR	=	Zeitschrift für Verkehrsrecht

INHALTSVERZEICHNIS

Bundesgesetzvom 6. 7. 1960, BGBl 159, mit dem Vorschriften über die Straßenpolizei erlassen werden (Straßenverkehrsordnung 1960 – StVO).

THEMEN-ÜBERSICHT

I. ABSCHNITT

Allgemeines

II. ABSCHNITT

Fahrregeln

XI. ABSCHNITT

Verkehrserschwernisse

XII. ABSCHNITT

Behörden und Straßenerhalter

XIII. ABSCHNITT

Straf- und Schlußbestimmungen

ANHÄNGE

Themen-Übersicht

Viele Angelegenheiten des Verkehrsrechts sind sowohl im Straßenverkehrsrecht, als auch im Kraftfahr-, Führerschein- und Versicherungsrecht geregelt.
Die folgende Tabelle gibt einen Überblick, welche Bände zu den einzelnen Themen Auskunft geben.

Fachgebiet	Bd.	Titel	Par.	Thema
Alkohol (und Drogen)	I	StVO	99/1 ff	Strafen ab 0,8 Promille
	III	FSG	14/8	0,5 Promille-Regel
	III	FSG	26	Entziehung der Lenkberechtigung
	I	StVO	5	Beeinträchtigung
	I	Anh III	gesamt	Alkomat
	I	Anh IIIA	gesamt	Kontrolle allgem.
	I	StVO	5, 58	Radfahrer
	III	KHVG	5, 7	Regress bei Unfall
Anhängerverkehr	I	StVO	11/3	Zeichengebung
	II	KFG	104	Allgem.
	II	KDV	61	Details, v.a. Bremsen
	II	KDV	58	Geschwindigkeit
	II	KFG	106	Pers. Beförderung
	III	FSG	2	Lenkberechtigung
Fahrausbildung, Erteilung der Lenkberechtigung	II	KFG	108 ff	Fahrschule, Betrieb
	II	KFG	122	Übungsfahrten
	II	KFG	122a	Ausbildungsfahrten
	II	KDV	Anl. 10a ff	Lehrpläne
	III	FSG-DV	5 ff	Erteilung der LB
	II	KDV	63a ff	Fahrschule, Details
	III	FSG-PV	gesamt	Fahrprüfung
	III	FSG	10	fachliche Eignung
Fahrzeugzulassung	II	KDV	25d	Kennzeichentafeln
	II	KFG	36 ff	Zulassung allgem.
	II	ZustV	gesamt	Details priv. Zulassung
Fußgänger	I	StVO	5	Unfall, alkoholisiert
	I	StVO	9/2	Schutzweg
	I	StVO	76	Pflichten allgem
	I	StVO	99/2c	Strafen bei Gefährdung am Schutzweg
Geschwindigkeitsüberschreitung	I	StVO	20, 52	Geschw.Regeln
	II	KDV	58	Bauartgeschw.
	II	KFG	98	Übersicht
	II	KFG	104	Anhänger-Geschw.
	III	FSG	7, 26	Entziehung

	I	StVO	100	Section Control
	II	KFG	134	Section Control
Gesundheitliche Eignung zum Lenken eines Fahrzeuges	I	StVO	58	Fahruntüchtigkeit
	III	FSG	8	gesundheitliche. Vorauss.. allgem.
	III	FSG-GV	gesamt	Details div. Krankh. und Gebrechen
Internationaler Kraftfahrverkehr	II	KFG	79 ff	Lenken ausländ.. Fahrzeuge in Österr.
	III	FSG	23	Ausl. Kfz-Verkehr
	III	FSG-DV	8 f	Ausl. FS
	III	FSG	33	Internat. Führerschein
Personenbeförderung	II	GurtenG	gesamt	Zivilrecht und Strafen
	II	SturzhelmG	gesamt	Zivilrecht und Strafen
	II	KFG	106	Kindersicherung
	II	KDV	1c	Rückhalteeinrichtungen
	III	FSG	2	Lenkberechtigung
Radfahren	I	StVO	5	Unfall alkoholisiert
	II	KFG	1	Abgrenzung vom Kfz
	I	StVO	2/1/22	Fahrradbegriff
	I	StVO	9/2	Radfahrerüberfahrt
	I	StVO	19	Vorrangregeln
	I	StVO	65 ff	Pflichten allgem.
	I	FRV	gesamt	Fahrradausrüstung
Sicherheitsabstand	I	StVO	18	Abstand
	I	StVO	20	Fahren auf Sicht
Moped	I	StVO	69	Verkehrsregeln
	II	KFG	2/1/14	Begriff
	III	FSG	31 f	Mopedausweis
	III	FSG-DV	10 f	Mopedausw.., Details
Beladung	I	StVO	61 f	Verwahrung, Ladetätigkeit
	II	KFG	101	Allgem., Kfz
	II	KDV	59	Details, Kfz
Beleuchtung	I	FRV	1	Fahrradbeleuchtung
	I	StVO	89	Verkehrshindernisse
	II	KFG	99	Allgem. Regeln, Kfz
	II	KDV	10 ff	techn. Bestimmungen
Motorrad	I	StVO	12/5	Vorbeischlängeln
	II	KFG	2/1/16	Begriff
	III	FSG	2, 18	Lenkberechtigung
Schulbus	I	StVO	17/2a	Vorbeifahrverbot
	II	KFG	106/6	Kennzeichnung
	III	FSG	5 Anm	Lenkberechtigung

Verkehrs-strafen	I	StVO	99	StVO-Strafen
	I	Anh XIII	gesamt	häufigste Strafen
	II	KFG	134	KFG-Strafen
	II	GurtenG	Abs 5	Gurt-Strafe
	II	Sturz-helmG	Abs 5	Helm-Strafe
	III	FSG	37	FSG-Strafen

Bundesgesetz vom 6. 7. 1960, BGBl. 159, mit dem Vorschriften über die Straßenpolizei erlassen werden (Straßenverkehrsordnung 1960 – StVO.)

In der Fassung der Bundesgesetze (vom)
15. 7. 1964, BGBl. 204 (Novelle 1964)
14. 7. 1965, BGBl. 229 (2. Novelle)
22. 5. 1969, BGBl. 209 (3. Novelle)
8. 7. 1971, BGBl. 274 (Verkehrsrechts-AnpassungsG.)
14. 12. 1973, BGBl. 1974/21 (4. Novelle)
3. 7. 1975, BGBl. 402 (5. Novelle)
7. 7. 1976, BGBl. 412 (6. Novelle)
2. 2. 1977, BGBl. 115 (7. Novelle)
30. 11. 1977, BGBl. 616 (8. Novelle)
23. 2. 1979, BGBl. 209 (GGSt.)
1. 6. 1982, BGBl. 275 (9. Novelle)
3. 3. 1983, BGBl. 174 (10. Novelle)
13. 6. 1984, BGBl. 253 (11. Novelle)
8. 11. 1984, BGBl. 450 (12. Novelle)
19. 2. 1986, BGBl. 105 (13. Novelle)
15. 5. 1987, BGBl. 213 (14. Novelle)
26. 1. 1989, BGBl. 86 (15. Novelle)
9. 11. 1989, BGBl. 562 (16. Novelle)
4. 7. 1990, BGBl. 423 (17. Novelle)
BGBl. 1993/522 (18. Novelle)
BGBl. 1994/505 (HauptwohnsitzG)
BGBl. 1994/518 (19. Novelle)
BGBl. 1996/201 (StrukturanpassungsG)
BGBl. I Nr. 3/1998 (Änderung der StVO)
BGBl. I Nr. 92/1998 (20. Novelle)
BGBl. I Nr. 145/1998 (GefahrgutbeförderungsG - GGBG)
BGBl. I Nr. 108/1999 (GGBG-Novelle 1999)
BGBl. I Nr. 134/1999 (Änderung der StVO)
BGBl. I Nr. 142/2000 (BudgetbegleitG 2001)
BGBl. I Nr. 32/2002 (Euro-Umstellungsgesetz Verkehr, Innovation und Technologie - EUGVIT)
BGBl. I Nr. 50/2002 (Bundesstraßen-ÜbertragungsG 2002 – BStÜG)
BGBl. I Nr. 80/2002 (21. KFG Novelle)
BGBl. I Nr. 128/2002 (Änderung der StVO, „Drogen-Novelle")
sowie der Kundmachungen (vom)
13. 8. 1963, BGBl. 228
3. 5. 1968, BGBl. 163
2. 8. 1973, BGBl. 405
28. 6. 1976, BGBl. 576
13. 8. 1986, BGBl. 449
24. 11. 1987, BGBl. 573
13. 12. 1989, BGBl. 641
BGBl. 1991/207
BGBl. 1991/615
BGBl. 1997/16
BGBl. I Nr. 32/2000 (VfGH)

Der Nationalrat hat beschlossen:

I. ABSCHNITT

Allgemeines

§ 1 Geltungsbereich

(1) Dieses Bundesgesetz gilt für Straßen mit öffentlichem Verkehr. Als solche gelten Straßen, die von jedermann unter den gleichen Bedingungen benützt werden können.
(2) Für Straßen ohne öffentlichen Verkehr gilt dieses Bundesgesetz insoweit, als andere Rechtsvorschriften oder die Straßenerhalter nichts anderes bestimmen. Die Befugnisse der Behörden und Organe der Straßenaufsicht erstrecken sich auf diese Straßen nicht.

Ob eine Straße als solche mit öffentlichem Verkehr gilt, ist nach ihrer Benützung und nicht nach den Besitz- oder Eigentumsverhältnissen am Straßengrund zu beurteilen.
Der OGH unterscheidet (aus Anlass einer Entscheidung über ein Unterlassungsbegehren) zwischen Privatstraßen ohne öffentlichem Verkehr, Privatstraßen mit öffentlichem Verkehr und öffentlichen Straßen (die definitionsgemäß solche mit öffentlichem Verkehr sind).
Die Öffentlichkeit einer Privatstraße wird demnach nur dann nicht anzunehmen sein, wenn sie unter Hinweis auf einen konkreten Benutzerkreis abgeschrankt ist und damit ihre Benützung unter Hinweis auf ihre Eigenschaft als Privatstraße der Allgemeinheit ersichtlich verboten wird.
Eine Straße ist sohin auch dann eine solche mit öffentlichem Verkehr, wenn sie nur gegen Entrichtung einer Maut benützt werden darf, sofern die Maut nach objektiven Gesichtspunkten, etwa nach Art des Fahrzeuges oder nach der Anzahl der Insassen, eingehoben wird.
Auch eine bloß für den Fußgängerverkehr bestimmte (und daher mit einem Fahrverbot belegte) Straße kann eine solche mit öffentlichem Verkehr sein (z.B. Fußgängerzone). Andererseits gilt ein noch nicht eröffnetes Autobahnteilstück nicht als Straße mit öffentlichem Verkehr.
Die Verkehrssicherungspflicht des „Wegehalters“ (§ 1319a ABGB) erstreckt sich auch auf private Straßen sowohl ohne als auch mit öffentlichem Verkehr. Allgemein haftet der Wegehalter bei grob fahrlässiger Verletzung seiner

Verkehrssicherungspflicht. Anders bei Mautstraßen und vertraglich genutzten Garagen: hier haftet der Wegehalter für jegliches Verschulden für Schäden, die durch den Zustand der Straße entstehen. (Die allfällige Verwahrerhaftung eines Garagenbetreibers bleibt hievon unberührt). Zu beachten ist hier auch die umgekehrte Beweislast zugunsten des Straßenbenutzers.
Ausländische Benützer österreichischer Straßen sind verpflichtet, sich über die österreichischen Verkehrsvorschriften ausreichend zu unterrichten; insbesondere ist auch jede im Inland begangene Verwaltungsübertretung ohne Rücksicht auf die Staatsbürgerschaft des Täters strafbar.
Nur auf Straßen ohne öffentlichen Verkehr sind privatrechtliche Mittel wie Unterlassungs- und Besitzstörungsklage zur Durchsetzung privater Interessen (etwa Einhaltung einer Parkordnung) zulässig. Andernfalls sind auch – selbst wenn Privatstraße – ausschließlich die Behörden für die Anordnung und Vollziehung von Verkehrsregeln zuständig (Beachte in diesem Sinne auch die Voraussetzungen für die Abschleppung nach § 89a).

§ 2 Begriffsbestimmungen

(1) Im Sinne dieses Bundesgesetzes gilt als

1. Straße: eine für den Fußgänger- oder Fahrzeugverkehr bestimmte Landfläche samt den in ihrem Zuge befindlichen und diesem Verkehr dienenden baulichen Anlagen;

1a. Wohnstraße: eine für Fußgänger- und beschränkten Fahrzeugverkehr gemeinsam bestimmte und als solche gekennzeichnete Straße;

2. Fahrbahn: der für den Fahrzeugverkehr bestimmte Teil der Straße;

3. Hauptfahrbahn: die Fahrbahn, die bei Vorhandensein von wenigstens zwei Fahrbahnen für den Durchzugsverkehr bestimmt und durch ihre besondere Ausführung erkennbar ist, sofern sich aus Straßenverkehrszeichen und Verkehrsleiteinrichtungen nichts anderes ergibt;

3a. Richtungsfahrbahn: eine Fahrbahn, die für den Verkehr in einer Fahrtrichtung bestimmt und von der Fahrbahn für den Verkehr in der entgegengesetzten Fahrtrichtung durch bauliche Einrichtungen getrennt ist;

3b. Einbahnstraße: eine Straße, deren Fahrbahn für den Verkehr in einer Richtung bestimmt ist;

3c. Kreisverkehr: eine kreisförmige oder annähernd kreisförmig verlaufende Fahrbahn, die für den Verkehr in eine Richtung bestimmt ist;

4. Nebenfahrbahn: jede neben einer Hauptfahrbahn verlaufende, von dieser jedoch getrennte Fahrbahn einer Straße;

5. Fahrstreifen: ein Teil der Fahrbahn, dessen Breite für die Fortbewegung einer Reihe mehrspuriger Fahrzeuge ausreicht;

6. Straßenbankett: der seitliche, nicht befestigte Teil einer Straße, der zwischen der Fahrbahn und dem Straßenrande liegt, soweit dieser Straßenteil nicht besonderen Zwecken vorbehalten ist (z.B. Gehsteige, Rad- oder Reitwege und sonstige besondere straßenbauliche Anlagen);

6a. Pannenstreifen: der rechts neben den Fahrstreifen einer Richtungsfahrbahn befindliche Teil der Straße, sofern dieser nicht durch Bodenmarkierungen als Verzögerungs- oder Beschleunigungsstreifen gekennzeichnet ist;

6b. Verzögerungsstreifen: der Fahrstreifen, der bei Ausfahrten zum Einordnen in die Ausfahrt dient;

6c. Beschleunigungsstreifen: der Fahrstreifen, der bei Einfahrten zum Einordnen in den fließenden Verkehr dient;

7. Radfahrstreifen: ein für den Fahrradverkehr bestimmter und besonders gekennzeichneter Teil der Fahrbahn, wobei der Verlauf durch wiederholte Markierung mit Fahrradsymbolen und das Ende durch die Schriftzeichenmarkierung „Ende“ angezeigt wird;

7a. Mehrzweckstreifen: ein Radfahrstreifen oder ein Abschnitt eines Radfahrstreifens, der unter besonderer Rücksichtnahme auf die Radfahrer von anderen Fahrzeugen befahren werden darf, wenn für diese der links an den Mehrzweckstreifen angrenzende Fahrstreifen nicht breit genug ist oder wenn das Befahren durch Richtungspfeile auf der Fahrbahn für das Einordnen zur Weiterfahrt angeordnet ist;

8. Radweg: ein für den Verkehr mit Fahrrädern bestimmter und als solcher gekennzeichneter Weg;

9. Reitweg: ein für den Reitverkehr bestimmter und als solcher gekennzeichneter Weg;

10. Gehsteig: ein für den Fußgängerverkehr bestimmter, von der Fahrbahn durch Randsteine, Bodenmarkierungen oder dgl. abgegrenzter Teil der Straße;

11. Gehweg: ein für den Fußgängerverkehr bestimmter und als solcher gekennzeichneter Weg;

11a. Geh- und Radweg: ein für den Fußgänger- und Fahrradverkehr bestimmter und als solcher gekennzeichneter Weg;

11b. Radfahranlage: ein Radfahrstreifen, ein Mehrzweckstreifen, ein Radweg, Geh- und Radweg oder eine Radfahrerüberfahrt;

12. Schutzweg: ein durch gleichmäßige Längsstreifen (sogenannte „Zebrastreifen") gekennzeichneter, für die Überquerung der Fahrbahn durch Fußgänger bestimmter Fahrbahnteil;

12a. Radfahrerüberfahrt: ein auf beiden Seiten durch gleichmäßig unterbrochene Quermarkierungen gekennzeichneter, für die Überquerung der Fahrbahn durch Radfahrer bestimmter Fahrbahnteil; ist unmittelbar neben der Radfahrerüberfahrt ein Schutzweg markiert, so kann auf dieser Seite der Radfahrerüberfahrt die Quermarkierung entfallen;

13. Schutzinsel: ein für Fußgänger innerhalb der Fahrbahn bestimmter und wie ein Gehsteig ausgeführter Straßenteil;

14. Selbständiger Gleiskörper: ein von der Fahrbahn durch bauliche Einrichtungen getrennter, dem Verkehr mit Schienenfahrzeugen dienender Bahnkörper im Verkehrsraum der Straße samt den darauf errichteten, dem Verkehr und Betrieb von Schienenfahrzeugen dienenden Anlagen und Einrichtungen;

15. Ortsgebiet: das Straßennetzinnerhalb der Hinweiszeichen „Ortstafel" (§ 53 Z. 17a) und „Ortsende" (§ 53 Z. 17b);

16. Freilandstraße: eine Straße außerhalb von Ortsgebieten;

17. Kreuzung: eine Stelle, auf der eine Straße eine andere überschneidet oder in sie einmündet, gleichgültig in welchem Winkel;

18. Geregelte Kreuzung: eine Kreuzung, auf welcher der Verkehr durch Lichtzeichen oder von Verkehrsposten durch Armzeichen geregelt wird; blinkendes gelbes Licht gilt nicht als Regelung;
19. Fahrzeug: ein zur Verwendung auf Straßen bestimmtes oder auf Straßen verwendetes Beförderungsmittel oder eine fahrbare Arbeitsmaschine, ausgenommen Rollstühle, Kinderwagen, Schubkarren und ähnliche, vorwiegend zur Verwendung außerhalb der Fahrbahn bestimmte Kleinfahrzeuge sowie fahrzeugähnliches Kinderspielzeug (etwa Kinderfahrräder mit einem äußeren Felgendurchmesser von höchstens 300 mm und einer erreichbaren Fahrgeschwindigkeit von höchstens 5 km/h) und Wintersportgeräte;
20. Gesamtgewicht eines Fahrzeuges (Anhängers): das Gewicht eines stillstehenden, fahrbereiten Fahrzeuges (Anhängers) samt Ladung, dem Lenker und allen gleichzeitig beförderten Personen;
21. Fuhrwerk: ein Fahrzeug, das nach seiner Bestimmung durch Menschen oder Tiere fortbewegt wird, sowie Kraftfahrzeuge mit einer Bauartgeschwindigkeit von nicht mehr als 10km/h mit oder ohne Anhänger;
22. Fahrrad:
a) ein Fahrzeug, das mit einer Vorrichtung zur Übertragung der menschlichen Kraft auf die Antriebsräder ausgestattet ist,
b) ein Fahrzeug nach lit. a, das zusätzlich mit einem elektrischen Antrieb gemäß § 1 Abs. 2a KFG 1967 ausgestattet ist (Elektrofahrrad),
c) ein zweirädriges Fahrzeug, das unmittelbar durch menschliche Kraft angetrieben wird (Roller), oder
d) ein elektrisch angetriebenes Fahrzeug, dessen Antrieb dem eines Elektrofahrrads im Sinne des § 1 Abs. 2a KFG 1967 entspricht;
23. Lastfahrzeug: ein zur Beförderung von Gütern bestimmtes Kraftfahrzeug oder Fuhrwerk;
24. Schienenfahrzeug: ein an Gleise gebundenes Fahrbetriebsmittel; ein Oberleitungskraftfahrzeug ist jedoch kein Schienenfahrzeug im Sinne dieses Bundesgesetzes;
25: Einsatzfahrzeug: ein Fahrzeug, das auf Grund kraftfahrrechtlicher Vorschriften als Warnzeichen (§ 22) blaues Licht und Schallzeichen mit Aufeinanderfolge

verschieden hoher Töne führt, für die Dauer der Verwendung eines dieser Signale;

26. Anhalten: das durch die Verkehrslage oder durch sonstige wichtige Umstände erzwungene Zum-Stillstand-Bringen eines Fahrzeuges;

27. Halten: eine nicht durch die Verkehrslage oder durch sonstige wichtige Umstände erzwungene Fahrtunterbrechung bis zu zehn Minuten oder für die Dauer der Durchführung einer Ladetätigkeit (§ 62);

28. Parken: das stehen Lassen eines Fahrzeuges für eine längere als die in Z. 27 angeführte Zeitdauer;

29. Überholen: das Vorbeibewegen eines Fahrzeuges an einem auf derselben Fahrbahn in der gleichen Richtung fahrenden Fahrzeug; nicht als Überholen gelten das Vorbeibewegen an einem auf einem Verzögerungs- oder Beschleunigungsstreifen fahrenden Fahrzeug oder an einem auf einem Radfahrstreifen fahrenden Radfahrer sowie das Nebeneinanderfahren von Fahrzeugreihen, auch mit unterschiedlicher Geschwindigkeit, auf Fahrbahnen mit mehr als einem Fahrstreifen für die betreffende Fahrtrichtung und das Nebeneinanderfahren, auch mit unterschiedlicher Geschwindigkeit, im Sinne des § 7 Abs. 3a;

30. Vorbeifahren: das Vorbeibewegen eines Fahrzeuges an einer sich auf der Fahrbahn befindenden, sich nicht fortbewegenden Person oder Sache, insbesondere an einem anhaltenden, haltenden oder parkenden Fahrzeug.

(2) Die Begriffsbestimmungen für Kraftfahrzeuge sind in den kraftfahrrechtlichen Vorschriften enthalten.

Abs 1:

Z. 1:

Auch die bloß für ganz spezifische Nutzer freigegebene Verkehrsfläche macht sie zu einer „Straße". (s Anm zu § 1)

Z. 1a:

Die Benützung der Wohnstraße ist in § 76b geregelt; ihre Kennzeichnung erfolgt durch die Hinweiszeichen gemäß § 53 Abs. 1 Z. 9c und 9d. Beachte auch die besondere Vorrangregel des § 19 Abs 6.

Z. 2:

Die Fahrbahn ist ein Teil der Straße, der durch die Art seiner Befestigung auf die Bestimmung für den Fahrzeugverkehr hindeutet. Beachte, dass eine Straße mehrere (Richtungs-) Fahrbahnen aufweisen kann (s.a. Radfahranlagen)

Z. 3:

Nach den Bestimmungen der StVO liegt eine Hauptfahrbahn auch dann vor, wenn neben ihr nur eine Nebenfahrbahn besteht.

Z. 3b und 3c:

Für den Verkehr in eine Fahrtrichtung bestimmt ist eine Fahrbahn nur dann, wenn ein Gebotszeichen nach § 52 Z. 15 (in Ausnahmefällen: Vorschriftszeichen nach § 52 Z. 2 und Hinweiszeichen nach § 53 Abs 1 Z. 10) vorhanden ist (sind).

Z. 4:

Die Benützung der Nebenfahrbahn ist in § 8 geregelt. Beachte die besonderen Vorrangregeln des § 19 Abs 6 und 6b.

Z. 5:

Die Rechtsprechung leitet aus den Bestimmungen über Halte- und Parkverbote ab, dass ein Fahrstreifen mindestens 2,50 m breit sein muss; eine Kennzeichnung (durch Bodenmarkierungen) ist nicht erforderlich.

Z. 6:

Wesentlich für die Qualifikation als Straßenbankett ist die von der Fahrbahn verschiedene Oberflächenbeschaffenheit, die für jeden Verkehrsteilnehmer augenscheinlich sein muss. Das Bankett ist nicht für den Fahrzeugverkehr, unter Umständen aber (vgl. § 76 Abs 1) für den Fußgängerverkehr bestimmt.

Z. 6a bis 6c:

Diese Verkehrsflächen sind vor allem auf Autobahnen anzutreffen (vgl auch die Verhaltensvorschriften des § 46 Abs 2 und 3). Laut VwGH und OGH sind sie nicht „Fahrbahn“ (der Autobahn).

Z. 7:

Wie in der Praxis bereits üblich, wird hiedurch die Widmung der Verkehrsfläche als Radfahrstreifen besonders hervorgehoben. Eine deutliche Kennzeichnung des Endes des Radfahrstreifens ist erforderlich, weil die Bestimmungen über den Vorrang nunmehr an das Verlassen einer Radfahranlage anknüpfen (§ 19 Abs 6a). Der Radfahrstreifen ist Bestandteil einer Straße mit anderen Fahrbahnen. Andernfalls ist die Fläche als Radweg oder Geh- und Radweg auszuführen.

Z. 7a:

Der Mehrzweckstreifen ist eine Radfahranlage, die Bestandteil der Fahrbahn ist und an einen Fahrstreifen angrenzt. Damit kann der Fahrbahnquerschnitt in unterschiedliche Streifen gegliedert werden, nämlich einerseits in eine Mittelfahrbahn, deren Breite zumindest für die Benützung (bzw Begegnung) durch PKW ausreicht, andererseits in Randstreifen, auf die breite Fahrzeuge (Bus, LKW) bei der Begegnung unter besonderer Rücksichtnahme auf den Radverkehr ausweichen können. Der Mehrzweckstreifen darf auch durch PKW benützt werden, wenn dies wegen des geforderten Seitenabstandes zum Gegenverkehr erforderlich ist. Der Vorrang des Radverkehrs ist zu berücksichtigen.
Mehrzweckstreifen sind Radfahrstreifen und auch als solche zu kennzeichnen, jedoch durch Leitlinien (oder Warnlinien) gegen den benachbarten Fahrstreifen abzugrenzen. Es gelten die für Radfahrstreifen allgemein gültigen Ge- und Verbote. § 68 Abs 1 wird aber wohl hinsichtlich der Benützung von Mehrzweckstreifen durch mehrspurige Fahrräder keine Anwendung finden. Als Spezialnorm ist die Möglichkeit der Mitbenützung durch andere Fahrzeuge in der Neufassung des § 8 Abs 4 Z. 2 geregelt. Ebenso wurde § 23 Abs 2 entsprechend angepasst.
Da ein Mehrzweckstreifen ein Radfahrstreifen ist, ist das Halten und Parken auf Mehrzweckstreifen verboten.
Zusätzlich können Mehrzweckstreifen durch eine unterschiedlich gestaltete Oberfläche oder durch einen leicht überfahrbaren Niveauunterschied deutlicher abgehoben werden.
Beachte auch die Anmerkungen zu § 88a betreffend die Möglichkeit der Behörde, ein Rollschuhverbot zu verhängen.

Z. 8:

Die Kennzeichnung eines Radweges (auch des Endes) erfolgt durch das Gebotszeichen gemäß § 52 Z. 16.

Z. 9:

Der Begriff des Reitens ist bei § 79 näher erläutert; die Kennzeichnung eines Reitweges erfolgt durch das Gebotszeichen gemäß § 52 Z. 17b.

Z. 10:

Gehsteige können von der Fahrbahn nicht nur durch Randsteine abgegrenzt sein, sondern auch durch Bodenmarkierungen (z.B. auf Brücken) oder besonderen Belag gekennzeichnet werden.

Z. 11:

Gehwege sind vom Verkehrsraum einer Straße mit Fahrzeugverkehr meist räumlich getrennt; Ihre Kennzeichnung erfolgt durch das Gebotszeichen gemäß § 52 Z. 17.

Z. 11a:

Die Benützung eines Geh- und Radweges ist vor allem in § 8 Abs 4 geregelt; seine Kennzeichnung erfolgt durch das Gebotszeichen gemäß § 52 Z. 17a. (Behinderungsverbot für Radfahrer s § 68 Abs 1 letzter Satz)

Z. 12:

Wesentliches Merkmal eines Schutzweges ist die Bodenmarkierung (vgl jedoch auch bei § 50 Z. 11). Ist eine solche Bodenmarkierung vorhanden, so kann der Fußgänger darauf vertrauen, dass es sich um einen Schutzweg handelt. Ungeregelte Schutzwege sollten mit Hinweiszeichen gem § 53 Abs 1 Z. 2a oder gelbem Blinklicht gekennzeichnet sein. Besondere Regeln für ungeregelte Schutzwege: § 9 Abs 2 und § 76 Abs 4

Z. 12a:

Eine Radfahrerüberfahrt soll – ähnlich einem Schutzweg für Fußgänger und Rollschuhfahrer – dem Rad- und Rollschuhfahrer anzeigen, wo die Fahrbahn zu überqueren ist. Auch für Radfahrerüberfahrten ist ein wesentliches Merkmal die Bodenmarkierung (vgl jedoch auch bei § 50 Z. 11a). Besondere Regeln § 9 Abs 2 und § 68 Abs 3a.

Z. 13:

Die Schutzinsel muss durch Randsteine, Bodenmarkierungen oder dgl von der Fahrbahn abgegrenzt sein; auch Haltestelleninseln sind als Schutzinseln anzusehen. Schutzinseln teilen die Fahrbahn, sodass etwa § 9 Abs 2 nur für den jeweiligen Teil der Fahrbahn gilt!

Z. 14:

Ein selbstständiger Gleiskörper muss von der Fahrbahn baulich (also nicht nur durch Bodenmarkierungen) getrennt sein, aber im Verkehrsraum der Straße im Sinne der Z. 1 dieses Absatzes liegen und den Schienenfahrzeugen vorbehalten sein. Daraus ergibt sich, dass selbstständige Gleiskörper grundsätzlich nur von Schienenfahrzeugen befahren werden dürfen. Einzelheiten über die Benützung dieser Gleiskörper durch Lenker von anderen als Schienenfahrzeugen enthält Abs 5 des § 8.

Z. 15:

Durch die Definition des Ortsgebietes ist klargestellt, dass es ausschließlich auf die Hinweiszeichen „Ortstafel" und „Ortsende" und nicht auf die Art der Verbauung ankommt. Vgl die Anmerkung zu § 53 Z. 17a, b (Ortstafel – Ortsende). Nur bei ordnungsgemäßer Beschilderung gelten die Verkehrsregeln für das Ortsgebiet. Siehe § 20 Abs 2, § 44 Abs 4 und § 48 Abs 4 sowie die Anmerkung zu § 52 Z. 10a, b.

Z. 16:

Die Definition der Freilandstraße dient lediglich dazu, um den Gegensatz zum Ortsgebiet darzustellen.

Z. 17:

Die Bestimmung stellt klar, dass jegliche Art und Winkel des Zusammentreffens zweier oder mehrerer Straßen als „Kreuzung" anzusehen ist. Beachte aber die Anm zu § 24 Abs 1 lit d.

Z. 18:

Die Definition der geregelten Kreuzung stellt eindeutig klar, dass eine Kreuzung, an der nur Straßenverkehrszeichen angebracht sind, nicht als geregelte Kreuzung gilt.

Z. 19:

Unter einem Fahrzeug versteht man einen Gegenstand, der widmungsgemäß zum Fahren benützt werden kann. Daraus ergibt sich einerseits der Gegensatz zu Mensch und Tier (die keine Gegenstände sind) und andererseits zu anderen Verkehrsmitteln, mit denen man nicht fährt, die sich nicht von der Stelle bewegen (Rolltreppen u. ä.).

Der Klammerausdruck stellt klar, welche Kinderfahrräder nicht unter den Begriff Fahrzeug fallen. Die in § 76 Abs 1 und 10 sowie in § 88a genannten Gegenstände sind zwar auch Fahrzeuge, doch gelten für sie die spezifischen Verkehrsregeln.

Z. 22:

Die bisherige Definition des Fahrrades (nunmehr in lit a enthalten) hat sich im Hinblick auf die technische Entwicklung als zu eng erwiesen, zumal ein (auch teilweiser) elektrischer Fahrzeugantrieb in geringem Umfang – maximal 400 Watt und eine Bauartgeschwindigkeit von höchstens 20 km/h – benützer- und umweltfreundlich ist. Diese Fahrzeuge sollen aber ausdrücklich von den strengen Bestimmungen des KFG ausgenommen sein. Die Ausstattung und die technischen Daten von Fahrrädern sind seit Mai 2001 in der Fahrradverordnung geregelt (Anhang VIII).
Die in lit d genannten Fahrzeuge müssen nicht „Fahrräder" (iSd Fahrradverordnung) sein.

Z. 24:

Für die Qualifikation eines Betriebsmittels als Schienenfahrzeug ist die Bindung an Gleise entscheidend. Hierunter fallen also Eisenbahnen, Straßenbahnen, Materialbahnen usw, nicht aber etwa Busse eines sog Schienenersatzverkehrs oder Busse, die selbstständige Gleiskörper befahren.

Z. 25:

Ein Fahrzeug ist auch dann ein Einsatzfahrzeug im Sinne dieser Bestimmung, wenn die besonderen Signale widerrechtlich verwendet werden; hingegen fällt ein Fahrzeug nicht unter diesen Begriff, wenn es zwar Einrichtungen zur Abgabe der besonderen Signale führt, von ihnen aber nicht Gebrauch macht (vgl auch bei § 26 unter „Allgemeines").

Z. 26:

Das hier erwähnte Zum-Stillstand-Bringen eines Fahrzeuges ist vom Wollen des Lenkers unabhängig; z.B. durch plötzlich aufgetretene oder unmittelbar drohende Fahrzeugdefekte (z.B. kochendes Kühlwasser), plötzlich einsetzende Schmerzen oder Übelkeit oder drohende Ohnmacht des Lenkers und ähnliche Fälle. Als Anhalten ist aber auch z.B. das Stehenbleiben eines Fahrzeuges des Kraftfahrlinienverkehrs bei einer Haltestelle zu werten.
Ein Anhalten kann jedoch in weiterer Folge zum Halten bzw Parken werden. Beachte die systemwidrige Verwendung des Begriffes in § 23 Abs 3a.

Z. 27:

Im Gegensatz zum Anhalten ist das Halten vom Lenker gewollt (also freiwillig) und enthält zwei wesentliche Tatbestandsmerkmale:

a) negativ – das Zum-Stillstand-Bringen darf kein Anhalten im Sinne der Z. 26 sein;
b) positiv – die Dauer des Stillstandes des Fahrzeuges (maximal 10 Minuten) oder den Zweck des Stillstandes ohne Rücksicht auf die Dauer (Ladetätigkeit).

Ein Abstellen des Motors u.a. ist für die Eigenschaft als Halten nicht erforderlich

Z. 28:

Parken ist somit jedes Stehenlassen eines Fahrzeuges, wenn dieser Vorgang weder unter den Begriff „Halten" noch „Anhalten" fällt.

Z. 29:

Wesentlich für das Überholen ist das Vorbeibewegen an einem anderen Fahrzeug, dh das sich vorbeibewegende Fahrzeug muss schneller als das andere fahren. Ein Wechsel des Fahrstreifens ist dagegen nicht Ausschlag gebend.
Dem Wortlaut zufolge gilt nur das Vorbeibewegen an einem auf einem Verzögerungs- oder Beschleunigungsstreifen fahrenden Fahrzeug nicht als Überholen. Beachte aber die hier getroffene Abgrenzung des Überholens vom Nebeneinanderfahren, s Anm zu § 15!
Die Wahl des Fahrstreifens ist im Ortsgebiet frei (vgl § 7 Abs 3a);

Abs 2:

Vgl hiezu § 2 KFG, abgedruckt und erläutert im ÖAMTC-Fachbuch „Verkehrsrecht, Band II".

§ 3 Vertrauensgrundsatz

(1) Jeder Straßenbenützer darf vertrauen, daß andere Personen die für die Benützung der Straße maßgeblichen Rechtsvorschriften befolgen, außer er müßte annehmen, daß es sich um Kinder, Seh- oder Hörbehinderte mit weißem Stock oder gelber Armbinde, offensichtlich Körperbehinderte oder Gebrechliche oder um Personen handelt, aus deren augenfälligem Gehaben geschlossen werden muß, daß sie unfähig sind, die Gefahren des Straßenverkehrs einzusehen oder sich dieser Einsicht gemäß zu verhalten.
(2) Der Lenker eines Fahrzeuges hat sich gegenüber Personen, gegenüber denen der Vertrauensgrundsatz gemäß Abs. 1 nicht gilt, insbesondere durch Verminderung der

Fahrgeschwindigkeit und durch Bremsbereitschaft so zu verhalten, daß eine Gefährdung dieser Personen ausgeschlossen ist.

Allgemeines:

Im Straßenverkehr ist bei keinem Straßenbenützer im vorhinein mit einem vorschriftswidrigen und daher allenfalls die Sicherheit des Straßenverkehrs beeinträchtigenden Verhalten zu rechnen; es sei denn, dass es sich um Personen handelt, die sich nach den Erfahrungen des täglichen Lebens im Straßenverkehr objektiv nicht immer vorschriftsmäßig zu verhalten vermögen, sei es, dass das unrichtige Verhalten körperlichen Gebrechen oder, wie bei Kindern, mangelnder Einsicht entspringt.

Dieser Grundsatz gilt nicht nur für die Vorschriften dieses Gesetzes, sondern für alle Rechtsvorschriften, die für die Benützung der Straße maßgeblich sind – nicht aber für die (geänderte) Linienführung einer Straßenbahn oder sonstige Abänderung bisher gewohnter Verkehrsverhältnisse.

Die Empfehlung des „defensiven Fahrens" bedeutet, dass der Straßenbenützer unterhalb der ihm vom Gesetz erlaubten Risikogrenze bleiben soll, um im eigenen Interesse eine gewisse Reserve für mögliche Fehler anderer Verkehrsteilnehmer zur Verfügung zu haben.

Auf unklare Verkehrssituationen ist so rechtzeitig zu reagieren, dass eine zumutbare unfallverhindernde Maßnahme möglich ist.

Der Vertrauensgrundsatzist gegenüber einem Verkehrsteilnehmer, der sich bereits erkennbar verkehrswidrig oder auch nur unklar verhält, nicht anwendbar; er gilt z.B. nicht gegenüber einem hin und her schwankenden Radfahrer oder gegenüber einem sichtlich betrunkenen Fußgänger.

Der Vertrauensgrundsatzberechtigt nicht dazu, sich blind darauf zu verlassen, dass die übrigen Verkehrsteilnehmer sich vorschriftsmäßig verhalten werden.

Bei Kindern und alten Leuten muss immer damit gerechnet werden, dass sie sich im letzten Augenblick nicht aus der Gefahr weg- sondern in die Gefahr hineinbegeben. Man muss damit rechnen, dass sie trotz Abgabe von Warnzeichen ihr unvorsichtiges Verhalten fortsetzen. Kindern gegen über findet der Vertrauensgrundsatz auch dann keine Anwendung, wenn sich Erwachsene in ihrer Nähe befinden. Ob eine Person als „Kind" anzusehen ist, wird sich aus der Körpergröße, dem Aussehen, der Kleidung, dem Verhalten usw ergeben. Vgl auch § 29a.

Der Vertrauensgrundsatz kommt nur demjenigen zugute, der selbst jene Vorsicht angewendet hat, die von ihm im Interesse der Sicherheit des Verkehrs verlangt wird. Insbesondere enthebt der Vertrauensgrundsatzkeinen Verkehrsteilnehmer der Verpflichtung zur Vorsicht und Rücksichtnahme im Straßenverkehr.

Abs 1:

Rollstuhlfahrer werden nicht zu den „offensichtlich Körperbehinderten" gezählt werden können, weil der Rollstuhl die Körperbehinderung ausgleicht, soweit nicht im Einzelfall ein Anhaltspunkt für das Gegenteil besteht (insbesondere langsame Fortbewegung).

Abs 2:

Aus § 3 in der bis 1994 geltenden Fassung (der wörtlich dem nunmehrigen § 3 Abs 1 entspricht) hat die Rechtsprechung detaillierte Verhaltensvorschriften abgeleitet; die Gesetzesvorschrift war längst „ausjudiziert". Demgegenüber führen die Erläuterungen zur Regierungsvorlage der 19. Novelle folgendes aus:

„In § 3 werden jene Personengruppen angeführt, gegenüber denen der Vertrauensgrundsatznicht anzuwenden ist. § 3 enthielt bisher keine Bestimmung, welches Verhalten gegenüber solchen Personen geboten ist. Da eines der wesentlichen Ziele der Straßenverkehrsordnung die Erhöhung der Verkehrssicherheit ist, erscheint es systematisch geboten, die aus dem Wegfall des Vertrauensgrundsatzes erwachsende Verpflichtung ausdrücklich zu normieren. Der neue Abs 2, der dem § 3 Abs 2a der deutschen Straßenverkehrsordnung nachgebildet ist, gilt für alle Lenker von Fahrzeugen, also auch für Radfahrer und Lenker von öffentlichen Verkehrsmitteln. Er soll klarstellen, dass gegenüber Personen, für die der Vertrauensgrundsatznicht gilt, das Äußerste an Sorgfalt verlangt wird, um eine Gefährdung der genannten Personen auszuschließen. Die Aufzählung der Maßnahmen ‚Verminderung der Geschwindigkeit und Bremsbereitschaft' ist hiebei nur beispielhaft."

Diese Erläuterungen stimmen mit dem Gesetzestext des neuen Abs 2 nicht überein: von einer Normierung des „Äu-

ßersten an Sorgfalt" kann im Text keine Rede sein. Es werden lediglich – und überflüssigerweise – diejenigen besonderen Pflichten extra hervorgehoben, die sich schon aus Abs 1 gegenüber jenen Personen ergeben, denen gegenüber der Vertrauensgrundsatznicht gilt.
Damit ist auch weiterhin die bisherige, in der Anm unter „Allgemeines" dargestellte Rechtsprechung als maßgeblich anzusehen.

§ 4 Verkehrsunfälle

(1) Alle Personen, deren Verhalten am Unfallsort mit einem Verkehrsunfall in ursächlichem Zusammenhang steht, haben

a) wenn sie ein Fahrzeug lenken, sofort anzuhalten,

b) wenn als Folge des Verkehrsunfalles Schäden für Personen oder Sachen zu befürchten sind, die zur Vermeidung solcher Schäden notwendigen Maßnahmen zu treffen,

c) an der Feststellung des Sachverhaltes mitzuwirken.

(2) Sind bei einem Verkehrsunfall Personen verletzt worden, so haben die im Abs. 1 genannten Personen Hilfe zu leisten; sind sie dazu nicht fähig, so haben sie unverzüglich für fremde Hilfe zu sorgen. Ferner haben sie die nächste Polizei- oder Gendarmeriedienststelle sofort zu verständigen. Wenn bei einem Verkehrsunfall, an dem ein Schienenfahrzeug oder ein Omnibus des Kraftfahrlinienverkehrs beteiligt ist, sich erst nach dem Wegfahren des Schienenfahrzeuges bzw. des Omnibusses nach dem Unfall eine verletzte Person meldet, kann auch das Unternehmen, dem das Schienenfahrzeug bzw. der Omnibus gehört, die Polizei- oder Gendarmeriedienststelle verständigen.
(3) Auch der Zeuge eines Verkehrsunfalles hat, sofern die nach Abs. 2 verpflichteten Personen nicht für erforderliche Hilfe sorgen, den verletzten Personen die ihm zumutbare Hilfe zu leisten. Die Hilfeleistung ist insbesonders dann nicht zumutbar, wenn sie nur unter erheblicher eigener Gefährdung oder Verletzung anderer wichtiger Interessen möglich wäre. Ist der Zeuge zur Hilfeleistung nicht fähig, so hat er unverzüglich für fremde Hilfe zu sorgen. Die gleichen Verpflichtungen wie der Zeuge eines

Verkehrsunfalles haben auch Personen, die am Ort eines Verkehrsunfalles dessen Folgen wahrnehmen, es sei denn, daß nach den Umständen am Unfallsort die eigene Hilfeleistung oder die Besorgung fremder Hilfe offensichtlich nicht mehr erforderlich ist.

(4) Jedermann ist unter den im Abs. 3 bezeichneten Voraussetzungen verpflichtet, die Herbeiholung einer Hilfe bei einem Verkehrsunfall zu ermöglichen.

(5) Wenn bei einem Verkehrsunfall nur Sachschaden entstanden ist, haben die im Abs. 1 genannten Personen die nächste Polizei- oder Gendarmeriedienststelle vom Verkehrsunfall ohne unnötigen Aufschub zu verständigen. Eine solche Verständigung darf jedoch unterbleiben, wenn die im Abs. 1 genannten Personen oder jene, in deren Vermögen der Schaden eingetreten ist, einander ihren Namen und ihre Anschrift nachgewiesen haben.

(5a) Wenn nach einem Verkehrsunfall, bei dem nur Sachschaden entstanden ist, eine der im Abs. 1 genannten Personen die nächste Polizei- oder Gendarmeriedienststelle von dem Unfall verständigt, obwohl dies im Sinne des Abs. 5 nicht nötig wäre, haben die Organe dieser Dienststelle auf Verlangen der betreffenden Person Meldungen über diesen Verkehrsunfall, insbesondere über Unfallsort, Unfallszeit, Lichtverhältnisse, Straßenzustand, Unfallsbeteiligte, nähere Umfallsumstände und verursachte Schäden, entgegenzunehmen.

(5b) Für Verständigungen nach Abs. 5 und Meldungen gemäß Abs. 5a ist eine Gebühr von Euro 36 einzuheben, es sei denn, die Verständigung nach Abs. 5 ist deshalb erfolgt, weil die im Abs. 1 genannten Personen oder jene, in deren Vermögen der Schaden eingetreten ist, einander Namen und Anschrift nicht nachweisen konnten. Von der Verpflichtung zur Entrichtung dieser Gebühr sind die Gebietskörperschaften und Lenker von Fahrzeugen derselben ausgenommen. Auf Wunsch erhält jede Person des Abs. 5, die eine gebührenpflichtige Verständigung oder Meldung vorgenommen hat oder die die Gebühr entrichtet, eine Ausfertigung des von der Polizei- oder Gendarmeriedienststelle erstatteten Unfallberichtes. Die Gebühren sind, soferne sie nicht ohne weiteres entrichtet werden, von den Bezirksverwaltungsbehörden, im örtlichen Wirkungsbereich einer Bundespolizeidirektion von

dieser vorzuschreiben. Sie fließen der Gebietskörperschaft zu, die den Aufwand der Organe zu tragen hat.

(6) Aus einer Verletzung der Hilfeleistungspflicht können keine Ersatzansprüche nach dem bürgerlichen Recht abgeleitet werden.

Allgemeines:

Verkehrsunfall ist ein plötzliches, mit dem Straßenverkehr ursächlich zusammenhängendes Ereignis, welches einen Personen- oder Sachschaden zur Folge hat.
Die Bestimmungen des Abs 1 gelten für alle Unfälle (sowohl mit Personen- als auch nur mit Sachschaden). Sie beziehen sich nicht nur auf Personen, die den Unfall verschuldet oder mitverschuldet haben, sondern darüber hinaus auf alle jene Personen, deren Verhalten mit dem Verkehrsunfall in ursächlichem Zusammenhang steht; dh das gemeiniglich oder leicht von einem „Erfolg" solcher Art begleitet ist. Diese Bestimmungen gelten daher beispielsweise auch für Fußgänger, die völlig vorschriftsmäßig die Straße überquert haben, deren Verhalten aber den Lenker eines Kraftfahrzeuges zu einem Ausweichen oder Bremsmanöver veranlasst haben, wodurch ein Verkehrsunfall entstanden ist. Ebenso werden Personen, die im Zeitpunkt des Verkehrsunfalles die Straße nicht oder nicht mehr benützen, unter Umständen zum Personenkreis des Abs 1 gezählt, z.B. dann, wenn sie durch Öl oder andere Flüssigkeiten auf der Fahrbahn das Schleudern von Fahrzeugen verursachen, wodurch eine Verletzung von Personen oder eine Beschädigung von Sachen entsteht.
Andererseits muss das Verhalten eines Fahrzeuglenkers nicht unbedingt in ursächlichem Zusammenhang mit einem Verkehrsunfall stehen, der von einem Fahrzeuginsassen (z.B. Öffnen der Tür) verursacht wurde.
Die von Abs 1 umfassten Personen werden wohl am besten durch den Ausdruck „Beteiligte" charakterisiert.
Für Verstöße gegen die Vorschriften dieses Paragraphen können außer den in diesem Gesetz vorgesehenen Strafen insbesondere nachstehende weitere Rechtsfolgen in Betracht kommen:

Höhere gerichtliche Strafe, „wer es unterlässt, einem anderen, dessen Verletzung am Körper er, wenn auch nicht widerrechtlich, verursacht hat, die erforderliche Hilfe zu leis-

ten" (§ 94 Abs 1 und 2 StGB, „Imstichlassen eines Verletzten"), es sei denn (§ 94 Abs 3), dass ihm die Hilfeleistung nicht zuzumuten ist. Auch die „Unterlassung der Hilfeleistung" durch Zeugen und sonstige unbeteiligte Personen ist nach Maßgabe der Bestimmungen des § 95 StGB gerichtlich strafbar; außer die Hilfeleistung ist nicht zuzumuten (§ 95 Abs 3), wobei jedoch hier an die Zumutbarkeit ein weniger strenger Maßstab angelegt wird.
Entziehung der Lenkberechtigung nach den Bestimmungen des FSG (s. ÖAMTC-Fachbuch „Verkehrsrecht, Band III").
Darüber hinaus können – nach Maßgabe der für den betreffenden Versicherungsvertrag vereinbarten Versicherungsbedingungen – auch versicherungsrechtliche Konsequenzen eintreten, die bis zum völligen Verlust des Versicherungsschutzes reichen können. Dies gilt sowohl für die gesetzliche Kraftfahrzeug-Haftpflichtversicherung als auch für eine freiwillig abgeschlossene Kasko-, Rechtsschutz- oder Insassenunfall-Versicherung.

Abs 1:

lit a:

Ein Lenker, der nach einem Sachschadenunfall weder anhält noch diesen der nächsten Polizei- oder Gendarmeriedienststelle meldet, ist sowohl nach § 4 Abs 1 lit a als auch § 4 Abs 5 strafbar. Die Anhaltepflicht beschränkt sich nur auf den Bereich der Unfallstelle und fordert nicht noch darüber hinaus, dass der Lenker, der unter Umständen erst nachträglich vom Unfall erfährt, an den Unfallort zurückzukehren hat. Seine sonstigen gesetzlichen Verpflichtungen (insbesondere nach den übrigen Bestimmungen des § 4) bleiben jedoch unberührt.
Auch ein unfallbeteiligter Fußgänger darf nicht weitergehen.

lit b:

Schäden für Personen oder Sachen infolge eines Verkehrsunfalles können beispielsweise entstehen, wenn durch ausrinnenden Treibstoff Feuergefahr gegeben ist oder wenn ein unfallbeschädigtes Fahrzeug im Bereich einer unübersichtlichen Kurve oder Kuppe die Fahrbahn ganz oder teilweise verlegt.
Man beachte auch die einschlägigen Verpflichtungen des Wasserrechtsgesetzes und der Tunnelverordnung (Anhang X)

lit c:

Aus der Verpflichtung zur Mitwirkung an der Feststellung des Sachverhaltes ergibt sich, dass Veränderungen an der Stellung der vom Unfall betroffenen Fahrzeuge nur in den allerdringendsten Fällen vorgenommen werden dürfen und dass dadurch die Feststellung des Sachverhaltes nicht unmöglich gemacht werden darf.

Die Mitwirkungspflicht besteht nur, wenn es zu einer amtlichen Tatbestandsaufnahme kommt oder zu kommen hat. Dies trifft bei allen Unfällen mit Personenschaden zu; bei bloßen Sachschadenunfällen dann, wenn entweder kein Identitätsnachweis erfolgte oder wenn ein Beteiligter das Einschreiten eines Organes verlangt oder wenn ein am Unfallsort (zufällig) anwesendes Organ aus eigenem Antrieb eine Tatbestandsaufnahme vornimmt oder veranlasst.

Es sind Fälle denkbar, in denen die sich aus lit b ergebende Verpflichtung im Widerspruch zur Vorschrift der lit c steht. Hier muss eine den jeweiligen Umständen des Einzelfalles angepasste Interessenabwägung vorgenommen werden, die häufig die Befolgung der lit b und eine Missachtung der lit c zur Folge haben wird. Ein diesbezügliches Verhalten wird, wie sich aus den allgemeinen Strafrechtsgrundsätzen ergibt, straflos bleiben.

Gegen die Mitwirkungspflicht verstößt auch ein Beteiligter, der Alkohol trinkt, um dadurch die Feststellung zu erschweren, ob im Zeitpunkt des Unfalls ein durch Alkohol beeinträchtigter Zustand gegeben war; und zwar unabhängig davon, ob bereits vor dem Unfall Alkohol konsumiert worden ist. Dieses Nachtrunkverbot besteht solange, als mit einer amtlichen Tatbestandsaufnahme gerechnet werden muss.

Abs 2:

Der Sinn dieser Bestimmungen liegt darin, dass den Verletzten unmittelbar Hilfe zuteil werde und die Sicherheitsdienststelle sofort die notwendigen Erhebungen am Unfallsort vornehmen kann.

Die Unfähigkeit zur Hilfeleistung – die den Vorrang gegenüber der Verständigung hat – kann sich aus eigenen Verletzungen, aber auch aus einem Mangel an entsprechenden Kenntnissen ergeben.

Gem den führerscheinrechtlichen Vorschriften (abgedruckt im ÖAMTC-Fachbuch „Verkehrsrecht, Band III“) darf die Lenkberechtigung für die Klassen A, B, C, F und G nur an Personen

erteilt werden, die den Nachweis erbracht haben, dass sie in lebensrettenden Sofortmaßnahmen am Unfallort unterwiesen worden sind.
Für Strafgefangene, die wegen fahrlässig begangener strafbarer Handlungen gegen Leib und Leben (gerichtlich) verurteilt worden sind, sieht § 128 Abs 2 Strafvollzugsgesetz, idF BGBl. 1993/799, einen Unterricht über die Verhütung von Unfällen und über Erste Hilfe vor.
Die Verständigung muss „sofort" erfolgen. Die Rechtsprechung legt dies streng aus: so wurde eine ohne triftige Begründung erst ca 30 Minuten nach dem Unfall mit Personenschaden erfolgte Meldung bereits als verspätet angesehen.
Wenn die nächste Polizei- oder Gendarmeriedienststelle unbesetzt ist, so ist ein Unfall mit Personenschaden der dort angegebenen diensthabenden Dienststelle zu melden.
Die Verpflichtung, die nächste Polizei- oder Gendarmeriedienststelle zu verständigen, wird nicht aufgehoben, wenn die Verletzten darauf verzichten, sich gegen die Verständigung aussprechen oder ihnen bereits Hilfe geleistet wurde.
Die Meldepflicht besteht auch dann, wenn bei einem Unfall Personen getötet worden sind.
Die Verständigung kann auch durch einen von mehreren Beteiligten oder durch eine verlässliche Person als Boten (auf Risiko des Meldepflichtigen) erfolgen (demnach auch bei einer anderen als der nächsten Polizei- oder Gendarmeriedienststelle).
Erlangt ein Beteiligter erst Tage nach dem Unfall Kenntnis von Verletzungen eines anderen, die an Ort und Stelle nicht erkennbar waren, besteht keine Meldepflicht.

Abs 3:

Beteiligte müssen nur dann Hilfe leisten, wenn sie dazu fähig sind; Zeugen muss darüber hinaus die Hilfeleistung zumutbar sein. Nicht zumutbar ist beispielsweise die Bergung eines Verletzten unter eigener Lebensgefahr. In einem solchen Fall muss der Zeuge jedoch fremde Hilfe selbst herbeiholen oder von einer verlässlichen Person herbeiholen lassen.
Der letzte Satz stellt klar, dass der Zeuge der Folgen eines Unfalles (also derjenige, der erst nach dem Unfall zum Unfallort kommt) nicht zur Hilfeleistung verpflichtet ist, wenn offensichtlich bereits Hilfe geleistet wird, z.B. wenn schon ein Rettungsfahrzeug anwesend ist.

Abs 4:

Die Herbeiholung der Hilfe wird vielfach am zweckmäßigsten telefonisch erfolgen. In einem solchen Fall darf die Benützung des Fernsprechers nicht verweigert werden.

Abs 5:

Grundsätzlich ist auch ein Unfall mit bloßem Sachschaden zu melden; die Meldung kann jedoch unterbleiben, wenn die Beteiligten (bzw Geschädigten) einander ihren Namen und ihre Anschrift nachgewiesen haben. Dieser Nachweis kann allein durch amtliche Lichtbildausweise im allgemeinen nicht erbracht werden: weder im Führerschein, noch im Personalausweis oder Reisepass scheint die Adresse auf. Es bedarf daher zusätzlicher Dokumente (z.B. Meldezettel; Zulassungsschein, sofern der Beteiligte sein eigenes Fahrzeug gelenkt hat) oder eines sonstigen Lichtbildausweises (der also keine öffentliche Urkunde sein muss).
Kennen einander die Beteiligten, entfällt auch die Nachweispflicht.
Auch ein geringfügiger Schaden, z.B. das Abschürfen einer Baumrinde, ist meldepflichtig.
Die Pflicht zur Meldung bzw zum Identitätsnachweis besteht unabhängig von der Verschuldensfrage, setzt aber das Wissen oder Wissen müssen um eine Sachbeschädigung voraus (die Tatsache einer Beschädigung allein bewirkt noch keine Meldepflicht). Aus welchen Gründen der Identitätsnachweis unterblieben ist, ist unerheblich: entfernt sich einer der Beteiligten vorher von der Unfallstelle, so ist der andere trotzdem zur Meldung verpflichtet. Ist allerdings der Sachschaden nur im Vermögen einer Person entstanden, besteht für diese keine Verpflichtung zur Meldung bzw zum Identitätsnachweis.
Auch die bloße Zurücklassung einer Visitenkarte oder einer sonstigen Verständigung, die Angaben über die Identitätsmerkmale des Beschädigers enthält, kann die erforderliche Verständigung der nächsten Polizei- oder Gendarmeriedienststelle nicht ersetzen.
Ob ein Aufschub nötig ist, richtet sich nach den Umständen des Einzelfalls.
In allen Fällen, in denen die Bestimmungen dieses Absatzes eingehalten wurden (also auch schon bei wechselseitigem Identitätsnachweis), greift die in §99 Abs 6 lit a normierte Straffreiheit Platz

Der Unfallbeteiligte, der trotz Bekanntgabe seines Namens und seiner Adresse die Meldung erstattet hat und gegen den deshalb (oder aus anderen Gründen) kein Verwaltungsstrafverfahren eingeleitet wurde, hat Recht auf Akteneinsicht (vgl Abs 5a) sowie auf Erhalt eines Unfallberichtes (vgl Abs 5b).

Abs 5a:

Damit sind auch bei jenen Sachschadenunfällen, bei denen wechselseitiger Identitätsnachweis erfolgte, die Polizei-(Gendarmerie-)Organe verpflichtet, die wesentlichsten Unfalldaten aufzunehmen. Darüber hinaus können die Exekutivorgane auch noch andere Unfalldaten aufnehmen und diese gegebenenfalls auch an Ort und Stelle erheben. Feststellungen hinsichtlich der Verschuldensfrage sollen nicht getroffen werden.

Abs 5b:

Die sogenannte „Blaulichtsteuer" bildet ein Beispiel für eine als (Prohibitiv-) Gebührenpflicht zur Entlastung der Exekutive von vermeidbaren Aufgaben dargestellt Fisklamaßnahme.
Die Gebühr ist im typischen Fall bei der Veranlassung einer polizeilichen Unfallaufnahme trotz bloßem Sachschaden und obwohl der Austausch der Daten der Unfallbetieligten möglich war durch jene Person zu entrichten, welche die Exekutive verständigt haben. Wird hingegen die Verletzung einer Person vor Ort vermutet, ist aufgrund der sich aus Abs 1 ergebenden Pflichten die Exekutive zu verständigen und daher keine Gebühr zu entrichten. Stellt sich später heraus, dass die betreffende Verletzung nicht vorliegt, ist eine Nachforderung nicht möglich. Stellt sich jedoch umgekehrt nachträglich heraus, dass doch ein Unfallbeteiligter verletzt worden ist, kann eine bereits entrichtete Gebühr mittels Antrag bei der Behörde zurückverlangt werden (VfGH 29.9.1998, A35/1997). Wurde eine (gebührenpflichtige) Unfallaufnahme veranlasst, kann die Gebühr aus Anlass der Aushändigung eines Protokolls von der gleichen Person nicht nochmals verlangt werden.

Die Entrichtung der Gebühr ist Voraussetzung für das Tätigwerden des Organes. Wird das Protokoll ohne vorangehende Zahlung des Geldbetrages ausgehändigt, so kann nach Aushändigung des Protokolls kein Gebührenverfahren geführt werden.

ÖAMTC-Tipp:

Bei Zweifeln über die Pflicht die Gebühr entrichten zu müssen oder in Fragen allfälliger Rückforderung wird die Inanspruchnahme einer Rechtsberatung beim ÖAMTC empfohlen.

§ 5 Besondere Sicherungsmaßnahmen gegen Beeinträchtigung durch Alkohol

(1) Wer sich in einem durch Alkohol oder Suchtgift beeinträchtigten Zustand befindet, darf ein Fahrzeug weder lenken noch in Betrieb nehmen. Bei einem Alkoholgehalt des Blutes von 0,8 g/l (0,8 Promille) oder darüber oder bei einem Alkoholgehalt der Atemluft von 0,4 mg/l oder darüber gilt der Zustand einer Person jedenfalls als von Alkohol beeinträchtigt.

(1a) Werden in anderen Gesetzen an die Beeinträchtigung durch Alkohol oder an das Vorliegen eines die Zurechnungsfähigkeit nicht ausschließenden Rauschzustandes zivilrechtliche Rechtswirkungen oder Auswirkungen im Bereich des gerichtlichen Strafrechts geknüpft, so treten diese nur in den Fällen des Abs. 1 oder beim dritten oder häufigeren Verstoß innerhalb eines Zeitraumes von zwölf Monaten ab dem ersten Verstoß gegen § 14 Abs. 8 FSG, idF BGBl. I Nr. 129/2002, ein.

(2) Organe des amtsärztlichen Dienstes oder besonders geschulte und von der Behörde hiezu ermächtigte Organe der Straßenaufsicht sind berechtigt, jederzeit die Atemluft von Personen, die ein Fahrzeug lenken, in Betrieb nehmen oder zu lenken oder in Betrieb zu nehmen versuchen, auf Alkoholgehalt zu untersuchen. Sie sind außerdem berechtigt, die Atemluft von Personen, die verdächtig sind, in einem vermutlich durch Alkohol beeinträchtigten Zustand

1. ein Fahrzeug gelenkt zu haben oder
2. als Fußgänger einen Verkehrsunfall verursacht zu haben,

auf Alkoholgehalt zu untersuchen. Wer zu einer Untersuchung der Atemluft aufgefordert wird, hat sich dieser zu unterziehen.

(2) Abs. 2 gilt auch für die Überprüfung der Atemluft von
1. Fahrlehrern bei Schulfahrten gemäß § 114 Abs. 4 und 4a KFG 1967,
2. Begleitern bei Übungsfahrten gemäß § 122 Abs. 2 und 5 KFG 1967 oder bei Ausbildungsfahrten gemäß § 19 Abs. 3 und 6 FSG oder
3. Ausbildnern bei Lehrfahrten gemäß § 122a Abs. 2 KFG 1967.

(3) Die Untersuchung der Atemluft auf Alkoholgehalt ist mit einem Gerät vorzunehmen, das den Alkoholgehalt der Atemluft mißt und entsprechend anzeigt (Alkomat).

(4) Die Organe der Straßenaufsicht sind berechtigt, Personen, deren Atemluft auf Alkoholgehalt untersucht werden soll (Abs. 2) zum Zweck der Feststellung des Atemalkoholgehaltes zur nächstgelegenen Dienststelle, bei der sich ein Atemalkoholmeßgerät befindet, zu bringen, sofern vermutet werden kann, daß sie sich in einem durch Alkohol beeinträchtigten Zustand befinden oder zur Zeit des Lenkens befunden haben.

(4a) Die Organe der Straßenaufsicht sind weiters berechtigt, Personen, bei denen eine Untersuchung gemäß Abs. 2 aus Gründen, die in der Person des Probanden gelegen sind, nicht möglich war und die verdächtig sind, sich in einem durch Alkohol beeinträchtigten Zustand zu befinden, zu einem im öffentlichen Sanitätsdienst stehenden, bei einer Bundespolizeibehörde tätigen oder bei einer öffentlichen Krankenanstalt diensthabenden Arzt zur Blutabnahme zum Zweck der Bestimmung des Blutalkoholgehaltes zu bringen.

(5) Die Organe der Straßenaufsicht sind weiters berechtigt, Personen, von denen vermutet werden kann, daß sie sich in einem durch Alkohol beeinträchtigten Zustand befinden, zum Zweck der Feststellung des Grades der Beeinträchtigung durch Alkohol zu einem im öffentlichen Sanitätsdienst stehenden oder bei einer Bundespolizeibehörde tätigen Arzt oder zum diensthabenden Arzt einer öffentlichen Krankenanstalt zu bringen, sofern eine Untersuchung gemäß Abs. 2
1. keinen den gesetzlichen Grenzwert gemäß Abs. 1 erreichenden Alkoholgehalt ergeben hat oder
2. aus in der Person des Probanden gelegenen Gründen nicht möglich war.

Wer zum Zweck der Feststellung des Grades der Beeinträchtigung durch Alkohol zu einem Arzt gebracht wird, hat sich einer Untersuchung durch diesen zu unterziehen.

(6) (Verfassungsbestimmung) An Personen, die gemäß Abs. 4a zu einem Arzt gebracht werden, ist eine Blutabnahme zum Zweck der Bestimmung des Blutalkoholgehaltes vorzunehmen; die Betroffenen haben diese Blutabnahme vornehmen zu lassen.

(7) *(Entfällt.)*

(7a) *(Aufgehoben.)*

(7b) *(Aufgehoben.)*

(8) Ein bei einer öffentlichen Krankenanstalt diensthabender Arzt hat eine Blutabnahme zum
Zweck der Bestimmung des Blutalkoholgehaltes vorzunehmen, wenn eine Person
1. zu diesem Zweck zu ihm gebracht wurde oder
2. dies verlangt und angibt, bei ihr habe eine Untersuchung nach Abs. 2 eine Alkoholbeeinträchtigung
ergeben.
Der Arzt hat die Blutprobe der nächstgelegenen Polizei- oder Gendarmeriedienststelle ohne unnötigen
Aufschub zu übermitteln und dieser im Fall der Z. 2 Namen, Geburtsdatum und Adresse des Probanden sowie den Zeitpunkt der Blutabnahme bekanntzugeben. Weiters hat der Arzt eine Blutabnahme vorzunehmen, wenn eine Person zu diesem Zweck zu ihm gebracht wurde, weil bei einer Untersuchung (Abs. 9) eine Beeinträchtigung festgestellt wurde, die auf eine Suchtgifteinnahme schließen lässt; die Blutprobe ist der nächstgelegenen Polizei- oder Gendarmeriedienststelle ohne unnötigen Aufschub zu übermitteln. Übermittelte Blutproben sind durch ein Institut für gerichtliche Medizin oder eine gleichwertige Einrichtung zu untersuchen.

(9) Die Bestimmungen des Abs. 5 gelten auch für Personen, von denen vermutet werden kann, daß sie sich in einem durch Suchtgift beeinträchtigten Zustand befinden; wer zum Arzt gebracht wird, hat sich der Untersuchung zu unterziehen.

(10) (Verfassungsbestimmung) An Personen, die gemäß Abs. 9 zu einem Arzt gebracht werden, ist nach Feststellung einer Beeinträchtigung, die auf eine Suchtgiftein-

nahme schließen lässt, eine Blutabnahme vorzunehmen. Die Betroffenen haben die Blutabnahme vornehmen zu lassen.

(11) Der Bundesminister für Inneres kann unter Bedachtnahme auf den jeweiligen Stand der Wissenschaft und Technik im Einvernehmen mit dem Bundesminister für Verkehr, Innovation und Technologie durch Verordnung für die Feststellung einer Beeinträchtigung durch Suchtgift geeignete Geräte und Testverfahren bestimmen.

(12) Ist auf Grund des Ergebnisses der Untersuchung
1. einer Person, die gemäß Abs. 9 zu einem Arzt gebracht wurde, oder
2. einer Blutprobe, die von einer gemäß Abs. 9 zu einem Arzt gebrachten Person stammt,
anzunehmen, dass die zum Arzt gebrachte Person Suchtgift missbraucht, so ist an Stelle einer Strafanzeige nach dem Suchtmittelgesetz dieser Umstand der nach dem Hauptwohnsitz der untersuchten Person zuständigen Bezirksverwaltungsbehörde als Gesundheitsbehörde mitzuteilen (§§ 12 bis 14 des Suchtmittelgesetzes, BGBl. I Nr. 112/1997).

Hinweis:

Die „**0,5–Promille–Regel**“ für Kraftfahrer ist – wie auch die Sonderregeln (0,1 Promille) für Probeführerscheinbesitzer und Besitzer der Lenkberechtigung Klasse C und D sowie Lenker von Fahrschülern, Mopedlenkern bis 20 Jahre nicht in der StVO festgelegt sondern im Führerscheingesetz, s ÖAMTC-Fachbuch „Verkehrsrecht, Band III“ geregelt.

Allgemeines:

Alkohol und Drogen am Steuer sind Ursachen zahlreicher Verkehrsunfälle. Während Alkohol prinzipiell als legales Genussmittel anzusehen ist, berühren einander in den Bestimmungen über Drogen im Straßenverkehr die Aspekte der Verkehrssicherheit und jene des (Drogen-)Strafrechtes. Der Gesetzgeber hat mit der „Drogen-Novelle 2002“ versucht, das Entstehen eines Sonder-Drogenstrafrechtes im Rahmen der StVO zu vermeiden und hat daher ein Verbot der unmittelbaren Weiterleitung von Informationen aus der Verkehrsüberwachung an Gericht oder Staatsanwaltschaft verankert.

Die Bestimmungen dieses Paragraphen gelten nicht nur für Kraftfahrer, sondern für alle Fahrzeuglenker (auch für Radfahrer, aber auch für den Lenker eines abgeschleppten Fahrzeuges). Sind Fußgänger verdächtig, einen Verkehrsunfall in alkoholbeeinträchtigtem Zustand verursacht zu haben, so gelten für sie alle Vorschriften über die Feststellung des Alkoholisierungsgrades. Rollschuhfahrer (z.B. Inline-Skater), die an sich nicht Lenker von Fahrzeugen sind, werden bei der Benützung von Radfahranlagen den Fahrzeuglenkern gleichgestellt (s. dazu insbes. § 88a).

Für Verstöße gegen die Vorschriften dieses Paragraphen können außer den in diesem Gesetz vorgesehenen Strafen insbesondere nachstehende weitere Rechtsfolgen in Betracht kommen:

Höhere gerichtliche Strafe hat zu erwwarten. „wer sich vor der Tat, wenn auch nur fahrlässig, durch den Genuß von Alkohol oder eines anderen berauschenden Mittels in einen die Zurechnungsfähigkeit nicht ausschließenden Rauschzustand versetzt hat, obwohl er vorhergesehen hat oder hätte vorhersehen können, daß ihm eine Tätigkeit bevorstehe, deren Vornahme in diesem Zustand eine Gefahr für das Leben, die Gesundheit oder die körperliche Sicherheit eines anderen herbeizuführen oder zu vergrößern geeignet sei" (§§ 81 Z. 2, 88 Abs 3, 4 Strafgesetzbuch). Eine diversionelle Erledigung kommt hierbei nur in Ausnahmefällen in Betracht.

Entziehung der Lenkberechtigung gem den führerscheinrechtlichen Vorschriften (§§ 24 ff FSG, abgedruckt und erläutert im ÖAMTC-Fachbuch „Verkehrsrecht, Band III").

Anordnung begleitender Maßnahmen wie einer verkehrspsychologischen Untersuchung, Nachschulung (bei alkoholisierten Lenkern ab 0,6 mg/l (1,2 Promille Blutalkohol) und bei Verweigerung sowie bei Verweigerung der Blutabnahme bei Verdacht auf Suchtgiftbeeinträchtigung),

Verbot des Lenkens von Motorfahrrädern und vierrädigen Leichtkraftfahrzeugen (s § 32 f FSG, s. ÖAMTC-Fachbuch „Verkehrsrecht, Band III").

Anordnung einer Nachschulung während der Probezeit eines „Führerscheinanfängers" (s § 4 FSG, s. ÖAMTC-Fachbuch „Verkehrsrecht, Band III",

Hat sich der unfallsbeteiligte Lenker eines Kraftfahrzeuges in einem durch Alkohol oder Suchtgift beeinträchtigten Zustand im Sinne des § 5 Abs 1 oder 9 befunden, so wird die Haftpflichtversicherung bis zu einem Betrag von € 10,910.–- (entspricht S 150.000,–) leistungsfrei, wenn der Lenker im Zusammenhang mit dem Schadensereignis durch rechtskräftige gerichtliche oder verwaltungsbehördliche Bestrafung schuldig erkannt worden ist und im Spruch oder in der Begründung der Entscheidung die Beeinträchtigung durch Alkohol (Suchtgift) festgestellt wird (§ 5 Abs 1 Z. 5 und Abs 4, § 7 Abs 1 KHVG 1994 idF BGBl. I Nr. 76/2002; vgl jedoch § 6 Abs 2 VersVG 1958 idF BGBl. I Nr. 98/2001).

Unbegrenzte Leistungsfreiheit einer allfälligen Kaskoversicherung nach den versicherungsrechtlichen Vorschriften (§ 61 VersVG 1958, BGBl. 1959/2).

In der Rechtsschutz- und in der Insassenunfall-Versicherung können ebenfalls – nach Maßgabe der für den betr Versicherungsvertrag vereinbarten Versicherungsbedingungen – versicherungsrechtliche Konsequenzen eintreten, die bis zum völligen Verlust des Versicherungsschutzes reichen können.
Beachte auch die nur für Lenker von Kraftfahrzeugen geltenden strengeren Bestimmungen gem § 14 Abs 8 FSG (s. ÖAMTC-Fachbuch „Verkehrsrecht, Band III“).

Abs 1:

Durch das Wort „jedenfalls“ im zweiten Satz wird klargestellt, dass auch bei Nichterreichen des Grenzwertes von 0,8 Promille Blutalkoholgehalt oder 0,4 mg Atemluftalkoholgehalt (sog „Minderalkoholisierung“) eine Alkoholbeeinträchtigung im Sinne des § 5 Abs 1 vorliegt, sofern der Lenker alkoholbedingt fahrunfähig ist. Die Fahrunfähigkeit ist im Rahmen einer klinischen Untersuchung nachzuweisen.
Der Blutalkoholwert hängt nicht nur von der Menge und Konzentration des genossenen Alkohols ab, sondern auch von anderen Faktoren, unter denen das Körpergewicht eine ganz besondere Rolle spielt.
Der getrunkene Alkohol geht verhältnismäßig schnell in das Blut über – bei leerem Magen kann der höchste Blutalkoholspiegel bereits 20 bis 30 Minuten nach dem Alkoholgenuss auftreten – und wird dann relativ langsam (0,10 bis 0,12 Promille pro Stunde) abgebaut. Das Blut kann daher noch viele

Stunden nach starkem Alkoholgenuss einen sogenannten „Restalkohol" aufweisen. Für die Strafbarkeit macht es keinen Unterschied, ob ein Blutalkoholgehalt von 0,8 Promille oder mehr ganz oder teilweise auf einen derartigen Restalkohol zurückzuführen ist.
Wenn die Fahruntüchtigkeit nicht in erster Linie durch Alkohol, sondern durch gemeinsamen Konsum mit der Einnnahme eines Medikamentes verursacht war, ist ebenfalls das Tatbild des § 5 Abs 1 gegeben. Der Lenker ist daher verpflichtet, sich vor Einnahme des Medikamentes darüber zu vergewissern, wie dieses im Zusammenhang mit Alkohol wirkt.
Das Kriterium des Alkoholgehaltes der Atemluft verfolgt den Zweck einer raschen und genauen Kontrollmöglichkeit mittels geeigneter Geräte.
Die Überlassung des Lenkens eines Fahrzeuges an einen durch Alkohol beeinträchtigten Mitzecher ist als Anstiftung (Beihilfe) gemäß § 7 VStG in Verbindung mit dieser Bestimmung strafbar; und zwar auch dann, wenn die Beeinträchtigung nicht erkennbar war, aber vermutet werden konnte.

Zusätzliche Sonderbestimmungen:
Für Besitzer von Probeführerscheinen, Mopedlenker und Besitzer einer Lenkberechtigung der Klasse F bis zum vollendeten 20. Lebensjahr, Lenker von LKW über 7,5 t sowie von Autobussen gilt eine 0,1 – Promille - Grenze.
§ 13 Abs 4 GGBG, BGBl. I Nr. 145/1998, idF BGBl. I Nr. 86/2002 verbietet bei der Beförderung gefährlicher Güter das Lenken oder die Inbetriebnahme des Fahrzeuges bei einem Alkoholgehalt des Blutes von mehr als 0,1 g/l (0,1 Promille) oder der Atemluft von mehr als 0,05 mg/l.

Den Fahrern von Fahrzeugen, die im Linienverkehr verwendet werden, ist es untersagt, während des Dienstes geistige Getränke oder Rauschgifte zu sich zu nehmen (§ 22 Abs 2 Z. 2 der V BGBI 1954/206).
Den Lenkern von Fahrzeugen, die im nichtlinienmäßigen Personenverkehr verwendet werden (z.B. Taxi, Schülertransporte, Stadtrundfahrten), ist es untersagt, den Fahrdienst in einem durch Alkohol oder Suchtgift beeinträchtigten Zustand oder in einer hiefür sonst nicht geeigneten körperlichen und geistigen Verfassung anzutreten oder während des Fahrdienstes Alkohol oder Suchtgifte zu sich zu nehmen (§ 3 Z. 2 der V BGBI 1993/951 idF 1994/1028)

Abs 1a:

Diese Bestimmung vermeidet in Hinblick auf besondere Schutzpflichten in einzelnen Materien die Schaffung einer sich an alle Fahrzeuglenker richtenden schärferen Alkoholgrenze. Daher kommt es in den Sonderfällen nicht automatisch zu einer gerichtlichen Strafbarkeit, weil eine „Beeinträchtigung“ (soferne sie nicht bei „Minderalkoholisierung“ erwiesen wurde) erst ab 0,8 Promille – unwiderlegbar - vermutet wird

Daher sind auch keine zivilrechtlichen Folgen, etwa im Bereich des Versicherungsvertragsrechts, zu erwarten, weil in Fällen einer Obliegenheitsverletzung (§ 6 VersVG und § 7 KHVG) ein Regressanspruch des Versicherers entsteht. Auch hier hat sich die Rechtsprechung an der Beeinträchtigungsgrenze der StVO orientiert, weshalb es zu einer wesentlichen Erweiterung der Regressmöglichkeit käme.

Es kann darüber hinaus aber nicht ausgeschlossen werden, dass auch in anderen Bereichen an eine Beeinträchtigung durch Alkohol Rechtswirkungen geknüpft werden. Um solche – unbilligen – Auswirkungen zu vermeiden, sollen solche Rechtswirkungen nicht eintreten, wenn es sich um eine Alkoholisierung unter 0,8 Promille handelt, es sei denn, es handelt sich zumindest um den 3. Verstoß nach § 14 Abs 8 FSG innerhalb von 12 Monaten.

Abs 2:

Im Gegensatz zur früheren Rechtslage ist das Vorliegen der Vermutung, dass sich eine Person in einem durch Alkohol beeinträchtigten Zustand befindet, als Erfordernis einer Atemalkoholkontrolle entfallen. Damit wurde 1994 die gesetzliche Grundlage für „planquadratmäßige“ Atemalkoholkontrollen geschaffen.

Über die Gleichwertigkeit von Blutalkoholbestimmung und Atemalkoholkontrolle siehe bei Abs 8.

Z. 1 trifft dafür Vorsorge, dass auch Personen, die nicht vor Ort einer Atemalkoholuntersuchung unterzogen werden konnten, insb etwa weil sie einer Aufforderung, ihr Fahrzeug anzuhalten, nicht Folge geleistet haben oder auch bei „Fahrerflucht“ im Zusammenhang mit einem Verkehrsunfall nachträglich zum Zwecke der Beweissicherung einer Alkoholkontrolle zugeführt werden können. Die Annahme, eine Person habe in alkoholisiertem Zustand ein Fahrzeug gelenkt, kann

sich auch aus Zeugenaussagen oder aus der Tatsache ergeben, dass Motor oder Auspuffrohr noch warm sind. Es ist nicht erforderlich, dass auch im Zeitpunkt der Vorführung noch vermutet werden kann, dass sie sich in einem durch Alkohol beeinträchtigten Zustand befinden. Vielmehr darf im Zuge einer Rückrechnung der Alkoholgehalt im Zeitpunkt der Verwirklichung des relevanten Sachverhaltes ermittelt werden.
Fußgänger sind im Gegensatz zu Fahrzeuglenkern nur dann zur Untersuchung oder zur Folgeleistung der Vorführung verpflichtet, wenn sie verdächtig sind, in einem durch Alkohol beeinträchtigten Zustand einen Verkehrsunfall verursacht zu haben. Bei Rollschuhfahrern richtet sich diese Verpflichtung danach, ob sie sich auf einer Radfahranlage oder einer für Fußgänger vorbehaltenen Verkehrsfläche befunden haben.

Die Bestimmung enthält die Verpflichtung sich der Atemalkoholuntersuchung zu unterziehen. Obwohl keine bestimmte Form vorgeschrieben ist, muss das „Begehren" nach Durchführung der Atemluft-Untersuchung hinreichend deutlich sein, damit es auch als solches verstanden werden kann. Hinweise auf eine drohende Verweigerung und deren Konsequenzen sollten deutlich gemacht werden. Nach Meinung des Verwaltungsgerichtshofes wird diese Forderung allerdings bereits durch die bloße Frage, ob der Betreffende zur Ablegung des Alkotest bereit sei, erfüllt.
Die Atemluftuntersuchung darf nur verweigert werden, wenn die Voraussetzung des Abs 2 (nämlich zumindest der Verdacht des Lenkens bzw – beim Fußgänger – der Verursachung eines Unfalles) nicht gegeben ist. Die unbegründete Verweigerung der Atemluftuntersuchung wird hinsichtlich der Bestrafung einer festgestellten Alkoholbeeinträchtigung von 1,6 Promille oder mehr (höchster Strafrahmen) gleichgestellt. Führerscheinrechtliche Konsequenzen sind allerdings nur zulässig, wenn tatsächlich ein Kraftfahrzeug in alkoholisiertem Zustand gelenkt bzw in Betrieb genommen wurde. Eine allfällige spätere „tätige Reue" bewirkt keine Straflosigkeit. Als „Weigerung" ist auch anzusehen, wenn das Zustandekommen des Tests verhindert wird, z.B. wenn die Atemluft überhaupt nicht oder in viel zu geringer Menge in das Gerät geblasen wird oder das Mundstück zu früh abgesetzt wird.

Beachte auch die im Anhang III A abgedruckten Hinweise und Verpflichtungen der Straßenaufsichtsorgane (auch etwa zur Alkoholuntersuchung nach Verkehrsunfällen).

Abs 3:

Seit der 19. Novelle kann die Untersuchung der Atemluft nur mehr mit einem Gerät erfolgen, das ihren Alkoholgehalt misst und anzeigt, also dem Alkomat (das „Alkotest-Röhrchen“ wurde abgeschafft). Die Verordnung BGBl. 1994/789, die diese Geräte bestimmt, ist im Anhang III abgedruckt. Die Geräte unterliegen der Eichpflicht (§ 13 Abs 2 Z. 8 Maß- und EichG idF BGBl 1992/213), wobei die Nacheichfrist zwei Jahre beträgt. Sog „Kalibrierungen“ können die erforderliche (Nach-) Eichung nicht ersetzen. Messungen mit einem nicht gültig geeichten Gerät sind unzulässig und haben keine Beweiskraft.
Ein älteres Erkenntnis des Verwaltungsgerichtshofes, wonach die Eichfehlergrenzen (§ 39 Abs 2 Z. 2 und 3 Maß- und EichG) nicht abzuziehen seien, erscheint durch die 19. Novelle überholt.
Die Atemluftuntersuchung ist erst dann abgeschlossen, wenn zwei gültige Messergebnisse vorliegen.

Abs 4:

Im Gegensatz zur Atemluftuntersuchung an Ort und Stelle (Abs 2 erster Satz) ist die Vorführung zwecks dieser Untersuchung zur nächstgelegenen Dienststelle nur zulässig, wenn die Vermutung einer Alkoholbeeinträchtigung vorliegt. Diese Vermutung kann durch verschiedene Umstände entstehen (z.B. unsichere Fahrweise, Alkoholgeruch aus dem Munde, schwankender Gang, gerötete Bindehäute, unsichere oder lallende Sprache, sehr langsames Reaktionsvermögen udgl).
Die Untersuchung ist nach wie vor auch dann notwendig, wenn der primär einzusetzende Alkomat aus Gründen, die in der Person des einer Übertretung der Alkoholbestimmungen Verdächtigen liegen (etwa medizinische, wie z.B. Asthma), nicht eingesetzt werden kann. Da jedoch das Ergebnis der Blutuntersuchung nicht sofort vorliegt, kann zusätzlich auch noch eine Untersuchung durch einen Arzt erfolgen, da tatsächlich alkoholbeeinträchtigte Lenker an der Weiterfahrt gehindert werden müssen.
Wie der Betroffene vom Organ zur Dienststelle gebracht wird, hat das Organ zu entscheiden, dessen Anordnungen der Betroffene zu befolgen hat. Eine zwangsweise Vorfüh-

rung kommt jedoch nur dann in Betracht, wenn die Voraussetzungen des § 35 VStG für eine Festnahme vorliegen. Dieser Bestimmung zufolge dürfen Organe des öffentlichen Sicherheitsdienstes Personen, die auf frischer Tat betreten werden, zum Zweck ihrer Vorführung vor die Behörde festnehmen, wenn

a) der Betretene dem anhaltenden Organ unbekannt ist, sich nicht ausweist und seine Identität auch sonst nicht sofort feststellbar ist, oder
b) begründeter Verdacht besteht, dass er sich der Strafverfolgung zu entziehen suchen werde, oder
c) der Betretene trotz Abmahnung in der Fortsetzung der strafbaren Handlung verharrt oder sie zu wiederholen sucht.

Vgl auch § 100 Abs 3 über die zur Abwendung einer Festnahme nach a oder b festzusetzende vorläufige Sicherheit.

Die unbegründete Weigerung, sich vorführen zu lassen, wird ebenso wie eine festgestellte Alkoholbeeinträchtigung von 1,6 Promille oder mehr (höchster Strafrahmen) bestraft (§ 99 Abs 1 lit b).

Abs 5:

Dieser Abs regelt die Berechtigung der Straßenaufsichtsorgane, den Betroffenen zwecks Feststellung der Beeinträchtigung durch Alkohol im Falle der sog „Minderalkoholisierung“ und im Falle der Unmöglichkeit der Untersuchung der Atemluft zum Arzt zu bringen. Voraussetzung hiefür ist einerseits die Vermutung einer Alkoholbeeinträchtigung, andererseits (Z. 1) ein unter 0,4 mg/l Atemluft liegendes Messergebnis oder (Z. 2) die Unmöglichkeit einer Atemluftuntersuchung aus medizinischen Gründen.

Im öffentlichen Sanitätsdienst stehen die bei den Polizei- und Sanitätsbehörden (Gemeinden, Bezirksverwaltungsbehörden, Ämter der Landesregierung, Bundesministerium für soziale Sicherheit und Generationen tätigen sowie die im Heeressanitätsdienst stehenden Ärzte. Seit 1994 kann die „klinische Untersuchung“ auch durch die diensthabenden Ärzte der öffentlichen Krankenanstalten vorgenommen werden. Spezielle Vorgaben an die Ausbildung für diese Ärzte – vor allem hinsichtlich Ihrer sich aus Abs 8 ergebenden Aufgaben – fehlen noch.

Die vom Arzt vorzunehmende klinische Untersuchung umfasst insbesondere: Finger-Finger-Versuch, Finger-Nase-

Versuch, Überprüfung der Pupillenreaktion auf Lichteinfall, Beurteilung der Sprechweise usw.
Auch hier kommt eine zwangsweise Vorführung nur in Betracht, wenn die Voraussetzungen für eine Festnahme vorliegen (siehe hiezu bei Abs 4).
Die unbegründete Weigerung, sich zur klinischen Untersuchung vorführen zu lassen oder sich dieser zu unterziehen, wird hinsichtlich der Bestrafung einer festgestellten Alkoholbeeinträchtigung von 1,6 Promille oder mehr (höchster Strafrahmen) gleichgestellt (§ 99 Abs 1 lit b).

Abs 6:

Zum Unterschied von Abs 8 wird hier die sog „obligatorische“ Blutabnahme geregelt. Diese ist nur zulässig bei Personen, bei denen aus medizinischen Gründen eine Atemluftuntersuchung nicht möglich war, und auch dann nur, wenn der Verdacht einer Alkoholbeeinträchtigung besteht. Fehlt eine dieser Voraussetzungen, darf die Blutabnahme straflos verweigert werden.
Im Gegensatz zur Rechtslage vor der 19. Novelle ist die Verursachung eines Verkehrsunfalles mit erheblichem Personenschaden nicht mehr Voraussetzung der obligatorischen Blutabnahme.
Unverändert unzulässig ist es, das Blut eines Bewusstlosen oder Toten einem Alkotest zuzuführen.
Ebenso unverändert darf das Ergebnis einer unzulässigerweise erfolgten (und daher verfassungswidrigen!) Blutabnahme nicht als Beweismittel verwendet werden (so auch der Verwaltungsgerichtshof, nicht jedoch der Oberste Gerichtshof!).
Darüber hinaus ist eine solche Blutabnahme als (rechtswidrige) „Ausübung unmittelbarer verwaltungsbehördlicher Befehls- und Zwangsgewalt“ beim UVS anfechtbar (Art 129a Abs 1 Z. 2 B-VG idF BGBl 1988/685).
Die Blutabnahme dient der Bestimmung des Blutalkoholgehaltes. Als Methoden dieser Untersuchung kommen in der Praxis die Widmark- und die Ferment-(ADH-) sowie die Gaschromatographie-Untersuchung in Betracht. Um fehlerhafte Untersuchungsergebnisse möglichst zu vermeiden, wird die Analyse häufig nach zwei verschiedenen Methoden durchgeführt.
Die unberechtigte Weigerung, sich der „obligatorischen“ Blutabnahme zu unterziehen, wird hinsichtlich der Bestrafung einer festgestellten Alkoholbeeinträchtigung gleichge-

stellt (§ 99 Abs 1 lit c); die Anwendung physischen Zwanges zur Durchsetzung der Blutabnahme ist unzulässig.

Abs 7:

Zum Zwecke der Blutabnahme kann ein Proband sowohl einem im öffentlichen Sanitätsdienst stehenden Arzt als auch einem diensthabenden Arzt einer öffentlichen Krankenanstalt vorgeführt werden. Zur Vornahme der klinischen Untersuchung sind aber nur die im öffentlichen Sanitätsdienst stehenden Ärzte befugt. Wenn sich jedoch der einem Krankenhaus-Turnusarzt Vorgeführte von diesem Arzt klinisch untersuchen lässt, kann das Ergebnis dieser Untersuchung dennoch als Beweismittel verwendet werden. Dieser Meinung des Verwaltungsgerichtshofes ist beizupflichten: anders als im Fall einer unzulässigen Blutabnahme (vgl die Anmerkung zu Abs 6) wird hier ja nicht in ein verfassungsgesetzlich garantiertes Grundrecht eingegriffen.
Der bloße Auftrag, zwecks Blutabnahme ein Krankenhaus aufzusuchen, ist keine Vorführung; vielmehr muss das Organ die Verbindung des zu Untersuchenden mit dem Arzt herbeiführen.

Abs 8:

Diese Bestimmung regelt nunmehr sowohl die „freiwillige" als auch die „angeordnete" Blutabnahme; durch erstere soll die Erforschung des Sachverhaltes, ob eine Alkoholbeeinträchtigung tatsächlich vorliegt, erleichtert werden. Die Vorführung durch ein Straßenaufsichtsorgan ist nicht Voraussetzung der Blutabnahme; diese kann vielmehr auch von einer nicht vorgeführten „alkoholverdächtigen" Person verlangt werden.
Der Gesetzgeber geht von der Gleichwertigkeit der Atemluftuntersuchung und der Blutuntersuchung aus. Weichen deren Ergebnisse im Einzelfall voneinander ab, hat die Behörde im Rahmen ihrer – zu begründenden – Beweiswürdigung zu beurteilen, welchem Ergebnis sie die höhere Beweiskraft zubilligt (§ 45 Abs 2 AVG).
Durch die „Drogen-StVO-Novelle 2002" wurde eine Spezialnorm für die Blutabnahme nach einer klinischen Untersuchung, die auf Drogenkonsum schließen lässt, angefügt. Eine Blutabnahme ohne Vorliegen der Voraussetzungen würde in das durch die Verfassungsbestimmung zum Ausdruck gebrachte Grundrecht verstoßen und ein Beweismittelverwertungsverbot nach sich ziehen. Andererseits ist auf die Folgen

einer unberechtigten Verweigerung der Mitwirkung an der Blutabnahme hinzuweisen.
Obwohl nur die Verpflichtung zur Übermittlung an die nächstgelegene Polizei- oder Gendarmeriedienststelle wiederholt wird, ist davon auszugehen, dass auch die anderen im Zusammenhang mit dem Alkohol erwähnten Verpflichtungen einzuhalten sind.
Die nach der im vorletzten Satz normierten (und mit dem ersten Satz identen) Verpflichtung zur Übermittlung der Blutproben an die Exekutive und die Ermächtigung der Institute für gerichtliche Medizin (oder gleichwertige Einrichtung) wurde als lex specialis nur für die Drogen-Blutproben normiert.
Von der ursprünglichen im Entwurf zum Ausdruck gebrachten Absicht, in diesem Absatz auch die Verpflichtung zur Abgabe von Harnproben vorzuschreiben, wurde Abstand genommen.

Abs 9:

Personen, von denen vermutet werden kann, dass sie sich in einem durch Suchtgift beeinträchtigten Zustand befinden, werden so behandelt wie Personen, von denen vermutet werden kann, dass sie sich in einem durch Alkohol beeinträchtigten Zustand befinden. Aus § 99 Abs 1 lit b ergibt sich die Strafbarkeit der Verweigerung.
Die neuen Abs 10 und 11 treten an die Stelle jener Bestimmungen, die bis zu 19. Novelle so bezeichnet waren und fortan in § 5a geregelt wurden.

Abs 10:

Abs 9 bildete bis zum „StVO-Drogen-Novelle“ nur die Verpflichtung des Probanden zur Mitwirkung an der klinischen Untersuchung und war daher hinsichtlich der Duldung einer Blutabnahme keine hinreichende Rechtsgrundlage. Abs 10 schließt diese als Manko angesehene „Lücke“. Die Verfassungsbestimmung wäre allerdings wohl nur hinsichtlich des letzten Satzes erforderlich gewesen, um bisher vom VwGH als zulässig anerkannte Verweigerungen der Blutabnahme unter Sanktion zu setzen.
Auch hier bilden – wie ein Abs 8 – das Vorliegen einer erwiesenen Beeinträchtigung und der Schluss auf eine kausale Suchtgifteinnahme die Voraussetzung für die Verpflichtung des Arztes zur Abnahme von Blut.
Fehlend ist ein Anspruch des Probanden auf Beibringung von (gleichwertigen) Gegenbeweismitteln.

Auch eine (im Verhältnis zu den vagen Kausalitätshinweisen) klarere Verankerung einer Plausibilitätsprüfung wäre wünschenswert gewesen, um nach der Feststellung der Art und Menge des konsumierten Suchtmittels überprüfen zu können, ob die ursprünglich wahrgenommene Beeinträchtigung nach dem Stand der wissenschaftlichen Erkenntnis auf diesen erwiesenen Suchtmittelkonsum zurückgeführt werden kann.

Abs 11:

Diese Bestimmung ermächtigt die angesprochenen Ministerien die Entwicklung von Drogenvortestgeräten zu fördern. Derartige Geräte und Verfahren dürfen aber – anders als etwa der Alkomat – nicht den Bluttest nach vorangegangener klinischer Untersuchung ersetzen. Die Erfindung eines Gerätes oder Verfahrens, das gleichzeitig Beeinträchtigung, Drogenkonsum nach Art und Menge und überdies die Kausalität beurteilt, erscheint nach derzeitiger Sicht höchst unrealistisch, sodass die Bestimmung wohl umfassender im Sinne der Entwicklung von Geräten und Verfahren zu interpretieren ist, die im Ablauf der Drogenuntersuchung als „Vor-Ort-Vortests" in Betracht kommen können.

Abs 12:

Dieser Absatz verankert mit der Verpflichtung, die erkannten „Umstände" an die Bezirksverwaltungsbehörde als Gesundheitsbehörde „an Stelle einer Strafanzeige" weiterzuleiten, ein Verbot des Missbrauches dieser Bestimmungen als Drogen-Ersatzstrafrecht. Freilich bleibt auch eine Meldung an die Bezirksverwaltungsbehörde nicht folgenlos. Bei mangelnder „Kooperation" sind daher in weiterer Folge auch strafrechtliche Sanktionen – diese aber nicht unmittelbar wegen des den Anlass bildenden StVO-Deliktes – möglich.

ÖAMTC-Tipp:

Bei Beanstandungen nach Alkotests oder Drogenuntersuchungen empfiehlt sich dringend eine Kontaktaufnahme mit der ÖAMTC-Rechtsberatung, um sachgerechte und gesetzmäßige Rechtsfolgen sicherzustellen.

§ 5a.

(1) (Grundsatzbestimmung) Der Rechtsträger einer öffentlichen Krankenanstalt hat dem diensthabenden Arzt die für eine Blutabnahme gemäß § 5 Abs. 4a, 8 und 10 erforderlichen Einrichtungen der Anstalt zur Verfügung zu

stellen. Die Ausführungsgesetze der Länder sind binnen sechs Monaten zu erlassen.

(2) Ist bei einer Untersuchung nach § 5 Abs. 2, 4a, 5, 6 oder 8 Z. 2 eine Alkoholbeeinträchtigung festgestellt worden, so sind die Kosten der Untersuchung vom Untersuchten zu tragen. Dasselbe gilt im Falle der Feststellung einer Suchtgiftbeeinträchtigung. Die Kosten der Untersuchung sind nach den Bestimmungen des Gebührenanspruchsgesetzes 1975, idF BGBl. Nr. 623/1994, vorzuschreiben.

(3) Der Bundesminister für Inneres hat im Einvernehmen mit dem Bundesminister für Verkehr Innovation und Technologie unter Bedachtnahme auf den Zweck der Untersuchung nach § 5 Abs. 2 sowie zur Gewährleistung ihrer zweckmäßigen Durchführung die persönlichen Voraussetzungen der hiefür zu ermächtigenden Organe der Straßenaufsicht, einschließlich die Art ihrer Schulung sowie, unter Bedachtnahme auf den jeweiligen Stand der Wissenschaft und Technik, die für eine Untersuchung der Atemluft geeigneten Geräte durch Verordnung zu bestimmen.

Abs 1:

Zu Redaktionsschluss (Anfang November 2002) liegen die Ausführungsgesetze der Länder noch nicht vor.

Abs 2:

Daraus ergibt sich, dass auch bei einer Blutabnahme über Verlangen die Kosten nur dann vom Untersuchten zu tragen sind, wenn (arg „-beeinträchtigung“) ein Blutalkoholgehalt von 0,8 Promille oder darüber (bzw. ein Atemalkoholgehalt von wenigstens 0,4 mg/l) festgestellt wurde.
Beachte die hier vorgenommene statische Verweisung auf die betreffende Fassung des Gebührenanspruchsgesetzes.

Abs 3:

S die unter III. im Anhang abgedruckte AlkomatV sowie den unter III.A. abgedruckten Alkomat- und Drogenerlass. Für die Verordnung ist nunmehr der Bundesminister für Inneres im Einvernehmen mit dem Bundesminister für Verkehr, Innovation und Technologie zuständig. Da in der StVO die Aufzählung der Organe der Straßenaufsicht nur demonstrativ ist, können die Länder durch Landesgesetz auch andere Organe mit Aufgaben der Straßenaufsichtsorgane betrauen. Daher ist eine abschließende Regelung über den Kreis der zu ermächtigenden Organe durch Bundes-Verordnung nicht zweckmä-

ßig. Unter den persönlichen Voraussetzungen ist insbesondere die fachliche Eignung von Bedeutung.
Nach dem Willen des Verkehrsausschusses des Nationalrates soll im Rahmen eines Erlasses des Bundesministeriums für Inneres im Einvernehmen mit dem Bundesministerium für Wissenschaft und Verkehr besonders auf die Rechte des Kontrollierten, die sich aus der Richtlinienverordnung des BMI ergeben (abgedruckt im Anhang XII), hingewiesen werden.

§ 5b Zwangsmaßnahmen bei Alkoholisierung

(1) Die Organe der Straßenaufsicht sind berechtigt, Personen, die sich offenbar in einem durch Alkohol oder Suchtgift beeinträchtigten Zustand befinden (§ 5 Abs. 1), oder bei denen der Alkoholgehalt des Blutes 0,5 g/l (0,5 Promille) oder mehr oder der Alkoholgehalt der Atemluft 0,25 mg/l oder mehr beträgt, an der Lenkung oder Inbetriebnahme eines Fahrzeuges zu hindern. Zu diesem Zweck sind, falls erforderlich, je nach Lage des Falles und Art des Fahrzeuges, Zwangsmaßnahmen, wie etwa Abnahme der Fahrzeugschlüssel, Absperren oder Einstellung des Fahrzeuges, Anlegen von technischen Sperren und dergleichen, anzuwenden. Solche Zwangsmaßnahmen sind unverzüglich aufzuheben, wenn bei der Person, gegen die sie angewendet worden sind, der durch Alkohol oder Suchtgift beeinträchtigte Zustand nicht mehr gegeben und ihr auch nicht ein zum Lenken des betreffenden Fahrzeuges allenfalls nötiger Führerschein nach den kraftfahrrechtlichen Vorschriften abgenommen ist oder wenn eine andere Person, bei der keine Hinderungsgründe gegeben sind, beabsichtigt, das Fahrzeug in Betrieb zu nehmen und zu lenken.

(2) Die Organe der Straßenaufsicht sind weiters berechtigt, Personen an der Lenkung oder Inbetriebnahme eines Fahrzeuges zu hindern, deren Fahrlehrer (§ 114 Abs. 4 und 4a KFG 1967), Begleiter (§§ 122 Abs. 2 und 5 KFG 1967 oder 19 Abs. 3 und 6 FSG) oder Ausbildner (§ 122a Abs. 2 KFG 1967) sich offenbar in einem durch Alkohol oder Suchtgift beeinträchtigten Zustand befinden oder bei deren Fahrlehrer, Begleiter oder Ausbildner der Alkoholgehalt des Blutes 0,5 g/l (0,5 Promille) oder mehr oder der Alkoholgehalt der Atemluft 0,25 mg/l oder mehr beträgt. Zu diesem Zweck sind, falls erforderlich, je nach Lage des Falles und Art des Fahrzeuges, Zwangsmaßnahmen, wie etwa Abnahme der Fahrzeugschlüssel, Absperren oder Einstellung des Fahrzeuges, Anlegen von technischen Sperren und dergleichen, anzuwenden. Solche Zwangsmaßnahmen sind unverzüglich aufzuheben,

wenn beim Fahrlehrer, Begleiter oder Ausbildner der durch Alkohol oder Suchtgift beeinträchtigte Zustand nicht mehr gegeben und ihm auch nicht ein zum Lenken des betreffenden Fahrzeuges allenfalls nötiger Führerschein nach den kraftfahrrechtlichen Vorschriften abgenommen ist oder wenn eine andere Person, bei der keine Hinderungsgründe gegeben sind, entweder beabsichtigt, das Fahrzeug selbst in Betrieb zu nehmen und zu lenken, oder die Aufgaben des Fahrlehrers, Begleiters oder Ausbildners wahrzunehmen.

Unabhängig von der hier umschriebenen Hinderung besteht außerdem die Möglichkeit der vorläufigen Abnahme des Führerscheines nach Maßgabe der führerscheinrechtlichen Vorschriften (vgl § 39 FSG, s. ÖAMTC-Fachbuch „Verkehrsrecht, Band III". Werden derartige Zwangsmaßnahmen ohne Vorliegen der in diesem Absatzumschriebenen Voraussetzungen vorgenommen oder aufrechterhalten, ist darin eine beim „Unabhängigen Verwaltungssenat" anfechtbare (rechtswidrige) „Ausübung unmittelbarer verwaltungsbehördlicher Befehls- und Zwangsgewalt" zu erblicken (Art 129a Abs 1 Z. 2 B-VG idF BGBl 1988/685). Dasselbe gilt für andere als die hier genannten Zwangsmaßnahmen (das Auslassen der Luft aus einem Reifen – nachdem die Herausgabe der Fahrzeugschlüssel verweigert wurde – wird jedoch als noch zulässig angesehen). Wer in einem durch Alkohol beeinträchtigten Zustand versucht, ein Fahrzeug in Betrieb zu nehmen, wird nicht bestraft, wenn er aus freien Stücken oder von wem immer auf seinen Zustand aufmerksam gemacht, die Ausführung aufgibt (§ 99 Abs 5).

§ 6 Benützung schienengleicher Eisenbahnübergänge

Für das Verhalten bei Annäherung an schienengleiche Eisenbahnübergänge und bei der Übersetzung solcher Übergänge sowie für die Beachtung der den schienengleichen Eisenbahnübergang sichernden Zeichen gelten die eisenbahnrechtlichen Vorschriften.

Vgl die Bestimmungen der Eisenbahn-Kreuzungsverordnung (Anhang I); hinsichtlich der Strafbestimmungen die Anmerkung zu Beginn dieser V.

II. ABSCHNITT

Fahrregeln

§ 7 Allgemeine Fahrordnung

(1) Der Lenker eines Fahrzeuges hat, sofern sich aus diesem Bundesgesetz nichts anderes ergibt, so weit rechts zu fahren, wie ihm dies unter Bedachtnahme auf die Leichtigkeit und Flüssigkeit des Verkehrs zumutbar und dies ohne Gefährdung, Behinderung oder Belästigung anderer Straßenbenützer, ohne eigene Gefährdung und ohne Beschädigung von Sachen möglich ist. Gleise von Schienenfahrzeugen, die an beiden Rändern der Fahrbahn liegen, dürfen jedoch nicht in der Längsrichtung befahren werden, wenn der übrige Teil der Fahrbahn genügend Platz bietet.

(2) Wenn es die Verkehrssicherheit erfordert, insbesondere in unübersichtlichen Kurven, vor Fahrbahnkuppen, bei ungenügender Sicht, beim Überholtwerden und bei Gegenverkehr, hat der Lenker eines Fahrzeuges am rechten Fahrbahnrand zu fahren; er darf hiebei aber nicht Personen gefährden oder Sachen beschädigen.

(3) Auf Straßen mit wenigstens zwei Fahrstreifen für die betreffende Fahrtrichtung darf, wenn es die Leichtigkeit und Flüssigkeit des Verkehrs erfordert, der Lenker eines Kraftfahrzeuges neben einem anderen Fahrzeug fahren. Er darf hiebei, außer auf Einbahnstraßen, die Fahrbahnmitte nicht überfahren. Die Lenker nebeneinander fahrender Fahrzeuge dürfen beim Wechsel des Fahrstreifens den übrigen Verkehr weder gefährden noch behindern.

(3a) Im Ortsgebiet darf der Lenker eines Kraftfahrzeuges auf Straßen mit mindestens zwei durch Leit- oder Sperrlinien gekennzeichneten Fahrstreifen für die betreffende Fahrtrichtung den Fahrstreifen frei wählen.

(4) Beim Zufahren zum linken Fahrbahnrand und beim Abfahren vom linken Fahrbahnrand dürfen andere Straßenbenützer nicht gefährdet oder behindert werden. Bei starkem Verkehr, auf unübersichtlichen Straßenstellen, auf Vorrangstraßen im Ortsgebiet und auf Fahrbahnen mit Gleisen von Schienenfahrzeugen ist das Zufahren zum linken Fahrbahnrand, außer in Einbahnstraßen, verboten.

(5) Einbahnstraßen dürfen nur in der durch das Hinweiszeichen nach § 53 Abs. 1 Z. 10 angezeigten Fahrtrichtung befahren werden. Dies gilt nicht für bestimmte Gruppen von Straßenbenützern, die hievon durch Verordnung aus

genommen werden, und für Radfahrer in solchen Einbahnstraßen, die zugleich Wohnstraßen im Sinne des § 76b sind. Außer in Wohnstraßen sind in diesen Fällen Leit- oder Sperrlinien zur Trennung der entgegen der Einbahnstraße fahrenden Verkehrsteilnehmer vom übrigen Fahrzeugverkehr anzubringen, sofern die Sicherheit oder die Flüssigkeit des Verkehrs dies erfordern.

Abs 1:

Sofern nicht Gründe der Verkehrssicherheit entgegenstehen (Abs 2), kann ein über den zur Vermeidung von Gefahren, Behinderungen und Belästigungen anderer Straßenbenützer erforderlichen Sicherheitsabstand hinausgehender Seitenabstand vom rechten Fahrbahnrand eingehalten werden, dessen Ausmaß von den Umständen des Einzelfalles, insbesondere von der jeweiligen Geschwindigkeit abhängt. Da das Bankett nicht für den Fahrzeugverkehr bestimmt ist, beziehen sich die Worte „so weit rechts" auf den Rand der Fahrbahn und nicht auf den Rand der Straße. Randlinien dienen zur Kennzeichnung des Fahrbahnrandes. (s a die Anm zu § 57 Abs 1)

Durch die 19. Novelle wurde klargestellt, dass der Sicherheitsabstand auch im Hinblick auf das Ausmaß einer Gefährdung des Fahrzeuglenkers selbst zu bemessen ist, wobei Art und Umfang dieser Gefährdung je nach Fahrzeugtyp sehr unterschiedlich sein können. So wird insb bei Radfahrern eine Gefährdung durch die Art und Beschaffenheit des Straßenbelages, durch Straßenbahnschienen, durch das unvermittelte Öffnen von Fahrzeugtüren bei abgestellten Fahrzeugen sowie durch in den Kreuzungsbereich einfahrende Fahrzeuge des Querverkehrs zu berücksichtigen sein.

Hinsichtlich der Einschränkung „soweit sich aus diesem Bundesgesetz nichts anderes ergibt" wird auf Abs 3a und die Anmerkung hiezu verwiesen.

Das Verbot des Befahrens von Straßenbahngleisen in Längsrichtung findet Anwendung, wenn sich diese zu beiden Seiten der Fahrbahn befinden, wie etwa auf der Wiener Ringstraße.

Abs 2:

Unter den in diesem Absatz geschilderten Voraussetzungen darf vom rechten Fahrbahnrand nur der seitliche Sicherheitsabstand eingehalten werden, der unbedingt erforderlich ist, um die Gefährdung von Personen oder die Beschädigung von Sachen zu vermeiden. Die Einhaltung dieser Vorschrift macht es notwendig, die Fahrgeschwindigkeit diesen Umständen anzupassen.

Die Verpflichtung, am rechten Fahrbahnrand zu fahren, ergibt sich nicht nur für Straßenstellen, die auf Grund ihrer baulichen Beschaffenheit unübersichtlich sind (Fahrbahnkuppen, Kurven, Unterführungen udgl), sondern auch für Strecken, die zwar an sich übersichtlich angelegt sind, vom Fahrzeuglenker aber wegen ungenügender Sicht (Dunkelheit, Nebel, Regen, Schneefall usw) nicht ausreichend überblickt werden können.
Die Bestimmungen dieses Absatzes sollen vor allem Unfälle mit entgegenkommenden Fahrzeugen vermeiden; sie dienen der Sicherheit des Gegenverkehrs. Daraus kann sich aber auch eine Abschwächung des an sich strengen Rechtsfahrgebotes ergeben: da der Lenker nicht mit einem vorschriftswidrigen Gegenverkehr rechnen muss, kann er bei entsprechender Breite der Fahrbahn auch einen größeren als den unbedingt notwendigen Abstand zum rechten Fahrbahnrand halten.
Aus Abs 2 ist keine Verpflichtung eines Fahrzeuglenkers abzuleiten, zur Ermöglichung des Überholtwerdens den notwendigen und zulässigen Sicherheitsabstand zu unterschreiten.

Abs 3:

Das Nebeneinanderfahren ist lediglich dann gestattet, wenn es die Leichtigkeit und Flüssigkeit des Verkehrs erfordert. Damit wird unter grundsätzlicher Beibehaltung des Rechtsfahrgebotes dem Umstand Rechnung getragen, dass sich ein Nebeneinanderfahren im dichten Verkehr oft nicht vermeiden lässt. Da sich im Hinblick auf den Zweck dieser Regelung keine sachliche Begründung für eine unterschiedliche Behandlung von ein- und mehrspurigen Kraftfahrzeugen erkennen lässt, wurde das bereits durch Abs 3a abgeschwächte Rechtsfahrgebot durch die 19. Novelle insofern weiter abgeschwächt, als nunmehr auch der Lenker eines einspurigen Kraftfahrzeuges links neben einem anderen Fahrzeug fahren darf.
Erforderlich ist das Nebeneinanderfahren, wenn ohne Bildung zweier Kolonnen Fahrzeuge stehen bleiben oder ihre Geschwindigkeit erheblich herabsetzen müssten. Es gibt Fahrbahnen, auf denen für eine Richtung zwei, für die Gegenrichtung bloß ein Fahrstreifen vorhanden sind; in einem solchen Fall darf nur in der entsprechenden Fahrtrichtung nebeneinander gefahren werden.

Abs 3a:

Im Ortsgebiet entfällt infolge der erlaubten freien Wahl des Fahrstreifens das „Rechtsfahrgebot“, demzufolge beim Vor-

handensein mehrerer Fahrstreifen in derselben Fahrtrichtung stets der rechte Fahrstreifen zu benützen wäre, sofern nicht auf Grund der Verkehrsverhältnisse das Nebeneinanderfahren zulässig ist. Aus Gründen der Verkehrssicherheit ist diese Regelung nur für das Ortsgebiet mit der hier bestehenden Geschwindigkeitsbeschränkung vertretbar und bleibt daher auf das Ortsgebiet beschränkt.
Voraussetzung der Regelung ist allerdings, dass die Fahrstreifen durch Bodenmarkierungen gekennzeichnet sind.

Abs 4:

Da Sperrlinien nicht überfahren werden dürfen, ist das Zufahren zum linken Fahrbahnrand und das Abfahren von diesem auch dann verboten, wenn die Fahrbahn durch eine Sperrlinie geteilt ist und derjenige, der zu- oder abfahren will, diese überfahren müsste.

ÖAMTC-Tipp:

Beachte, dass das verbotene Linkszufahren einen der häufigsten Falschparktatbestände des § 24 Abs 1 lit n (Erreichen des Abstellplatzes nur durch Verletzen eines gesetzliches Verbotes) darstellt.

Abs 5:

Aus § 76b Abs 1 ergibt sich, dass Radfahrer in Wohnstraßen durchfahren dürfen. Zweck dieser Regelung ist es, in bestimmten Gebieten eine Verkehrsberuhigung zu ermöglichen, diese Gebiete aber gleichzeitig für den Fahrradverkehr durchlässig zu erhalten. Mit diesem Zweck stünde eine Bindung des Fahrradverkehrs an eine bestimmte Fahrtrichtung im Widerspruch, zumal sich im Hinblick auf die übrigen Bestimmungen des § 76b (etwa Erlaubnis des Betretens der Fahrbahn und des Spielens, Verpflichtung zur Einhaltung der Schrittgeschwindigkeit für die Lenker von anderen Fahrzeugen) eine Notwendigkeit hiefür nicht ergibt. Um den somit regelmäßig erforderlichen Aufwand für entsprechende Ausnahmeverordnungen und deren Kundmachung einzuschränken, wurde durch die 19. Novelle eine generelle Ausnahmeregelung geschaffen.
In Einbahnstraßen ist eine Trennung der entgegen der Einbahnstraße fahrenden Verkehrsteilnehmer vom übrigen Verkehr durch Leit- oder Sperrlinien allerdings nicht in jedem Fall notwendig. Vielmehr ist eine solche Trennung nur dann anzubringen, wenn es die Sicherheit oder das Verkehrsaufkommen erfordern. In Wohnstraßen soll diese Trennung unzulässig sein, da dort die erlaubten Verkehrsarten im Mischprinzip vorsichtig und mit geringer Geschwindigkeit verkeh-

ren. Eine Verkehrstrennung hätte hier regelmäßig einen unerwünschten verkehrsbeschleunigenden Effekt.
Die Erlaubnis gegen die Fahrtrichtung mit dem Fahrrad zu fahren, erstreckt sich auf alle Fahrräder des § 2 Abs 1 Z. 22, grundsätzlich auch auf mehrspurige Fahrräder. Derartige Markierungen schaffen nicht zwingend einen Radfahrstreifen. Daher gelten nicht zwingend die Vorrangbestimmungen des § 19 Abs 6a sondern Abs 1(Rechtsvorrang) bzw. Abs 4 (Wartepflichtregel).

ÖAMTC-Forderung:
Da das Radfahren gegen die Einbahn sehr oft genehmigt wird, sollte schon zum Zweck der Erinnerung der Straßenbenützer an die Möglichkeit eines radfahrenden Gegenverkehrs eine Markierung angebracht werden.

§ 8 Fahrordnung auf Straßen mit besonderen Anlagen

(1) Nebenfahrbahnen sind zum Ziehen oder Schieben von Handwagen, Handkarren oder Handschlitten sowie zum Schieben von einspurigen Fahrzeugen zu benützen. Radfahrer dürfen in Nebenfahrbahnen auch fahren, wenn kein Radfahrstreifen, Radweg oder Geh- und Radweg vorhanden ist. Sonst dürfen Nebenfahrbahnen, sofern sich aus Straßenverkehrszeichen oder Bodenmarkierungen nichts anderes ergibt, nur zum Zu- oder Abfahren benützt werden. Nebenfahrbahnen dürfen nur in der dem zunächst gelegenen Fahrstreifen der Hauptfahrbahn entsprechenden Fahrtrichtung befahren werden, sofern sich aus Straßenverkehrszeichen nichts anderes ergibt.

(2) Liegt eine Schutzinsel oder ein Parkplatzin der Mitte einer Straße, so ist rechts davon vorbeizufahren. Befindet sich eine solche Anlage in einer Einbahnstraße oder Fahrbahnhälfte, so darf sowohl rechts als auch links von ihr vorbeigefahren werden, sofern sich aus Straßenverkehrszeichen oder Bodenmarkierungen nichts anderes ergibt.

(3) Liegt im Zuge einer Straße ein Platz, so darf die Fahrt in der gedachten Verlängerung der Straße fortgesetzt werden, sofern sich aus Straßenverkehrszeichen oder Bodenmarkierungen nichts anderes ergibt.

(4) Die Benützung von Gehsteigen, Gehwegen und Schutzinseln mit Fahrzeugen aller Art und die Benützung von Radfahranlagen mit Fahrzeugen, die keine Fahrräder sind, insbesondere mit Motorfahrrädern, ist verboten.

Dieses Verbot gilt nicht

1. für das Überqueren von Gehsteigen, Gehwegen und Radfahranlagen mit Fahrzeugen auf den hiefür vorgesehenen Stellen,

2. für das Befahren von Mehrzweckstreifen mit Fahrzeugen, für welche der links an den Mehrzweckstreifen angrenzende Fahrstreifen nicht breit genug ist oder wenn das Befahren durch Richtungspfeile auf der Fahrbahn für das Einordnen zur Weiterfahrt angeordnet ist, wenn dadurch Radfahrer weder gefährdet noch behindert werden, sowie

3. für Arbeitsfahrten mit Fahrzeugen oder Arbeitsmaschinen, die nicht mehr als 1.500 kg Gesamtgewicht haben und für die Schneeräumung, die Streuung, die Reinigung oder Pflege verwendet werden.

(5) Die Lenker von anderen als Schienenfahrzeugen dürfen selbständige Gleiskörper nicht in der Längsrichtung befahren und dürfen sie nur an den dazu bestimmten Stellen überqueren. Von diesem Verbot sind Fahrzeuge des Verkehrsunternehmens, das den Verkehr mit den Schienenfahrzeugen betreibt, oder in dessen Auftrag fahrende Fahrzeuge und Fahrzeuge des Straßendienstes ausgenommen.

Abs 1:

Durch diese Vorschrift werden bestimmte Arten von Straßenbenützern, die, würden sie die Hauptfahrbahn benützen, größeren Gefahren ausgesetzt sind oder eine Behinderung des Straßenverkehrs darstellen, auf die Nebenfahrbahn verwiesen. Wenn eine Nebenfahrbahn vorhanden ist, so darf in der Regel auf der Hauptfahrbahn weder gehalten noch geparkt werden (vgl § 24 Abs 1 lit f). Nebenfahrbahnen sind grundsätzlich Einbahnen.

Lenker von Mopeds dürfen also die Nebenfahrbahn grundsätzlich nur zum Schieben und zum Zu- oder Abfahren benützen, Lenker von Fahrrädern aber zum Schieben ohne Einschränkung und zum Fahren unter der Voraussetzung benützen, dass im Zuge der gleichen Straße kein Radfahrstreifen, Radweg oder Geh- und Radweg vorhanden ist. Falls beim Verlassen der Nebenfahrbahn – auch im Bereich von Kreuzungen – keine Regelung durch Lichtzeichen besteht oder Straßenverkehrszeichen vorhanden ist, sind Radfahrer wartepflichtig.

In diesem Zusammenhang wird auf § 19 Abs 6 verwiesen, wonach Fahrzeuge im fließenden Verkehr den Vorrang gegenüber Fahrzeugen haben, die aus Nebenfahrbahnen kommen. Nebenfahrbahnen sind nicht gekennzeichnete Einbahnstraßen. Man beachte andererseits auch den Vorrang gem § 19 Abs 6b gegenüber weiter benachrangten Fahrzeugen.

Abs 4:

Hier wird die Benützung des 1994 eingeführten Mehrzweckstreifens geregelt. Durch die Regelung in Z. 1 ist auch das Überqueren eines Mehrzweckstreifens – etwa um am Fahrbahnrand zu parken – überall und nicht nur an dafür vorgesehenen Stellen zulässig, da er Teil der Fahrbahn und nur durch Leitlinien von der übrigen Fahrbahn getrennt ist.
Vgl auch § 2 Abs 1 Z. 7, 8, 10, 11 und 11b; hinsichtlich gemischter Geh- und Radwege § 2 Abs 1 Z. 11a und § 52 Z. 17a.

Abs 5:

Durch den zweiten Satz soll vor allem Autobussen im öffentlichen Verkehr das Befahren der selbstständigen Gleiskörper ermöglicht werden. Sie werden dadurch aber nicht zu Schienenfahrzeugen (die Ausnahme des § 9 Abs 2 gilt daher für Busse nicht).

§ 8a Fahrordnung auf Radfahranlagen

(1) Radfahranlagen dürfen in beiden Fahrtrichtungen befahren werden, sofern sich aus Bodenmarkierungen (Richtungspfeilen) nichts anderes ergibt.
(2) Abweichend von Abs. 1 darf jedoch ein Radfahrstreifen, ausgenommen in Einbahnstraßen, nur in der dem angrenzenden Fahrstreifen entsprechenden Fahrtrichtung befahren werden; diese Fahrtrichtung ist auch auf einer Radfahrerüberfahrt einzuhalten, die an den Radfahrstreifen anschließt.

Abs 1:

In der Vergangenheit kam es immer wieder zu Unklarheiten bezüglich der für Radfahranlagen geltenden Fahrtrichtung. Auch in der höchstgerichtlichen Rechtssprechung des OGH wurde das Fehlen derartiger Vorschriften in der Straßenverkehrsordnung festgestellt. Diese Rechtsunsicherheit wurde mit der 20. Novelle 1998 beseitigt. Sofern es sich daher nicht um einen in einer Einbahnstraße verlaufenden Radfahrstreifen handelt, wird es in Hinkunft Sache der zuständigen Behörde sein, zu beurteilen, ob eine Radfahranlage breit genug ist, um einen Fahrradverkehr in beiden Fahrtrichtungen zu ermöglichen. Wird festgestellt, dass die Breite hierfür nicht ausreicht, so wird die vorgeschriebene Fahrtrichtung durch Richtungspfeile anzuzeigen sein. S auch Anm zu § 68.

Abs 2:

Hier wird die Möglichkeit angesprochen, in Einbahnen gem § 7 Abs 5 statt der bloßen Ausnahme von der vorgeschriebenen Fahrtrichtung einen Radfahrstreifen anzubringen.
Ist die Ausnahme von der Fahrtrichtungspflicht mit Fahrradsymbolen gekennzeichnet, handelt es sich um eine Radfahranlage, andernfalls nur eine Ausnahme von einer allgemeinen Fahrregel. Daher sind unterschiedliche Vorrangregeln anzuwenden: § 19 Abs 6a, „Radfahranlagenregel" oder Abs 1, „Rechtsregel"!

§ 9 Verhalten bei Bodenmarkierungen

(1) Sperrlinien (§ 55 Abs. 2) dürfen nicht überfahren, Sperrflächen (§ 55 Abs. 4) nicht befahren werden. Befinden sich eine Sperrlinie und eine Leitlinie nebeneinander, so hat der Lenker eines Fahrzeuges die Sperrlinie dann zu beachten, wenn sie dem von ihm benützten Fahrstreifen näher liegt.

(2) Der Lenker eines Fahrzeuges, das kein Schienenfahrzeug ist, hat einem Fußgänger oder Rollschuhfahrer, der sich auf einem Schutzweg befindet oder diesen erkennbar benützen will, das unbehinderte und ungefährdete Überqueren der Fahrbahn zu ermöglichen. Zu diesem Zweck darf sich der Lenker eines solchen Fahrzeuges einem Schutzweg nur mit einer solchen Geschwindigkeit nähern, daß er das Fahrzeug vor dem Schutzweg anhalten kann, und er hat, falls erforderlich, vor dem Schutzweg anzuhalten. In gleicher Weise hat sich der Lenker eines Fahrzeuges, das kein Schienenfahrzeug ist, vor einer Radfahrerüberfahrt zu verhalten, um einem Radfahrer oder Rollschuhfahrer, der sich auf einer solchen Radfahrerüberfahrt befindet oder diese erkennbar benützen will, das ungefährdete Überqueren der Fahrbahn zu ermöglichen.

(3) Ist an einer geregelten Kreuzung auf der Fahrbahn eine Haltelinie (§ 55 Abs. 2) angebracht, so darf beim Anhalten nur bis an diese Haltelinie herangefahren werden.

(4) Ist an einer Kreuzung das Vorschriftszeichen „Halt" und auf der Fahrbahn eine Haltelinie angebracht, so ist an dieser Haltelinie anzuhalten.

(5) Sind auf der Fahrbahn Bodenmarkierungen für das Einordnen bestimmter Fahrzeugarten angebracht, so

haben die Lenker der in Betracht kommenden Fahrzeugarten ihre Fahrzeuge nach diesen Bodenmarkierungen einzuordnen. Die Lenker anderer Fahrzeuge haben so gekennzeichnete Straßenteile freizuhalten.

(6) Sind auf der Fahrbahn für das Einordnen zur Weiterfahrt Richtungspfeile angebracht, so haben die Lenker ihre Fahrzeuge je nach der beabsichtigten Weiterfahrt einzuordnen. Die Lenker von Fahrzeugen müssen jedoch auch dann im Sinne der Richtungspfeile weiterfahren, wenn sie sich nicht der beabsichtigten Weiterfahrt entsprechend eingeordnet haben. Radfahrer und Fahrzeuge des Kraftfahrlinienverkehrs können durch Hinweiszeichen von der Verpflichtung des Einordnens nach Richtungspfeilen befreit werden; sie haben sich entsprechend den Hinweiszeichen zu verhalten.

(7) Wird die Aufstellung der Fahrzeuge zum Halten oder Parken durch Bodenmarkierungen geregelt, so haben die Lenker die Fahrzeuge dieser Regelung entsprechend aufzustellen. Hiebei sind nach Maßgabe des zur Verfügung stehenden Platzes mehrere einspurige Fahrzeuge in eine für mehrspurige Fahrzeuge bestimmte Fläche aufzustellen.

(8) Im Fall des § 55 Abs. 6 2. Satzhaben sich die Verkehrsteilnehmer ausschließlich entsprechend den vorübergehend geltenden Bodenmarkierungen zu verhalten.

Allgemeines:

Bodenmarkierungen ergänzen und ersetzen Verkehrsregelungen durch Beschilderungen. § 9 regelt das Verhalten bei Bodenmarkierungen. Die Vorschriften über Beschaffenheit und Ausstattung finden sich in den §§ 55 und 56 und in der Bodenmarkierungs-Verordnung (BGBl 1995/848). Einige Vorschriften über das Verhalten der Fußgänger bei Bodenmarkierungen finden sich in § 76 (Fußgängerverkehr).
Die Bodenmarkierungs-Verordnung wurde, weil sie sich in erster Linie an die Behörde wendet, in dieses Werk nicht aufgenommen. Hingewiesen sei jedoch darauf, dass im Zeitpunkt des Inkrafttretens der Verordnung (= 1. 1. 1996) bestehende Bodenmarkierungen, die dieser Verordnung nicht entsprechen, bis spätestens 31. 12. 2003 geändert werden müssen.
Bodenmarkierungen sind nicht zu beachten, wenn sie durch die Regelung des Verkehrs durch Arm- oder Lichtzeichen ausdrücklich aufgehoben werden.

Abs 1:

Sperrlinien, das sind nicht unterbrochene Längsmarkierungen in weißer Farbe, stellen ein absolutes Verbot dar, weil sie nicht überfahren werden dürfen, gleichgültig, ob sie die Fahrstreifen entgegengesetzter oder gleicher Fahrtrichtungen voneinander trennen. Allerdings ist nicht jede nicht unterbrochene Linie eine Sperrlinie (z.B. eine Linie zur Abgrenzung von Sperrflächen oder eine Randlinie).
Sind die Fahrtrichtungen einer Fahrbahn durch zwei Sperrlinien getrennt, so darf schon die jeweils näher gelegene Sperrlinie nicht überfahren werden.
Befindet sich auf der Fahrbahn ein Hindernis (z.B. verbotswidrig abgestelltes oder immobil gewordenes Fahrzeug), dessen Entfernung nach dem sich bietenden äußeren Anschein nicht abzusehen ist, und ist ein Vorbeifahren an diesem Hindernis nur unter Überfahren der Sperrlinie möglich, so wird ein Vorbeifahren unter Anwendung besonderer Vorsicht und Aufmerksamkeit erfolgen dürfen. Eine kurze Starthemmung eines Fahrzeuges oder das Blockieren des Fahrstreifens durch ein einparkendes Fahrzeug ermächtigt allerdings nicht zum Überfahren einer Sperrlinie.

Abs 2:

Diese im Oktober 1994 eingeführte Bestimmung ist nach wie vor nicht allgemein bekannt. Dementsprechend wird sie relativ häufig verletzt. Das ungefährdete und ungehinderte Überquerenlassen erfordert nicht immer das Anhalten des Fahrzeuges (arg: „hat falls erforderlich anzuhalten").
Sowohl Fußgängern als auch Rollschuhfahrern ist bereits dann der „Vorrang" einzuräumen, wenn sie sich noch gar nicht auf dem Schutzweg befinden, sondern diesen bloß erkennbar benützen wollen.
Unverändert gilt jedenfalls die Verpflichtung des Fußgängers, den Schutzweg nicht unmittelbar vor einem herankommenden Fahrzeug und für dessen Lenker überraschend zu betreten (§ 76 Abs 4 lit a).
Noch problematischer erscheint die Regelung in bezug auf Rad- und Rollschuhfahrer, die auf einer Radfahrerüberfahrt ebenfalls bereits dann „Vorrang" genießen, wenn sie diese erkennbar benützen wollen – vor allem in Hinblick auf ihre hiebei zulässige Höchstgeschwindigkeit von 10 km/h (§ 68 Abs 3a und § 88a Abs 2).
Schienenfahrzeuge sind von dieser Verpflichtung ausgenommen (vgl § 28 Abs 2 samt Anmerkung).

Abs 3:

Ein Überfahren der Haltlinie trotzdurch Arm- oder Lichtzeichen gesperrter Kreuzung, ohne dabei allenfalls in die Kreuzung selbst einzufahren, ist unzulässig.

Abs 4:

Eine Haltelinie an einer ungeregelten Kreuzung in Verbindung mit dem Vorschriftszeichen „Halt" (Stopptafel) verpflichtet jeden Fahrzeuglenker – unabhängig davon, ob ein Vorrangberechtigter vorhanden ist oder nicht –, an dieser Linie anzuhalten. Fahren mehrere Fahrzeuge in Kolonne, so hat jedes einzelne Fahrzeug dort anzuhalten.
Ist die Haltelinie nicht sichtbar (z.B. bei Schneelage), so ist an der Stelle anzuhalten, von der aus gute Übersicht besteht. Letzteres gilt auch für das Einräumen des Vorranges bei Vorhandensein eines Vorschriftszeichens „Vorrang geben" (sogenanntes negatives Vorrangzeichen).

Abs 5:

Diese Bestimmung bildet beispielsweise die Basis für Fahrstreifen für Omnibusse. Konstitutiv ist die Bodenmarkierung (Schriftzug „Bus"), nicht das Hinweiszeichen gem § 53 Abs 1 Z. 25. *(Anm: Die dort im Zusammenhang mit dem Verkehrszeichen geregelte Verhaltensvorschrift sollte systematisch im § 9 verankert werden.)*

Abs 6:

Wird das Einordnen durch Richtungspfeile geregelt, so gelten die allgemeinen Vorschriften über das Einordnen (§ 12) nicht. Beachte das Verkehrszeichen „Voranzeiger für Einordnen" (§ 53 Abs 1 Z. 23).
Fahrzeuge, die von der Ausnahme umfasst sind, werden aber wohl den ihren Fahrstreifen beibehaltenden Fahrzeugen den Vorrang einzuräumen haben.

Abs 7:

Die normative Wirkung der Bodenmarkierungen bzw der ihre Anbringung regelnden Verordnungen erstreckt sich nach der neueren Rechtsprechung des Verwaltungsgerichtshofes in örtlicher Hinsicht nur auf den Bereich, der von den Bodenmarkierungen (zumindest teilweise) umschlossen ist. Außerhalb des genannten Bereiches gelten, soferne nicht eine andere Verordnungsbestimmung kundgemacht ist, die gesetzlichen Regeln für das Halten und Parken von Fahrzeugen, also die gesetzlichen Verbote nach § 24 Abs 1 und 3, im übrigen die Abs 1 und 3 des § 23. Die frühere Rechtsprechung, wonach Bodenmarkierungen das Verhalten von Fahr-

zeuglenkern dort, wo sich die Bodenmarkierungen befinden, zwingend regeln, weshalb das Halten und Parken außerhalb der Bodenmarkierung verboten sei, ist ausdrücklich aufgegeben worden.
Finden sich derartige Bodenmarkierungen nur auf der einen Seite der Fahrbahn, gelten daher für den gegenüberliegenden Fahrbahnrand die allgemeinen Bestimmungen (§§ 23 f); aus dem Fehlen von Bodenmarkierungen dort ergibt sich kein Verbot des Haltens oder Parkens.
Die Vorschrift des zweiten Satzes war notwendig, weil es in der Regel nicht tunlich ist, für einspurige Fahrzeuge eigene Parkstände zu markieren.

Abs 8:

Für die Dauer einer Ersatzregelung sind ausschließlich die vorübergehend geltenden (gelbroten) Markierungen verbindlich. Diese Bestimmung ist notwendig, da die Dauermarkierungen nicht entfernt werden müssen und es daher ohne diese Klarstellung zu Verhaltenskonflikten kommen würde. Die Dauermarkierungen gelten solange nicht, bis die vorübergehend geltenden Markierungen wieder entfernt sind.

§ 10 Ausweichen

(1) Der Lenker eines Fahrzeuges hat einem entgegenkommenden Fahrzeug rechtzeitig und ausreichend nach rechts auszuweichen. Einem entgegenkommenden Schienenfahrzeug ist jedoch, wenn der Abstand zwischen ihm und dem Fahrbahnrand ein Ausweichen nach rechts nicht zuläßt, unter Bedachtnahme auf den Gegenverkehr nach links auszuweichen.

(2) Kann nicht oder nicht ausreichend ausgewichen werden, so sind die einander begegnenden Fahrzeuge anzuhalten. In einem solchen Fall muß jenes Fahrzeug zurückgefahren werden, mit dem dies wegen seiner Art und wegen der örtlichen Verhältnisse leichter möglich ist.

Abs 1:

Ausgewichen werden muss nur auf der Fahrbahn selbst, nicht auf ein allfälliges Bankett, da das Bankett nicht dazu dient, befahren zu werden.
Rechtzeitiges Ausweichen bedeutet ein so frühzeitiges Zur-Seite-Fahren, dass der entgegenkommende Verkehrsteilnehmer bei Einhaltung der richtigen – also für ihn rechten – Straßenseite auf eine größere Strecke freie Bahn hat.

Es muss so weit ausgewichen werden, dass der Begegnete ohne Gefährdung und ohne vermeidbare Behinderung seine Fahrt fortsetzen kann.
Auszuweichen ist nach rechts. Nach links darf man nur im äußersten Notfall und gegenüber Fahrzeugen Straßendienstes ausweichen, die zulässigerweise die linke Fahrbahnseite benützen (§ 27 Abs 1).

Abs 2:

Es besteht daher auch für Bergstraßen keine feste Regel, welcher Lenker zurückfahren muss.
Die Verpflichtung zum allfälligen Anhalten nach dem ersten Satztrifft auch Schienenfahrzeuge.

§ 11 Änderung der Fahrtrichtung und Wechsel des Fahrstreifens

(1) Der Lenker eines Fahrzeuges darf die Fahrtrichtung nur ändern oder den Fahrstreifen wechseln, nachdem er sich davon überzeugt hat, daß dies ohne Gefährdung oder Behinderung anderer Straßenbenützer möglich ist.

(2) Der Lenker eines Fahrzeuges hat die bevorstehende Änderung der Fahrtrichtung oder den bevorstehenden Wechsel des Fahrstreifens so rechtzeitig anzuzeigen, daß sich andere Straßenbenützer auf den angezeigten Vorgang einstellen können. Er hat die Anzeige zu beenden, wenn er sein Vorhaben ausgeführt hat oder von ihm Abstand nimmt.

(3) Die Änderung der Fahrtrichtung oder der Wechsel des Fahrstreifens ist mit den hiefür bestimmten, am Fahrzeug angebrachten Vorrichtungen anzuzeigen. Sind solche Vorrichtungen nicht vorhanden oder gestört, so ist die Anzeige durch deutlich erkennbare Handzeichen durchzuführen. Wenn diese Zeichen jedoch wegen der Beschaffenheit des Fahrzeuges oder seiner Ladung nicht erkennbar sind, so sind sie mit einer Signalstange zu geben.

(4) Ob und in welcher Weise die Führer von Schienenfahrzeugen die Fahrtrichtungsänderung oder den Wechsel des Fahrstreifens anzuzeigen haben, ergibt sich aus den eisenbahnrechtlichen Vorschriften.

(5) Wenn auf Straßen mit mehr als einem Fahrstreifen für die betreffende Fahrtrichtung das durchgehende Befahren eines Fahrstreifens nicht möglich ist oder ein Fahrstreifen endet, ist den am Weiterfahren gehinderten Fahrzeugen der Wechsel auf den zunächst gelegenen verblei-

benden Fahrstreifen in der Weise zu ermöglichen, daß diese Fahrzeuge jeweils im Wechsel einem auf dem durch gehenden Fahrstreifen fahrenden Fahrzeug nachfolgen können (Reißverschlußsystem).

Allgemeines:

Die Begriffe „Änderung der Fahrtrichtung" und „Wechsel des Fahrstreifens" sind im Gesetz nicht definiert. Unter einer „Änderung der Fahrtrichtung" ist ein Verlassen des bisher befahrenen Straßenzuges zu verstehen, wobei die Zusammengehörigkeit mehrerer Straßen zu einem Straßenzug nicht nach der topographischen Bezeichnung oder Verkehrsbedeutung, sondern nach ihrer geometrischen Lage zueinander (geradlinige Fortsetzung) zu beurteilen ist. Ein „Wechsel des Fahrstreifens" liegt immer dann vor, wenn ein Fahrzeug auf einer Straße seine Bewegung so ändert, dass es dadurch ganz oder auch nur teilweise auf einen anderen Fahrstreifen gerät.

Abs 1:

Jede Änderung der Fahrtrichtung und jeder Wechsel des Fahrstreifens dürfen nur dann durchgeführt werden, wenn es der übrige Verkehr zulässt. Gegenüber der Verpflichtung des seine Richtung ändernden Verkehrsteilnehmers, eine Behinderung oder gar Gefährdung anderer Straßenbenützer zu vermeiden, ist die Pflicht zur Zeichengebung eine untergeordnete.
Zu den anderen Straßenbenützern, die nicht gefährdet oder behindert werden dürfen, gehören alle Verkehrsteilnehmer, also auch Fußgänger, Viehtreiber usw.

Abs 2:

Die Anzeigepflicht besteht nur dann, wenn andere Straßenbenützer vorhanden sind, die durch diesen Verkehrsvorgang berührt werden können. Im Kreisverkehr (vgl § 2 Abs 1 Z. 3c) ist grundsätzlich nur der aus dem Kreisverkehr ausfahrende Lenker anzeigepflichtig.

Abs 3:

Aus dem zweiten Satzfolgt, dass die Fahrt fortgesetzt werden kann, wenn die am Fahrzeug angebrachten Vorrichtungen zur Anzeige von Richtungsänderungen gestört sind.
Als deutlich erkennbares Handzeichen kommt das Ausstrecken eines Armes in die beabsichtigte Richtung in Betracht. Ein Einbiegen nach rechts kann von einem links sitzenden Lenker, aber auch durch Hochheben und seitliches Abwinkeln des linken Armes angezeigt werden.

Abs 4:

Straßenbahnen haben eine Richtungsänderung auf Strecken mit eigenem Bahnkörper anzuzeigen, wenn das Gleis in den Verkehrsraum einer Straße einmündet oder ihn überquert; auf Strecken ohne eigenen Bahnkörper hingegen immer dann, wenn die Straßenbahn abbiegt oder wenn das Gleis seine Richtung ändert und dadurch eine Verminderung der für andere Fahrzeuge neben der Straßenbahn benützbaren Fahrbahnbreite eintritt.

Abs 5:

Das durch diese Bestimmungen vorgeschriebene Reißverschlusssystem besagt, dass bei der Verringerung von Fahrstreifen dh, wenn z.B. zwei Fahrstreifen in einen übergehen oder ein Fahrstreifen blockiert ist, jene Fahrzeuge, die auf den beiden Fahrstreifen ankommen, sich wechselweise einordnen sollen. Damit soll eine flüssigere Verkehrsabwicklung gewährleistet werden. Durch Hinweiszeichen gemäß § 53 Abs 1 Z. 23c kann auf eine solche Fahrstreifenverminderung hingewiesen werden.

§ 12 Einordnen

(1) Beabsichtigt der Lenker eines Fahrzeuges nach links einzubiegen, so hat er das Fahrzeug, nachdem er sich davon überzeugt hat, daß niemand zum Überholen angesetzt hat, auf den der Fahrbahnmitte zunächst gelegenen Fahrstreifen seiner Fahrtrichtung, auf Einbahnstraßen jedoch auf den linken Fahrstreifen der Fahrbahn zu lenken. Radfahrer können durch Hinweiszeichen von dieser Einordnungsverpflichtung befreit werden; sie haben sich entsprechend den Hinweiszeichen zu verhalten.

(2) Beabsichtigt der Lenker eines Fahrzeuges nach rechts einzubiegen, so hat er das Fahrzeug auf den rechten Fahrstreifen seiner Fahrtrichtung zu lenken.

(3) Beabsichtigt der Lenker eines Fahrzeuges geradeaus zu fahren, so darf er hiezu jeden Fahrstreifen seiner Fahrtrichtung benützen.

(4) Die Bestimmungen der Abs. 1 bis 3 gelten nur insoweit, als es die Fahrbahnbreite zuläßt, die für das Verhalten gegenüber Schienenfahrzeugen getroffenen Bestimmungen (§ 28 Abs. 2) nicht entgegenstehen und sich aus Bodenmarkierungen (§ 9 Abs. 6) nichts anderes ergibt.

(5) Müssen Fahrzeuge vor Kreuzungen, Straßen engen, schienengleichen Eisenbahnübergängen und dergleichen angehalten werden, so dürfen die Lenker einspuriger,

später ankommender Fahrzeuge nur dann neben oder zwischen den bereits angehaltenen Fahrzeugen vorfahren, um sich mit ihren Fahrzeugen weiter vorne aufzustellen, wenn für das Vorfahren ausreichend Platzvorhanden ist und die Lenker von Fahrzeugen, die ihre Absicht zum Einbiegen angezeigt haben, dadurch beim Einbiegen nicht behindert werden.

Allgemeines:

Sind vor einer Kreuzung Sperrlinien vorhanden, so dürfen diese auch nicht zum Zwecke des Einordnens überfahren werden. Die Lenker haben in solchen Fällen ihre Fahrzeuge schon vor den Sperrlinien einzuordnen. Wann sich die Lenker einzuordnen, dh mit diesem Verkehrsvorgang zu beginnen haben, richtet sich nach der Verkehrsdichte einerseits und nach der Beschaffenheit des Fahrzeuges andererseits. Bei starkem Verkehr und mit Fahrzeugen, die einen längeren Zeitraum oder einen größeren Teil der Fahrbahn zur Durchführung des Einordnens benötigen, haben die Lenker entsprechend früher mit dem Einordnen zu beginnen.
Ist mit dem Einordnen eine Fahrtrichtungsänderung oder ein Fahrstreifenwechsel verbunden, so ist unter den Voraussetzungen des § 11 dieser Vorgang anzuzeigen.

Abs 1:

Die Fahrbahnmitte liegt entweder in der Mitte der Fahrbahn im geometrischen Sinn oder dort wo dies eine Bodenmarkierung (z.B. Sperrlinie, Leitlinie) zweifelsfrei anzeigt.
Typische Fälle einer asymmetrisch angeordneten Fahrbahnmitte: Markierung beim Radfahren gegen die Einbahn (§ 7 Abs 5) oder (allenfalls unterbrochene) Sperrlinie bei 2+1 geteilter Fahrbahn.

Abs 2:

Fahren Fahrzeuge auf einer Fahrbahn mit mehreren Fahrstreifen nebeneinander, so darf sich der auf dem mittleren Fahrstreifen fahrende Lenker erst dann auf den rechten Fahrstreifen begeben, wenn er dadurch andere Straßenbenützer weder gefährdet noch behindert.

Abs 4:

Daraus folgt ua, dass sich ein Linksabbieger unmittelbar vor dem Herannahen eines Schienenfahrzeuges nicht zur Fahrbahnmitte einordnen darf, wenn er dadurch die Gleise benützen müsste.

Abs 5:

Das sogenannte „Vorbeischlängeln“ bei Kreuzungen neben angehaltenen Fahrzeugen wurde für nunmehr alle Lenker einspuriger Fahrzeuge unter den hier genannten Voraussetzungen erlaubt. Eine Behinderung eines Rechtsabbiegers wird in aller Regel beim Vorbeifahren an einem den Fahrtrichtungswechsel anzeigenden Fahrzeug auf der betreffenden Seite unmittelbar vor dem oder im Kreuzungsbereich vorliegen. Obwohl das Vorbeifahren zulässig sein mag, wird es durch die – wenn auch langsame – Bewegung der übrigen Fahrzeuge zu einem unzulässigen Überholen.

§ 13 Einbiegen, Einfahren und Ausfahren

(1) Nach rechts ist in kurzem, nach links in weitem Bogen einzubiegen.

(2) Auf Kreuzungen ist beim Linkseinbiegen nach dem Einordnen (§ 12) bis unmittelbar vor die Kreuzungsmitte vorzufahren; sobald es der Gegenverkehr zuläßt, ist einzubiegen, wobei am Kreuzungsmittelpunkt links vorbeizufahren ist, sofern sich aus Bodenmarkierungen oder aus Hilfszeichen (§ 41) nichts anderes ergibt.

(2a) Auf Kreuzungen mehrstreifiger Fahrbahnen ist der Fahrstreifen, der vor dem Einbiegen befahren wurde, auch beim Einbiegen zu benützen. Der Lenker eines Fahrzeuges darf den Fahrstreifen wechseln, wenn er sich überzeugt hat, daß dies ohne Gefährdung oder Behinderung anderer Straßenbenützer möglich ist.

(3) Wenn es die Verkehrssicherheit erfordert, hat sich der Lenker beim Einfahren in Häuser oder Grundstücke und beim Ausfahren aus Häusern oder Grundstücken von einer geeigneten Person einweisen zu lassen.

(4) Beim Einbiegen in eine Fahrbahn hat der Lenker eines Fahrzeuges, das kein Schienenfahrzeug ist, einem Fußgänger, der die Fahrbahn bereits betreten hat, das unbehinderte und ungefährdete Überqueren dieser Fahrbahn zu ermöglichen.

Abs 1:

Der Lenker des einbiegenden Fahrzeuges hat darauf zu achten, dass hiebei weder Gefährdungen noch Behinderungen des Verkehrs entstehen.

Die Vorschrift, nach links in weitem Bogen einzubiegen, wird durch die Bestimmung des „tangentialen“ Linkseinbiegens (Abs 2) vielfach nicht eingehalten werden können (z.B. aus

Einbahnstraßen; auf kleinflächigen Kreuzungen). Das „Schneiden der linken Ecke“ wird daher in allen jenen Fällen zulässig sein, in denen wegen der baulichen Anlage der Straße oder mit langen Fahrzeugen oder Fahrzeugen mit Anhängern ein tangentiales Einbiegen anders nicht möglich ist. Ähnliches gilt für das sog „mehrspurige Einbiegen“ (Abs 2a).

Abs 2:

Das Linkseinbiegen hat daher wie folgt zu geschehen:

- Gewissheit verschaffen, dass dadurch nicht andere Straßenbenützer gefährdet oder behindert werden können,
- den beabsichtigten Vorgang anzeigen (Blinker, Handzeichen),
- rechtzeitig einordnen,
- bis vor die Kreuzungsmitte fahren,
- Gegenverkehr beachten und
- schließlich unmittelbar vor dem Kreuzungsmittelpunkt (tangential) einbiegen.

Nur bei entsprechenden Bodenmarkierungen oder Hilfszeichen ist der Kreuzungsmittelpunkt zu umfahren.

Unter Gegenverkehr ist nicht nur der entgegenkommende Geradeausfahrer, sondern auch der entgegenkommende Rechtseinbieger zu verstehen, dem gemäß § 19 Abs 5 ebenfalls Vorrang einzuräumen ist.

Abs 2a:

Damit wird das gleichzeitige und parallele Einbiegen auf mehreren Fahrstreifen, das sog „mehrspurige Einbiegen“, geregelt. Ein Fahrstreifenwechsel bleibt jedoch unter den Voraussetzungen des § 11 Abs 1 zulässig.

Abs 3:

Eine zum Einweisen körperlich und geistig geeignete Person wird insbesondere dann erforderlich sein, wenn der Lenker wegen der Art des Fahrzeuges oder dessen Ladung die Verkehrssituation nicht einwandfrei überblicken kann. Daraus ergibt sich, dass sich der Einweiser seiner Aufgabe bewusst sein und sich so aufstellen muss, dass er den vom Lenker nicht eingesehenen Straßenabschnitt überblicken kann.

Abs 4:

Beim Einbiegen in eine Fahrbahn hat der Lenker eines Fahrzeuges, das kein Schienenfahrzeug ist, einem Fußgänger, der die Fahrbahn bereits betreten hat, das unbehinderte und ungefährdete Überqueren der Fahrbahn zu ermöglichen, und zwar im Gegensatz zu Art 21 Abs 2 des Wiener Straßenverkehrsübereinkommens in der Fassung BGBl. III Nr. 24/1998 auch dann, wenn sich in der Einfahrtsstraße kein Schutzweg befindet.

§ 14 Umkehren und Rückwärtsfahren

(1) Der Lenker eines Fahrzeuges darf mit diesem nur umkehren, wenn dadurch andere Straßenbenützer weder gefährdet noch behindert werden.

(2) Das Umkehren ist verboten:

a) im Bereich der Vorschriftszeichen „Einbiegen nach links verboten", „Umkehren verboten" und „Vorgeschriebene Fahrtrichtung",

b) auf engen oder unübersichtlichen Straßenstellen,

c) bei starkem Verkehr,

d) auf Vorrangstraßen im Ortsgebiet, ausgenommen auf geregelten Kreuzungen,

e) auf Einbahnstraßen und auf Richtungsfahrbahnen.

(3) Wenn es die Verkehrssicherheit erfordert, muß sich der Lenker beim Rückwärtsfahren von einer geeigneten Person einweisen lassen.

(4) Ob und inwieweit das Umkehren im Bereich schienengleicher Eisenbahnübergänge verboten ist, ergibt sich aus den eisenbahnrechtlichen Vorschriften.

Abs 1:

Unter Umkehren versteht man jenes Fahren, wodurch durch Wenden auf der Fahrbahn selbst und ohne deren Verlassen die entgegengesetzte Fahrtrichtung gewonnen wird. Daher ist das Ändern der Fahrtrichtung durch Wechsel auf die Gegenfahrbahn (z.B. bei einem Fahrbahnteiler) kein Umkehren im Sinne dieser Bestimmung.

Beim Umkehren ist es gleichgültig, ob dies nur durch Vorwärtsfahren ("Wenden") oder zum Teil durch Vorwärtsfahren und zum Teil durch Rückwärtsfahren ("Reversieren") erfolgt. Für beide Arten des Umkehrens enthält das Gesetz einheitliche Bestimmungen. Wird jedoch durch Reversieren umgekehrt, so gilt für den Teil des Umkehrens, der in Rückwärtsfahrt erfolgt, zusätzlich noch die Bestimmung des Abs 3 über die Einweisung durch geeignete Personen, sofern es die Verkehrssicherheit erfordert.

Einem rückwärtsfahrenden Fahrzeug kommt kein Vorrang zu.

Abs 2:

lit a:

Diese Verkehrszeichen (§ 52 Z. 3a, 3c und 15) beziehen sich nur auf die betreffende Straßenstelle oder Kreuzung.

lit b:

Ob eine Straßenstelle „eng" ist, richtet sich danach, ob die Breite der Straße ausreicht, um unter Bedachtnahme auf die Ausmaße und die Betriebsweise des Fahrzeuges ohne wesentliche Schwierigkeiten umkehren zu können.
Unübersichtlich ist eine Straßenstelle dann, wenn es dem Lenker eines Fahrzeuges nicht möglich ist, den Verkehrsablauf derart zu überblicken, dass er Hindernisse und Gefahren rechtzeitig bemerken und vermeiden kann.

lit d:

Außerhalb von Ortsgebieten ist daher das Umkehren auf Vorrangstraßen erlaubt, sofern dies nicht nach lit a bis c und e unzulässig ist.

Abs 3:

Ein Einweiser ist beim Rückwärtsfahren insbesondere dann notwendig, wenn die Verkehrslage, die Bauart oder die Ladung des Fahrzeuges dem Lenker keine volle Sicht auf die Fahrbahn gewähren.

Abs 4:

Nach der Eisenbahn-Kreuzungsverordnung (Anhang I) ist das Umkehren verboten:

a) auf einem schienengleichen Eisenbahnübergang und
b) unmittelbar vor oder nach einem schienengleichen Eisenbahnübergang, wenn durch das umkehrende Fahrzeug der Lenker eines anderen Fahrzeuges gehindert wird, die Annäherung eines Schienenfahrzeuges oder Einrichtungen zur Anzeige oder Sicherung eines schienengleichen Eisenbahnüberganges rechtzeitig wahrzunehmen.

§ 15 Überholen

(1) Außer in den Fällen der Abs. 2 und 2a darf der Lenker eines Fahrzeuges nur links über holen.

(2) Rechts sind zu überholen:

a) Fahrzeuge, deren Lenker die Absicht anzeigen, nach links einzubiegen oder zum linken Fahrbahnrand zuzufahren und die Fahrzeuge links eingeordnet haben,

b) Schienenfahrzeuge, wenn der Abstand zwischen ihnen und dem rechten Fahrbahnrand genügend groß ist; auf Einbahnstraßen dürfen Schienenfahrzeuge auch in diesem Fall links überholt werden.

(2a) Fahrzeuge des Straßendienstes, die bei einer Arbeitsfahrt einen anderen als den rechten Fahrstreifen benützen, dürfen rechts überholt werden, sofern nicht noch genügend Platzvorhanden ist, um links zu überholen, und sich aus Straßenverkehrszeichen nichts anderes ergibt.

(3) Der Lenker des überholenden Fahrzeuges hat den bevorstehenden Überholvorgang nach § 11 über den Wechsel des Fahrstreifens und nach § 22 über die Abgabe von Warnzeichen rechtzeitig anzuzeigen.

(4) Beim Überholen ist ein der Verkehrssicherheit und der Fahrgeschwindigkeit entsprechender seitlicher Abstand vom Fahrzeug, das überholt wird, einzuhalten.

(5) Der Lenker eines Fahrzeuges, das überholt wird, darf die Geschwindigkeit nicht erhöhen, sobald ihm der Überholvorgang angezeigt worden ist (Abs. 3) oder er den Überholvorgang nach den Verkehrsverhältnissen sonst wahr genommen haben mußte. Dies gilt nicht für die Führer von Schienenfahrzeugen.

Allgemeines:

Während § 16 die Überholverbote regelt, befasst sich dieser Paragraph mit der Ausführung des Überholvorganges. Dabei ist zu bemerken, dass vor allem das Nebeneinanderfahren unter den Voraussetzungen des § 2 Abs 1 Z. 29 nicht als Überholen gilt. Kolonnen entstehen, wenn Fahrzeuge mit entsprechendem Abstand hintereinanderfahren. Auch unterschiedliche Fahrgeschwindigkeiten und Spurwechsel sind beim Nebeneinanderfahren möglich.
Hinsichtlich des Vorbeibewegens an Fahrzeugen siehe auch die Anm zu Verzögerungs- und Beschleunigungsstreifen (ebenfalls § 2 Abs 1 Z. 29).
Auch beim Überholen darf eine vorgeschriebene Höchstgeschwindigkeit nicht überschritten werden.
Nach dem Überholen hat der Überholende zu achten, dass er bei Rückkehr auf den vor dem Überholvorgang benutzten Fahrstreifen die überholten Fahrzeuge weder gefährdet noch behindert.

Abs 1:

Der Gesetzgeber hat bewusst die Bestimmung, dass – von bestimmten Fällen abgesehen – nur links überholt werden darf, an die Spitze dieses Paragraphen gestellt, um hervorzuheben, dass das Linksüberholen den Regelfall darstellt. Diese Grundregel gilt – und das sei besonders hervorgehoben – auch für die Lenker einspuriger Fahrzeuge. Das „Rechtsüberholen“ ist daher zwar grundsätzlich verboten. Siehe allerdings die Anmerkungen zum Nebeneinanderfahren unter „Allgemeines“ sowie das durch die freie Fahrstreifenwahl im Ortsgebiet ermöglichte Rechtsüberholen (§ 7 Abs 3a).

Abs 2:

Für die in diesem Absatzenthaltenen Ausnahmefälle ist das Rechtsüberholen nicht nur erlaubt, sondern (Ausnahme: lit b letzter Halbsatz) – wenn man sich überhaupt vorbeibewegt - zwingend vorgeschrieben.
Fahrzeuge, deren Lenker die Absicht anzeigen, nach links einzubiegen oder links zuzufahren, dürfen links nicht überholt werden. Rechts ist das Überholen solcher Fahrzeuge aber auch dann nur zulässig, wenn sich diese außerdem links eingeordnet haben, was eine entsprechende Breite der Fahrbahn voraussetzt. Ist diese zweite Voraussetzung nicht erfüllt oder kann sie mangels entsprechender Fahrbahnbreite nicht erfüllt werden, so ist das Überholen sowohl rechts als auch links unzulässig.
In gleicher Weise wie das Rechtsüberholen ist auch das Vorbeifahren zulässig (s. § 17)

Abs 2a:

Hier ist das Rechtsüberholen nicht zwingend vorgeschrieben, sondern lediglich erlaubt, wobei auch diese Erlaubnis nur dann gilt, wenn zuwenig Platz zum Linksüberholen vorhanden ist.

Abs 3:

Bedingt das Überholen einen Fahrstreifenwechsel – was in der Regel der Fall sein wird –, so hat der Fahrzeuglenker sich zunächst zu überzeugen, ob dies ohne Gefährdung und Behinderung anderer Straßenbenützer möglich ist, und dann seine Absicht rechtzeitig anzuzeigen. Hiefür kommen Blinker, Handzeichen oder Zeichen mit Signalstangen in Betracht.
Ein Warnzeichen ist vor dem Überholvorgang nur dann abzugeben, wenn es die Verkehrssicherheit im Einzelfall erfordert. Als Warnzeichen kommen akustische Signale und – insbesondere bei Nachtfahrten – Blinkzeichen in Betracht. Diese Regel ist auch anzuwenden, wenn zwar nicht überholt sondern im Zuge des Nebeneinanderfahrens der Fahrstreifen gewechselt wird (s § 2 Abs 1 Z. 29).

Abs 4:

Wie groß der seitliche Abstand zwischen den beiden Fahrzeugen sein muss, lässt sich allgemein nicht mit hinreichender und zutreffender Genauigkeit bestimmen. Es kann aber als Regel gelten, dass dieser Abstand bei hoher Geschwindigkeit größer sein muss und bei geringerer Geschwindigkeit kleiner sein darf. Auch wird es einen Unterschied machen, ob das zu überholende Fahrzeug ein einspuriges ist oder ob es sich hiebei um ein Schienenfahrzeug handelt; in diesem Falle wird der Abstand geringer sein können, in jenem größer sein müssen.
Zu beachten ist das Überholverbot des § 16 Abs 1 lit a, wenn zwar ein ausreichender Seitenabstand zum überholten Fahrzeug, nicht aber zum linken Fahrbahnrand oder zum Gegenverkehr eingehalten werden kann.

Abs 5:

Das Verbot, die Geschwindigkeit zu erhöhen, gilt daher auch dann, wenn der zu Überholende den Überholvorgang unabhängig von Warnzeichen wahrgenommen haben musste. Damit soll der geradezu lebensgefährliche Unfug unterbunden werden, dass der zu Überholende durch Erhöhung seiner Geschwindigkeit den Überholvorgang unmöglich macht oder aber die erforderliche Überholstrecke verlängert.
Das Verbot der Geschwindigkeitsänderung gilt naturgemäß nicht beim Nebeneinanderfahren.

§ 16 Überholverbote

(1) Der Lenker eines Fahrzeuges darf nicht überholen:

a) wenn andere Straßenbenützer, insbesondere entgegenkommende, gefährdet oder behindert werden könnten oder wenn nicht genügend Platzfür ein gefahrloses Überholen vorhanden ist,

b) wenn der Unterschied der Geschwindigkeiten des überholenden und des eingeholten Fahrzeuges unter Bedachtnahme auf allenfalls geltende Geschwindigkeitsbeschränkungen für einen kurzen Überholvorgang zu gering ist,

c) wenn er nicht einwandfrei erkennen kann, daß er sein Fahrzeug nach dem Überholvorgang in den Verkehr einordnen kann, ohne andere Straßenbenützer zu gefährden oder zu behindern,

d) auf und unmittelbar vor Schutzwegen und Radfahrerüberfahrten, sofern der Verkehr in einem solchen Be-

reich nicht durch Arm- oder Lichtzeichen geregelt wird.

(2) Außer in den im Abs. 1 angeführten Fällen darf der Lenker eines Fahrzeuges nicht überholen:

a) mehrspurige Kraftfahrzeuge auf Straßenstrecken, die durch das Vorschriftszeichen „Überholen verboten" gekennzeichnet sind; es darf jedoch überholt werden, wenn rechts zu überholen ist,

b) bei ungenügender Sicht und auf unübersichtlichen Straßenstellen, z.B. vor und in unübersichtlichen Kurven und vor Fahrbahnkuppen; es darf jedoch überholt werden, wenn die Fahrbahn durch eine Sperrlinie (§ 55 Abs. 2) geteilt ist und diese Linie vom überholenden Fahrzeug nicht überragt wird,

c) mehrspurige Fahrzeuge auf Kreuzungen, auf denen der Verkehr nicht durch Arm- oder Lichtzeichen (§ 36) geregelt wird; es darf jedoch überholt werden, wenn die Kreuzung auf einer Vorrangstraße durchfahren wird oder wenn rechts zu überholen ist (§ 15 Abs. 2),

d) überholende mehrspurige Fahrzeuge; es darf jedoch überholt werden

1. auf der Autobahn, wenn getrennte Fahrbahnen vorhanden sind, die in der Fahrtrichtung mindestens drei Fahrstreifen aufweisen,

2. auf anderen Straßen, wenn die Fahrbahn durch eine Sperrlinie (§ 55 Abs. 2) geteilt ist, in der Fahrtrichtung mindestens drei durch Leitlinien (§ 55 Abs. 3) gekennzeichnete Fahrstreifen aufweist und die Sperrlinie vom überholenden Fahrzeug nicht überragt wird.

(3) Ob und inwieweit das Überholen im Bereich schienengleicher Eisenbahnübergänge verboten ist, richtet sich nach den eisenbahnrechtlichen Vorschriften.

Allgemeines:

Das Überholen gehört zu den gefährlichsten Fahrmanövern. Für den gefahrlosen Ablauf dieses Verkehrsvorganges ist in erster Linie der Überholende verantwortlich. Er darf sich nicht auf ein Zeichen eines voranfahrenden Verkehrsteilnehmers, es könne überholt werden, verlassen.

Die in diesem Paragraphen erwähnten Überholverbote gliedern sich in solche, die unter allen Umständen und von allen

Fahrzeuglenkern beachtet werden müssen (Abs 1), und solche, die unter bestimmten Voraussetzungen Wirksamkeit haben (Abs 2 und 3).
Außer den in § 16 genannten Überholverboten ergeben sich weitere Überholverbote aus dem Verbot, Sperrlinien zu überfahren und Sperrflächen zu befahren, aus dem Gebot, sich Bodenmarkierungen entsprechend einzuordnen, sowie aus dem Gebot, sich mangels Bodenmarkierungen den allgemeinen Regeln entsprechend einzuordnen – immer für den Fall, dass das Überholen nur unter Verstoß gegen diese Vorschriften möglich wäre.

Abs 1:

lit a:

Das Überholen ist schon dann verboten, wenn die bloße Möglichkeit einer Gefährdung oder Behinderung eines anderen Verkehrsteilnehmers gegeben ist. Eine Behinderung liegt dann vor, wenn ein anderer Verkehrsteilnehmer zum Bremsen oder Ablenken seines Fahrzeuges genötigt wird.
Bei der Beurteilung der Frage, ob das Überholen ohne Gefährdung oder Behinderung Entgegenkommender möglich ist, ist eine Reihe von Umständen (insbesondere Geschwindigkeit des zu Überholenden, Geschwindigkeit und Beschleunigungsvermögen des eigenen Fahrzeuges, Geschwindigkeit des entgegenkommenden Verkehrsteilnehmers, Länge der freien Strecke, Länge des eigenen Fahrzeuges, Länge des zu überholenden Fahrzeuges) zu beachten.
Die erforderliche Überholstrecke (das ist die Weglänge, die das überholende Fahrzeug vom Anfang bis zum Ende des Überholvorganges zurücklegt) darf gemäß der Rechtsprechung des OGH den eingesehenen Teil der Fahrbahn zumindest nicht übersteigen. Aus Sicherheitsüberlegungen sollte die Sichtweite jedoch wesentlich größer als die Überholstrecke sein. Solcherart wird das Risiko, wegen Gegenverkehrs das Überholmanöver abbrechen und sich wieder hinter das andere Fahrzeug einordnen zu müssen, wesentlich reduziert. Die Länge der Überholstrecke wird in der Praxis häufig unterschätzt. Will beispielsweise ein Kraftfahrer mit 100 km/h ein mit 80 km/h fahrendes Kraftfahrzeug überholen, so benötigt er hiezu eine Überholstrecke von etwa 250 m!
Auch aus der Leuchtweite der Scheinwerfer (Fahren auf Sicht) kann sich eine Geschwindigkeitsbeschränkung ergeben.

lit c:

Die Zulässigkeit des Überholens setzt voraus, dass sämtliche voranfahrende Fahrzeuge überblickt werden. Daraus ergibt sich, dass das Überholen einer längeren Fahrzeugkolonne auf Straßen ohne Fernsicht unzulässig ist. Beim Kolonnenfahren ist überdies zu beachten, dass erfahrungsgemäß eine stete Änderung der Abstände zwischen den einzelnen Fahrzeugen eintritt und daher das Wiedereinordnen oder ein vorzeitiger Abbruch des Überholvorganges unmöglich sein könnten.

lit d:

Rechtspolitischer Zweck dieser Bestimmung ist es, eine Gefährdung der Fußgänger zu verhindern, die auf dem Schutzweg die Fahrbahn überqueren. Die Vorschrift ist daher wohl so zu verstehen, dass das Überholen in einer solchen Entfernung vor dem Schutzweg verboten ist, in der dem mit dem Überholen notwendigerweise verbundenen Sichtschatten im Verhältnis zwischen dem Fahrzeuglenker und dem allenfalls den Schutzweg benützenden Fußgänger größere praktische Bedeutung zukommt. Dies ist in einer Entfernung von etwa 15 m der Fall.
Dieselbe Überlegung gilt für das durch die 19. Novelle auf Radfahrerüberfahrten ausgedehnte Überholverbot.
Die Bestimmung wird insb im Ortsgebiet häufig übertreten, etwa wenn sich auf Fahrbahnen mit einem Fahrstreifen für Omnibusse diese zügig neben einer sich bloß langsam bewegenden Fahrzeugkolonne einem ungeregelten Schutzweg oder eine Radfahrerüberfahrt nähern.

Abs 2:

lit a:

Über Inhalt und die von Überholverboten betroffenen Fahrzeuge siehe Anm zu § 52 Z. 4 a ff. Durch Zusatztafeln kann das Überholen bestimmter Fahrzeuge erlaubt werden (z.B. von Zugmaschinen oder vierrädigen Leichtkraftfahrzeugen; vgl § 54 Abs 5 lit i).

lit b:

Für das Überholen gilt im erhöhten Maße der Grundsatz des Fahrens auf Sicht (siehe Anmerkung bei § 20). In Kurven ist das Überholen nur verboten, wenn sie unübersichtlich sind. Das Überholen ist aber auch in unübersichtlichen Kurven und vor Fahrbahnkuppen erlaubt, wenn die Fahrbahn durch eine Sperrlinie geteilt ist und diese Linie vom überholenden Fahrzeug nicht überragt wird, dh, auch die normalerweise über die Räder hinausragende Karosserie muss innerhalb des durch die Sperrlinie abgegrenzten Raumes bleiben.

lit c:

Dieses Überholverbot gilt nicht für einspurige Fahrzeuge (Fahrräder, Motorfahrräder), wohl aber auch für mehrspurige Fahrzeuge, die keine Kraftfahrzeuge sind (z.B. Fuhrwerke). Die Beschaffenheit des überholenden Fahrzeuges ist unerheblich.
Das Überholverbot auf Kreuzungen gilt nicht für durch Arm- oder Lichtzeichen geregelte Kreuzungen. Eine Kreuzung, die auf gelbes Blinklicht gestellt ist, ist nicht als geregelte Kreuzung zu werten.
Die letztgenannte Ausnahme vom Verbot bezieht sich nicht auf das Rechtsüberholen gemäß §15 Abs 2a.

lit d:

Das Verbot des „Zweitüberholens" gilt nur dann, wenn das erstüberholende Fahrzeug – dieses muss nicht ein Kraftfahrzeug sein! – mehrspurig ist. Nicht also, wenn das erstüberholende Fahrzeug einspurig ist. In beiden Fällen ist es gleichgültig, ob das erstüberholte Fahrzeug ein- oder mehrspurig ist und ob es sich dabei um ein Kraftfahrzeug handelt oder nicht.

Abs 3:

Die Eisenbahn-Kreuzungsverordnung verbietet jegliches Überholen auf einer Eisenbahnkreuzung und das Überholen mehrspuriger Kraftfahrzeuge innerhalb von etwa 80 m vor bis unmittelbar nach einer Eisenbahnkreuzung (siehe Anhang I).

§ 17 Vorbeifahren

(1) Das Vorbeifahren ist nur gestattet, wenn dadurch andere Straßenbenützer, insbesondere entgegenkommende, weder gefährdet noch behindert werden. Für die Anzeige des Vorbeifahrens, die Einhaltung eines Sicherheitsabstandes und das Vorbeifahren an Schienenfahrzeugen gelten die beim Überholen zu beachtenden Vorschriften (§ 15). An einem entsprechend eingeordneten Fahrzeug, dessen Lenker die Absicht nach links einzubiegen anzeigt (§ 13 Abs. 2), ist rechts vorbeizufahren.

(2) Der Lenker eines Fahrzeuges darf an einem in einer Haltestelle stehenden Schienenfahrzeug oder an einem Omnibus des Schienenersatzverkehrs oder des Kraftfahrlinienverkehrs auf der Seite, die für das Ein- oder Aus-

steigen bestimmt ist, nur in Schrittgeschwindigkeit und in einem der Verkehrssicherheit entsprechenden seitlichen Abstand vom Schienenfahrzeug oder Omnibus vorbeifahren. Ein- oder aussteigende Personen dürfen hiebei weder gefährdet noch behindert werden; wenn es ihre Sicherheit erfordert, ist anzuhalten.

(2a) Das Vorbeifahren an einem Fahrzeug, an dem hinten eine gelbrote Tafel mit der bildlichen Darstellung von Kindern angebracht ist, und bei dem die Alarmblinkanlage und gelbrote Warnleuchten eingeschaltet sind, ist verboten. Die näheren Bestimmungen über das Aussehen und die Abmessungen der Tafel sind durch Verordnung des Bundesministers für Verkehr, Innovation und Technologie zu erlassen.

(3) Das Vorbeifahren an Fahrzeugen, die vor einem Schutzweg oder einer Radfahrerüberfahrt anhalten, um

1. Fußgängern das Überqueren der Fahrbahn,
2. Radfahrern das Benützen der Radfahrerüberfahrt oder
3. Rollschuhfahrern das Benützen des Schutzweges oder der Radfahrerüberfahrt

zu ermöglichen, ist verboten.

(4) An Fahrzeugen, die gemäß § 18 Abs. 3 anhalten, darf nur vorbeigefahren werden, wenn wenigstens zwei Fahrstreifen für die betreffende Fahrtrichtung vorhanden sind, auf Fahrbahnen mit Gegenverkehr die Fahrbahnmitte oder eine zur Trennung der Fahrtrichtungen angebrachte Sperrlinie nicht überfahren wird und für den weiteren Fahrstreifen nicht auch schon die Voraussetzungen des § 18 Abs. 3 gegeben sind.

Definition des Vorbeifahrens s § 2 Abs 1 Z. 30.

Beachte die Vorbeifahrtverbote bei gekennzeichneten Schulbussen und bei Fahrzeugen, die Fußgänger oder Radfahrer die Fahrbahn queren lassen wollen.

Beachte auch die Voraussetzungen für das „Vorbeischlängeln" an angehaltenen Fahrzeugen durch die Lenker einspuriger Fahrzeuge (s § 12 Abs 5).

Abs 1:

An einem Schienenfahrzeug darf nur dann links vorbeigefahren werden, wenn der Abstand zwischen diesem und dem rechten Rand der Fahrbahn zum Vorbeifahren nicht ausreicht; in Einbahnen darf jedoch an einem Schienenfahrzeug auch dann links vorbeigefahren werden, wenn der Abstand zwischen diesem und dem rechten Rand der Fahrbahn genügend groß ist.

An einem entsprechend eingeordneten Fahrzeug, dessen Lenker die Absicht, nach links einzubiegen, anzeigt, ist rechts vorbeizufahren. Im übrigen darf – soweit nicht die Bestimmungen über das Verhalten auf Straßen mit besonderen Anlagen in Betracht kommen (vgl § 8) – mangels einer Norm, an welcher Seite vorbeigefahren werden muss, an beiden Seiten vorbeigefahren werden.

Abs 2a:

Das Verbot des Vorbeifahrens an Schulbussen gilt bei allen Bussen, die mit einer Schulbus-Warntafel ausgestattet sind und sowohl Alarmblinkanlage und die gelbroten Leuchten gem § 106 Abs 6 KFG im oberen Bereich des Fahrzeuges eingeschaltet haben.
Die Vorbeifahrtverbot gilt wegen der Pflicht, Dachleuchten gem § 106 Abs 6 KFG nur hinten anzubringen, nur in der gleichen Fahrtrichtung.

Abs 3:

Dieses Vorbeifahrtverbot erweitert die mit 1.10. 1994 eingeführten erweiterten Schutzrechte für Fußgänger, Radfahrer und Rollschuhfahrer, die gem § 9 Abs 2 erkennbar einen Schutzweg bzw der Radfahrerüberfahrt benützen oder benützen wollen. Die Gleichstellung der Rollschuhfahrer mit Radfahrern und Fußgängern wurde durch die 20. Nov ergänzt.

Abs 4:

Diese Regelung erweitert die durch § 18 Abs 3 bestehende Regelung zur Erleichterung des Freihaltens von Kreuzungen für den Querverkehr.

§ 18 Hintereinanderfahren

(1) Der Lenker eines Fahrzeuges hat stets einen solchen Abstand vom nächsten vor ihm fahrenden Fahrzeug einzuhalten, daß ihm jederzeit das rechtzeitige Anhalten möglich ist, auch wenn das vordere Fahrzeug plötzlich abgebremst wird.

(2) Der Lenker eines Fahrzeuges hat von Schienenfahrzeugen, die er nicht zu überholen beabsichtigt oder wegen der Beschaffenheit seines Fahrzeuges nicht überholen kann, einen den jeweiligen Straßen- und Witterungsverhältnissen angemessenen Abstand (mindestens etwa 20 m) einzuhalten.

(3) Müssen die Lenker hinter einander fahrender Fahrzeuge anhalten und reicht die Reihe der anhaltenden Fahrzeuge auf dem betreffenden Fahrstreifen bis zu einer

Querstraße, einem Schutzweg, einer Radfahrerüberfahrt oder einer die Fahrbahn querenden Gleisanlage zurück, so haben die Lenker weiterer auf demselben Fahrstreifen heran nahender Fahrzeuge so anzuhalten, daß der Verkehr auf der Querstraße, dem Schutzweg, der Radfahrerüberfahrt oder Gleisanlage nicht behindert wird.
(4) Der Lenker eines Fahrzeuges mit größeren Längsabmessungen (Lastfahrzeuge, Kraftwagenzüge, Omnibusse u. dgl.) hat auf Freilandstraßen nach einem solchen Fahrzeug einen Abstand von mindestens 50 m einzuhalten.

Zweck der Regeln über den Mindestabstand ist daher die Vermeidung der sehr häufigen Auffahrunfälle. Vor allem die hohe Verkehrsdichte und die Verletzung des Rechtsfahrgebotes durch langsame Fahrzeuge verleitet immer wieder Kraftfahrer zur Unterschreitung der erforderlichen Abstände. Technische Überwachungsgeräte können die Einhaltung des Abstandes messen und Unterschreitungen videotechnisch festhalten. Ausdrucke von Videobildern muss die Behörde nach Antrag auf Akteneinsicht vorlegen.

Tipp:
Abstände werden vor allem auf Autobahnen überwacht. Die auf Abstandsdelikte gestützten Verwaltungsstrafverfahren verlaufen regional sehr unterschiedlich. Bei Beanstandungen wird daher im Sinne der Rechtssicherheit die Inanspruchnahme einer Rechtsberatung beim ÖAMTC empfohlen.

Abs 1:

Im Regelfall wird der Lenker des auffahrenden Fahrzeuges das alleinige Verschulden an einem derartigen Unfall zu verantworten haben. Hat der „Vordermann" jedoch selbst gegen eine Vorschrift verstoßen (z.B. starkes Abbremsen ohne zwingenden Grund; Nichtfunktionieren der Bremslichter seines Kraftfahrzeuges, ohne ein entsprechendes Handzeichen zu geben – vgl § 21 Abs 2), so trifft ihn ein je nach der Lage des Falles mehr oder minder großes Mitverschulden.
Der jeweils einzuhaltende Mindestabstand ist im Gesetz nur in den Spezialfällen der Abs 2 und 4 zahlenmäßig bestimmt Der richtige Abstand richtet sich vor allem nach der Geschwindigkeit, Fahrbahnbeschaffenheit, Bremsenqualität, Ladung, den Sichtverhältnissen, dem Reifenzustand usw; er muss jedenfalls so groß sein wie die Länge des Reaktionsweges (vgl die Anmerkung zu § 20 Abs 1). Da das Gesetz diese Umstände nicht aufzählen kann, sind bei verwaltungs-

strafrechtlichen Sanktionen diese Umstände darzulegen, andernfalls ist nur die deutliche Unterschreitung des optimalen Reaktionsweges strafbar. Bei einem angemessenen Mindestabstand von 1 Sekunde sollte daher eine Bestrafung erst unter 0,6 Sekunden erfolgen. Extreme Abstandsunterschreitungen können ggf auch gerichtlich strafbar sein (z.B. Nötigung gem § 105 StGB).

Hinsichtlich des einzuhaltenden Abstandes gehen OGH und VwGH vom Reaktionsweg aus. Bei einem besonders aufmerksam fahrenden Lenker akzeptiert der VwGH einen Abstand von 0,3 bis 0,7 Sekunden.
Zum Redaktionszeitpunkt wird intensiv über eine gesetzliche Regelung des Sicherheitsabstandes diskutiert. Solange eine solche nicht besteht, wird von der herrschenden Rechtsprechung auszugehen sein.
Da das Verbot des jähen Abbremsens (§ 21 Abs 1) nicht gilt, wenn das Bremsmanöver verkehrsbedingt erforderlich ist, muss der Lenker mit einem plötzlichen Bremsen des Vorderfahrzeuges vor allem im dichten Stadtverkehr, vor geregelten Kreuzungen, auf kurvenreichen und unübersichtlichen Straßenstellen usw rechnen.

Abs 2:

Der Mindestabstand von 20 Metern soll verhindern, dass sich hinter einer Straßenbahn eine Kolonne bildet, weil das erste, hinter der Straßenbahn fahrende Fahrzeug diese nicht überholen kann oder will. Diese Regel gilt naturgemäß nicht, wenn die für die Straßenbahn ein eigener Gleiskörper errichtet wurde

Abs 3:

Durch diese Vorschrift soll die Behinderung des Querverkehrs durch anhaltende Fahrzeuge vermieden werden; sie gilt auch dann, wenn sich die einmündende Querstraße auf der gegenüberliegenden Seite in einem Platz fortsetzt. Da zu einer „Straße“ nicht nur die Fahrbahn gehört, sondern auch allfällige Nebenfahrbahnen, Gehsteige udgl, muss die gesamte Breite der Querstraße freigehalten werden. Ob auf der Querstraße tatsächlicher Fahrzeug- oder Fußgängerverkehr herrscht, ist unerheblich; dh, die Nichteinhaltung dieser Bestimmung ist strafbar, auch wenn keine Verkehrsbehinderung eingetreten ist.
Mit der 19. Novelle (1994) wurde diese Vorschrift auf Schutzwege und Radfahrerüberfahrten erweitert.
An solcherart anhaltenden Fahrzeugen darf nur vorbeigefahren werden, wenn die in § 17 Abs 4 genannten Voraussetzungen vorliegen.

Abs 4:

Durch diese Bestimmungen soll das „etappenweise" Überholen von „langen" Fahrzeugen ermöglicht werden. Dazu gehören – außer den im Gesetz beispielsweise aufgezählten Fahrzeugen – vor allem Langgutfuhren, Wohnwagen-"Gespanne", Sattelkraftfahrzeuge und Gelenkkraftfahrzeuge. Als Kraftwagenzug gelten Kraftfahrzeuge, die entweder einen Anhänger mit mehr als 750 kg höchstzulässigem Gesamtgewicht oder mehrere Anhänger mitführen (§ 2 Z. 30 KFG).

§ 19 Vorrang

(1) Fahrzeuge, die von rechts kommen, haben, sofern die folgenden Absätze nichts anderes bestimmen, den Vorrang; Schienenfahrzeuge jedoch auch dann, wenn sie von links kommen.

(2) Einsatzfahrzeuge (§ 2 Abs. 1 Z. 25) haben immer den Vorrang.

(3) Fahrzeuge, die auf einer Vorrangstraße fahren, haben den Vorrang gegenüber Fahrzeugen auf kreuzenden oder einmündenden Straßen.

(4) Ist vor einer Kreuzung das Vorschriftszeichen „Vorrang geben" oder „Halt" angebracht, so haben sowohl die von rechts als auch die von links kommenden Fahrzeuge den Vorrang. Ist jedoch auf einer Zusatztafel ein besonderer Verlauf einer Straße mit Vorrang dargestellt, so haben die Fahrzeuge, die auf dem dargestellten Straßenzug kommen, den Vorrang, unabhängig davon, ob sie dem Straßenzug folgen oder ihn verlassen; ansonsten gilt Abs. 1. Beim Vorschriftszeichen „Halt" ist überdies anzuhalten.

(5) Fahrzeuge, die ihre Fahrtrichtung beibehalten oder nach rechts einbiegen, haben, sofern sich aus Abs. 4 nichts anderes ergibt, den Vorrang gegenüber entgegenkommenden, nach links einbiegenden Fahrzeugen.

(6) Fahrzeuge im fließenden Verkehr haben den Vorrang gegenüber Fahrzeugen, die von Nebenfahrbahnen, von Fußgängerzonen, von Wohnstraßen, von Haus- oder Grundstücksausfahrten, von Garagen, von Parkplätzen, von Tankstellen, von Feldwegen oder dgl. kommen.

(6a) Radfahrer, die eine Radfahranlage verlassen, haben anderen Fahrzeugen im fließenden Verkehr den Vorrang zu geben.

(6b) Fahrzeuge, die auf Nebenfahrbahnen fahren, haben den Vorrang gegenüber Fahrzeugen, die von Fußgängerzonen, von Wohnstraßen, von Haus- oder Grundstücksausfahrten, von Garagen, von Parkplätzen, von Tankstellen, von Feldwegen oder dgl. kommen.

(7) Wer keinen Vorrang hat (der Wartepflichtige), darf durch Kreuzen, Einbiegen oder Einordnen die Lenker von Fahrzeugen mit Vorrang (die Vorrangberechtigten) weder zu unvermitteltem Bremsen noch zum Ablenken ihrer Fahrzeuge nötigen.

(8) Der Lenker eines Fahrzeuges darf auf seinen Vorrang verzichten, wobei ein solcher Verzicht dem Wartepflichtigen deutlich erkennbar zu machen ist. Das Zum-Stillstand-Bringen eines Fahrzeuges, ausgenommen eines Schienenfahrzeuges in Haltestellen, aus welchem Grunde immer, insbesondere auch in Befolgung eines gesetzlichen Gebotes, gilt als Verzicht auf den Vorrang. Der Wartepflichtige darf nicht annehmen, daß ein Vorrangberechtigter auf seinen Vorrang verzichten werde, und er darf insbesondere auch nicht annehmen, daß bei Vorrangverzicht eines Vorrangberechtigten ein anderer Vorrangberechtigter gleichfalls auf seinen Vorrang verzichten werde, es sei denn, dem Wartepflichtigen ist der Vorrangverzicht von Vorrangberechtigten zweifelsfrei erkennbar.

Die Vorrangregeln gelten im Falle einer Regelung des Verkehrs durch Arm- oder Lichtzeichen nur insoweit, als in den Paragraphen über die Arm- und Lichtzeichen nichts anderes bestimmt ist.

Die Vorrangbestimmungen werden durch eine abweichende Übung nicht außer Kraft gesetzt. Für den Vorrang ist die Verkehrsbedeutung, Frequenz und Beschaffenheit der Verkehrsflächen im allgemeinen ohne Bedeutung. Eine Ausnahme von diesem Grundsatz ist anzunehmen, wenn jemand entweder aus einer Straße kommt, für die allgemeines Fahrverbot gilt, oder eine Einbahnstraße in entgegengesetzter Richtung befahren hat. (beachte hier aber z.B. die möglichen Ausnahmen für Radfahrer oder „Anrainer“ etc.)

Der Vorrang darf nicht erzwungen werden.

Eine Verwirkung des Vorranges tritt durch ein verkehrswidriges Verhalten des Vorrangberechtigten (z.B. unzulässige Geschwindigkeit, Benützung der falschen Straßenseite) nicht ein.

Die Vorrangbestimmungen gelten nicht (mehr), wenn alle in Betracht kommenden Fahrzeuge angehalten haben; in einem solchen Fall dürfen die betreffenden Lenker ihre Fahrt nur mit besonderer Vorsicht – insbesondere nach entsprechender Kontaktaufnahme – wiederaufnehmen. Dies ist besonders beim Zusammentreffen mehrerer „Stopptafeln“ bedeutsam (s Abs 4).
Die unter Anführungszeichen stehenden Namen von bestimmten Vorrangregeln wurden entweder für die Führerscheinprüfung vom Verkehrsministerium oder vom Autor dieses Buches im Sinne einer Schließung von Systemlücken eingeführt.

Abs 1: (Rechtsregel und Schienenfahrzeugregel)

Auch ein im Rechtsvorrang befindlicher Lenker muss vor der Einfahrt in die Kreuzung erst nach links blicken, weil die kreuzende Fahrbahn von links her seiner Fahrt näher liegt.
Gegenüber den im Kreisverkehr befindlichen Fahrzeugen sind die auf Zufahrtsstraßen von rechts kommenden Fahrzeuge nur dann wartepflichtig, wenn dies durch Vorrangzeichen („Vorrang geben“, § 52 Z. 23, oder „Halt“, § 52 Z. 24) angeordnet wird. Ansonsten gilt auch gegenüber Fahrzeugen im Kreisverkehr die Rechtsregel.
Die Rechtsregel gilt nicht, soweit durch eine die Kreuzung befahrende Straßenbahn der Querverkehr gleichsam gesperrt ist (sog „Schienenfahrzeugregel“).

Abs 2: (Einsatzfahrzeugregel)

Sonstigen bevorzugten Fahrzeugen (z.B. im öffentlichen Dienst, § 26a, oder des Straßendienstes, § 27) kommt dieser absolute Vorrang nicht zu.

Abs 3: (Vorrangstraßenregel)

Zur Kennzeichnung einer Vorrangstraße s insbes § 52 lit c Z. 25a und b

Abs 4: („Wartepflichtregel“)

Beim Vorrangzeichen ("Vorrang geben“ und „Halt“) ist sowohl den von rechts als auch den von links kommenden Fahrzeugen der Vorrang ohne Rücksicht darauf zu geben, ob es sich um einen querenden oder einmündenden Verkehr handelt
Ist eine Zusatztafel mit der Darstellung des besonderen Verlaufes einer Straße mit Vorrang angebracht ("abgeknickter“ Vorrang), so gilt folgendes:

a) Fahren zwei Fahrzeuge in die Kreuzung ein, die beide entweder nicht auf der Straße mit Vorrang kommen oder auf der Straße mit Vorrang kommend diese verlassen, so gilt im Verhältnis dieser Fahrzeuge untereinander die Regel des Abs 1: Das heißt, wer von rechts kommt, hat Vorrang; Straßenbahnen haben auch dann Vorrang, wenn sie von links kommen.

b) Verlässt ein Fahrzeug auf der Kreuzung die Straße mit Vorrang und fährt ein anderes in diese, auf einer Straße ohne Vorrang kommend ein, so hat ersteres Vorrang.

Der „abgeknickte" Vorrang kann auch auf Straßen, die keine Vorrangstraßen gemäß § 43 Abs 3 lit c sind, beschildert werden. Es erscheint daher die Verwaltungspraxis unzulässig, eine Stopptafel nur deshalb anzubringen (bzw angebracht zu lassen), um dem entgegenkommenden Linkseinbieger den Vorrang zu geben.

Über die Bedeutung einer Haltelinie vergleiche § 9 Abs 3 und 4.

Abs 5: (Gegenverkehrsregel)

Der (entgegenkommende) Linksabbieger ist gegenüber dem Gegenverkehr auch bei einer Regelung des Verkehrs durch Lichtzeichen (auch bei verschieden langen Grünphasen für die verschiedenen Fahrtrichtungen) wartepflichtig. Im Gegensatz zu Abs 1 haben diese Regel auch Schienenfahrzeuge zu beachten!

Abs 6: (Fließverkehrsregel)

Hier werden Verkehrsflächen genannt, bei deren Verlassen Wartepflicht besteht. Zwischen solchen Flächen gilt eine gewisse Hierarchie: z.B. Nebenfahrbahn vor Hauseinfahrt, Radfahrerüberfahrt vor Nebenfahrbahn oder Tankstellenausfahrt usw., s auch Abs 6b

Feldwege mit Wartepflicht sind kaum ausgebaute Wege. Bei Kreuzungen mit gut ausgebauten Agrarwegen gilt die Rechtsregel oder die Wartepflichtregel

Zum Begriff der Nebenfahrbahn s auch Anm zu § 2 Abs 1 Z. 4.

Abs 6a: („Radfahranlagenregel")

Radfahrer auf Radfahranlagen sind Fahrzeuge im fließenden Verkehr. Verlassen sie die Radfahranlage, sind sie gegenüber anderen Fahrzeugen im fließenden Verkehr wartepflichtig. Ein Verlassen liegt insbesondere beim Abbiegen sowie dann vor, wenn die Radfahranlage endet. Kreuzt jedoch die Radfahranlage eine Fahrbahn (Radfahrerüberfahrt) und wird die Fahrt auf der anschließenden Radfahranlage fortgesetzt, liegt kein Verlassen vor. In seinem solchen Fall gilt der Schutz des § 9 Abs 2 im Sinne einer Vorrangregel. Bei Vorrangbeschilderungen die sog Wartepflichtregel des Abs 4.

Abs 6b: („erweiterte Fließverkehrsregel")

Dadurch wird der Vorrang von Lenkern, die auf Nebenfahrbahnen (Begriffsbestimmung in § 2 Abs 1 Z. 4) fahren (und sich somit nicht im fließenden Verkehr im Sinne des § 19 Abs 6 befinden), gegenüber Lenkern geregelt, die von den hier genannten untergeordneten Verkehrsflächen kommen.

Abs 7:

Da die Abs 1 bis 6b keine Gebote oder Verbote, sondern nur die Vorrangregeln enthalten, liegt eine strafbare Vorrangverletzung nur vor, wenn die in diesem Abs umschriebenen Tatbestandsmomente hinzutreten.

Abs 8: (Verzichtsregel)

Abs 8 sagt, der Vorrangberechtigte dürfe auf seinen Vorrang verzichten. Damit ist eindeutig klargestellt, dass ein Verzicht auf den Vorrang sich immer nur auf den eigenen Vorrang und nicht auch auf den nachfolgenden Verkehrsteilnehmer bezieht. Der Wartepflichtige darf daher nur dann fahren, wenn bei Vorhandensein mehrerer Vorrang berechtigter jeder einzelne den Vorrangverzicht (etwa durch Anhalten) deutlich erkennbar gemacht hat.
Die Erkennbarkeit der Absicht, mit dem Zum-Stillstand-Bringen des Fahrzeuges auf den Vorrang zu verzichten, ist nicht erforderlich; vielmehr rechtfertigt jedes Zum-Stillstand-Bringen ausnahmslos die Annahme, dass der Lenker auf seinen Vorrang verzichtet hat.

§ 20 Fahrgeschwindigkeit

(1) Der Lenker eines Fahrzeuges hat die Fahrgeschwindigkeit den gegebenen oder durch Straßenverkehrszeichen angekündigten Umständen, insbesondere den Straßen-, Verkehrs- und Sichtverhältnissen sowie den Eigenschaften von Fahrzeug und Ladung anzupassen. Er darf auch nicht so schnell fahren, daß er andere Straßenbenützer oder an der Straße gelegene Sachen beschmutzt oder Vieh verletzt, wenn dies vermeidbar ist. Er darf auch nicht ohne zwingenden Grund so langsam fahren, daß er den übrigen Verkehr behindert.

(2) Sofern die Behörde nicht gemäß § 43 eine geringere Höchstgeschwindigkeit erläßt oder eine höhere Geschwindigkeit erlaubt, darf der Lenker eines Fahrzeuges im Ortsgebiet nicht schneller als 50 km/h, auf Autobahnen nicht schneller als 130 km/h und auf den übrigen Freilandstraßen nicht schneller als 100 km/h fahren.

(2a) Die Behörde kann, abgesehen von den in § 43 geregelten Fällen, durch Verordnung für ein gesamtes Ortsgebiet eine geringere als die nach Abs. 2 zulässige Höchstgeschwindigkeit festlegen, sofern dies auf Grund der örtlichen oder verkehrsmäßigen Gegebenheiten nach dem Stand der Wissenschaft zur Erhöhung der Verkehrssicherheit oder zur Fernhaltung von Gefahren oder Belästigungen, insbesondere durch Lärm, Geruch oder Schadstoffe und zum Schutz der Bevölkerung oder der Umwelt oder aus anderen wichtigen Gründen geeignet erscheint. Sofern dadurch der beabsichtigte Zweck der Verordnung nicht gefährdet wird, sind einzelne Straßen, Straßenabschnitte oder Straßenarten vom Geltungsbereich der Verordnung auszunehmen.

(3) Für Zeiten, während derer eine besondere Verkehrsdichte zu erwarten ist, oder zur Durchführung wissenschaftlicher Untersuchungen unter den im Abs. 3a genannten Voraussetzungen kann der Bundesminister für Verkehr, Innovation und Technologie durch Verordnung für alle oder bestimmte Straßen bestimmen, daß die Lenker aller oder bestimmter Fahrzeugarten für die Dauer der besonderen Verkehrsdichte oder der Untersuchungen nicht schneller als mit einer unter Bedachtnahme auf die Verkehrssicherheit oder nach dem Zweck der Maßnahme bestimmten Fahrgeschwindigkeit fahren dürfen. Zur Durchführung wissenschaftlicher Untersuchungen dürfen solche Geschwindigkeitsbeschränkungen nur im unbedingt nötigen Ausmaß und höchstens für die Dauer eines Jahres verordnet und es dürfen für den gleichen Zweck solche Untersuchungen nicht vor Ablauf von 5 Jahren wiederholt werden.

(3a) Zur Durchführung wissenschaftlicher Untersuchungen darf eine Verordnung nach Abs. 3 nur erlassen werden, wenn die Untersuchung im überwiegenden Interesse des Straßenverkehrs gelegen ist, wie insbesondere Untersuchungen über die Ursachen von Straßenverkehrsunfällen und Untersuchungen über die Lärm- und Schadstoffemissionen auf Straßen, und von der Behörde oder vom Straßenerhalter in Auftrag gegeben wird.

(4) Die Bestimmungen des Abs. 1 werden durch die Regelungen nach Abs. 2 bis 3 nicht berührt.

Abs 1:

Der Lenker eines Fahrzeuges hat sich bei der Wahl der Fahrgeschwindigkeit an die hiefür maßgebenden Um-

stände anzupassen. Eine in alle Einzelheiten gehende Aufzählung jener Umstände, die ein besonders vorsichtiges und langsames Fahren erfordern, ist unterlassen worden, weil eine erschöpfende Aufzählung nicht möglich ist.
Zwei besonders wichtige Grundsätze seien jedoch erwähnt, nämlich Fahren auf Sicht: die Fahrgeschwindigkeit ist so einzurichten, dass das Fahrzeug beim Auftreten eines Hindernisses rechtzeitig angehalten werden kann; sowie Fahren auf halbe Sicht: ein Fahrzeug muss auf Straßen mit einer Breite von weniger als zwei Fahrstreifen (s § 2 Abs 1 Z. 5 und Anm zu § 24 Abs 2 lit d) auf der halben eingesehenen Strecke zum Stillstand gebracht werden können. Auf Autobahnen ist der Grundsatz des Fahrens auf Sicht uneingeschränkt nur bei Vorliegen besonderer außergewöhnlicher sichtbehindernder Umstände (z.B. Nebel, starker Schneefall) oder bei unübersichtlicher Verkehrslage zu beachten. Dies bedeutet jedoch nicht, dass ansonsten mit einer unangemessenen oder unvernünftig hohen Geschwindigkeit gefahren werden darf; dem Lenker muss zumindest eine geeignete Reaktion auf unvermutet auftauchende Hindernisse möglich sein. Auf Gefahrensicht, also so, dass bis zur Gefahrenstelle angehalten werden kann, ist in besonderen Situationen zu fahren (z.B. in Baustellen, bei Kindern, die gem § 29a die Fahrbahn überqueren könnten oder prinzipiell Personen, auf die gem § 3 der Vertrauensgrundsatz nicht anzuwenden ist).

Die Wahl der Fahrgeschwindigkeit steht auch im Zusammenhang mit dem gewählten Sicherheitsabstand. Daher ist ein Teil der „Abstandsrechtsprechung“ zu § 20 ergangen.

Als Straßenverkehrszeichen, die zur Wahl der richtigen Fahrgeschwindigkeit heranzuziehen sind, kommen vor allem in Betracht: das Verbotszeichen „Geschwindigkeitsbeschränkung (erlaubte Höchstgeschwindigkeit)“ gemäß § 52 Z. 10a (auch Zonen gem Z. 11a), die Hinweiszeichen „Spital“ nach § 53 Abs 1 Z. 2 und „Kennzeichnung eines Schutzweges“ gemäß § 53 Abs 1 Z. 2a und Radfahrerüberfahrt gem Z. 2b (auch eine „Ortstafel“) sowie schließlich sämtliche Gefahrenzeichen des § 50. Letztere verpflichten den Lenker ausdrücklich, sich in geeigneter Weise – erforderlichenfalls durch Geschwindigkeitsverminderung – der angekündigten Gefahr entsprechend zu verhalten.
Eine vorgeschriebene Mindestgeschwindigkeit (§ 52 Z. 19) entbindet den Lenker nicht von den Pflichten des Abs 1; die Einschränkungen des Abs 1 gehen also einer durch Straßenverkehrszeichen angeordneten Mindestgeschwindigkeit vor.

Dem Verbot des letzten Satzes kommt gerade auf unübersichtlichen und kurvenreichen Strecken besondere Bedeutung zu, da verkehrsbehindernd langsam fahrende Fahrzeuge Überholvorgänge herausfordern, die an derartigen Stellen besonders gefährlich sind. Langsam fahren ist jedoch nicht schlechthin verboten, sondern nur, wenn dadurch andere behindert werden.

Abs 2:

Diese Geschwindigkeiten dürfen auch beim Überholen nicht überschritten werden.
Die permanenten generellen Geschwindigkeitsbeschränkungen auf Autobahnen und sonstigen Freilandstraßen waren ursprünglich durch Verordnungen verfügt worden. Obwohl der ÖAMTC mehrmals auf deren verfassungsrechtliche Bedenklichkeit hingewiesen hatte, erfolgte die Sanierung dieser Geschwindigkeitsbeschränkung durch deren gesetzliche Verankerung erst, nachdem der Verfassungsgerichtshof die erste, damals bereits außer Kraft getretene dieser Verordnungen (BGBl 1973/562) als gesetzwidrig erkannt hatte (Kundmachung BGBl 1975/244). Anlässlich dieser Novellierung hat der Nationalrat den seinerzeitigen Bundesminister für Verkehr ersucht, darauf hinzuwirken, dass von der Ermächtigung der – ebenfalls novellierten – Bestimmung des § 43 Abs 4 Gebrauch gemacht wird (dh, dass die zulässige Höchstgeschwindigkeit insbesondere auf Autobahnteilstrecken erhöht wird), wenn zufolge der zugrundegelegten Entwurfsgeschwindigkeit keine Bedenken aus Gründen der Sicherheit des Verkehrs bestehen.
Anlässlich der 10. Novelle hat der Nationalrat in einer analogen Entschließung die Straßenpolizeibehörden ersucht, von der Ermächtigung des § 43 Abs 4 vermehrt Gebrauch zu machen und für jene Straßenabschnitte im Ortsgebiet, in denen die Voraussetzungen gegeben sind, die zulässige Höchstgeschwindigkeit in dem aus Sicherheitsgründen vertretbaren Ausmaß zu erhöhen. Vgl demgegenüber die durch die 19. Novelle eingefügte Bestimmung des Abs 2a!
Diejenigen Straßenstrecken, auf denen geringere Höchstgeschwindigkeiten bestimmt oder höhere Geschwindigkeiten erlaubt werden, sind durch die Verbotszeichen gemäß § 52 Z. 10a und b (vgl auch die dortige Anmerkung) gekennzeichnet.
Die Verfügung einer dauernden geringeren Höchstgeschwindigkeit als 100 km/h für die Freilandstraßen eines ganzen Bundeslandes (ausgenommen Autobahnen) durch Verordnung ist gesetzwidrig VfGH 17. 6. 1993, V 117/92).

Soweit in Fußgängerzonen und Wohnstraßen der Fahrzeugverkehr zulässig ist, darf dieser nur mit Schrittgeschwindigkeit, also 5 km/h, erfolgen (§§ 76a Abs 6, 76b Abs 3).
Weitere zahlenmäßig bestimmte Höchstgeschwindigkeiten enthalten vor allem die kraftfahrrechtlichen Bestimmungen (über Viehtransporte, Abschleppen, Invalidenfahrzeuge usw, s insb § 98 KFG und § 58 KDV, s ÖAMTC-Fachbuch „Verkehrsrecht, Band II").
Als Methoden zur Feststellung von Geschwindigkeitsüberschreitungen kommen insbesondere in Betracht: das Nachfahren mit einem Dienstfahrzeug in möglichst gleichbleibendem Abstand unter gleichzeitigem Ablesen der Geschwindigkeit vom Tachometer des Dienstfahrzeuges; die Verwendung von Stoppuhren; der Einsatz von Radarmessgeräten oder sog „Laserpistolen" sowie schließlich die Schätzung. Zu letzterer Methode sei folgendes bemerkt: Nach ständiger Judikatur des Verwaltungsgerichtshofes ist den im Straßenverkehrsdienst stehenden Polizei- und Gendarmerieorganen ein Urteil darüber zuzubilligen, ob ein Fahrzeug die zulässige Höchstgeschwindigkeit in erheblichem Maße (mehr als 25%) überschritten hat. Ein Geschwindigkeitsunterschied von nur 10 km/h kann bei Schätzungen nicht als ein erheblicher, somit nicht als ein erkennbarer Unterschied gelten; eine derartige Schätzung kommt als Beweismittel für eine Geschwindigkeitsüberschreitung daher nicht in Betracht. Darüber hinaus ist für die Schätzung das Vorhandensein einer gut einsehbaren und ausreichend langen Strecke erforderlich: wenigstens 100 m, wenn das Fahrzeug im Vorbeifahren (Herannahen und Entfernen) beobachtet wird; mehrere hundert Meter, wenn das Fahrzeug lediglich im Herannahen gesehen wird.
Mit der 21. KFG Novelle wurde im Jahr 2002 die Streckenmessung für zulässig erklärt. Beachte hier die Anmerkungen zu § 100 Abs 5b.

Abs 2a:

Auf Grund dieser – im Vergleich zur grundsätzlich verlangten Erforderlichkeit von Verkehrsbeschränkungen nach § 43 – verfassungsrechtlich bedenklichen Bestimmung können nunmehr geringere Geschwindigkeitsbeschränkungen als 50 km/h – in Betracht kommen vor allem Tempo 30 oder 40 – global für ein ganzes Ortsgebiet verordnet werden, wenn diese auch nur für „geeignet" (...) gehalten werden. Unzulässig bleibt weiterhin – vgl die Anmerkung zu Abs 2 – die Verordnung einer dauernden geringeren Geschwindigkeitsbeschränkung für alle Freilandstraßen eines Bundeslandes.

Abs 3:

Von dieser Verordnungsermächtigung wurde in früheren Jahren wiederholt Gebrauch gemacht (Ostern, Pfingsten). Die in diesem Werk bereits früher als verfassungsrechtlich bedenklich bezeichnete Bestimmung, wonach Geschwindigkeitsbeschränkungen auch aus Gründen wissenschaftlicher Untersuchungen verordnet werden können, wurde mittlerweile vom Verfassungsgerichtshof per 1. 10. 1988 aufgehoben (Kdm BGBl 1987/573). Mit der 15. Novelle wurde die Bestimmung neugefasst, um derartige Untersuchungen zu den in Abs 3a genannten Zwecken wiederum durchführen zu können.

Derartige Geschwindigkeitsbeschränkungen, die geringer oder höher als die in Abs 2 genannten Werte liegen können, dürfen nur für die Dauer der Untersuchungen (höchstens für ein Jahr) verordnet werden.

Ob auf Grundlage dieser Bestimmung auch Abweichungen von kraftfahrrechtlichen Höchstgeschwindigkeiten verordnet werden dürfen, erscheint im Hinblick auf die Kompetenzbestimmungen des B-VG problematisch.

Allen diesen Geschwindigkeitsbeschränkungen ist gemeinsam, dass die Verordnung im BGBl kundzumachen ist (und nicht durch Verkehrszeichen).

Neben dieser Bestimmung kommen vor allem Abs 2a sowie § 43 Abs 1 und 2 als Basis für Geschwindigkeitsbeschränkungs-Verordnungen in Betracht.

Andere Maßnahmen als Geschwindigkeitsbeschränkungen dürfen zu Versuchszwecken nicht verordnet werden.

Abs 4:

Damit wird die Verpflichtung des Lenkers in Erinnerung gerufen, seine Fahrgeschwindigkeit trotz einer zahlenmäßigen generellen Höchstgeschwindigkeit (die niemals überschritten werden darf) nach den Grundsätzen des Abs 1 zu wählen. Demgegenüber dürfen individuell angeordnete Geschwindigkeitsbeschränkungen gemäß § 52 Z. 10a, bei deren Festsetzung die Behörde auch auf ungünstige Verhältnisse Bedacht nehmen muss (§ 43 Abs 1), – abgesehen von besonderen Ausnahmesituationen – bis zur Obergrenze ausgenützt werden.

§ 21 Verminderung der Fahrgeschwindigkeit

(1) Der Lenker darf das Fahrzeug nicht jäh und für den Lenker eines nachfolgenden Fahrzeuges überraschend abbremsen, wenn andere Straßenbenützer dadurch gefährdet oder behindert werden, es sei denn, daß es die Verkehrssicherheit erfordert.

(2) Der Lenker eines Kraftfahrzeuges hat die Verminderung der Geschwindigkeit den Lenkern nachfolgender Fahrzeuge mit den am Fahrzeug hiefür angebrachten Vorrichtungen anzuzeigen. Sind solche Vorrichtungen nicht vorhanden oder gestört, so ist die Geschwindigkeitsverminderung durch Hochheben eines Armes, wenn diese Zeichen jedoch wegen der Beschaffenheit des Fahrzeuges oder seiner Ladung nicht erkennbar sind, durch Hochheben einer Signalstange anzuzeigen.

(3) *Entfällt.*

(4) Ob und in welcher Weise die Führer von Schienenfahrzeugen die Geschwindigkeitsverminderung anzuzeigen haben, ergibt sich aus den eisenbahnrechtlichen Vorschriften.

Abs 1:

Der großen Zahl der Auffahrunfälle trägt das Gesetz durch eine doppelte Sicherung Rechnung: einerseits durch diese Vorschrift; andererseits durch die Bestimmung des § 18 Abs 1, wonach der Lenker eines Fahrzeuges stets einen solchen Abstand vom nächsten vor ihm fahrenden Fahrzeug einzuhalten hat, dass ihm jederzeit das rechtzeitige Anhalten möglich ist, auch wenn das vordere Fahrzeug plötzlich abgebremst wird.

Abs 2:

Unter den hier genannten Vorrichtungen sind hinsichtlich der Kraftfahrzeuge die in den kraftfahrrechtlichen Bestimmungen vorgeschriebenen Bremsleuchten zu verstehen. Ein Kraftfahrer, der nur „vom Gas weggeht", muss die bloß infolge der Bremswirkung des Motors eintretende Geschwindigkeitsverminderung nicht durch Armzeichen anzeigen.
Für die Lenker von anderen Fahrzeugen als Kraftfahrzeugen besteht keine Verpflichtung, die Geschwindigkeitsverminderung anzuzeigen.
Signalstangen werden vor allem für Heu- und Strohfuhren mit Anhängern an Zugmaschinen in Betracht kommen: einerseits müssen viele solche Kraftfahrzeuge nicht mit Bremsleuchten ausgerüstet sein (§ 18 Abs 2 KFG), bloße Armzeichen wären gerade in diesen Fällen überhaupt nicht oder nur schlecht sichtbar.

Abs 4:

Straßenbahnen müssen mit Bremsleuchten ausgestattet sein.

§ 22 Warnzeichen

(1) Wenn es die Verkehrssicherheit erfordert, hat der Lenker eines Fahrzeuges andere Straßenbenützer mit der zum Abgeben von akustischen Warnzeichen bestimmten Vorrichtung durch deutliche Schallzeichen, sofern solche Vorrichtungen nicht vorhanden oder gestört sind, durch deutliche Zurufe zu warnen. Der Lenker darf auch durch Blinkzeichen warnen, wenn sie ausreichen und nicht blenden.

(2) Die Abgabe von Schallzeichen (Abs. 1) ist unbeschadet der Bestimmungen über das Hupverbot (§ 43 Abs. 2) verboten, wenn es die Sicherheit des Verkehrs nicht erfordert. Schallzeichen dürfen insbesondere vor Kirchen und gekennzeichneten Schulen und Krankenhäusern sowie zur Nachtzeit nicht länger als unbedingt nötig gegeben werden.

(3) Der Lenker, der mit einem Kraftfahrzeug mit mehr als insgesamt 9 Sitzplätzen ausschließlich einen Schülertransport gemäß § 106 Abs. 6 zweiter Satz KFG. 1967 durchführt, hat dafür zu sorgen, daß an diesem Kraftfahrzeug während der Dauer der ausschließlichen Verwendung für Schülertransporte hinten eine Tafel gemäß § 17 Abs. 2a angebracht ist. In allen anderen Fällen ist die Tafel zu entfernen oder abzudecken. Er hat die Alarmblinkanlage und mindestens zwei am Kraftfahrzeug angebrachte, von hinten sichtbare gelbrote Warnleuchten einzuschalten, wenn das Kraftfahrzeug stillsteht und Schüler ein- oder aussteigen.

Abs 1:

Warnzeichen mögen zwar für die Verkehrssicherheit notwendig sein, rufen aber meist auch Störungen der Ruhe hervor. Im Sinne einer Interessenabwägung dürfen daher Warnzeichen nur dann abgegeben werden, wenn es die Verkehrssicherheit erfordert. In anderen Fällen ist die Abgabe akustischer Zeichen unzulässig.

Auch das Glockensignal eines Radfahrers ist ein Warnzeichen und fällt demnach auch unter ein Hupverbot nach § 43 Abs 2.

Blinkzeichen dürfen nicht blenden (§ 99 Abs 3 lit g) und sie dürfen – bei Kraftfahrzeugen – nicht durch längere Zeit abgegeben werden. Gegen dieses Verbot des § 100 KFG (abgedruckt und erläutert im ÖAMTC-Fachbuch „Verkehrsrecht, Band II“) verstößt nach Auffassung des Verwaltungsgerichtshofes auch derjenige Kraftfahrzeuglenker, der Blinkzeichen

als Warnung vor einer Radarkontrolle abgibt. Derartige Blinkzeichen, die von Lenkern anderer Fahrzeuge oder insbesondere von Fußgängern abgegeben werden, bleiben jedoch – sofern sie nicht blenden – weiterhin erlaubt (weil sie den Bestimmungen der StVO unterliegen, die Blinkzeichen auch dann gestatten, wenn die Verkehrssicherheit ihre Abgabe nicht erfordert).
Zulässig sind Blinkzeichen zur Unterstützung einer Erklärung eines Vorrangverzichts (§ 19 Abs 8) oder etwa um einen Fahrzeuglenker auf wichtige Umstände aufmerksam zu machen (falsche oder fehlerhafte Beleuchtung, unzulässige Benützung des linken Fahrstreifens auf Freilandstraßen udgl)
Als Warnzeichen ist wohl auch das Einschalten der Alarmblinkanlage anzusehen (siehe § 102 Abs 2 KFG) Die sogenannten Rückfahrwarner für LKW sind in § 18 Abs 8 KDV geregelt (beides abgedruckt im ÖAMTC-Fachbuch „Verkehrsrecht, Band II").

Abs 2:

Als Kennzeichnungen kommen vor allem Hinweiszeichen gem §53 Abs 1 Z. 2 und 3a oder Gefahrenzeichen gem § 50 Z. 12 in Betracht.

Abs 3:

Private Fahrgemeinschaften mit Pkw oder Kombi fallen nicht unter diese Bestimmung. Vgl das Vorbeifahrverbot des § 17 Abs 2a.

---

§ 23 Halten und Parken

(1) Der Lenker hat das Fahrzeug zum Halten oder Parken unter Bedachtnahme auf die beste Ausnützung des vorhandenen Platzes so aufzustellen, daß kein Straßenbenützer gefährdet und kein Lenker eines anderen Fahrzeuges am Vorbeifahren oder am Wegfahren gehindert wird.

(2) Außerhalb von Parkplätzen ist ein Fahrzeug, sofern sich aus Bodenmarkierungen oder Straßenverkehrszeichen nichts anderes ergibt, zum Halten oder Parken am Rand der Fahrbahn und parallel zum Fahrbahnrand aufzustellen. Auf Fahrbahnen mit gekennzeichnetem Radfahrstreifen, der kein Mehrzweckstreifen ist, dürfen Fahrzeuge auch parallel zu diesem aufgestellt werden. Einspurige Fahrzeuge sind am Fahrbahnrand platzsparend aufzustellen. Ist auf Grund von Bodenmarkierungen das Aufstellen von Fahrzeugen auf Gehsteigen vorgesehen, so dürfen auf diesen Flächen nur Fahrzeuge mit einem

Gesamtgewicht von nicht mehr als 3.500 kg aufgestellt werden.

(2a) In Wohnstraßen ist das Parken von Kraftfahrzeugen nur an den dafür gekennzeichneten Stellen erlaubt.

(3) Hält der Lenker eines Fahrzeuges vor einer Haus- oder Grundstückseinfahrt, so hat er im Fahrzeug zu verbleiben und hat beim Herannahen eines Fahrzeuges, dessen Lenker die Haus- oder Grundstückseinfahrt benützen will, die Aus- oder Einfahrt unverzüglich freizumachen.

(3a) Wenn die Sicherheit, Leichtigkeit und Flüssigkeit des Verkehrs nicht beeinträchtigt wird und innerhalb von 50 m ein Halten nach Abs. 2 nicht möglich ist, darf mit Personen- und Kombinationskraftwagen des Taxi-, Mietwagen- und Gästewagen-Gewerbes sowie mit Krankentransportfahrzeugen neben den nach Abs. 2 aufgestellten Fahrzeugen zum Aus- oder Einsteigenlassen kurz angehalten werden.

(4) Die Türen eines Fahrzeuges dürfen so lange nicht geöffnet werden und auch nicht geöffnet bleiben, als dadurch andere Straßenbenützer gefährdet oder behindert werden können.

(5) Bevor der Lenker das Fahrzeug verläßt, hat er es so zu sichern, daß es nicht abrollen kann.

(6) Unbespannte Fuhrwerke, Anhänger ohne Zugfahrzeug sowie Transportbehälter zur Güterbeförderung (wie Container, Lademulden u. dgl.) dürfen nur während des Beladens oder Entladens auf der Fahrbahn stehen gelassen werden, es sei denn, die genannten Fahrzeuge und Behälter können nach der Ladetätigkeit nicht sofort entfernt werden, das Entfernen wäre eine unbillige Wirtschaftserschwernis oder es liegen sonstige wichtige Gründe für das Stehenlassen vor. Für das Aufstellen der genannten Fahrzeuge und Behälter gelten die Bestimmungen über das Halten und Parken sinngemäß. Bei unbespannten Fuhrwerken ist die Deichsel abzunehmen oder gesichert in eine solche Stellung zu bringen, daß niemand gefährdet oder behindert wird.

Beachte in diesem Zusammenhang die Vollziehungsbestimmungen (Rückübertragung der Zuständigkeit zur Verfahrensführung von der Bundespolizei an die Gemeinde) für bestimmte Städte in § 95 Abs 1a bis 1c sowie die Anmerkungen zu § 1 hinsichtlich privatrechtlicher Durchsetzung von Parkvorschriften.

Allgemeines:

§ 23 regelt die allgemeinen Abstellbeschränkungen. Die speziellen Tatbestände sind meist in § 24 geregelt. Siehe auch einige Sonderbestimmungen: § 26a Abs 3 und § 28 Abs 2 (hinsichtlich öffentlicher Verkehrsmittel), § 8 Abs 4 (Gehsteige udgl), § 9 Abs 7 (Bodenmarkierungen zum Abstellen) sowie die in Abs 2 aufgezählten Sonderfälle.

Betreffend das Abschleppen verkehrsbehindernd aufgestellter Fahrzeuge siehe § 89a.

Abs 1:

Angesichts der bekannten Parkraumnot besteht eine gesetzliche Verpflichtung zur bestmöglichen Ausnützung des Parkraumes.
Das Halten und Parken ist verboten, wenn durch das abgestellte Fahrzeug eine Verkehrsbehinderung entstehen kann (maßgeblich ist der Zeitpunkt des Abstellens). Das sog „Einmauern" eines geparkten Fahrzeuges ist daher ebenso unzulässig wie ein derart knappes Parken neben einem anderen Fahrzeug, dass dessen Lenker nicht einsteigen kann. Wegen der Störung der Benützung eines Fahrzeuges durch das „Einmauern" wurde schon mehreren Besitzstörungsklagen stattgegeben.

Abs 2:

Für Parkplätze – das sind Stellen, die durch das Hinweiszeichen „Parken" (§ 53 Abs 1 Z. 1a) gekennzeichnet sind – gilt dieser Absatz nicht.
Fahrzeuge dürfen auch entlang von gekennzeichneten Radfahrstreifen zum Halten oder Parken aufgestellt werden. Ferner kann eine Ausnahme von der normalen Parkordnung auch durch Straßenverkehrszeichen (Zusatztafeln oder Integration einer Darstellung mit Quer- oder Schrägparkordnung auf Hinweiszeichen gemäß § 53 Abs 1 Z. 1a) vorgesehen werden.
Auf Fahrbahnen ist das Schrägparken mehrspuriger Fahrzeuge nur auf Grund diesbezüglicher Bodenmarkierungen zulässig (§ 9 Abs 7).
Auf Gehsteigen sowie auf Schutzinseln darf gemäß § 8 Abs 4 ein Fahrzeug weder ganz noch teilweise abgestellt werden (Ausnahmen: Bodenmarkierungen; Halten gemäß § 29b; Hinweiszeichen „Parken" gemäß § 53 Z. 1a; Fahrräder gemäß § 68 Abs 4; Bewilligungen gemäß § 45 Abs 2 oder § 62 Abs 4). Mit der 19. Novelle (1994) wurde die Gewichtsgrenze für das erlaubte Abstellen auf Gehsteigen

von 2.500 kg auf 3.500 kg angehoben. Falls der Gehsteig für diese Höchstbelastung nicht geeignet ist, kann ein Halte- oder Parkverbot für jene Fahrzeuge erlassen werden, die das für den betreffenden Gehsteig mögliche Gesamtgewicht überschreiten.

Halten (und Parken) in zweiter Spur ist – auch zur Durchführung einer Ladetätigkeit – verboten (Ausnahmen: Abs 3a, § 27 Abs 1 und 3, § 29 b Abs 1 lit b).

Bis zur 19. Novelle mussten einspurige Fahrzeuge „am Fahrbahnrand platzsparend schräg" aufgestellt werden. Durch den Entfall des Wortes „schräg" sollte offenbar bewirkt werden, dass einspurige Fahrzeuge auch parallel zum Fahrbahnrand abgestellt werden dürfen.

Abs 2a:

Für das Halten in Wohnstraßen gibt es keine Sondervorschriften; daher gelten hiefür die allgemeinen Bestimmungen über das Halten, soweit sie ihrem Inhalt nach auf Wohnstraßen anwendbar sind.

Zum Begriff der Wohnstraße s § 2 Abs 1 Z. 1a; vgl über ihre Kennzeichnung § 53 Abs 1 Z. 9c und 9d sowie die Verhaltensvorschriften in § 76 b. Parken ist nur bei gemäß § 9 Abs 7 angebrachten Markierungen zulässig.

Abs 3:

Diese Bestimmung soll die ungehinderte Aus- und Einfahrt, insbesondere bei Garagen, sicherstellen. Der Lenker eines Fahrzeuges, der vor einer Haus- oder Grundstückseinfahrt hält, muss daher ausnahmslos im Fahrzeug verbleiben, um jederzeit wegfahren zu können, wenn ein anderer Fahrzeuglenker die Haus- oder Grundstückseinfahrt benützen will. Siehe auch § 24 Abs 3 lit b.

Eine StVO-Vorschrift, die den unbehinderten Zugang zu Häusern gewährleisten soll, existiert nicht mehr.

Abs 3a:

Seit der 19. Novelle dürfen insbesondere auch Krankentransportfahrzeuge kurz in zweiter Spur stehen bleiben. Der Begriff „kurz anhalten" wurde etwas irreführend verwendet (siehe § 2 Abs 1 Z. 26)

Abs 4:

Da zu diesen Straßenbenützern auch Fußgänger gehören, muss auch beim Öffnen und Offenhalten der gehsteigseitigen Türen achtgegeben werden. Diese Verpflichtung richtet sich daher nicht bloß an den Lenker eines Fahrzeuges.

Abs 5:

Weil Fuhrwerke, Handwagen udgl nur unter Schwierigkeiten gegen eine Inbetriebnahme durch Unbefugte geschützt werden können, bleibt es jedem selbst überlassen, ob und wie er seine oder ihm anvertraute Sache vor fremden Zugriffen schützt. Kraftfahrzeuge dagegen müssen vor ihrem Verlassen nicht nur gegen Abrollen, sondern auch gegen missbräuchliche Inbetriebnahme gesichert werden (durch Abziehen des Zündschlüssels und Versperren bzw Verriegeln der Türen; bei Motorrädern durch eine Kette oder eine ähnliche Sperrvorrichtung); vgl § 102 Abs 6 KFG, abgedruckt und erläutert im ÖAMTC-Fachbuch „Verkehrsrecht, Band II".

Abs 6:

Unbespannte Fuhrwerke oder Anhänger ohne ziehendes Fahrzeug sowie Transportbehälter zur Güterbeförderung dürfen daher nur in Ausnahmefällen auf der Fahrbahn bleiben. Ein derartiger Ausnahmefall liegt auch dann vor, wenn das Zugfahrzeug (und nicht der Anhänger) be- oder entladen wird.

§ 24 Halte- und Parkverbote

(1) Das Halten und das Parken ist verboten:

a) im Bereich des Vorschriftszeichens „Halten und Parken verboten" nach Maßgabe der Bestimmungen des § 52 Z. 13 b,

b) auf engen Stellen der Fahrbahn, im Bereich von Fahrbahnkuppen oder von unübersichtlichen Kurven sowie auf Brücken, in Unterführungen und in Straßentunnels,

c) auf Schutzwegen und Radfahrerüberfahrten und, wenn deren Benützung nicht durch Lichtzeichen geregelt ist, 5 m vor dem Schutzweg oder der Radfahrerüberfahrt aus der Sicht des ankommenden Verkehrs,

d) im Bereich von weniger als 5 m vom nächsten Schnittpunkt einander kreuzender Fahrbahnränder,

e) im Haltestellenbereich eines Massenbeförderungsmittels, das ist der Bereich innerhalb von 15 m vor und nach den Haltestellentafeln, während der Betriebszeiten des Massenbeförderungsmittels,

f) auf Hauptfahrbahnen in Ortsgebieten, wenn das Fahrzeug auf einer Nebenfahrbahn aufgestellt werden kann, ohne daß hiedurch der Verkehr behindert wird,

g) wenn durch das haltende oder parkende Fahrzeug der Lenker eines anderen Fahrzeuges gehindert wird, Einrichtungen zur Regelung und Sicherung des Verkehrs rechtzeitig wahrzunehmen,

h) auf Vorrangstraßen außerhalb des Ortsgebietes bei starkem Nebel oder sonstiger erheblicher Sichtbehinderung, ausgenommen auf Straßenteilen, die für das Abstellen von Fahrzeugen bestimmt sind (wie etwa Abstellstreifen, Vorplätze von Häusern u. dgl.),

i) in Fußgängerzonen.
   1. Während der Zeit, in der eine Ladetätigkeit vorgenommen werden darf, ist das Halten für die Dauer einer solchen Ladetätigkeit erlaubt.
   2. Während der Zeit, in der das Befahren der Fußgängerzone mit Fahrzeugen des Taxi-, Mietwagen- oder Gästewagen-Gewerbes oder Fiakern jeweils erlaubt ist, ist das Halten mit solchen Fahrzeugen im Zusammenhang mit dem Aus- und Einsteigenlassen der Fahrgäste erlaubt.
   3. Mit Fahrzeugen, die nach § 76a Abs. 2 Z. 3 und 4 und Abs. 5 die Fußgängerzone befahren dürfen, ist das Halten und Parken für die Dauer der Tätigkeit in der Fußgängerzone erlaubt.

j) auf Straßen für Omnibusse,

k) auf Radfahrstreifen, Radwegen und Rad- und Gehwegen,

l) vor Behindertenrampen,

m) auf Sperrflächen,

n) auf Straßenstellen, die nur durch Verletzen eines gesetzlichen Verbots (z.B. nach § 7 Abs. 4 oder nach § 52 Z. 1) erreicht werden können,

o) wenn Fußgänger, insbesondere auch Personen mit Kinderwagen oder Behinderte mit Rollstuhl, an der Benützung eines Gehsteiges, eines Gehweges oder eines Geh- und Radweges gehindert sind.

(2) Die in Abs. 1 lit. b bis n und Abs. 3 lit. d angeführten Verbote gelten nicht, wenn sich aus Straßenverkehrszeichen oder Bodenmarkierungen etwas anderes ergibt.

2a) Im Bereich des im Abs. 1 lit. e genannten Halteverbotes sowie im Bereich einer Ladezone (§ 43 Abs. 1 lit. c) oder eines Taxistandplatzes (§ 96 Abs. 4) darf zum Aus- oder Einsteigen kurz gehalten werden.

(3) Das Parken ist außer in den im Abs. 1 angeführten Fällen noch verboten:

a) Im Bereich der Vorschriftszeichen „Parken verboten" und „Wechselseitiges Parkverbot" nach Maßgabe der Bestimmungen des § 52 Z. 13a und 13c sowie auf Straßenstellen, die mit einer Zickzacklinie gekennzeichnet sind,

b) vor Haus- und Grundstückseinfahrten,

c) auf Gleisen von Schienenfahrzeugen und auf Fahrstreifen für Omnibusse,

d) auf Fahrbahnen mit Gegenverkehr, wenn nicht mindestens zwei Fahrstreifen für den fließenden Verkehr frei bleiben,

e) auf der linken Seite von Einbahnstraßen, wenn nicht mindestens ein Fahrstreifen für den fließenden Verkehr frei bleibt,

f) in der Zeit des Fahrverbotes gemäß § 42 Abs. 1 sowie sonst von 22 Uhr bis 6 Uhr im Ortsgebiet weniger als 25 m von Häusern entfernt, die ausschließlich oder vorwiegend Wohnzwecken dienen oder die Krankenanstalten, Kuranstalten oder Altersheime sind, mit Lastkraftwagen, Anhängern und Sattelzugfahrzeugen mit einem höchsten zulässigen Gesamtgewicht von jeweils mehr als 3,5 t,

g) während der Dunkelheit auf Vorrangstraßen außerhalb des Ortsgebietes, ausgenommen auf Straßenteilen, die für das Parken von Fahrzeugen bestimmt sind,

h) vor Tankstellen, sofern diese nicht durch bauliche Einrichtungen von der Fahrbahn getrennt sind,

i) in der Zeit von 22 Uhr bis 6 Uhr im Ortsgebiet weniger als 25 m von Häusern entfernt, die ausschließlich oder vorwiegend Wohnzwecken dienen oder die Krankenanstalten, Kuranstalten oder Altersheime sind, mit Omnibussen mit einem höchsten zulässigen Gesamtgewicht von mehr als 7,5 t; dies gilt nicht für das Parken auf Parkstreifen und Parkflächen, die für Omnibusse bestimmt sind.

(4) Die Bestimmungen der vorstehenden Absätze gelten nicht für das Halten und Parken auf Autobahnen und Autostraßen; hiefür sind die Bestimmungen der §§ 46 und 47 maßgebend.

(5) Ärzte, die zur selbständigen Berufsausübung berechtigt sind, dürfen bei einer Fahrt zur Leistung ärztlicher

Hilfe das von ihnen selbst gelenkte Fahrzeug für die Dauer der Hilfeleistung auch auf einer Straßenstelle, auf der das Halten und Parken verboten ist, abstellen, wenn in der unmittelbaren Nähe des Aufenthaltes des Kranken oder Verletzten kein Platzfrei ist, auf dem gehalten oder geparkt werden darf, und durch das Aufstellen des Fahrzeuges die Sicherheit des Verkehrs nicht beeinträchtigt wird. Während einer solchen Aufstellung ist das Fahrzeug mit einer Tafel, welche die Aufschrift „Arzt im Dienst“ und das Amtssiegel der Ärztekammer, welcher der Arzt angehört, tragen muß, zu kennzeichnen. Außer in diesem Falle ist eine solche Kennzeichnung von Fahrzeugen verboten.

(5a) Personen, die im diplomierten ambulanten Pflegedienst zur Hauskrankenpflege eingesetzt sind, dürfen bei einer Fahrt zur Durchführung der Hauskrankenpflege das von ihnen selbst gelenkte Fahrzeug für die Dauer der Pflegeleistung auch auf einer Straßenstelle, auf der das Halten und Parken verboten ist, abstellen, wenn in der unmittelbaren Nähe des Aufenthaltes der Pflegeperson kein Platz frei ist, auf dem gehalten oder geparkt werden darf, und durch das Aufstellen des Fahrzeuges die Sicherheit und Flüssigkeit des Verkehrs nicht beeinträchtigt wird. Während einer solchen Aufstellung ist das Fahrzeug mit einer Tafel, welche die Aufschrift „Mobile Hauskrankenpflege im Dienst“ und das Amtssiegel der Behörde, die diese Tätigkeit genehmigt hat, oder in deren Auftrag diese Tätigkeit durchgeführt wird, tragen muß, zu kennzeichnen. Außer in diesem Falle ist eine solche Kennzeichnung von Fahrzeugen verboten.

(5b) Kommandanten von Feuerwehreinheiten, die vom zuständigen Landesfeuerwehrverband hiezu ermächtigt sind, dürfen bei einer Fahrt zum Einsatz das von ihnen selbst gelenkte Fahrzeug für die Dauer des Einsatzes auch auf einer Straßenstelle, auf der das Halten oder Parken verboten ist, abstellen, wenn in der unmittelbaren Nähe des Einsatzortes kein Platz frei ist, auf dem gehalten oder geparkt werden darf, und durch das Aufstellen des Fahrzeuges die Sicherheit des Verkehrs nicht beeinträchtigt wird. Während einer solchen Aufstellung ist das Fahrzeug mit einer Tafel, welche die Aufschrift „Feuerwehr“ und das Dienstsiegel des Landesfeuerwehrverbandes tragen muß, zu kennzeichnen. Außer in diesem Falle ist eine solche Kennzeichnung von Fahrzeugen verboten.

(6) Ob und inwieweit das Halten und Parken im Bereich schienengleicher Eisenbahnübergänge verboten ist, richtet sich nach den eisenbahnrechtlichen Vorschriften.

(7) Die Behörde kann, soweit dies unter Bedachtnahme auf die Erfordernisse des ruhenden Verkehrs oder die beste Ausnützung der Parkflächen erforderlich oder zweckmäßig ist, durch Verordnung das Parken von Fahrzeugen, die vorwiegend der Werbung dienen, auf bestimmten Straßen, Parkflächen oder Teilen eines Ortsgebietes entweder dauernd, für eine bestimmte Zeit oder über eine bestimmte Dauer hinaus verbieten.

(8) Wenn eine Beeinträchtigung der Umwelt nicht gegeben oder zu erwarten ist, kann die Behörde allgemein oder für bestimmte Gebiete Ausnahmen von dem im Abs. 3 lit. f angeführten Verbot bewilligen. Eine solche Entscheidung ist durch Anschlag auf der Amtstafel der Behörde kundzumachen.

Abs 1:

Jedes Halteverbot enthält automatisch auch ein Parkverbot.
Außer den unter lit a bis o aufgezählten Halte- und Parkverboten ergeben sich derartige Verbote auch aus anderen Vorschriften; beispielsweise sei auf § 46 Abs 4 lit c (Parkverbot auf Autobahnen) sowie § 16 Abs 2 lit c, d EisenbahnkreuzungsV (Anhang I) verwiesen.

lit a:

Die Strecke, innerhalb der das Halten oder Parken verboten sein soll, ist nur dann gesetzmäßig gekennzeichnet, wenn an den Verbotszeichen die Zusatztafeln „Anfang" und „Ende" oder eine Zusatztafel mit Pfeilen angebracht sind, andernfalls das Verbot nicht gilt. Soll das Verbot nur an einer Stelle gelten, so ist an dieser Stelle das Verkehrszeichen (ggf ohne Zusatztafel) aufzustellen.

lit b:

Eine Fahrbahnstelle ist dann „eng", wenn neben dem abzustellenden Fahrzeug ein anderes Fahrzeug nicht mehr vorbeifahren kann. Auf gerade verlaufender Fahrbahn ist dies in der Regel dann der Fall, wenn weniger als 2,50 m frei bleiben; in Kurven erhöht sich dieser Grenzwert entsprechend.
Das Halteverbot im Bereiche von Kuppen und unübersichtlichen Kurven gilt unabhängig von der Fahrbahnbreite und der Verkehrsbedeutung der Straße; auch spielt es

keine Rolle, ob tatsächlich eine Verkehrsbehinderung eingetreten ist. (Beachte die strenge Strafbestimmung des § 99 Abs 2 lit d).

lit c:

Das Verbot gilt prinzipiell am rechten Fahrbahnrand, aber auch auf der linken Seite von Einbahnstraßen.

lit d:

Gemäß Abs 2 gilt auch dieses Verbot nur insoweit, als sich aus Straßenverkehrszeichen oder Bodenmarkierungen nichts anderes ergibt, dh, die 5-m-Zone kann – etwa auch durch bauliche Maßnahmen – eingeschränkt werden.
An der einer Straßeneinmündung gegenüberliegenden Fahrbahnseite ist das Halten und Parken nach dieser Gesetzesstelle nicht verboten; zu beachten ist jedoch die Vorschrift des § 23 Abs 1, aus der sich unter Umständen ein Halte- und Parkverbot ergeben kann.

lit e:

Unter „Betriebszeit" ist der Zeitraum zu verstehen, innerhalb dessen das Massenbeförderungsmittel fahrplanmäßig verkehrt. Bei Massenbeförderungsmitteln, die einen Haltestellenbereich nur in großen zeitlichen Intervallen anfahren, wird dar unter der Zeitraum zwischen fahrplanmäßiger Ankunft und Abfahrt zu verstehen sein. Es sind allerdings jene Abweichungen vom Fahrplan zu berücksichtigen, mit denen nach den Erfahrungen des täglichen Lebens häufig gerechnet werden muss. Das Verlangen, auch außergewöhnliche Verspätungen zu berücksichtigen, wäre jedoch unbillig. Daher wäre in einem allfälligen Verwaltungsstrafverfahren zumindest das geringe Verschulden zu berücksichtigen.

lit g:

Andererseits kann sich der Lenker eines Fahrzeuges, der wegen der Abdeckung eines Verkehrszeichens zumindest im Fließverkehr auf mangelndes Verschulden hinsichtlich der Unkenntnis einer Verordnung berufen können.

lit h:

Bei Dunkelheit aber klarer Sicht ist weiterhin nur das Parken, nicht aber auch das Halten auf Freiland-Vorrangstraßen verboten (siehe Abs 3 lit g). Vgl auch die strenge Strafbestimmung des § 99 Abs 2 lit d für Verstöße gegen dieses Halteverbot.

lit i:

Mit den in Z. 1 und 2 genannten Fahrzeugen darf in Fußgängerzonen lediglich gehalten werden. Demgegenüber darf mit den in Z. 3 genannten Fahrzeugen – dazu gehören Fahrzeuge von Handelsvertretern, Fahrräder und Reparaturfahrzeuge – dort auch geparkt werden. Voraussetzung ist jedoch immer, dass erlaubterweise in die Fußgängerzone eingefahren wurde (§ 76a) Auch Personen, die gemäß § 29b in Fußgängerzonen einfahren dürfen, sind berechtigt, dort für die erforderliche Zeit das Fahrzeug abzustellen.

lit j:

Vgl § 53 Abs 1 Z. 24.
Auf Fahrstreifen für Omnibusse (§ 53 Abs 1 Z. 25) ist gemäß Abs 3 lit c nur das Parken verboten; beim Halten sind jedoch die Sonderbestimmungen des § 26a Abs 3 zu beachten.

lit k:

Begriffsbestimmungen in § 2 Abs 1 Z. 7, 8 und 11.

lit m:

Siehe dazu auch das Befahrungsverbot in § 9 Abs 1 erster Satz und die Definition in § 55 Abs 4.

lit n:

Hier ist exemplarisch das verbotene Linkszufahren oder ein allgemeines Fahrverbot erwähnt.

Abs 2:

Vermutlich wurde durch ein Redaktionsversehen das durch die 16. Novelle eingeführte Verbot der lit o hier nicht erwähnt.

Abs 3:

Die in diesem Absatz aufgezählten Verbote sind lediglich Parkverbote (das Halten ist also erlaubt).
Das lange Zeit geltende Wiener „Schienenstraßenparkverbot“ wurde mittlerweile aufgehoben.

lit b:

Eine solche Einfahrt liegt nur dann vor, wenn das Einfahren in Häuser und Grundstücke ohne weitere Vorkehrungen möglich ist (insbesondere wenn eine Abschrägung eines Gehsteiges erkennbar ist). Das Verbot gilt unabhängig davon, ob die

Einfahrt als solche benützt wird und ob eine allenfalls erforderliche landesgesetzliche Bewilligung der Einfahrt vorliegt. S auch § 23 Abs 3.
Ist eine Person zwar allein berechtigt, eine Einfahrt zu benützen, so darf sie vor dieser Einfahrt auch parken; sie kann jedoch nicht einem anderen Lenker das Parken vor der Einfahrt mit strafbefreiender Wirkung erlauben (!).

lit c:

Während der Betriebszeiten des Schienenfahrzeuges ist das Halten auf Gleisen gemäß § 28 Abs 2 nur dann zulässig, wenn der Lenker im Fahrzeug verbleibt.
Zum Fahrstreifen für Omnibusse vgl § 53 Abs 1 Z. 25.

lit d:

Auf derartigen Fahrbahnen darf daher nur dann geparkt werden, wenn neben dem abgestellten Fahrzeug mindestens 5 m freibleiben. Das Halten ist zulässig, wenn wenigstens 2,50 m freibleiben. Wird das verbotene Parken vorgeworfen, muss der Zeitraum, in dem geparkt wurde, im Straferkenntnis erwähnt werden.

lit e:

Es darf links geparkt werden, wenn mindestens ein Fahrstreifen, das sind mindestens 2,50 m, freibleibt.

lit f:

Dieses Parkverbot soll die Bewohner von Wohngebieten und der sonstigen hier genannten Einrichtungen an Wochenenden sowie zur Nachtzeit vor der durch schwere Lastkraftwagen verursachten Umweltbeeinträchtigung schützen. Hinsichtlich Ausnahmebewilligungen s Abs 8.

lit g:

Herrscht jedoch starker Nebel oder sonstige erhebliche Sichtbehinderung, ist auf Freiland-Vorrangstraßen auch das Halten verboten (Abs 1 lit h).

lit h:

Der Halbsatz nach dem Beistrich schafft legale Parkmöglichkeiten in Fällen, in denen schutzwürdige Interessen von Tankstellen nicht nachteilig berührt sind.

lit i:

Diese Regelung dient dem Schutzvor der durch Omnibusse verursachten Lärm- und Abgasbeeinträchtigung. Vor allem soll damit das nächtliche „Aufwärmen“ von Omnibussen in unmittelbarer Nähe der genannten Einrichtungen und in Wohngebieten verhindert werden. Der Verkehrsausschuss des Nationalrates erwartet von den zuständigen Behörden die Schaffung ausreichender Parkflächen für Omnibusse – vor allem im Hinblick auf die Erfordernisse des Fremdenverkehrs.

Abs 5a:

In Anlehnung an die Regelung für Ärzte im Dienst (Abs 5) wurde eine ähnliche Begünstigung für die Hauskrankenpflege eingeführt. Der Verkehrsausschuss hat in diesem Zusammenhang die Länder ersucht, das gegebenenfalls gebührenpflichtige Parken der in der Hauskrankenpflege tätigen Personen von der Gebührenpflicht zu befreien.

Abs 5b:

Ebenfalls der Regelung für Ärzte im Dienst ist die Begünstigung für die Feuerwehr nachgebildet.

Abs 8:

Die zur Bewilligung solcher Ausnahmen zuständige Behörde ist gemäß § 94d Z. 1a die Gemeinde im eigenen Wirkungsbereich.

§ 25 Kurzparkzonen

(1) Wenn und insoweit es zu bestimmten Zeiten aus ortsbedingten Gründen (auch im Interesse der Wohnbevölkerung) oder zur Erleichterung der Verkehrslage erforderlich ist, kann die Behörde durch Verordnung für bestimmte Straßen oder Straßenstrecken oder für Straßen innerhalb eines bestimmten Gebietes das Parken zeitlich beschränken (Kurzparkzone). Die Kurzparkdauer darf nicht weniger als 30 Minuten und nicht mehr als drei Stunden betragen.

(2) Verordnungen nach Abs. 1 sind durch die Zeichen nach § 52 Z. 13d und 13e kundzu machen; § 44 Abs. 1 gilt hiefür sinngemäß. Zusätzlich können Kurzparkzonen mit Bodenmarkierungen in blauer Farbe auf der Fahrbahn oder auf dem Randstein sowie mit blauen Markierungs-

streifen an den im Bereich einer Kurzparkzone vorhandenen Anbringungsvorrichtungen für Straßenverkehrszeichen, Beleuchtungsmasten oder dergleichen gekennzeichnet werden.

(3) Beim Abstellen eines mehrspurigen Fahrzeuges in einer Kurzparkzone hat der Lenker das zur Überwachung der Kurzparkdauer bestimmte Hilfsmittel bestimmungsgemäß zu handhaben.

(4) Für Kurzparkzonen, die gebührenfrei benützt werden dürfen, hat der Bundesminister für Verkehr, Innovation und Technologie durch Verordnung die Art der Überwachung der Kurzparkdauer und das hiefür notwendige Hilfsmittel zu bestimmen; er hat dabei auf den Zweck einer zeitlichen Parkbeschränkung sowie auf eine kostengünstige und einfache Handhabung des Hilfsmittels Bedacht zu nehmen.

(4a) Für Kurzparkzonen, in denen für das Abstellen eines mehrspurigen Fahrzeuges auf Grund abgabenrechtlicher Vorschriften eine Gebühr zu entrichten und für deren Überwachung in diesen Vorschriften das Anbringen eines Hilfsmittels am Fahrzeug vorgesehen ist, kann der Bundesminister für Verkehr, Innovation und Technologie mit Verordnung bestimmen, daß dieses Hilfsmittel zugleich auch als Hilfsmittel für die Überwachung der Kurzparkdauer gilt. Wenn für die genannte Überwachung nicht Automaten als Hilfsmittel vorgesehen sind, kann der Bundesminister für Verkehr, Innovation und Technologie aus Gründen der Einheitlichkeit mit Verordnung auch die Art, das Aussehen und die Handhabung des Hilfsmittels bestimmen.

(5) Die Behörde hat unter Bedachtnahme auf den Zweck einer nach § 43 Abs. 2a verordneten Regelung durch Verordnung das zur Kontrolle notwendige Hilfsmittel zu bestimmen.

Allgemeines:

In nahezu allen Bundesländern existieren Parkometergesetze, denen zufolge die Gemeinden zur Einhebung einer Kurzparkzonenabgabe befugt sind.
Unterschiede bestehen etwa dahingehend ob das Abstellen von Fahrzeugen oder „Kraftfahrzeugen“ gebührenpflichtig ist. Insbesondere wird auf die durch die Landesgesetze unter-

schiedlich geschaffenen Ermächtigungen für die Gemeinden hingewiesen, das Halten und/ oder das Parken für gebührenpflichtig zu erklären. In Anhang IV A wurde daher exemplarisch das Wiener Parkometergesetz abgedruckt.
Sonderfälle stellen Bregenz, Bludenz, Dornbirn und Feldkirch dar: Hier ist auch das Parken auf einigen Straßen, die nicht zur Kurzparkzone erklärt wurden, kostenpflichtig! Diese Möglichkeit wurde im entsprechenden Landesgesetz abweichend von jenen der anderen Bundesländern geschaffen.

Auch in Wien bestehen (insb bei öffentlichen Bädern) öffentlich zugängliche Parkplätze, auf denen privatwirtschaftlich ein Entgelt eingehoben wird, ohne dass eine Kurzparkzone verordnet wurde. (S auch die Anm zu § 1)
Eine Übertretung der StVO-Vorschriften über das Kurzparken und eine allfällige gleichzeitige Übertretung der Vorschriften betreffend das kostenpflichtige Parken werden nur einmal bestraft (§ 99 Abs 6 lit d).
Gemäß der Auffassung des Verkehrsausschusses des Nationalrates sind von der Kurzparkzonen-Regelung ausgenommen: Fahrzeuge, für die durch Straßenverkehrszeichen reservierte Straßenstellen im Bereich einer Kurzparkzone vorgesehen sind, wie z.B. Fahrzeuge für Behinderte; Fahrzeuge des Diplomatischen Corps in den für solche Fahrzeuge vorgesehenen Zonen; Taxifahrzeuge auf Taxistandplätzen bzw Fahrzeuge, mit denen in einer Ladezone („Halteverbot, ausgenommen Ladetätigkeit“) eine Ladetätigkeit durchgeführt wird.

Abs 1:

Anstelle der früheren Einheitszeit von 1½ Stunden kann nunmehr zwischen 30 Minuten und drei Stunden gestaffelt werden; die in der betreffenden Kurzparkzone geltende Parkdauer muss auf dem Verkehrszeichen gemäß § 52 Z. 13d angegeben sein. Siehe auch die Anmerkung zu § 52 Z. 13d.
Zuständig ist die Gemeinde im eigenen Wirkungsbereich (§ 94d Z. 1b).

Abs 2:

Man beachte die Ausnahmebestimmung für Kurzparkzonentafeln betreffend der auf einer Anbringungsvorrichtung für Verkehrszeichen geltenden Zählregel in § 48 Abs 4. Von der „Kann-Bestimmung“ zur deklarativen Kennzeichnung mit Bodenmarkierungen und Beschilderungen innerhalb von – vor allem großflächigen – Zonen sollte nach Meinung des ÖAMTC öfter und konsequenter Gebrauch gemacht werden.

Abs 3:

Die ordnungsgemäße Handhabung des sogenannten „Kurzparknachweises" ergibt sich auch der in Abs 4 genannten Verordnung oder aus den Landes-Parkometergesetzen und entsprechenden (lokalen) Durchführungsverordnungen.

Abs 4:

Damit wird der BMVIT zur Festlegung des Aussehens der Parkscheibe ermächtigt. Siehe die im Anhang unter IV. abgedruckte KurzparkzonenüberwachungsV.

Abs 4a:

Regelungen bezüglich einer allfälligen Gebührenpflicht für das Abstellen von Fahrzeugen in Kurzparkzonen sind nicht dem Kompetenztatbestand „Straßenpolizei" zuzuordnen, sondern gehören zum Abgabenwesen. Mangels entsprechender Regelungen im Finanzausgleichsgesetz fallen Regelungen dieser Art in die Gesetzgebungskompetenz der Länder (Abgabenfindungsrecht). Der Bund (als Verordnungsgeber) ist aber auch bei gebührenpflichtigen Kurzparkzonen befugt, die Art der Überwachung der Parkdauer und die dabei einzusetzenden Hilfsmittel zu regeln (s die im Anhang IV. abgedruckte KurzparkzonenüberwachungsV). Damit wird der BMV(IT) zur Festlegung des Aussehens des Parkscheines in nicht mit Hilfe von Automaten bewirtschafteten Kurzparkzonen ermächtigt.

Abs 5:

Hier ist unter „Hilfsmittel" ein Ausweis odgl zu verstehen, dem die gemäß §§ 43 Abs 2a, 45 Abs 4 und 4a erteilte Ausnahmebewilligung zu entnehmen ist. Zuständig zur Bestimmung des Ausweises sowie jener Gebiete, für die Ausnahmebewilligungen erteilt werden können, ist die Gemeinde im eigenen Wirkungsbereich (§ 94d Z. 1b), nunmehr ebenso zur Erteilung der Ausnahmebewilligung selbst.

III. ABSCHNITT

Bevorzugte Straßenbenützer

§ 26 Einsatzfahrzeuge

(1) Die Lenker von Fahrzeugen, die nach den kraftfahrrechtlichen Vorschriften mit Leuchten mit blauem Licht oder blauem Drehlicht und mit Vorrichtungen zum Abgeben von Warnzeichen mit aufeinanderfolgenden verschieden hohen Tönen ausgestattet sind, dürfen diese Signale nur bei Gefahr im Verzuge, zum Beispiel bei Fahrten zum und vom Ort der dringenden Hilfeleistung oder zum Ort des sonstigen dringenden Einsatzes verwenden. Außerdem dürfen die angeführten Signale soweit als notwendig nur noch zur Abwicklung eines protokollarisch festgelegten Programms für Staatsbesuche oder sonstige Staatsakte sowie in Erfüllung völkerrechtlicher Verpflichtungen verwendet werden. Die Leuchten mit blauem Licht oder blauem Drehlicht dürfen aus Gründen der Verkehrssicherheit auch am Ort der Hilfeleistung oder des sonstigen Einsatzes oder bei einer behördlich vorgeschriebenen Transportbegleitung verwendet werden.

(2) Außer in den in Abs. 3 angeführten Fällen ist der Lenker eines Einsatzfahrzeuges bei seiner Fahrt an Verkehrsverbote oder an Verkehrsbeschränkungen nicht gebunden. Er darf jedoch hiebei nicht Personen gefährden oder Sachen beschädigen.

(3) Organe der Straßenaufsicht, die auf einer Kreuzung den Verkehr durch Arm- oder Lichtzeichen regeln, haben Einsatzfahrzeugen „Freie Fahrt“ zu geben. Die Lenker von Einsatzfahrzeugen dürfen auch bei rotem Licht in eine Kreuzung einfahren, wenn sie vorher angehalten und sich überzeugt haben, daß sie hiebei nicht Menschen gefährden oder Sachen beschädigen. Einbahnstraßen und Richtungsfahrbahnen dürfen sie in der Gegenrichtung nur befahren, wenn der Einsatzort anders nicht oder nicht in der gebotenen Zeit erreichbar ist oder wenn Ausnahmen für andere Kraftfahrzeuge oder Fuhrwerke bestehen.

(4) Beim Zusammentreffen von Einsatzfahrzeugen haben der Reihe nach den Vorrang:
1. Rettungsfahrzeuge,
2. Fahrzeuge der Feuerwehr,
3. Fahrzeuge des Sicherheitsdienstes,
4. Sonstige Einsatzfahrzeuge.

(5) Alle Straßenbenützer haben einem herannahenden Einsatzfahrzeug Platz zu machen. Kein Lenker eines anderen Fahrzeuges darf unmittelbar hinter einem Einsatzfahrzeug nachfahren oder, außer um ihm Platz zu machen, vor ihm in eine Kreuzung einfahren.

Allgemeines:

Einsatzfahrzeuge sind nur solche, die Blaulicht und/oder Folgetonhorn eingeschaltet haben.
Mangels Erkennbarkeit und damit wegen des Risikos für die Verkehrssicherheit ist somit die Meinung abzulehnen, wonach Einsatzfahrzeuge auch ohne diese Zeichen nicht an Verkehrsregeln gebunden seien.

Abs 1:

Es handelt sich um eine erschöpfende Aufzählung der Fälle, in denen die Verwendung von Blaulicht und/oder Folgetonhorn gestattet ist. Die – noch immer geübte – Verwendung von Blaulicht und/oder Folgetonhorn anlässlich des Nachfahrens mit einem Dienstfahrzeug in möglichst gleichbleibendem Abstand zum voranfahrenden Fahrzeug, um eine allfällige Geschwindigkeitsüberschreitung dessen Lenkers festzustellen, ist – entgegen der Auffassung des Verwaltungsgerichtshofes – unzulässig, da derartige Geschwindigkeitskontrollen nicht zu den in diesem Absatz angeführten Fällen zählen.

Welches der beiden Signale oder ob beide zugleich zu betätigen sind, hängt von der Lage des Einzelfalles ab; bei Annäherung an eine unübersichtliche Kreuzung beispielsweise wird jedenfalls das Folgetonhorn zu verwenden sein.
Auf der Rückfahrt vom Ort der dringenden Hilfeleistung ist der Lenker zwar von den straßenpolizeilichen, nicht aber von den kraftfahrrechtlichen Vorschriften ausgenommen (vgl § 107 Abs 1 KFG, s ÖAMTC-Fachbuch „Verkehrsrecht, Band II").

Abs 2:

Darunter sind nicht nur die Verkehrsverbote und –beschränkungen im engeren Sinn, sondern auch die aus den allgemeinen Fahrregeln (§§ 7 ff) sich ergebenden Verbote und Beschränkungen zu verstehen.
Vgl auch die Ausnahme von der Gurtenanlegepflicht nach Maßgabe der Bestimmungen des Art III Abs 2 Z. 4 des Bundesgesetzes vom 7. 7. 1976, BGBl 352 (abgedruckt im Anhang VI dieses Werks). Handelt es sich bei dem Einsatzfahrzeug

jedoch um ein Kraftrad, so ist dessen Lenker gemäß Art IV des Bundesgesetzes vom 30. 11. 1977, BGBl 615 (abgedruckt im Anhang VII dieses Werks) zum Tragen des Sturzhelmes verpflichtet.

Abs 3:

Daraus ergibt sich, dass die Lenker von Einsatzfahrzeugen bei GRÜN bzw den entsprechenden Armzeichen in eine Kreuzung einfahren dürfen; darüber hinaus auch bei ROT, sofern sie vorher angehalten und sich von der Gefahrlosigkeit der Weiterfahrt überzeugt haben.
Seit der 19. Novelle (1994), dürfen Einsatzfahrzeuge jedenfalls dann Einbahnstraßen und Richtungsfahrbahnen in der Gegenrichtung befahren, wenn Ausnahmen für andere Kraftfahrzeuge oder Fuhrwerke bestehen.

Abs 5:

Das „Platz machen" wird in der Regel in einem „Anhalten" oder, falls nach der Verkehrslage erforderlich, in einem „Rechtsheranfahren und Anhalten" bestehen. Bei mehreren Fahrstreifen sollte durch „Auseinaderfahren" zwischen erstem und zweiten Fahrstreifen eine sog Spurgasse gebildet werden.

§ 26a Fahrzeuge im öffentlichen Dienst

(1) Die Lenker von Fahrzeugen des öffentlichen Sicherheitsdienstes und der Militärstreife sind bei Fahrten, soweit dies für die ordnungsgemäße Ausübung des Dienstes erforderlich ist, an Halte- und Parkverbote, an Geschwindigkeitsbeschränkungen, an Fahrverbote ge mäß § 52 lit. a Z. 1, Z. 6a, Z. 6b, Z. 6c, Z. 6d, Z. 7a, Z. 7b, Z. 8a, Z. 8b und Z. 8c und an die Verbote bezüglich des Zufahrens zum linken Fahrbahnrand nicht gebunden. Sie dürfen auch Fahrstreifen und Straßen für Omnibusse benützen. Sie dürfen dabei aber nicht Personen gefährden oder Sachen beschädigen.

(1a) Die Lenker von Fahrzeugen, die nach den kraftfahrrechtlichen Vorschriften mit Warnzeichen mit blauem Licht und Schallzeichen mit Aufeinanderfolge verschieden hoher Töne ausgestattet sind, sind auch außerhalb von Einsatzfahrten an die Verbote gemäß § 52 lit. a Z. 1 und 2 und die Gebote gemäß § 52 lit. b Z. 15 nicht gebunden, wenn Ausnahmen für andere Kraftfahrzeuge und Fuhrwerke bestehen. Sie dürfen auch Fahrstreifen und Straßen für Omnibusse benützen.

(2) Den Omnibussen des Kraftfahrlinienverkehrs ist im Ortsgebiet das ungehinderte Abfahren von gekennzeichneten Haltestellen zu ermöglichen, sobald der Lenker eines solchen Fahrzeuges mit dem Fahrtrichtungsanzeiger die Absicht anzeigt, von der Haltestelle abzufahren. Zu diesem Zweck haben die Lenker nachkommender Fahrzeuge die Fahrgeschwindigkeit zu vermindern und, falls erforderlich, anzuhalten. Der Lenker des Kraftfahrlinienfahrzeuges darf die Absicht zum Abfahren erst anzeigen, wenn das Fahrzeug tatsächlich abfahrbereit ist und er darf beim Abfahren andere Straßenbenützer nicht gefährden.

(3) Beim Halten auf Fahrstreifen für Omnibusse müssen die Lenker während der Betriebszeiten des Kraftfahrlinienverkehrs im Fahrzeug verbleiben und haben beim Herannahen eines Fahrzeuges des Kraftfahrlinienverkehrs den Fahrstreifen so rasch wie möglich zu verlassen, um einem solchen Fahrzeug Platz zu machen.

(4) Die Lenker von Fahrzeugen der Post- und Telegraphenverwaltung, von Fahrzeugen der Fernmeldebüros oder von Fahrzeugen, die im Auftrag der Post- und Telegraphenverwaltung fahren, sind bei der Beförderung von Postsendungen, bei der Instandhaltung von Fernmeldeeinrichtungen sowie bei Einsätzen der Funküberwachung an Halte- und Parkverbote nicht gebunden, sofern dies der Betriebseinsatz erfordert und der übrige Verkehr dadurch nicht wesentlich beeinträchtigt wird.

Abs 1:

Es handelt sich im Gegensatz zu den Einsatzfahrzeugen (§ 26) um Fahrzeuge, die nicht als bevorzugt gekennzeichnet und daher auch nicht als solche erkennbar sind; ihre Lenker genießen außer den hier angeführten Privilegien nur die Ausnahmen von Wochenendfahrverbot (§ 42 Abs 3) sowie von der Gurtentragepflicht nach Maßgabe der Bestimmungen des Art III Abs 2 Z. 4 des Bundesgesetzes vom 7. 7. 1976, BGBl 352 (abgedruckt im Anhang VI dieses Werks). Diesen Fahrzeugen muss auch nicht von anderen Straßenbenützern Platz gemacht werden.

Abs 1a:

Bei Fahrten, bei denen Einsatzsignale nicht verwendet werden dürfen, sind Fahrzeuge, die nach den kraftfahrrechtlichen

Vorschriften mit Leuchten mit blauem Licht oder blauem Drehlicht und mit Vorrichtungen zum Abgeben von Warnzeichen mit aufeinanderfolgenden verschieden hohen Tönen ausgestattet sind, seit der 19. Novelle an die Fahrverbote gemäß § 52 lit a Z. 1 und 2 und an die Fahrgebote gemäß § 52 lit b Z. 15 und Fahrbahnen und Fahrstreifen für Omnibusse gemäß § 53 Abs 1 Z. 24 und 25 nicht gebunden, wenn durch Zusatztafeln gemäß § 54 Abs 1 Ausnahmen für andere Kraftfahrzeuge (etwa Taxis) oder Fuhrwerke (etwa Fiaker) kundgemacht wurden. Dadurch sollen unnötige Verzögerungen bei dringenden Amtshandlungen (z.B. Überstellung von Häftlingen), bei denen jedoch die Voraussetzungen einer Einsatzfahrt gemäß § 26 Abs 1 nicht vorliegen, im Sinne einer effizienten Verwaltung vermieden werden.

Abs 2:

Das Abfahren von der Haltestelle bedingt in der Regel einen Wechsel des Fahrstreifens. Der Omnibuslenker ist an die diesbezüglichen Bestimmungen des § 11 Abs 2 und 3 unverändert gebunden; da er nicht verkehrsgefährdend von der Haltestelle abfahren darf, gilt für ihn insoweit auch § 11 Abs 1. Hinsichtlich Haltestellen auf Freilandstraßen gelten die Bestimmungen dieses Abs nicht.

Abs 3:

Diese Regelung entspricht § 28 Abs 2 betreffend das Halten auf Gleisen von Schienenfahrzeugen. Vgl auch die Anmerkung zu § 24 Abs 3 lit b.

Abs 4:

Durch das Fernmeldegesetz wurden die sogenannten Fernmeldebüros geschaffen, zu deren unter anderem die Funküberwachung gehört. Im Rahmen der Funküberwachung sind Peilungen vorzunehmen, die ein Halten oder Parken auch an Stellen erforderlich machen, an denen das Halten oder Parken verboten ist. Für diese im öffentlichen Interesse liegenden Tätigkeiten wurden daher durch die 19. Novelle (1994) gesetzliche Ausnahmen vorgesehen.

§ 27 Fahrzeuge des Straßendienstes und der Müllabfuhr

(1) Die Lenker von Fahrzeugen des Straßendienstes, wie Streufahrzeuge, Schneeräumfahrzeuge und -geräte, Arbeitsmaschinen und sonstige Fahrzeuge, die für den

Straßenbau, die Straßenerhaltung, die Straßenpflege, die Straßenreinigung oder die Instandhaltung von Einrichtungen zur Regelung und Sicherung des Verkehrs, der öffentlichen Beleuchtung oder der Straßenbahnanlagen verwendet werden, sind bei Arbeitsfahrten an die Bestimmungen über das Verhalten bei Bodenmarkierungen und über das Einordnen sowie an Zufahrtsbeschränkungen, an Halte- und Parkverbote und an die Verbote bezüglich des Zufahrens zum linken Fahrbahnrand nicht gebunden. Sie dürfen auch durch Nebenfahrbahnen durchfahren sowie an Schutzinseln in Einbahnstraßen oder in einer Fahrbahnhälfte, für die das Gebot, rechts vorbeizufahren, angeordnet ist, links vorbeifahren und dürfen die Betriebszufahrten und -abfahrten sowie die Betriebsumkehren einer Autobahn befahren. Weiters dürfen die Lenker von Fahrzeugen des Straßendienstes auch auf der linken Fahrbahnseite fahren, wenn durch die Ausstattung dieser Fahrzeuge oder durch sonstige Maßnahmen in ausreichender Weise für die Sicherheit anderer Straßenbenützer gesorgt ist.

(2) Alle Straßenbenützer haben unbeschadet der Bestimmungen des § 26 Abs. 5 über das Verhalten gegenüber Einsatzfahrzeugen den Fahrzeugen des Straßendienstes, wenn sie sich auf einer Arbeitsfahrt befinden, insoweit Platz zu machen, als dies zur Erreichung des Zweckes der jeweiligen Arbeitsfahrt notwendig ist. Entgegenkommenden Fahrzeugen des Straßendienstes, die auf einer Arbeitsfahrt die linke Fahrbahnseite benützen, ist links auszuweichen.

(3) Bei Arbeitsfahrten dürfen die Lenker von Fahrzeugen der Müllabfuhr durch Nebenfahrbahnen durchfahren und sind an Zufahrtsbeschränkungen und an Halteverbote nicht gebunden, sofern dies der Arbeitseinsatz erfordert und der übrige Verkehr dadurch nicht wesentlich beeinträchtigt wird.

(4) Die Lenker von Fahrzeugen des Straßendienstes und der Müllabfuhr haben bei Arbeitsfahrten die an den Fahrzeugen angebrachten Warnleuchten mit gelbrotem Licht einzuschalten. Die eingeschaltete Warnleuchte gilt als ausreichender Hinweis auf Gefahren im Sinne des § 43 Abs. 6.

Abs 1:

Außerdem dürfen die Lenker von Fahrzeugen des Straßendienstes auch Fußgängerzonen und Wohnstraßen und Fahrstreifen oder Straßen für Omnibusse befahren (§ 53 Abs1 Z. 24 und 25, § 76a Abs 5 lit a, § 76b Abs 1).

Abs 2:

Aus der Formulierung dieses Absatzes ergibt sich, dass die Verpflichtungen gegenüber Einsatzfahrzeugen (siehe § 26) den Verpflichtungen gegen über Fahrzeugen des Straßendienstes vorgehen. Die allgemeinen Vorschriften über das Ausweichen finden sich in § 10.

Abs 3:

Die Lenker von Müllabfuhrfahrzeugen dürfen demnach in der Regel auch „in zweiter Spur" halten.
Außerdem dürfen die Lenker von Müllabfuhrfahrzeugen auch Fußgängerzonen und Wohnstraßen und Fahrstreifen oder Straßen für Omnibusse befahren (§ 53 Abs1 Z. 24 und 25, § 76a Abs 5 lit a, § 76b Abs 1).

§ 28 Schienenfahrzeuge

(1) Die Führer von Schienenfahrzeugen sind von der Einhaltung der straßenpolizeilichen Vorschriften insoweit befreit, als die Befolgung dieser Vorschriften wegen der Bindung dieser Fahrzeuge an Gleise nicht möglich ist.

(2) Sofern sich aus den Bestimmungen des § 19 Abs. 2 bis 6 über den Vorrang nichts anderes ergibt, haben beim Herannahen eines Schienenfahrzeuges andere Straßenbenützer die Gleise jedenfalls so rasch wie möglich zu verlassen, um dem Schienenfahrzeug Platz zu machen; beim Halten auf Gleisen müssen die Lenker während der Betriebszeiten der Schienenfahrzeuge im Fahrzeug verbleiben, um dieser Verpflichtung nachkommen zu können. Unmittelbar vor und unmittelbar nach dem Vorüberfahren eines Schienenfahrzeuges dürfen die Gleise nicht überquert werden. Bodenmarkierungen für das Einordnen der Fahrzeuge vor Kreuzungen sind ungeachtet der Bestimmungen dieses Absatzes zu beachten. Bodenschwellen oder ähnliche bauliche Einrichtungen, die entlang von Gleisen angebracht sind, dürfen nicht überfahren werden.

Abs 1:

Fußgängerzonen dürfen von Schienenfahrzeugen befahren werden, und zwar – wie sich aus dem Sinn der Vorschrift des § 76a Abs 5 lit a ergibt – nur mit Schrittgeschwindigkeit; nicht aber auch Wohnstraßen (§ 76b Abs 1).

Abs 2:

Diese Bestimmung hat einen ähnlichen Hintergrund aus wie die Ausnahme des § 9 Abs 2, nämlich den längeren Bremsweg des Schienenfahrzeuges. Als „herannahend“ ist ein Schienenfahrzeug erst dann anzusehen, wenn dessen Entfernung etwa seinem Bremsweg entspricht.
Demgegenüber räumt das Verbot des unmittelbaren Überquerens der Gleise den Schienenfahrzeugen keinen „Vorrang“ ein, sondern dient vielmehr der Sicherheit der Straßenbenützer (insbesondere Fußgänger), die durch das herannahende oder sich entfernende Schienenfahrzeug in ihrer Sicht beeinträchtigt sind und dadurch Gefahr laufen, von anderen Fahrzeugen niedergestoßen zu werden. Ein unmittelbares Überqueren liegt dann nicht vor, wenn sich das Schienenfahrzeug nicht in Bewegung befindet, wenn also die Gleise in einem Zeitpunkt überquert werden, in dem das Schienenfahrzeug noch steht.
Bodenmarkierungen für das Einordnen vor Kreuzungen sind auch dann zu beachten, wenn dadurch gegen die übrigen Bestimmungen dieses Absatzes verstoßen wird.

---

§ 29 Geschlossene Züge von Straßenbenützern

(1) Geschlossene Züge von Straßenbenützern, insbesondere Kinder- und Schülergruppen in Begleitung einer Aufsichtsperson, geschlossene Verbände des Bundesheeres oder des Sicherheitsdienstes (einschließlich der dazugehörigen Fahrzeuge), Prozessionen und Leichenzüge, dürfen nur von Lenkern von Einsatzfahrzeugen (§ 2 Abs. 1 Z. 25) und, wenn dies aus Gründen der Sicherheit und Leichtigkeit des Verkehrs dringend erforderlich ist und keine andere Maßnahme ausreicht, von Organen der Straßenaufsicht unterbrochen oder in ihrer Fortbewegung behindert werden.

(2) Geschlossene Verbände des Bundesheeres und Soldaten, die einzelne Fahrzeuge des Bundesheeres lenken, sind beim Einsatz gemäß § 2 Abs. 1 des Wehrgesetzes, BGBl. Nr. 181/1955, und bei der Vorbereitung dieses Einsatzes insoweit nicht an die Bestimmungen dieses Bun-

desgesetzes und der auf Grund dieses Bundesgesetzes erlassenen Verordnungen gebunden, als es der Zweck der Maßnahme erfordert und sonst in geeigneter Weise für die Sicherheit des Straßenverkehrs gesorgt ist.

(3) Befindet sich eine Fahrzeugkolonne des Bundesheeres auf einer Einsatzübungsfahrt und ist eine Verkehrsregelung durch Organe der Straßenaufsicht nicht möglich, so dürfen besonders geschulte und ausgerüstete Soldaten, insbesondere auf Freilandstraßen, im Rahmen der ihnen erteilten Befehle die zur Ordnung innerhalb der Kolonne und zur Gewährleistung der Sicherheit, Leichtigkeit und Flüssigkeit des übrigen Verkehrs erforderlichen Maßnahmen treffen. Solche Maßnahmen dürfen diese Soldaten im Rahmen der ihnen erteilten Befehle zur Gewährleistung der Sicherheit, Leichtigkeit und Flüssigkeit des Verkehrs auch treffen, wenn mit Fahrzeugen des Bundesheeres besondere Transporte, wie die Beförderung gefährlicher Güter, oder Transporte, die hinsichtlich der Abmessungen oder des Gesamtgewichtes einer besonderen Bewilligung nach den kraftfahrrechtlichen Bestimmungen bedürfen, durchgeführt werden und eine Verkehrsregelung durch Organe der Straßenaufsicht nicht möglich ist. Hiebei können auch Armzeichen (§ 37) gegeben werden, die jedoch einer bestehenden behördlichen Verkehrsregelung nicht widersprechen dürfen. Die Straßenbenützer haben den Anordnungen solcher Soldaten Folge zu leisten, wenn dies ohne Gefährdung von Personen und ohne Beschädigung von Sachen möglich ist.

(4) Die Bestimmungen des Abs. 3 gelten sinngemäß für Kolonnen der Feuerwehren auf einer Einsatzübungs- oder Einsatzfahrt; in diesem Falle werden die nach Abs. 3 den Soldaten zustehenden Rechte von besonders geschulten und ausgerüsteten Feuerwehrmännern ausgeübt.

Abs 1:

Von einem geschlossenen Verband kann nur gesprochen werden, wenn – bei Fahrzeugen – der Abstand so eng ist, dass anderen, rasch fahrenden Straßenbenützern ein Überholen und jeweiliges Einordnen nicht möglich ist.

Abs 2:

Einsatzfälle im Sinne des § 2 Abs 1 des Wehrgesetzes sind die militärischen Landesverteidigungen und, soweit die gesetzmäßige bürgerliche Gewalt die Mitwirkung des Bundesheeres in Anspruch nimmt, der Schutz der verfassungsmäßigen Einrichtungen, die Aufrechterhaltung der Ordnung und Sicherheit im Inneren und die Hilfeleistung bei Elementarereignissen und Unglücksfällen außergewöhnlichen Umfanges sowie schließlich die Hilfeleistung im Ausland auf Ersuchen internationaler Organisationen oder der Liga der Rotkreuz-Gesellschaften, soweit die Bundesregierung im Einvernehmen mit dem Hauptausschuss des Nationalrates die Entsendung von Angehörigen des Bundesheeres in das Ausland beschließt. Das Zitat im Gesetzestext ist schon durch die Wiederverlautbarung als Wehrgesetz 1978, BGBl 150, unrichtig geworden (inzwischen erneut wiederverlautbart: Kdm BGBl 1990/305).

Abs 4:

Da den Feuerwehren im öffentlichen Interesse wichtige Aufgaben zufallen, wurden Formationen der Feuerwehr im Straßenverkehr analoge Rechte wie dem Bundesheer eingeräumt.

§ 29a Kinder

(1) Vermag der Lenker eines Fahrzeuges zu erkennen, daß Kinder die Fahrbahn einzeln oder in Gruppen, sei es beaufsichtigt oder unbeaufsichtigt, überqueren oder überqueren wollen, so hat er ihnen das unbehinderte und ungefährdete Überqueren der Fahrbahn zu ermöglichen und hat zu diesem Zweck, falls erforderlich, anzuhalten. Die Bestimmungen des § 76 werden dadurch nicht berührt.

(2) Wer Kinder beim Überqueren der Fahrbahn beaufsichtigt, insbesondere anleitet oder begleitet, darf auf der Fahrbahn verweilen, so lange sich die Kinder auf der Fahrbahn befinden. Die Aufsichtsperson hat darauf zu achten, daß das Überqueren der Fahrbahn nicht unnötig verzögert wird.

(3) Die Leitung einer Schule kann der Behörde geeignete Schüler als Aufsichtspersonen nach Abs. 2 (Schülerlotsen) namhaft machen, die diese Aufgaben regelmäßig übernehmen. Die Behörde hat diesen Schülerlotsen einen Ausweis, aus dem ihre Eigenschaft als Aufsichtsperson hervorgeht, auszufolgen.

(4) Die Schülerlotsen sind mit einem geeigneten Signalstab sowie mit einer gut wahrnehmbaren Schutzausrüstung auszustatten, die sie während der Aufsichtstätigkeit

zu tragen haben. Der Bundesminister für Inneres hat durch Verordnung die Ausführung, Beschaffenheit, Farbe und sonstige zur Wahrnehmbarkeit erforderlichen Eigenschaften des Signalstabes und der Schutzausrüstung sowie den Inhalt und die Form des Ausweises zu bestimmen.

Allgemeines:

Diese Bestimmungen sollen dem Schutz der Kinder im Straßenverkehr dienen; sie entsprechen im wesentlichen der früher zu Kinderunfällen ergangenen, auf § 3 aufbauenden Rechtsprechung (s auch die diesbezügliche Anmerkung zu § 3). Zu dieser Bestimmung wie auch zu § 3 ist eine reichhaltige Zivil-Rechtsprechung über das allfällige Mitverschulden von Kindern bzw. deren Aufsichtspersonen ergangen.

Abs 1:

Die besonderen Sorgfaltspflichten gegenüber Kindern bestehen (im Gegensatz zu der bis 1994 geltenden Rechtslage) nicht nur dann, wenn sich diese bereits auf der Fahrbahn befinden sondern eine Fahrbahn erkennbar überqueren wollen. Damit unterstellt der Gesetzgebern einen gewissen Willen, sich am Straßenverkehr zu beteiligen und geht davon aus, dass Kinder die Fahrbahn überqueren und nicht – etwa zu verkehrsfremden Zwecken – bloß betreten. Die Bedenken zu § 9 Abs 2 hinsichtlich des Begriffes „erkennbar überqueren wollen" gelten auch für die Neufassung des § 29a Abs 1, zumindest soweit es sich um unbeaufsichtigte Kinder handelt.

Der Lenker ist jedoch zu dem vorgeschriebenen Verhalten nach wie vor nur verpflichtet, wenn er Kinder bzw deren Verhalten erkennen kann. Hier liegt einer jener Fälle vor, in denen gemäß der Anmerkung zu § 20 Abs 1 auf Gefahrensicht zu fahren ist.

Die im ersten Satz erwähnte Beaufsichtigung kann nicht nur durch erwachsene Begleitpersonen oder durch „Schulwegpolizei" gemäß § 97a, sondern auch durch Schülerlotsen gemäß Abs 3 und 4 erfolgen.

Der letzte Satz stellt klar, dass auch Kinder stets zu einem verkehrsgerechten und vorschriftsmäßigen Verhalten im Straßenverkehr verpflichtet sind bzw angeleitet werden sollen und keineswegs „Narrenfreiheit" genießen. Der Verkehrserziehung wird daher auch weiterhin uneingeschränkte Bedeutung zukommen.

Abs 2:

Damit wird der sonst die Aufsichtsperson selbst treffende Verpflichtung gemäß § 76 Abs 5, die Fahrbahn in angemessener Eile zu überqueren, durch den Schutz der Kinder überlagert. Satz 2 hält die Verpflichtung aufrecht und macht die Aufsichtsperson für das zügige Überqueren der Fahrbahn durch die Kinder (mit-) verantwortlich.

Abs 3 und 4:

Die 19.Novelle (1994) übernahm das in der Praxis vor allem in Westösterreich bewährte Modell der Schülerlotsen. Die Tätigkeit der Schülerlotsen war aber schon bisher durch § 29a gedeckt und ist klar von jener Schulwegsicherung nach § 97a unterschieden: Schülerlotsen geben Lenkern von Fahrzeugen zu erkennen, dass Kinder die Fahrbahn überqueren wollen (Abs 1). Als Aufsichtspersonen dürfen sie so lange auf der Fahrbahn verweilen, solange sich Kinder auf der Fahrbahn befinden (Abs 2). Demgegenüber sind „Schulwegpolizisten" im Rahmen des § 97a Abs 3 zur Verkehrsregelung berechtigt. Die von der Schulleitung als Aufsichtsperson vorgeschlagenen Schüler sollten in der Regel das 10. Lebensjahr vollendet haben und müssen über die für ihre Tätigkeit erforderlichen Kenntnisse verfügen (nicht zuletzt um sich nicht selbst zu gefährden). Der Abs 4 entspricht dem § 97a Abs 2.
Zur Ausrüstung der Schülerlotsen beachte die im Anhang V. abgedruckte SchulwegsicherungsV des Bundesministers für Inneres.

§ 29b Gehbehinderte Personen

(1) Die Behörde hat Personen, die dauernd stark gehbehindert sind, auf deren Ansuchen einen Ausweis über diesen Umstand auszufolgen. Inhalt und Form des Ausweises hat der Bundesminister für Verkehr, Innovation und Technologie durch Verordnung zu bestimmen. Bei Wegfall der dauernd starken Gehbehinderung ist der Ausweis vom Inhaber der ausstellenden Behörde unverzüglich abzuliefern; kommt der Inhaber dieser Verpflichtung nicht nach, so hat die Behörde den Ausweis zu entziehen.

(2) Inhaber eines Ausweises gemäß Abs. 1 dürfen

a) auf Straßenstellen, für die durch das Straßenverkehrszeichen „Halten und Parken verboten" ein Halte- und Parkverbot kundgemacht ist,

b) entgegen der Vorschrift des § 23 Abs. 2 über das Abstellen eines Fahrzeuges am Rand der Fahrbahn

mit dem von ihnen selbst gelenkten Fahrzeug oder mit einem Fahrzeug, das sie als Mitfahrer benützen, zum Aus- oder Einsteigen einschließlich des Aus- oder Einladens der für den Ausweisinhaber nötigen Behelfe (wie etwa ein Rollstuhl u. dgl.) für die Dauer dieser Tätigkeiten halten.

(3) Ferner dürfen Inhaber eines Ausweises gemäß Abs. 1 das von ihnen selbst gelenkte Fahrzeug oder Lenker von Fahrzeugen in der Zeit, in der sie einen Inhaber eines Ausweises gemäß Abs. 1 befördern,

a) auf Straßenstellen, für die durch das Straßenverkehrszeichen „Parken verboten" ein Parkverbot kundgemacht ist,

b) in einer Kurzparkzone ohne zeitliche Beschränkung,

c) auf Straßen, für die ein Parkverbot, das gemäß § 44 Abs. 4 kundzumachen ist, erlassen worden ist, und

d) in einer Fußgängerzone während der Zeit, in der eine Ladetätigkeit vorgenommen werden darf,

parken.

(4) Beim Halten gemäß Abs. 2 hat der Inhaber eines Ausweises gemäß Abs. 1 diesen den Straßenaufsichtsorganen auf Verlangen vorzuweisen. Beim Parken gemäß Abs. 3 sowie beim Halten oder Parken auf den nach § 43 Abs. 1 lit. d freigehaltenen Straßenstellen hat der Ausweisinhaber den Ausweis bei mehrspurigen Kraftfahrzeugen hinter der Windschutzscheibe und durch diese gut erkennbar, bei anderen Fahrzeugen an einer sonst geeigneten Stelle gut wahrnehmbar anzubringen.

(5) Die Bestimmungen der Abs. 2 bis 4 gelten auch für Inhaber eines Ausweises, der von einer ausländischen Behörde oder Organisation ausgestellt worden ist und der im wesentlichen einem Ausweis nach Abs. 1 entspricht.

Allgemeines:

Diese Bestimmungen sollen dauernd stark gehbehinderten Personen die Benützung von Fahrzeugen erleichtern, insbesondere durch Ausnahmen von Halteverboten und Parkbeschränkungen. Außerdem besteht gemäß § 43 Abs 1 lit d die Möglichkeit, diesen Personen Parkraum freizuhalten und ggf. den Stellplatz für ein Fahrzeug mit einem bestimmten Kennzeichen zu reservieren.

Als „dauernd stark gehbehindert" sieht die Verwaltungspraxis solche Personen an, die zufolge ihres Gebrechens oder ihrer Krankheit entweder überhaupt nicht gehfähig sind oder sich auch auf kurzen Strecken (unter 300 m) nur mit außerordentlicher Anstrengung oder unter großen Schmerzen fortbewegen können. Dieses Gebrechen oder diese Krankheit muss für dauernd vorhanden sein; eine bloß vor übergehende Behinderung (z.B. als Verletzungs- oder Operationsfolge) genügt nicht.

Vgl auch § 14 Abs 2 ImmissionsschutzG-Luft idF BGBl I Nr. 101/2002 (Ausnahme für Inhaber eines Ausweises nach § 29b StVO) sowie § 15 Abs 4 Z. 1 OzonG, idF BGBl I Nr. 108/2001, wonach „Behindertenfahrzeuge" von ozonbedingten Verkehrsbeschränkungen oder -verboten ausgenommen sind.

Nach Maßgabe der §§ 36, 38f BundesbehindertenG, BGBl 1990/283 (BGBl. I Nr. 150/2002), können Behinderte Förderungen für die Anschaffung von Fahrzeugen sowie Befreiung von der Versicherungssteuer II erlangen.

Die Begünstigungen dieses Paragraphen kommen nur jenen dauernd stark gehbehinderten Personen zugute, die im Besitz eines Gehbehindertenausweises sind. Dem Ausweis kommt somit nunmehr – in Anlehnung an die Judikatur des VwGH – konstitutive Wirkung zu.

Maßgeblich für die Beurteilung der dauernden starken Gehbehinderung ist der Zeitpunkt der Antragstellung; zukünftige Auswirkungen des Gehens über längere Strecken sind daher nicht festzustellen.

Die zur Ausstellung dieses Ausweises zuständige Behörde ist die Bezirksverwaltungsbehörde.

ÖAMTC-Wunsch:

Sachgerecht erschiene es, die Freihaltung auch für bestimmte Personen (z.B. auf Ausweisnummer) statt bloß auf Kennzeichen zugelassener Fahrzeuge zu ermöglichen.

Abs 1:

Da Personen, die grundsätzlich in der Lage sind, selbst ein Fahrzeug zu lenken, nicht gezwungen werden sollen, dieses auch unter allen Umständen zu tun, entfällt nunmehr das Erfordernis der Eintragung des Kennzeichens auf dem Ausweis. Seit der 19. Novelle dürfen ja auch dauernd stark geh behinderte, die ein Auto nur als Mitfahrer benutzen, in Verbindung mit einem Ausweis nach § 29b die in diesem Paragraphen festgelegten Begünstigungen in Anspruch nehmen.

Neu ist die Ablieferungspflicht des Ausweises bei Wegfall der Gehbehinderung.

Vgl auch die V BGBl 1976/655 und BGBl 1990/80 über den Ausweis.

Abs 2:

Da sich diese Ausnahmen nur auf das Halten und auch dann nur auf die Dauer der hier umschriebenen Tätigkeiten erstrecken, bedarf auch der dauernd stark gehbehinderte Selbstfahrer der Hilfe einer Begleitperson, die sodann mit dem Fahrzeug wegfährt (!).

Die in lit b genannte Ausnahme bezieht sich nicht auf § 23 Abs 1; dh Verkehrsbehinderungen müssen jedenfalls vermieden werden.

Abs 3:

In einer Fußgängerzone darf während des allgemeinen Ladetätigkeits-Zeitraumes auch geparkt werden. Darüber hinaus genießen die Begünstigungen dieses Abs nicht nur Selbstfahrer.

Abs 5:

Dieser im Ausland ausgestellte Ausweis muss zwar im wesentlichen dem österreichischen entsprechen, nicht aber auch in deutscher Sprache abgefasst sein.
Hinzuweisen ist auf die Empfehlung des EU-Rates vom 4.6.1998, 98/376 EG, ABl der EU vom 12.6.1998, L 127/25, worin den Mitgliedsstaaten die gegenseitige Anerkennung eines entsprechend einem einheitlichen Gemeinschaftsmodell erstellten Parkausweises für behinderte Personen empfohlen wird. Der Inhalt dieses Parkausweises wird im Anhang zur Empfehlung beschrieben (z.B. Rollstuhlfahrersymbol in weiß auf dunkelblauem Hintergrund, Eintragung des Ablaufes der Gültigkeit des Parkausweises, Name und Stempel der Behörde oder Organisation, die den Ausweis ausstellte, sowie Name, Unterschrift und Foto des Ausweisinhabers usw).

§ 30 Wirtschaftsfuhren

(1) Als Wirtschaftsfuhre gilt die Beförderung von Gütern im Betriebe eines land- und forstwirtschaftlichen Unternehmens innerhalb seines örtlichen Bereiches, insbesondere zwischen den zu diesem Unternehmen gehörenden Liegenschaften mit Fahrzeugen eines land- und forstwirtschaftlichen Unternehmens.

(2) Wirtschaftsfuhren mit Zugmaschinen, die auf gerader waagrechter Fahrbahn eine Geschwindigkeit von 10 km/h nicht zu überschreiten vermögen, dürfen nur von Personen gelenkt werden, die mindestens 16 Jahre alt sind und die erforderliche körperliche und geistige Eignung besitzen.

(3) Wirtschaftsfuhren mit bespannten Fahrzeugen dürfen nur von Personen gelenkt werden, die mindestens zwölf Jahre alt sind und die erforderliche körperliche und geistige Eignung besitzen. Ist der Lenker noch nicht 16 Jahre alt, so darf er nur Straßen benützen, die nicht Vorrangstraßen sind, keine besonders gefährlichen Stellen aufweisen und lediglich örtlichen Verkehrsbedürfnissen dienen.

(4) Die im § 74 (Abs. 4 zweiter Satz) enthaltene Bestimmung über die Beschaffenheit der Zügel bei Fuhrwerken gilt nicht für Fuhrwerke für Wirtschaftsfuhren.

(5) Bei Wirtschaftsfuhren dürfen außerhalb von Ortsgebieten auch Wege, die ausschließlich für den Fußgängerverkehr bestimmt sind, benützt werden, wenn sonst keine für den Verkehr mit Fahrzeugen offene Straße vorhanden ist oder wenn die Erreichung des Zieles nur unter Zurücklegung eines unverhältnismäßig großen Umweges möglich ist.

(6) Im Betriebe eines land- und forstwirtschaftlichen Unternehmens gelten für die Beförderung eigener Erzeugnisse mit eigenen Fahrzeugen bis zur nächsten Eisenbahn- oder Schiffsstation oder bis zur nächsten Sammelstelle land- und forstwirtschaftlicher Erzeugnisse die Bestimmungen der Abs. 2 bis 5 sinngemäß, doch hat die Behörde eine solche Beförderung zu verbieten oder im erforderlichen Ausmaße einzuschränken, wenn es aus Gründen der Verkehrssicherheit geboten ist.

Abs 1:

Unter land- und forstwirtschaftlichem Unternehmen wird jede selbstständig organisierte Erwerbsangelegenheit (das ist eine auf die Erzielung von Einnahmen gerichtete nachhaltige Tätigkeit) verstanden, die durch Bebauung und Bearbeitung des Bodens Bodenprodukte erzeugt oder Viehzucht betreibt. Hiezu zählen auch die Baumschulen, der Gartenbau (Blumengärtnerei, Obst- und Gemüseanbau) und die Imkerei. Nicht fällt jedoch die Gewinnung anorganischer Erzeugnisse darunter – es sei denn, sie wird mit einfachen Betriebsmitteln und Werkzeugen eines landwirtschaftlichen Betriebes durchgeführt. Ob der land- bzw forstwirtschaftliche Betrieb auf eigenem oder gepachtetem Grund geführt wird, ist in diesem Zusammenhang rechtlich bedeutungslos.

Abs 2:

Die Begriffsbestimmung der Zugmaschine findet sich in § 2 Z. 9 KFG (abgedruckt und erläutert im ÖAMTC-Fachbuch „Verkehrsrecht, Band II“); vgl auch § 1 Abs 2 lit a und § 96 KFG.

Die Voraussetzung „zu überschreiten vermögen“ weist auf die Bauartgeschwindigkeit hin, die allerdings bei den meisten Zugmaschinen und Anhängern weitaus höher liegt.

Abs 3:

Ob eine Straßenstelle als besonders gefährlich anzusehen ist, richtet sich nach zwei Momenten:

a) nach der Beschaffenheit der Straße, wobei einerseits die Straßenoberfläche (Glatteis usw) und andererseits der Straßenverlauf (scharfe Kurven, steil bergab- oder bergaufführende Strecken usw) maßgebend sein können, und
b) nach den Verkehrsverhältnissen auf der Straße (z.B. schienengleiche Eisenbahnübergänge).

IV. ABSCHNITT

Regelung und Sicherung des Verkehrs

A Gemeinsame Bestimmungen

§ 31 Einrichtungen zur Regelung und Sicherung des Verkehrs

(1) Einrichtungen zur Regelung und Sicherung des Verkehrs (insbesondere Verkehrsampeln, Signalscheiben, Straßenverkehrszeichen, Verkehrsleiteinrichtungen, Sockel für Verkehrsposten, Verkehrstürme, Schutzinseln, Sperrketten, Geländer, Begrenzungspfeiler, Randsteine, radableitende Randbegrenzungen, Straßenbeleuchtungseinrichtungen, Schneegatter, Verkehrsspiegel und das allenfalls mit solchen Einrichtungen verbundene Rückstrahlmaterial) dürfen nicht beschädigt oder unbefugt angebracht, entfernt, verdeckt oder in ihrer Lage oder Bedeutung verändert werden.

(2) Es ist verboten, an den in Abs. 1 bezeichneten Einrichtungen Beschriftungen, bildliche Darstellungen, Anschläge, geschäftliche Anpreisungen oder dgl. anzubringen. Dies gilt jedoch nicht für das Anbringen von Tabellen für Preise von Taxi- und Ausflugsfahrten unter den in § 96 Abs. 4 genannten Straßenverkehrszeichen sowie für die Nutzung der Rückseite der in Abs. 1 bezeichneten Einrichtungen gemäß § 82 Abs. 3 lit f.

Allgemeines:

Wird ein Verkehrszeichen entgegen der gesetzlichen Anordnung nicht aufgestellt und ist diese Unterlassung die Ursache für einen Unfall, so hat der dadurch geschädigte Verkehrsteilnehmer einen Schadenersatzanspruch, der sich nach dem Amtshaftungsgesetz richtet, wenn die zuständige Straßenaufsichtsbehörde die Bestimmung eines Aufstellungsplatzes für ein Verkehrszeichen unterlassen hat. Gemäß neuerer Judikatur des OGH kommen die Bestimmungen des Amtshaftungsgesetzes auch dann zur Anwendung, wenn die zuständige Straßenverwaltung solche Verkehrszeichen nicht oder vorschriftswidrig aufgestellt und damit der ihr auferlegten Verpflichtung nicht entsprochen hat, die als Kundmachung einer Verordnung anzusehen sind (also alle Vorschriftszeichen und die in § 44 Abs 1 genannten Hinweiszeichen). Bei den übrigen Hinweiszeichen sowie den Gefahrenzeichen sind aber weiterhin die allgemeinen Bestimmungen des Schadenersatzrechtes anzuwenden. Hier kommt insbesondere die Bestimmung des § 1319a ABGB in Betracht, derzufolge für die Verkehrssicherheit eines Weges im weitesten Sinne gehaftet wird. Auf Mautstrecken (insbes auch vignettenpflichtigen Autobahnen) ist ein besonders strenger Maßstab anzulegen, weil dort nicht die Wegehalterhaftung für grob fahrlässiges Verhalten sondern aufgrund des Benützungsvertrages für jedes Verschulden (und auch mit Beweislastumkehr) zu haften ist.

Abs 1:

Die Aufzählung der Einrichtungen zur Regelung und Sicherung des Verkehrs ist nicht erschöpfend; zu diesen Einrichtungen gehören beispielsweise auch Schaltkästen, die zwecks Beleuchtung von Verkehrszeichen erforderlich sind. Aber auch Wildzäune und -spiegel bzw Wildwarnreflektoren zählen zu diesen Einrichtungen; ihre Nichtanbringung kann die Haftung nach § 1319a ABGB bewirken.
Auch die Kennzeichnungen von Schülerbussen (§ 17 Abs 2a) werden ähnlich zu beurteilen sein.
Gemäß § 98 Abs 3 kann die Behörde dem Straßenerhalter die Anbringung von derartigen Einrichtungen vorschreiben.
Tafeln, die auf einen Schülerlotsendienst hinweisen, sind keine Verkehrszeichen, können aber im Ortsgebiet grundsätzlich aufgestellt werden. Wenn sie im Zusammenhang mit einem gekennzeichneten Schutzweg angebracht sind, werden die Lenker zusätzlich auf Kinder aufmerksam gemacht.
Über die Kennzeichnung von Grenzübergängen siehe die Anmerkung zu § 52 Z. 12.
Alle Einrichtungen zur Regelung und Sicherung des Verkehrs genießen einen besonderen gesetzlichen Schutz (vgl § 99 Abs 2 lit e).

Abs 2:

Beachte in diesem Zusammenhang § 48 Abs 4, wonach Verordnungen unwirksam werden, wenn Zeichen gemeinsam mit Straßenverkehrszeichen auf einer Anbringungsvorrichtung angebracht werden, wenn sie diesen widersprechen (also nicht der StVO entsprechen).
Von dem Verbot der Beschriftung der in Abs 1 bezeichneten Einrichtungen kennt das Gesetz außer den hier genannten Ausnahmen überdies die Hinweiszeichen nach § 53 Abs 1 Z. 3a, 4, 5 und 6.

§ 32 Anbringungspflicht und Kosten

(1) Die Einrichtungen zur Regelung und Sicherung des Verkehrs sind, sofern sich aus den folgenden Absätzen nichts anderes ergibt, vom Straßenerhalter auf seine Kosten anzubringen und zu erhalten. Die Kosten der Anbringung und Erhaltung dieser Einrichtungen auf und an Kreuzungen sind von den beteiligten Straßenerhaltern entsprechend dem Ausmaß des Verkehrs auf jeder Straße zu tragen. Die Erhaltung der Einrichtungen umfaßt auch ihre allenfalls notwendige Beleuchtung. Hinsichtlich des Hinweiszeichens „Gottesdienste“ gilt § 53 Abs. 1 Z. 3a und hinsichtlich der Hinweiszeichen „Pannenhilfe“, „Verkehrsfunk“ und „Tankstelle“ § 84 Abs. 1.

(2) Die Kosten der Anbringung und Erhaltung von Straßenverkehrszeichen, die schienengleiche Eisenbahnübergänge ankündigen, sind bei nichtöffentlichen Eisenbahnen vom Eisenbahnunternehmer zu tragen, wenn die Verkehrsbedeutung der Straße jene der Eisenbahn eindeutig überwiegt.

(3) Die Kosten der Anbringung und Erhaltung von Einrichtungen zur Regelung und Sicherung des Verkehrs, die wegen des Betriebes eines Unternehmens aus Gründen der Verkehrssicherheit dauernd erforderlich sind oder im Interesse eines solchen Unternehmens angebracht werden mußten, sind vom Unternehmer zu tragen. Eisenbahnunternehmen und Betriebe des Kraftfahrlinienverkehrs sind keine Unternehmen im Sinne dieses Bundesgesetzes.

(3a) Die Kosten der Anbringung und Erhaltung von Verkehrszeichen zur Festlegung von Standplätzen für Fahrzeuge des Platzfuhrwerks- Gewerbes, des Ausflugswagen-(Stadtrundfahrten-)Gewerbes und für Fiaker sind vom Antragsteller zu tragen.

(4) Die Kosten der Anbringung und Erhaltung von Einrichtungen zur Regelung und Sicherung des Verkehrs, die wegen der Abhaltung einer sportlichen Veranstaltung (§ 64) angebracht werden müssen, sind vom Veranstalter zu tragen.

(5) Die Kosten der Anbringung und Erhaltung von Einrichtungen zur Regelung und Sicherung des Verkehrs, die wegen der Benützung der Straße zu verkehrsfremden Zwecken (§§ 82 ff.) angebracht werden müssen, sind vom Inhaber der Bewilligung zu tragen.

(6) Sind aus Anlaß von Arbeiten auf oder neben der Straße (§ 90) Einrichtungen zur Regelung und Sicherung des Verkehrs erforderlich, so sind sie vom Bauführer auf seine Kosten anzubringen und zu erhalten.

(7) Die Bestimmungen der Abs. 1 bis 6 gelten nicht für das Zeichen „Andreaskreuz" (§ 50 Z. 6d); hiefür sind die eisenbahnrechtlichen Vorschriften maßgebend.

Abs 1:

Dem Straßenerhalter sind sehr weitreichende Pflichten auferlegt worden. Andererseits hat er auch gewisse Rechte; vgl diesbezüglich auch § 98.

Abs 2:

Nach § 3 des Eisenbahngesetzes 1957 sind nichtöffentliche Eisenbahnen solche, die ein Unternehmen vornehmlich für eigene Zwecke betreibt.

Abs 3:

Darunter fallen z.B. die Straßenverkehrszeichen, die auf eine Fabriksausfahrt hinweisen.

§ 33 Einrichtungen auf benachbarten Grundstücken zur Regelung und Sicherung des Verkehrs

(1) Ist die Anbringung der Einrichtungen zur Sicherung und Regelung des Verkehrs auf Straßengrund nicht zweckentsprechend oder wegen der Beschaffenheit der Straße oder ihrer Anlage nicht möglich, so sind diese Einrichtungen unter tunlichster Vermeidung von Wirtschaftserschwernissen auf den Liegenschaften neben der Straße anzubringen. Die Eigentümer dieser Liegenschaften sind, wenn mit ihnen hierüber keine Einigung erzielt wurde, von der Behörde durch Bescheid zu verpflichten, die Anbringung zu dulden.

(2) Der Eigentümer der Liegenschaft ist, wenn durch die Anbringung der Einrichtungen die bestimmungsgemäße Verwendung der Liegenschaft erheblich beeinträchtigt wird, von demjenigen, der die Kosten der Anbringung zu tragen hat, zu entschädigen. Werden Ersatzansprüche innerhalb von sechs Monaten, gerechnet vom Zeitpunkt, in dem der Eigentümer der Liegenschaft von der Anbringung Kenntnis erlangt, nicht anerkannt, so hat auf seinen Antrag das Gericht im Verfahren außer Streitsachen zu entscheiden.

Abs 1:

Zu der im zweiten Satz erwähnten bescheidmäßigen Verpflichtung kommt es in allen Fällen, in denen zwischen Grundeigentümer und Straßenerhalter irgendwelche Meinungsverschiedenheiten – z.B. über den Aufstellungsort eines Verkehrszeichens – bestehen. Dem Grundeigentümer steht das Recht der Berufung gegen einen solchen Bescheid zu.

Abs 2:

Das Gericht hat nur die Höhe der Entschädigung zu bestimmen, nicht aber auch über die Notwendigkeit der Anbringung der Einrichtung zur Sicherung und Regelung des Verkehrs zu entscheiden.

§ 34 Ausstattung der Einrichtungen zur Regelung und Sicherung des Verkehrs

(1) Der Bundesminister für Verkehr, Innovation und Technologie hat, soweit dies erforderlich oder zweckmäßig ist, unter Bedachtnahme auf die Erfordernisse der Sicherheit des Straßenverkehrs durch Verordnung die näheren Vorschriften über die Ausführung der Einrichtungen zur Regelung und Sicherung des Verkehrs (§ 31 Abs. 1) zu erlassen und insbesondere die Abmessungen (§ 48) und die Farben sowie die Beschaffenheit und Ausstattung der Straßenverkehrszeichen und Verkehrsleiteinrichtungen (§§ 55 ff.) zu bestimmen.

(2) Die Straßenverkehrszeichen und Verkehrsleiteinrichtungen sind so auszustatten, daß sie bei Tageslicht und bei Dunkelheit im Scheinwerferlicht deutlich erkennbar sind. Ihre Rückstrahleinrichtungen dürfen die Straßenbenützer nicht blenden und die Erkennbarkeit ihrer Bedeutung nicht erschweren.

(3) Die Straßenverkehrszeichen müssen hinsichtlich Form und Farbe bei Tageslicht und bei Dunkelheit im Scheinwerferlicht das gleiche Bild zeigen.

(4) Straßenverkehrszeichen, die den fließenden Kraftfahrzeugverkehr betreffen, müssen entweder mit rückstrahlendem Material ausgestattet oder bei Dunkelheit beleuchtet sein.

(5) Zum Zwecke der Erprobung im Rahmen der Durchführung wissenschaftlicher Untersuchungen kann der Bundesminister für Verkehr, Innovation und Technologie

durch Verordnung für eine bestimmte Zeit eine von den Bestimmungen dieses Gesetzes abweichende Ausführung von Einrichtungen zur Regelung und Sicherung des Verkehrs festlegen, wenn dagegen aus Gründen der Verkehrssicherheit keine Bedenken bestehen und eine solche Untersuchung im überwiegenden Interesse des Straßenverkehrs gelegen ist; der Zeitraum der Erprobung darf fünf Jahre ab dem In-Kraft-Treten der Verordnung nicht überschreiten.

Abs 1:

Bisher wurden die Bodenmarkierungsverordnung (idF BGBl II Nr. 370/2002) und die Straßenverkehrszeichenverordnung (idF BGBl. II 1998/238) erlassen.

Abs 2:

Unter „Scheinwerferlicht" ist Abblendlicht zu verstehen, da auch bei Gegenverkehr und daher abgeblendetem Scheinwerfer die Straßenverkehrszeichen und Verkehrseinrichtungen deutlich erkennbar sein müssen.

Abs 4:

Alle Verkehrszeichen, die den Fließverkehr betreffen, müssen entweder rückstrahlend ausgeführt oder bei Dunkelheit beleuchtet sein.
Weiterhin bezieht sich die Vorschrift nicht auf jene Verkehrszeichen, die nur den ruhenden Verkehr sowie ausschließlich den nichtmotorisierten (siehe aber etwa motorisierte Fahrräder iS § 2 Abs 1 Z. 22) fließenden Verkehr betreffen.

Abs 5:

Mit dieser Verordnungsermächtigung können versuchsweise abweichende Formen von Verkehrsleiteinrichtungen, wie insbes neuartige Bodenmarkierungen versuchsweise angebracht werden. Beachte die strengen Voraussetzungen hinsichtlich der Bedenkenlosigkeit und des übeweriegenden Interesses des Straßenverkehrs. Fehlend sind Vorgaben über allfällige besondere Ankündigungen von Versuchsanordnungen.

§ 35 Vermeidung von Verkehrsbeeinträchtigungen

(1) Die Behörde hat, wenn es die Sicherheit des Straßenverkehrs erfordert, die Besitzer von Gegenständen, die

auf der Straße oder auf Liegenschaften in der Umgebung der Straße angebracht sind und durch ihre Beschaffenheit oder Lage oder durch die Art ihrer Anbringung oder ihrer Anordnung geeignet sind, die Sicherheit des Straßenverkehrs zu beeinträchtigen, durch Bescheid zu verpflichten,

a) die Lage oder die Art der Anbringung oder die Anordnung des Gegenstandes so zu ändern, daß die Sicherheit des Straßenverkehrs nicht weiter beeinträchtigt wird, oder

b) wenn eine in lit. a bezeichnete Änderung nicht ausreicht, die Gegenstände zu beseitigen.

(2) Eine Beeinträchtigung der Sicherheit des Straßenverkehrs durch die in Abs. 1 bezeichneten Gegenstände ist insbesondere dann anzunehmen, wenn sie die Straßenbenützer blenden, die freie Sicht über den Verlauf der Straße oder auf Einrichtungen zur Regelung oder Sicherung des Verkehrs behindern oder mit solchen Einrichtungen, insbesondere mit Straßenverkehrszeichen oder mit Lichtzeichen (§ 38), verwechselt werden können oder die Wirkung solcher Einrichtungen herabmindern.

(3) Die Behörde hat auf Antrag dessen, der einen im Abs. 1 bezeichneten Gegenstand anzubringen beabsichtigt, durch Bescheid fest zustellen, ob durch die Verwirklichung des Vorhabens eine Beeinträchtigung der Sicherheit des Straßenverkehrs im Sinne des Abs. 2 zu erwarten ist.

Abs 1 und 2:

Es wird daher nicht zulässig sein, dass beispielsweise Lichtreklamen den Eindruck erwecken, es handle sich hiebei um Lichtanlagen zum Zwecke der Regelung des Straßenverkehrs. Auch Schaufensterausstattungen können zu einer Verwechslung mit solchen Lichtanlagen führen.

Etwa auch im Kreuzungsbereich (ggf sogar behördlicherseits) angebrachte Pflanzungen, Sammelcontainer udgl sind oft geeignet, die hier genannten Behinderungen hervorzurufen.

Um von einer Beeinträchtigung der Verkehrssicherheit sprechen zu können, ist es nicht erforderlich, dass dadurch eine tatsächliche Beeinträchtigung eingetreten ist; es genügt, dass die Gegenstände nach den Umständen des Falles an sich geeignet sind, die Sicherheit des Straßenverkehrs zu beeinträchtigen.

Abs 3:

Dieser Absatz soll den in Betracht kommenden Interessenten die Möglichkeit geben, allenfalls unnötige Kosten zu vermeiden.

B Armzeichen und Lichtzeichen

§ 36 Zeichengebung

(1) Die Behörde hat zur Wahrung der Sicherheit, Leichtigkeit und Flüssigkeit des Verkehrs auf Straßen mit öffentlichem Verkehr unter Bedachtnahme auf die Verkehrserfordernisse zu bestimmen, ob und an welcher Stelle der Verkehr durch Armzeichen oder durch Lichtzeichen zu regeln ist. Sie darf jedoch eine Verkehrsregelung durch Lichtzeichen (§ 38), die von Haupt- oder Nebenbahnen im Sinne des Eisenbahngesetzes 1957 aus sichtbar sind, nur dann anordnen, wenn die Eisenbahnbehörde festgestellt hat, daß dagegen keine Bedenken nach § 39 Abs. 1 des Eisenbahngesetzes 1957, BGBl. Nr. 60/1957, bestehen.

(2) Die Armzeichen und Lichtzeichen sind von den Organen der Straßenaufsicht (Verkehrsposten), und zwar unter Bedachtnahme auf die jeweilige Verkehrslage und nach den Erfordernissen der Sicherheit, Leichtigkeit und Flüssigkeit des Verkehrs, zu geben. Lichtzeichen dürfen jedoch auch automatisch oder von Straßenbenützern ausgelöst werden; die mißbräuchliche Auslösung der Lichtzeichen ist verboten.

(3) Werden auf einer Straßenstelle die Lichtzeichen automatisch oder von Straßenbenützern ausgelöst (Abs. 2), so sind diese Vorrichtungen unter Bedachtnahme auf die Sicherheit, Leichtigkeit und Flüssigkeit des Verkehrs so einzustellen, daß die Zeichenfolge den auf dieser Straßenstelle bestehenden Verkehrsverhältnissen entspricht.

(4) Wenn der Verkehr durch Armzeichen oder Lichtzeichen geregelt wird, so gehen diese sowohl den Straßenverkehrszeichen als auch den Bodenmarkierungen vor.

Allgemeines:

Die hier vorgesehene Zeichengebung wurde durch die Bestimmungen über die Sicherung des Schulweges („Schulwegpolizei“ – § 97a) erweitert (vgl die im Anhang V abgedruckte Verordnung).

Beachte auch die Möglichkeit der Verkehrsregelung durch besonders geschulte und ausgerüstete Soldaten (§ 29 Abs 3) und Feuerwehrmänner (§ 29 Abs 4) sowie durch Organe der Grenzabfertigung (§ 97 Abs 1a).

Abs 2 und 3:

Diese Bestimmungen ermächtigen nicht dazu Verkehrsregelungen zur Behinderung oder Verzögerung des Fließverkehrs einzusetzen, etwa um verkehrspolitische Ziele zu verfolgen.

§ 37 Bedeutung der Armzeichen

(1) Hält ein auf der Fahrbahn stehender Verkehrsposten einen Arm senkrecht nach oben, so gilt dies als Zeichen für „Halt". Bei diesem Zeichen haben die Lenker herannahender Fahrzeuge vor dem Verkehrsposten anzuhalten. Wird dieses Zeichen auf einer Kreuzung gegeben, so haben die Lenker herannahender Fahrzeuge vor einem Schutzweg, einer Radfahrerüberfahrt oder einer Haltelinie, sonst vor der Kreuzung anzuhalten oder, wenn ihnen das Anhalten nicht mehr möglich ist, die Kreuzung zu durchfahren. Fahrzeuglenker, die sich bei diesem Zeichen mit ihren Fahrzeugen bereits auf der Kreuzung befinden, haben sie so rasch wie dies möglich und erlaubt ist, zu verlassen. Beim Einbiegen nach links ist den entgegenkommenden geradeausfahrenden sowie den entgegenkommenden nach rechts einbiegenden Fahrzeugen der Vorrang zu geben. Fahrzeuge, die von Hauptfahrbahnen kommen, haben den Vorrang gegenüber Fahrzeugen, die aus Nebenfahrbahnen kommen.

(2) Hält ein auf der Fahrbahn stehender Verkehrsposten einen Arm quer zu einer Fahrtrichtung, so gilt dies als Zeichen für „Halt" für den Verkehr in dieser Fahrtrichtung. Bei diesem Zeichen haben die Lenker der in dieser Fahrtrichtung fahrenden Fahrzeuge vor dem Verkehrsposten, wenn das Zeichen jedoch auf einer Kreuzung gegeben wird, vor der Kreuzung anzuhalten. Bei diesem Zeichen sind auch die senkrecht zur Brust und zum Rücken des Verkehrspostens verlaufenden Fahrtrichtungen gesperrt.

(3) Hält ein auf der Fahrbahn stehender Verkehrsposten beide Arme quer zu beiden Fahrtrichtungen, so gilt dies als Zeichen für „Halt" für den Verkehr in diesen Fahrtrichtungen. Bei diesem Zeichen haben die Lenker der in diesen Fahrtrichtungen fahrenden Fahrzeuge vor dem

Verkehrsposten, wenn das Zeichen jedoch auf einer Kreuzung gegeben wird, vor der Kreuzung anzuhalten.

(4) Wenn es die Verkehrslage zuläßt, hat ein Verkehrsposten auch bei den Zeichen nach Abs. 2 und 3 das Einbiegen nach rechts durch Hilfszeichen (§ 41) zu gestatten.

(5) Hält ein auf der Fahrbahn stehender Verkehrsposten einen Arm oder beide Arme parallel zu den Fahrtrichtungen, so gilt dies als Zeichen für „Freie Fahrt" für den Verkehr in diesen Fahrtrichtungen. Bei diesem Zeichen haben die Lenker von Fahrzeugen in der freigegebenen Fahrtrichtung weiterzufahren oder einzubiegen (§ 13). Beim Einbiegen dürfen jedoch Fußgänger und Radfahrer, welche die Fahrbahn im Sinne der für sie geltenden Regelungen überqueren, und die Benützer der freigegebenen Fahrbahn nicht behindert werden. Beim Einbiegen nach links ist den entgegenkommenden geradeausfahrenden sowie den entgegenkommenden nach rechts einbiegenden Fahrzeugen der Vorrang zu geben. Fahrzeuge, die von Hauptfahrbahnen kommen, haben den Vorrang gegenüber Fahrzeugen, die aus Nebenfahrbahnen kommen.

(6) Ein Verkehrsposten darf, nachdem er die Armzeichen gemäß Abs. 3 und 5 gegeben hat, die Arme wieder senken. In diesem Falle sind die senkrecht zur Brust und zum Rücken des Verkehrspostens verlaufenden Fahrtrichtungen gesperrt (Abs. 3).

(7) Bewegt ein Verkehrsposten einen Arm auf und ab, so bedeutet dies, daß die Fahrgeschwindigkeit zu verringern ist.

Allgemeines:

Erfolgt die Zeichengebung auf einer Kreuzung, so spricht man von einer sogenannten „geregelten Kreuzung". Armzeichen sind auch dann zu beachten, wenn Lichtzeichen, Verkehrszeichen oder Bodenmarkierungen Entgegenstehendes anordnen (siehe Hilfszeichen unter § 41). Gibt ein Verkehrsposten keine Zeichen, wird die Kreuzung sofort zur ungeregelten.

Abs 1:

Mangels einer Haltelinie, eines Schutzweges oder – seit der 19. Novelle – einer Radfahrerüberfahrt ist nach dieser Bestimmung vor der Kreuzung anzuhalten, dh vor der

gedachten Verlängerung der Gehsteige, sind solche nicht vorhanden, vor dem Fahrbahnrand der querenden Straße.
Das Anhalten vor der Kreuzung wird dann nicht mehr möglich sein, wenn das Zeichen in einem Zeitpunkt gegeben wird, in dem das Fahrzeug schon so nahe mit einer solchen Geschwindigkeit an die Kreuzung herangekommen ist, dass der Anhalteweg nicht mehr ausreicht, um das Fahrzeug an der vorgeschriebenen Stelle sicher anhalten zu können.

Abs 2 und 3:

Diese Armzeichen müssen auch von den Einsatzfahrzeugen (Rettungsfahrzeuge, Fahrzeuge der Feuerwehr, Fahrzeuge des Sicherheitsdienstes usw) beachtet werden; doch wird in der Regel dem Einsatzfahrzeug durch Hilfszeichen der Verkehrsposten eine abweichende Anordnung erteilt werden.

Abs 4:

Das Einbiegen nach rechts hat der Verkehrsposten zu gestatten, nach links kann er es gestatten.
Diese Regelung entspricht dem durch Spurensignalisation erlaubten Rechts- oder Linkseinbiegen (s § 39)

Abs 5:

Im Gegensatz zur Bestimmung des § 38 Abs 4 ist bei dem Armzeichen „Freie Fahrt“ ohne Prüfung der Verkehrslage weiterzufahren.
Dieser Absatz wurde durch die 19. Novelle (1994) dahin ergänzt, dass beim Einbiegen auch Radfahrer, die die Fahrbahn im Sinne der für sie geltenden Regelungen überqueren, nicht behindert werden dürfen. Die Neufassung dieser Bestimmung entspricht § 38 Abs 4.

Abs 7:

Das Maß der Geschwindigkeitsverminderung hängt einerseits von der Intensität der Armzeichen des Verkehrspostens, andererseits von den für den Fahrzeuglenker erkennbaren Ursachen dieser Zeichengebung ab.

§ 38 Bedeutung der Lichtzeichen

(1) Gelbes nicht blinkendes Licht gilt unbeschadet der Vorschriften des § 53 Z. 10a über das Einbiegen der Straßenbahn bei gelbem Licht als Zeichen für „Halt“. Bei diesem Zeichen haben die Lenker herannahender Fahr-

zeuge unbeschadet der Bestimmungen des Abs. 7 anzuhalten:

a) wenn eine Haltelinie vorhanden ist, vor der Haltelinie,
b) wenn ein Schutzweg oder eine Radfahrerüberfahrt ohne Haltelinie vorhanden ist, vor der ersten Querungshilfe (Schutzweg, Radfahrerüberfahrt) aus der Sicht des ankommenden Verkehrs;
c) wenn eine Kreuzung ohne Schutzweg und ohne Haltelinie vorhanden ist, vor der Kreuzung,
d) ansonsten vor dem Lichtzeichen.

(2) Fahrzeuglenker, die sich bei gelbem nicht blinkendem Licht bereits auf der Kreuzung befinden, haben diese so rasch wie ihnen dies möglich und erlaubt ist zu verlassen. Fahrzeuglenker, denen ein sicheres Anhalten nach Abs. 1 nicht mehr möglich ist, haben weiter zufahren. Beim Einbiegen nach links ist den entgegenkommenden geradeausfahrenden sowie den entgegenkommenden nach rechts einbiegenden Fahrzeugen der Vorrang zu geben. Fahrzeuge, die von Hauptfahrbahnen kommen, haben den Vorrang gegenüber Fahrzeugen, die aus Nebenfahrbahnen kommen.

(2a) Gemeinsam mit dem roten Licht leuchtendes gelbes Licht bedeutet „Halt" im Sinne des roten Lichtes und kündigt an, daß das Zeichen für „Freie Fahrt" unmittelbar folgen wird.

(2b) Die Dauer des gelben nicht blinkenden Lichtes, das dem roten Licht folgt oder gemeinsam mit diesem leuchtet, hat zwei Sekunden zu betragen.

(3) Blinkendes gelbes Licht bedeutet „Vorsicht".

(4) Grünes Licht gilt als Zeichen für „Freie Fahrt". Bei diesem Zeichen haben die Lenker von Fahrzeugen, wenn es die Verkehrslage zuläßt, weiterzufahren oder einzubiegen. Beim Einbiegen dürfen die Benützer der freigegebenen Fahrstreifen sowie Fußgänger und Radfahrer, welche die Fahrbahn im Sinne der für sie geltenden Regelungen überqueren, weder gefährdet noch behindert werden. Beim Einbiegen nach links ist den entgegenkommenden geradeausfahrenden sowie den entgegenkommenden nach rechts einbiegenden Fahrzeugen der Vorrang zu geben. Fahrzeuge, die von Hauptfahrbahnen kommen, haben den Vorrang gegenüber Fahrzeugen, die aus Nebenfahrbahnen kommen.

(5) Rotes Licht gilt als Zeichen für „Halt". Bei diesem Zeichen haben die Lenker von Fahrzeugen unbeschadet

der Bestimmungen des Abs. 7 und des § 53 Z. 10a an den im Abs. 1 bezeichneten Stellen anzuhalten.

(6) Das grüne Licht ist jeweils mit viermal grünblinkendem Licht zu beenden, wobei die Leucht- und die Dunkelphase abwechselnd je eine halbe Sekunde zu betragen haben. Grünes blinkendes Licht bedeutet das unmittelbar bevorstehende Ende des Zeichens für „Freie Fahrt".

(7) Leuchtende grüne Pfeile gelten als Zeichen für „Freie Fahrt" im Sinne des grünen Lichtes. In die Leuchtfläche des gelben nicht blinkenden Lichtes schwarz eingezeichnete Pfeile gelten als Zeichen für „Halt" im Sinne des gelben nicht blinkenden Lichtes. In die Leuchtflächen des roten Lichtes schwarz eingezeichnete Pfeile gelten als Zeichen für „Halt" im Sinne des roten Lichtes. Die Pfeilspitzen zeigen jeweils die Richtung an, für welche die Zeichen gelten.

(8) Zur gesonderten Regelung des Verkehrs auf einzelnen Fahrstreifen oder für bestimmte Gruppen von Straßenbenützern, wie etwa Fußgänger, Radfahrer oder Fahrzeuge des Kraftfahrlinienverkehrs, dürfen auch andere leicht erkennbare Lichtzeichen verwendet werden, wobei hinsichtlich des grünen Lichtes die Bestimmung des Abs. 6 erster Satz anzuwenden ist. Hinsichtlich der Bedeutung solcher Lichtzeichen und des Verhaltens der betroffenen Straßenbenützer gelten die Bestimmungen der Abs. 1 bis 7 sinngemäß.

(9) Im Bereich eines Grenzüberganges dürfen auch Lichtzeichen verwendet werden, die nur rotes und grünes Licht ausstrahlen. Solche Zeichen sind für jeden Fahrstreifen getrennt rechts oder oberhalb des Fahrstreifens anzubringen. Bei Lichtzeichen dieser Art bedeutet rotes Licht, daß auf dem betreffenden Fahrstreifen keine Grenzabfertigung vorgenommen wird und dieser daher für den Fahrzeugverkehr gesperrt ist, und grünes Licht, daß der betreffende Fahrstreifen zur Grenzabfertigung zu benützen ist. Diese Bestimmungen gelten sinngemäß für den Bereich einer Mautstelle hinsichtlich der Mauteinhebung.

(10) Für die Fahrstreifensignalisierung sind Lichtzeichen mit roten gekreuzten Schrägbalken, grün nach unten zeigendem Pfeil und gelb blinkendem halb links oder halb rechts nach unten zeigendem Pfeil auf nicht leuchtendem Hintergrund zu verwenden. Solche Zeichen sind für jeden Fahrstreifen oberhalb des Fahrstreifens anzubringen. Bei

Lichtzeichen dieser Art bedeuten rote gekreuzte Schrägbalken, daß der betreffende Fahrstreifen gesperrt ist, der grün nach unten zeigende Pfeil, daß der Verkehr auf dem betreffenden Fahrstreifen gestattet ist und der gelb blinkende halb links oder halb rechts nach unten zeigende Pfeil, daß Fahrzeuglenker den betreffenden Fahrstreifen ehestmöglich in der angezeigten Richtung verlassen müssen.

Allgemeines:

Wird der Verkehrsablauf an einer Kreuzung durch Lichtzeichen geregelt, so spricht man von einer sogenannten „geregelten Kreuzung". Wird an einer Kreuzung eine Lichtsignalanlage auf gelbes Blinklicht (Abs 3) gestellt, so gilt diese Kreuzung nicht mehr als eine geregelte.
Lichtzeichen sind auch dann zu beachten, wenn Verkehrszeichen und Bodenmarkierungen Entgegenstehendes anordnen. Werden jedoch Armzeichen von Verkehrsposten gegeben, die mit dem Lichtzeichen in Widerspruch stehen, so gehen erstere vor.

Abs 1:

Wenn keiner der Fälle a bis c gegeben ist, muss daher vor der Verkehrsampel angehalten werden. Zum Verhalten bei dem Hinweiszeichen „Straßenbahn biegt bei Gelb oder Rot ein" siehe bei § 53 Abs 1 Z. 10a.
Im Hinblick auf die systematische Gleichbehandlung der Querungshilfen (Schutzwege und Radfahrerüberfahrten) wurde durch die 19. Novelle auch in dieser Bestimmung auf die Radfahrerüberfahrt Bedacht genommen.

Abs 2:

Gelbes, nicht blinkendes Licht gilt grundsätzlich als Zeichen für „Halt" (vgl auch Abs 2a). Nur wenn einem Fahrzeuglenker bei Bedachtnahme auf die Lichtzeichenregelung und die Verkehrslage ein verkehrssicheres Anhalten nicht mehr möglich ist, darf er weiterfahren.
Hinsichtlich des Verhaltens von Lenkern, die sich noch bei „Rot" auf der Kreuzung befinden, s Anm zu Abs 5.
Es ist zu beachten, dass im Interesse des flüssigen Verkehrs in zunehmendem Maße Lichtregelungen mit versetzten Phasen vorgesehen worden sind und werden; dh, dass z.B. in einer Fahrtrichtung bereits Gelb signalisiert wird, während in der entgegengesetzten Richtung noch Grün leuchtet. Es ist daher auch in der Gelbphase vor dem Verlassen der Kreu-

zung das Verhalten entgegenkommender an die Kreuzung heranfahrender Fahrzeuge zu beachten, um Kollisionen mit diesen zu vermeiden.
Durch den letzten Satz (ebenso in Abs 4) wurde die Regelung der Wartepflicht des Nebenfahrbahnbenützers auch hinsichtlich geregelter Kreuzungen derjenigen des § 19 Abs 6 bezüglich nichtgeregelter Kreuzungen angeglichen.

Abs 2a und 2b:

Bei dem nach dem roten Licht oder gemeinsam mit diesem leuchtenden gelben Licht wurde eine einheitliche Dauer von zwei Sekunden festgesetzt, um sogenannte „Frühstarts" möglichst einzuschränken. Beim gelben Licht, das dem grünen Licht folgt, war eine einheitliche Regelung nicht möglich, weil hier der Räumphase einer bestimmten Kreuzung Rechnung getragen werden muss. Meist dauert diese Gelbphase 3 Sekunden.

Abs 4:

Bei „Grün" ist nur dann weiterzufahren, wenn es die Verkehrslage zulässt. Demnach ist es jedenfalls unzulässig, in den Fällen des § 18 Abs 3 auf einer lichtgeregelten Kreuzung bei „Grün" an das letzte Fahrzeug einer bis zur Kreuzung zurückreichenden Kolonne aufzuschließen und dadurch unter Umständen den nach dem Phasenwechsel einsetzenden Querverkehr zu behindern. Ebenso muss Rücksicht auf allenfalls noch auf der Kreuzung befindliche Fahrzeuge des Querverkehrs ("Nachzügler") genommen und ihnen die Räumung der Kreuzung ermöglicht werden. Offen bleibt, ob die erforderliche Prüfung der Verkehrslage sich auch auf das Vorliegen einer Lichtregelung mit versetzten Phasen (vgl dazu die Anmerkung zu Abs 2) beziehen muss. Es kann jedoch nicht verlangt werden, dass der Lenker, für den „Grün" gilt, sein Fahrverhalten auf die mögliche Missachtung des Rotlichtes durch einen im Querverkehr herannahenden Lenker einrichtet; eine derartige Auslegung würde dem Vertrauensgrundsatz widersprechen. Die Rechtsprechung ging allerdings in bezug auf Fußgänger andere Wege: Der Lenker, der eine Kreuzung bei soeben erst auf „Grün" geschalteter Ampel im „fliegenden Start" durchfährt, muss auf allenfalls querende Fußgänger achten.
Radfahrer sind beim vorschriftsgemäßen Überqueren einer Fahrbahn zu deren Sicherheit den Fußgängern gleichgestellt (3. Satz). Die gilt jedoch dann nicht, dh, der Radfahrer ist wartepflichtig, wenn er aus einer Nebenfahrbahn kommt (letz-

ter Satz). Vgl zur Wartepflicht des Nebenfahrbahnbenützers auch Abs 2 und die darauf bezugnehmende Anmerkung.

Abs 5:

Sofern nicht ein Grünpfeil die Weiterfahrt nach Prüfung der Verkehrslage anordnet (vgl. Abs 7), ist – wenn keiner der Fälle a bis c des Abs 1 vorliegt – vor der Verkehrsampel anzuhalten.
Ein „Nachzügler“, der noch bei Grünlicht in die Kreuzung eingefahren ist und dort aufgehalten wurde, bis die Lichtsignale wieder umgesprungen sind, muss die Kreuzung vorsichtig – also vor allem unter Beachtung eines allenfalls einsetzenden Querverkehrs – verlassen.
Bei gesonderter Lichtzeichenregelung kann für Straßenbahnen ein Abbiegen auch bei „Rot“ gestattet werden.

Abs 6:

Das grün blinkende Licht wird beibehalten. In dieser Frage ist anlässlich der Ratifizierung der Wiener Übereinkommen über den Straßenverkehr ein österreichischer Vorbehalt eingelegt worden, um diese im wesentlichen bewährte Regelung weiterverwenden zu können. Es ist jedoch die Blinkphase einheitlich festgelegt worden. Außerdem wurde das Grünblinken auch bei anderen Ampeln, insbesondere bei Fußgängerlichtzeichen, vorgesehen. Dies hat sich z.B. in der Schweiz sehr bewährt. Gleiches gilt auch für allfällige Sonderregelungen für Radfahrer oder Fahrzeuge des Kraftfahrliniendienstes.
Hinsichtlich des Verhaltens bei grün blinkendem Licht gilt unverändert: es ist grünes Licht und bedeutet daher „Freie Fahrt“. Es soll die Fahrzeuglenker lediglich auf das bevorstehende Ende der grünen Phase aufmerksam machen. Damit wird den Fahrzeuglenkern, die von der Kreuzung noch so weit entfernt sind, dass sie bei Beachtung der zulässigen Geschwindigkeit nicht mehr bei „Grün“ in die Kreuzung einfahren können, die Möglichkeit gegeben, ihre Geschwindigkeit so rechtzeitig zu vermindern, dass ein jähes Bremsen überflüssig wird.

Abs 8:

Die Signale für Omnibusse – auch auf Busspuren – sollten daher mit den üblichen Farbsignalen erfolgen. Die in der Praxis auf Busspuren, in Anaolgie zu Regelungen von Straßenbahnen, zum Einsatz kommenden weißen Signalzeichen entsprechen nicht dieser Bestimmung.

Abs 10:

Die Fahrstreifensignalisation wurde mit der 19. StVO Novelle 1994 eingeführt: Durch besondere Lichtsignale zur Regelung des Verkehrs auf einzelnen Fahrstreifen soll es ermöglicht werden, das Verkehrsgeschehen in kritischen Situationen (Stau, Unfälle etc) zielgerichtet zu beeinflussen. Durch den geeigneten Einsatz dieser Maßnahmen kann eine entscheidende Beschleunigung des Verkehrs, nicht zuletzt auch des öffentlichen Verkehrs, erreicht werden. Diese Bestimmung ist inhaltlich dem Art 69 Z. 3 der schweizerischen Signalisationsverordnung (SSV) nachgebildet.

§ 39 Anordnung der Lichtzeichen

(1) Die Lichtzeichen sind entweder untereinander in der Reihenfolge oben rot, in der Mitte gelb und unten grün oder in Ausnahmefällen nebeneinander in der Reihenfolge links rot, in der Mitte gelb und rechts grün anzuordnen.

(2) Die Anlagen zur Abgabe von Lichtzeichen sind deutlich erkennbar anzubringen. Sind mehrere Fahrstreifen vorhanden, so ist sowohl eine getrennte als auch eine unterschiedliche Regelung für einzelne Fahrstreifen oder Fahrtrichtungen zulässig (Spurensignalisation). Der Abstand zwischen dem unteren Rand des Gehäuses einer Lichtsignalanlage und der Fahrbahn darf bei Anordnung am Fahrbahnrand nicht weniger als 2 m und nicht mehr als 3,50 m, bei Anordnung oberhalb der Fahrbahn nicht weniger als 4,50 m und nur in Ausnahmefällen mehr als 5,50 m betragen. Die Anbringung zusätzlicher Signale an anderen Stellen ist zulässig.

Abs 1:

Bei der gesonderten Lichtzeichengebung für einzelne Fahrstreifen (Spurensignalisation) hat es sich als zweckmäßig erwiesen, aus Gründen einer besseren Ausnützung des vorhandenen Platzes Lichtzeichen horizontal anzuordnen, vor allem beim Einbau in sogenannte Wegweiserbrücken.
Von dieser Signalisation unterscheidet sich die Fahrstreifensignalisation des § 38 Abs 10.

Abs 2:

Bei Vorhandensein von Oberleitungen ist es fallweise notwendig, Lichtzeichen höher als 5,50 m anzubringen.

§ 40 Signalscheiben

(1) Die Zeichen „Halt“ oder „Freie Fahrt“ nach den §§ 37 Abs. 3 und 5 und 38 Abs. 4 und 5 können, wenn eine solche Zeichengebung an einer Straßenstelle zur Aufrechterhaltung der Sicherheit, Leichtigkeit und Flüssigkeit des Verkehrs vorübergehend erforderlich ist, mittels besonderer, den genannten Arm- oder Lichtzeichen im wesentlichen entsprechenden Hilfseinrichtungen, insbesondere mittels roter und grüner Signalscheiben, gegeben werden.

(2) Wenn bei Arbeiten auf der Straße nur ein Fahrstreifen befahrbar ist, hat die Behörde unter Bedachtnahme auf die Verkehrssicherheit zu bestimmen, ob und inwieweit der Verkehr durch die in Abs. 1 bezeichneten Hilfsmittel besonders zu regeln ist. Sofern aus Gründen der Verkehrssicherheit keine erheblichen Bedenken entgegenstehen, kann die Behörde mit einer solchen Regelung des Verkehrs ein mit der Durchführung der Straßenbauarbeiten betrautes Unternehmen beauftragen.

Die Regelung des Verkehrs durch Signalscheiben kommt insbesondere für Straßenbaustellen in Betracht, wenn der Verkehr an diesen einbahnig vorbeigeführt werden muss.

§ 41 Hilfszeichen

(1) Wird der Verkehr durch Armzeichen oder Lichtzeichen geregelt, so sind die Organe der Straßenaufsicht berechtigt, durch leicht verständliche und gut wahrnehmbare Zeichen Straßenbenützern von einer solchen Regelung abweichende Anordnungen zu geben (Hilfszeichen). Im Bereich eines Grenzüberganges dürfen solche Hilfszeichen auch die mit der Grenzabfertigung betrauten Organe geben.

(2) Hilfszeichen dürfen nur gegeben werden, wenn
a) es die Sicherheit, Leichtigkeit und Flüssigkeit des Verkehrs erfordert und
b) ihre Befolgung ohne Gefährdung von Personen und ohne Beschädigung von Sachen möglich ist.

(3) Die Straßenbenützer, denen Hilfszeichen gegeben werden, haben sie nur zu befolgen, wenn dies ohne Gefährdung von Personen und ohne Beschädigung von Sachen möglich ist.

Abs 1:

Eine Verletzung dieser Vorschrift kann nur demjenigen Verkehrsteilnehmer angelastet werden, von dem feststeht, dass er die vom Straßenaufsichtsorgan erteilte Anordnung wahrgenommen hat.
Hilfszeichen können sich auch an mehrere Straßenbenützer richten, sie müssen nicht jedem einzelnen Verkehrsteilnehmer gegeben werden.
Vgl auch § 97 Abs 4 und 5. Keine Hilfszeichen können Schülerlotsen gemäß § 29a Abs 3 erteilen.

Abs 3:

Mit dieser Vorschrift ist ausgesprochen, dass man sich auf Hilfszeichen nicht ohne weiteres verlassen darf und daher für durch die Befolgung verursachte Schäden haftet.

C Allgemeine Regelung und Sicherung des Verkehrs

§ 42 Fahrverbot für Lastkraftfahrzeuge

(1) An Samstagen von 15 Uhr bis 24 Uhr und an Sonntagen und gesetzlichen Feiertagen von 00Uhr bis 22 Uhr ist das Befahren von Straßen mit Lastkraftwagen mit Anhänger verboten, wenn das höchste zulässige Gesamtgewicht des Lastkraftwagens oder des Anhängers mehr als 3,5 t beträgt; ausgenommen sind die Beförderung von Milch sowie unaufschiebbare Fahrten mit Lastkraftwagen des Bundesheeres mit Anhänger.

(2) In der im Abs. 1 angeführten Zeit ist ferner das Befahren von Straßen mit Lastkraftwagen, Sattelkraftfahrzeugen und selbstfahrenden Arbeitsmaschinen mit einem höchsten zulässigen Gesamtgewicht von mehr als 7,5 t verboten.

(2a) Von den in Abs. 1 und 2 angeführten Verboten sind Fahrten ausgenommen, die aus schließlich im Rahmen des Kombinierten Verkehrs (§ 2 Z. 40 KFG 1967) innerhalb eines Umkreises mit einem Radius von 65 km von den durch Verordnung gemäß Abs. 2b festgelegten Be- oder Entladebahnhöfen durchgeführt werden.

(2b) Der Bundesminister für Verkehr, Innovation und Technologie hat die Be- und Entladebahnhöfe gemäß Abs. 2a unter Bedachtnahme auf die technischen Anforderungen für den Kombinierten Verkehr mit Verordnung festzusetzen.

(3) Von dem im Abs. 2 angeführten Verbot sind Fahrten ausgenommen, die ausschließlich der Beförderung von Schlacht- oder Stechvieh oder leicht verderblichen Lebensmitteln, der Getränkeversorgung in Ausflugsgebieten, unaufschiebbaren Reparaturen an Kühlanlagen, dem Abschleppdienst, der Pannenhilfe, dem Einsatz in Katastrophenfällen, dem Einsatz von Fahrzeugen des Straßenerhalters zur Aufrechterhaltung des Straßenverkehrs, dem Einsatz von Fahrzeugen des öffentlichen Sicherheitsdienstes, der Müllabfuhr oder dem Einsatz von Fahrzeugen eines Linienverkehrsunternehmens zu Aufrechterhaltung des regelmäßigen Linienverkehrs dienen, sowie unaufschiebbare Fahrten mit Lastkraftwagen des Bundesheeres und mit selbstfahrenden landwirtschaftlichen Arbeitsmaschinen und Fahrten im Ortsgebiet an den letzten beiden Samstagen vor dem 24.Dezember. Diese Ausnahme gilt jedoch nicht für die Beförderung von Großvieh auf Autobahnen.

(4) Zur Verhinderung von Übertretungen der in Abs. 1, 2 und 6 angeführten Verbote sowie einer Verordnung nach Abs. 5 ist, falls erforderlich, ein für eine Fahrt mit dem betreffenden Fahrzeug nötiges Dokument abzunehmen oder eine der im § 5b angeführten Zwangsmaßnahmen anzuwenden. Die getroffene Maßnahme ist mit Ablauf der im Abs. 1 oder 6 oder der in einer Verordnung nach Abs. 5 angeführten Zeit aufzuheben.

(5) Wenn und insoweit es die Sicherheit, Leichtigkeit oder Flüssigkeit des Verkehrs, insbesondere zu Zeiten starken Verkehrs (z.B. Ferienreiseverkehr), oder eine gleichartige Verkehrsregelung in Nachbarstaaten Österreichs erfordert, kann der Bundesminister für Verkehr, Innovation und Technologie durch Verordnung bestimmen, daß die Lenker der in Abs. 1 oder 2 genannten Fahrzeuge zu den im Abs. 1 angeführten Zeiten bestimmte Straßen befahren oder zu anderen als den im Abs. 1 angeführten Zeiten bestimmte Straßen nicht befahren dürfen.

(6) Ab 1. Jänner 1995 ist das Fahren mit Lastkraftfahrzeugen mit einem höchsten zulässigen Gesamtgewicht von mehr als 7,5 t in der Zeit von 22 Uhr bis 5 Uhr verboten. Ausgenommen von diesem Fahrverbot sind Fahrten

a) mit Fahrzeugen des Straßendienstes,
b) mit Fahrzeugen des Bundesheeres, die zur Aufrechterhaltung des militärischen Dienstbetriebes unumgänglich sind und

c) mit lärmarmen Kraftfahrzeugen, bei denen eine Bestätigung nach § 8b Abs. 4 KDV 1967 mitgeführt wird.

(7) Der Bundesminister für Verkehr, Innovation und Technologie kann durch Verordnung bestimmte Straßen oder Straßenstrecken vom Verbot gemäß Abs. 6 ausnehmen, soweit dies zur Förderung oder Erleichterung des Kombinierten Verkehrs notwendig ist.

(8) Ab 1. Jänner 1995 dürfen Lastkraftfahrzeuge mit einem höchsten zulässigen Gesamtgewicht von mehr als 7,5 t in der Zeit von 22 Uhr bis 5Uhr nicht schneller als 60 km/h fahren. Die Behörde hat für bestimmte Gebiete, Straßen oder Straßenstrecken durch Verordnung diese erlaubte Höchstgeschwindigkeit zu erhöhen, sofern dadurch nicht der Schutz der Bevölkerung vor Lärm beeinträchtigt wird.

(9) Für die Kundmachung von Verordnungen gemäß Abs. 7 und 8 gilt § 44 sinngemäß.

(10) Rechtsvorschriften, mit denen weiter gehende Fahrverbote oder Geschwindigkeitsbeschränkungen angeordnet werden, bleiben unberührt.

Allgemeines:

Unter Lastkraftfahrzeugen sind nur jene Fahrzeuge zu verstehen, die geeignet sind, Güter zu befördern. Pannenfahrzeuge, Abschleppfahrzeuge, die verkehrsbehindernde Fahrzeuge von der Straße entfernen, und Feuerwehrfahrzeuge sind daher nicht von diesen Bestimmungen erfasst. (Quelle: Verkehrsausschuss des Nationalrates bei den Beratungen über die 19. Novelle)

Abs 1:

Seit dem Inkrafttreten der 19. Novelle gilt das Fahrverbot für Lastkraftwagen mit Anhänger erst ab der angeführten Gewichtsgrenze; hiedurch wird vermieden, dass etwa auch Fahrzeuge, die nur aus steuerlichen Gründen als Lkw zugelassen wurden, unter dieses Verbot fallen. Auch Wohnwagen-Gespanne, bei denen das Zugfahrzeug als Lkw zugelassen wurde, unterliegen dem Wochenendfahrverbot nicht mehr.

Gesetzliche Feiertage sind folgende Tage:
1. Jänner (Neujahr), 6. Jänner (Heilige Drei Könige), Ostermontag, 1. Mai (Staatsfeiertag), Christi Himmelfahrt, Pfingstmontag, Fronleichnam, 15. August (Mariä Himmelfahrt), 26. Oktober (Nationalfeiertag), 1. November (Allerheiligen),

8.Dezember (Mariä Empfängnis), 25. Dezember (Weihnachten), 26. Dezember (Stephanstag).

Der Karfreitag gilt zwar für die Angehörigen bestimmter Konfessionen als Feiertag, ist aber im Sinne der StVO als Werktag einzustufen.

Abs 2:

Zur leichteren Kontrolle und auch im Interesse der internationalen Vereinheitlichung ist das höchste zulässige Gesamtgewicht für das Verbot maßgebend.

Ein Sattelzugfahrzeug ohne Sattel-Anhänger fällt nicht unter das Verbot.

Abs 2a und 2b:

Die Verlagerung der Gütertransporte von der Straße auf die Schiene ist ein erklärtes verkehrspolitisches Ziel. Um diese Verlagerung zu fördern, wurden Fahrten im Kombinierten Verkehr vom Wochenend- und Feiertagsfahrverbot ausgenommen. Auf Grund der zitierten Legaldefinition des § 2 Abs 1 Z. 40 KFG ist

"Kombinierter Verkehr die Güterbeförderung

a) vom Absender zum nächstgelegenen technisch geeigneten Verladebahnhof mit Kraftfahrzeugen auf der Straße (Vorlaufverkehr),
b) vom Verladebahnhof zum Entladebahnhof mit der Eisenbahn in einem Kraftfahrzeug, einem Anhänger oder deren Wechselaufbauten (Huckepackverkehr) oder in einem Container von mindestens 6 m Länge (Containerverkehr) und
c) vom nächstgelegenen technisch geeigneten Entladebahnhof zum Empfänger mit Kraftfahrzeugen auf der Straße (Nachlaufverkehr).

Die Güterbeförderung auf der Straße erfolgt nur dann im Vorlauf- oder Nachlaufverkehr, wenn sie auf der kürzesten verkehrsüblichen, transportwirtschaftlich zumutbaren und nach den kraftfahrrechtlichen und straßenpolizeilichen Vorschriften zulässigen Route durchgeführt wird und wenn entweder der Ver- oder der Entladebahnhof in Österreich liegt. Dies gilt für die Güterbeförderung durch Kraftfahrzeuge zu einem Hafen sinngemäß."

Die Einschränkung auf einen Radius von 65 km – gemessen in der Luftlinie – entspricht der Definition des Nahverkehrs im Güterbeförderungsgesetz Voraussetzung dafür ist aber, dass es sich um einen in der V BGBl. 1994/855 (idF BGBl. II Nr. 33/2002) genannten Bahnhof handelt (dies sind: Brennersee, Graz-Ostbahnhof, Salzburg-Hauptbahnhof, Villach-Fürnitz, Wels-Verschiebebahnhof, Wien-Südbahnhof, Wien-Nordwestbahnhof, Wörgl). Durch diese Einschränkung werden sowohl die Interessen der Wirtschaft als auch das Interesse an einer möglichst geringen Anzahl von Lkw-Fahrten an Wochenenden und an Feiertagen aus Gründen der Verkehrssicherheit entsprechend berücksichtigt.

Abs 3:

Die hier vorgesehenen Ausnahmen umfassen auch Leer-Rückfahrten zum bzw Leer-Hinfahrten vom Standort des Fahrzeuges, wenn sie aus betriebswirtschaftlichen oder organisatorischen Gründen unbedingt erforderlich sind.

Abs 4:

Betr. Zwangsmaßnahmen siehe die Anmerkung zu § 5b.

Abs 5:

Dadurch besteht die Möglichkeit, das Fahrverbot für Lastkraftfahrzeuge im Interesse der Sicherheit, Leichtigkeit oder Flüssigkeit des Verkehrs in sinnvoller und zielführender Weise an besondere Verkehrsverhältnisse anzupassen. Neben einer allfälligen zeitlichen Abweichung können gegebenenfalls einzelne vom Ferienreiseverkehr besonders stark belastete Straßenzüge, so genannte Ferienrouten, zeitweise vom Lkw-Verkehr freigehalten werden; andererseits kann aber auch das Lkw-Fahrverbot eingeschränkt werden.
Siehe dazu die SommerreiseV, abgedruckt im Anhang XI.

Abs 6 bis 10:

Mit der 19. Novelle wurde das bisher nur streckenweise geltende Nachtfahrverbot für bestimmte Lastkraftfahrzeuge (siehe dazu Anhang IX) ab 1. 1. 1995 auf das gesamte Bundesgebiet erstreckt. Wie bereits bei den Nachtfahrverboten auf Verordnungsebene wird gleichzeitig für lärmarme Lastkraftfahrzeuge, die also nicht unter die Nachtfahrbeschränkung fallen, eine Geschwindigkeitsbeschränkung von 60 km/h während der Zeit, in der die Nachtfahrbeschränkung gilt, eingeführt.

Gleichzeitig wird jedoch der Behörde in Abs 8 eine Verordnungsermächtigung eingeräumt, für Straßenstrecken, auf denen diese Geschwindigkeitsbeschränkung zum Schutz der Bevölkerung vor Lärm nicht erforderlich ist, diese Höchstgeschwindigkeit zu erhöhen.

Der Verkehrsausschuss des Nationalrates ist bei der Beschlussfassung davon ausgegangen, dass das Bundesministerium für öffentliche Wirtschaft und Verkehr für jene Autobahnstrecken, für die die Voraussetzungen des Abs 8 zweiter Satz vorliegen, die Geschwindigkeit durch Verordnung gleichzeitig mit dem Inkrafttreten der gesetzlichen Bestimmung entsprechend erhöhen wird.

Auf Grund der Ermächtigung des Abs 7 hat der Bundesminister für öffentliche Wirtschaft und Verkehr die Verordnung BGBl. 1994/207 erlassen, mit der bestimmte Straßen oder Straßenstrecken vom Nachtfahrverbot ausgenommen werden; dies allerdings nur für Fahrten im Rahmen des Kombinierten Verkehrs. Dadurch soll die verkehrspolitische Absicht der Förderung des Kombinierten Verkehrs unterstützt werden.

Durch Abs 9 wird klargestellt, dass die in § 44 enthaltenen Kundmachungsvorschriften auch für Verordnungen auf Grund des § 42 Abs 7 und 8 gelten.

ÖAMTC-Forderung:

Der ÖAMTC verlangt die Beseitigung der in Anhang IX abgedruckten VO, da sie durch § 42 Abs 6 ff ersetzt wurde und dort keine Erforderlichkeit gesehen wurde, auch PKW zu limitieren. Überdies bleibt zu klären, ob eine Ermächtigung zur Verordnung für den BMVIT (zumindest in diesen Teilbereichen) überhaupt noch besteht, wenn der Gesetzgeber eine inhaltlich weitgehend idente Regelung geschaffen hat.

§ 43 Verkehrsverbote, Verkehrserleichterungen und Hinweise

(1) Die Behörde hat für bestimmte Straßen oder Straßenstrecken oder für Straßen innerhalb eines bestimmten Gebietes durch Verordnung,

a) wenn ein Elementarereignis bereits eingetreten oder nach den örtlich gewonnenen Erfahrungen oder nach sonst erheblichen Umständen mit hoher Wahrscheinlichkeit zu erwarten ist, die zum Schutze der Straßenbenützer oder zur Verkehrsabwicklung erforderlichen Verkehrsverbote oder Verkehrsbeschränkungen zu erlassen;

b) wenn und insoweit es die Sicherheit, Leichtigkeit oder Flüssigkeit des sich bewegenden oder die Ordnung des ruhenden Verkehrs, die Lage, Widmung, Pflege, Reinigung oder Beschaffenheit der Straße, die Lage, Widmung oder Beschaffenheit eines an der Straße gelegenen Gebäudes oder Gebietes oder wenn und insoweit es die Sicherheit eines Gebäudes oder Gebietes und/oder der Personen, die sich dort aufhalten, erfordert,

1. dauernde oder vorübergehende Verkehrsbeschränkungen oder Verkehrsverbote, insbesondere die

Erklärung von Straßen zu Einbahnstraßen, Maß-, Gewichts- oder Geschwindigkeitsbeschränkungen, Halte- oder Parkverbote u. dgl. zu erlassen,

2. den Straßenbenützern ein bestimmtes Verhalten vorzuschreiben, insbesondere bestimmte Gruppen von der Benützung einer Straße oder eines Straßenteiles auszuschließen oder sie auf besonders bezeichnete Straßenteile zu verweisen;

c) wenn ein erhebliches wirtschaftliches Interesse von einem oder von mehreren umliegenden Unternehmungen vorliegt, Straßenstellen für die unbedingt notwendige Zeit und Strecke für Ladetätigkeiten durch Parkverbote, wenn jedoch eine Ladetätigkeit unter Berücksichtigung der zur Verfügung stehenden Abstellflächen und deren beste Ausnützung erfahrungsgemäß durch ein Parkverbot nicht gewährleistet ist, durch Halteverbote freizuhalten (Ladezonen);

d) für dauernd stark gehbehinderte Personen, die wegen ihrer Behinderung darauf angewiesen sind, das von ihnen selbst gelenkte Kraftfahrzeug oder ein Kraftfahrzeug, das sie als Mitfahrer benützen, in unmittelbarer Nähe ihrer Wohnung oder ihrer Arbeitsstätte oder in unmittelbarer Nähe von Gebäuden, die von solchen Personen in der Regel häufig besucht werden, wie etwa Invalidenämter, bestimmte Krankenhäuser oder Ambulatorien, Sozialversicherungseinrichtungen u. dgl., oder in unmittelbarer Nähe einer Fußgängerzone abstellen zu können, Straßenstellen für die unbedingt notwendige Zeit und Strecke zum Abstellen der betreffenden Kraftfahrzeuge durch ein Halteverbot freizuhalten.

(1a) Sofern es sich nicht um Arbeitsfahrten im Sinne des § 27 Abs. 1 handelt, hat die Behörde zur Durchführung von Arbeiten auf oder neben einer Straße, die zwar vorhersehbar sind und entsprechend geplant werden können, bei denen aber die für die Arbeitsdurchführung erforderlichen Verkehrsregelungen örtlich und/oder zeitlich nicht genau vorherbestimmbar sind, durch Verordnung die aus Gründen der Sicherheit, Leichtigkeit oder Flüssigkeit des Verkehrs oder zur Sicherheit der mit den Arbeiten beschäftigten Personen erforderlichen Verkehrsbeschränkungen, Verkehrsverbote und/oder Verkehrsgebote zu erlassen. In diesen Fällen sind die Organe des Bauführers ermächtigt, nach Maßgabe der Arbeitsdurchführung den örtlichen und zeitlichen Umfang der von der

Behörde verordneten Verkehrsmaßnahmen durch die Anbringung oder Sichtbarmachung der betreffenden Straßenverkehrszeichen mit der Wirkung zu bestimmen, als ob der örtliche und zeitliche Umfang von der Behörde bestimmt worden wäre. Der Zeitpunkt und der Ort (Bereich) der Anbringung (Sichtbarmachung) ist von den Organen des Bauführers in einem Aktenvermerk (§ 16 AVG 1950) festzuhalten.

(2) Zur Fernhaltung von Gefahren oder Belästigungen, insbesondere durch Lärm, Geruch oder Schadstoffe, hat die Behörde, wenn und insoweit es zum Schutz der Bevölkerung oder der Umwelt oder aus anderen wichtigen Gründen erforderlich ist, durch Verordnung

a) für bestimmte Gebiete, Straßen oder Straßenstrecken für alle oder für bestimmte Fahrzeugarten oder für Fahrzeuge mit bestimmten Ladungen dauernde oder zeitweise Verkehrsbeschränkungen oder Verkehrsverbote zu erlassen,
b) zu bestimmen, daß mit bestimmten Arten von Fahrzeugen oder mit Fahrzeugen mit bestimmten Ladungen nur bestimmte Straßen oder bestimmte Arten von Straßen befahren werden dürfen (Routenbindung) oder
c) zu bestimmen, daß in bestimmten Gebieten oder auf bestimmten Straßen Vorrichtungen zur Abgabe von Schallzeichen nicht betätigt werden dürfen, es sei denn, daß ein solches Zeichen das einzige Mittel ist, um Gefahren von Personen abzuwenden (Hupverbot).

Bei der Erlassung solcher Verordnungen ist einerseits auf den angestrebten Zweck und andererseits auf die Bedeutung der Verkehrsbeziehungen und der Verkehrserfordernisse Bedacht zu nehmen.

(2a)
1. Um Erschwernisse für die Wohnbevölkerung auszugleichen, die durch Verkehrsbeschränkungen hervorgerufen werden, kann die Behörde durch Verordnung Gebiete bestimmen, deren Bewohner die Erteilung einer Ausnahmegenehmigung für ein zeitlich uneingeschränktes Parken in – in der Verordnung zu bezeichnenden – nahegelegenen Kurzparkzonen mit Kraftwagen mit einem höchsten zulässigen Gesamtgewicht von nicht mehr als 3.500 kg gemäß § 45 Abs. 4 beantragen können.
2. Wenn es in den nach Z. 1 bestimmten Gebieten auf Grund der örtlichen Gegebenheiten möglich ist und eine Notwendigkeit dafür besteht, hat die Behörde durch

Verordnung zu bestimmen, daß auch Angehörige bestimmter Personenkreise, die in diesen Gebieten ständig tätig sind, die Erteilung einer Ausnahmegenehmigung für ein auf das notwendige zeitliche Ausmaß eingeschränktes Parken in den in der Verordnung nach Z. 1 bezeichneten nahegelegenen Kurzparkzonen mit Kraftwagen mit einem höchsten zulässigen Gesamtgewicht von nicht mehr als 3.500 kg gemäß § 45 Abs. 4a beantragen können.

(2b) Organe der Straßenaufsicht sind berechtigt, zur Verhinderung von Übertretungen der in Abs. 2 lit. a angeführten Verordnungen, falls erforderlich, ein für eine Fahrt mit dem betreffenden Kraftfahrzeug nötiges Dokument abzunehmen oder eine der im § 5b angeführten Zwangsmaßnahmen anzuwenden. Die getroffene Maßnahme ist aufzuheben, wenn der Grund für ihre Anordnung weggefallen ist.

(3) Zum Zwecke der Erleichterung oder Beschleunigung des Verkehrs, insbesondere des Durchzugsverkehrs, hat die Behörde durch Verordnung

a) Bundesstraßen, die das Bundesstraßengesetz 1971, BGBl. Nr. 286, als Bundesautobahn bezeichnet, sowie Straßen ohne Überschneidungen mit anderen Straßen, sofern sie sich für den Schnellverkehr (§ 46 Abs. 1) eignen und besondere Anschlußstellen für die Zu- und Abfahrt vorhanden sind, einschließlich der Zu- und Abfahrtsstraßen zu Autobahnen zu erklären,

b) Straßen, die sich für den Schnellverkehr (§ 46 Abs. 1) eignen und für welche die in lit.a genannten Voraussetzungen nicht zutreffen, zu Autostraßen zu erklären, sofern dadurch die Verkehrsinteressen der von der Benützung der Autostraße ausgeschlossenen Straßenbenützer nicht wesentlich beeinträchtigt werden,

c) Straßen zu Vorrangstraßen zu erklären.

(4) Wenn es der Leichtigkeit und Flüssigkeit des Verkehrs dient und aus Gründen der Sicherheit des Verkehrs keine Bedenken dagegen bestehen, kann die Behörde durch Verordnung die gemäß § 20 Abs. 2 erlaubten Höchstgeschwindigkeiten erhöhen.

(5) Zur besseren Orientierung der Benützer von Straßen, insbesondere von Straßen, die dem zwischenstaatlichen Fernverkehr und dem binnenländischen Durchzugsverkehr dienen, hat die Behörde Straßen durch Verordnung mit Buchstaben oder Nummern zu bezeichnen.

(6) Außer in den in diesem Bundesgesetz besonders angeführten Fällen darf ein Hinweis auf Gefahren und sonstige verkehrswichtige Umstände nur unterbleiben, wenn die Gefahr oder der verkehrswichtige Umstand auch ohne einen solchen Hinweis leicht erkannt werden kann.

(7) Ein allgemeines Fahrverbot darf die Behörde nur erlassen (Abs. 1 lit. b Z. 1), wenn dadurch der Verkehr in größeren bestehenden Ortsteilen nicht unmöglich wird. Ist ein solches Fahrverbot wegen besonderer Umstände, z.B. wegen Straßenbau- oder -erhaltungsarbeiten unvermeidbar, so hat die Behörde für die Umleitung und Aufrechterhaltung der Leichtigkeit und Flüssigkeit des Verkehrs zu sorgen.

(8) *(Entfällt.)*

(9) *(Entfällt.)*

(10) Dem Antrag eines Eisenbahnunternehmens, das Parken auf Bahnhofvorplätzen oder Eisenbahnzufahrtsstraßen, und dem Antrag der Post- und Telegraphenverwaltung, das Parken im Bereich vor Post- und Telegraphenämtern durch Verordnung zu beschränken, ist Folge zu geben, wenn erhebliche Verkehrsinteressen nicht entgegenstehen.

(11) Wenn Bedenken aus Gründen der Sicherheit des Straßenverkehrs nicht entgegenstehen, hat die Behörde von einem von ihr erlassenen Halteverbot (Abs. 1) das rasche Auf- oder Abladen geringer Warenmengen im Zustell- oder Abholdienst gewerblicher Betriebe sowie das rasche Einsteigen oder das rasche Aussteigen auf Antrag der gesetzlichen Interessenvertretungen der in Betracht kommenden Gewerbebetriebe allgemein auszunehmen.

Allgemeines:

Das Verfahren zur Erlassung von Verkehrsbeschränkungen sieht keine Bürgerbeteiligung vor. Gegen die Erlassung eines Verkehrsverbotes oder einer Verkehrsbeschränkung steht daher auch dem einzelnen Straßenbenützer im allgemeinen kein Rechtsmittel zu. Wird er jedoch dadurch unmittelbar und gesetzwidrig in seinen Rechten verletzt, kann er den Verfassungsgerichtshof anrufen und den Antrag auf Aufhebung der der Maßnahme zugrundeliegenden Verordnung wegen Gesetzwidrigkeit stellen (Art 139 B-VG). Dies gilt insbesondere im Falle einer Bestrafung wegen Nichtbeachtung des Verkehrsverbotes oder der Verkehrsbeschränkung:

Der Bestrafte kann nach Erschöpfung des Instanzenzuges Beschwerde an den Verfassungsgerichtshof wegen Verletzung eines verfassungsgesetzlich gewährleisteten Rechtes oder wegen Anwendung einer gesetzwidrigen Verordnung (aber auch eines verfassungswidrigen Gesetzes) erheben (Art 144 B-VG), wird aber wohl zum Beweis der von ihm behaupteten Gesetzwidrigkeit ein solches Verfahren auch tatsächlich zu führen und dessen Ausgang abzuwarten haben („zumutbarer Umweg", kein Individualantrag).
Eine im Zeitpunkt ihrer Erlassung gesetzmäßige Verordnung kann durch Änderung des Sachverhaltes gesetzwidrig werden. Sobald diese Änderung der Behörde bekannt wird, hat sie die Verordnung dem neuen Sachverhalt anzupassen. Als absolute Höchstfrist hiefür werden – vgl. § 96 Abs 2 – zwei Jahre anzunehmen sein. In diesem Zeitraum ist die Erforderlichkeit von Amts wegen zu überprüfen. Unterbleibt diese Prüfung ist die Verordnung schon aus diesem Grund mit Gesetzwidrigkeit bedroht.
Einem Organ der Straßenverwaltungsbehörde bzw des Straßenerhalters fällt strafrechtliche Fahrlässigkeit im Sinne des § 6 Strafgesetzbuch dann zur Last, wenn es eine ihm gesetzlich auferlegte Pflicht zur Sicherung des Straßenverkehrs verletzt und es ihm erkennbar war (es also voraussehen konnte), dass diese Pflichtverletzung eine Gefahr für den Straßenverkehr im allgemeinen bilden kann. Dies wird insbesondere dann anzunehmen sein, wenn sich schon ein oder gar mehrere Verkehrsunfälle an jener Stelle ereignet haben, wo die Verkehrssicherung schuldhaft unterblieben ist.
Es kann auch zivilrechtlich ein Schadenersatzanspruch wegen eines Straßenverkehrsunfalles, der seine Ursache in der Unterlassung einer Verkehrssicherung hat, geltend gemacht werden (vgl § 1319a ABGB sowie – bei Mautstraßen, nun auch „vignettenpflichtigen" Autobahnen und Schnellstraßen – §§ 1293ff ABGB).

Abs 1:

Verkehrsverbote und Verkehrsbeschränkungen sind Verordnungen.
Verordnungsermächtigungen finden sich auch an anderen Stellen der StVO, z.B. hinsichtlich vorübergehender Freilandstraßen-Geschwindigkeitsbeschränkungen in § 20 Abs 3 und 3a.
Welche Behörde zur Erlassung der betreffenden Verordnung zuständig ist, richtet sich nach den §§ 94 ff.

Der Verfassungsgerichtshof vertritt – zu Recht – die Auffassung, dass die Behörde bei Erlassung verkehrsbeschränkender Verordnungen die im einzelnen umschriebenen Interessen an der Verkehrsbeschränkung mit dem Interesse an der ungehinderten Benützung der Straße abzuwägen und dabei die tatsächliche Bedeutung des Straßenzuges zu berücksichtigen hat. Er ist weiters davon ausgegangen, dass die gemäß Abs 2 vorgeschriebene Interessenabwägung sowohl eine nähere sachverhaltsmäßige Klärung der Gefahren für die oder der Belästigungen der Bevölkerung oder Umwelt, deren Schutz die Verkehrsbeschränkung dienen soll, als auch eine Untersuchung „der Verkehrsbeziehungen und der Verkehrserfordernisse" notwendig macht. Er sprach schließlich aus, dass die bei einer bestimmten Straße oder Straßenstrecke, für welche die Verordnung erlassen werden soll, anzutreffenden, für den spezifischen Inhalt der betreffenden Verordnung relevanten Umstände mit jenen Umständen zu vergleichen sind, die für eine nicht unbedeutende Anzahl anderer Straßen zutreffen.

Verkehrsbeschränkungen dürfen in pauschalierender Betrachtungsweise auch für längere Straßen und für Gebiete, in denen mehrere Straßen verlaufen, verfügt werden, wenn diese „erforderlich" sind, um einer spezifischen Gefahrensituation zu begegnen. Diese Gefahrensituation muss sich jedoch für die betreffende Straße oder für das diesbezüglich abgegrenzte und deshalb „bestimmte" Gebiet deutlich von der allgemeinen, für den Straßenverkehr typischen Gefahrenlage unterscheiden.

Daher ist es dem Verordnungsgeber verwehrt, eine verkehrsbeschränkende Maßnahme global für die Straßen eines größeren Gebietes, wie hier eines gesamten Landesgebietes, zu erlassen, ohne auf die spezifische Verkehrs- und Gefahrensituation auf den von der Verordnung im einzelnen erfassten Straßen abzustellen. Eine pauschal für „alle Bundes- und Landesstraßen außerhalb von Ortsgebieten in Tirol" mit Ausnahme einiger Straßenstrecken verfügte Geschwindigkeitsbeschränkung wurde deshalb aufgehoben.

Im Hinblick auf diese grundsätzlichen Überlegungen des Verfassungsgerichtshofes erscheint die im Jahr 1994 eingeführte Bestimmung des § 20 Abs 2a („geeignet" statt „erforderlich") überaus problematisch.

Verkehrsverbote oder -beschränkungen können nicht nur für bestimmte Straßen, sondern auch für bestimmte Straßenstrecken und für Straßen innerhalb eines bestimmten Gebietes erlassen werden.

Die Vorschreibung eines bestimmten Verhaltens kann z.B. in der Anordnung bestehen, dass vor einer Kreuzung anzuhalten und Vorrang zu geben ist.

Die Bestimmung der lit b kann nur für jene Verkehrsmaßnahmen als Grundlage dienen, die genau vorherbestimmbar sind.

Ladezonen kommen nur bei einem erheblichen wirtschaftlichen Interesse in Betracht.

Auch die Widmung eines Gebäudes für Zwecke einer ausländischen diplomatischen Vertretung kann zum Anlass genommen werden, um ein Halte- und Parkverbot zu erlassen. In einem solchen Fall entspricht es durchaus den Absichten des Gesetzgebers, Fahrzeuge der betreffenden diplomatischen Vertretung hievon auszunehmen. Ähnlich wurde hinsichtlich eines Parkverbotes „ausgenommen Behördenfahrzeuge" entschieden.

Durch diese Bestimmung werden seit der 18. StVO Novelle auch jene schwer gehbehinderten Personen erfasst, die ein Fahrzeug als Mitfahrer benützen. Die Erweiterung des Anwendungsbereiches dieser Bestimmung hat vor allem bei der Errichtung von Behindertenparkplätzen vor den dort beispielsweise genannten Gebäuden, die von solchen Personen in der Regel häufig benutzt werden, Bedeutung. Bei der Errichtung eines Behindertenparkplatzes in der Nähe der Wohnung oder der Arbeitsstätte einer dauernd stark gehbehinderten Person wird zur Vermeidung eines möglichen Missbrauches besonderes Augenmerk darauf zu legen sein, dass die betroffene Person, obwohl sie ein Fahrzeug nur als Mitfahrer benützt – dieses also von einer anderen (nicht behinderten) Person gelenkt wird –, tatsächlich auf die Abstellmöglichkeit in unmittelbarer Nähe der Wohnung oder Arbeitsstätte angewiesen ist.

Je nach Inhalt der Zusatztafel ist das Abstellen nur für Fahrzeuge mit bestimmtem Kennzeichen oder dient auch Fahrzeugen, die Behinderte selbst oder als Mitfahrer benützen.

Unbefugt in einer sogenannten „Behindertenzone" abgestellte Fahrzeuge können gemäß § 89a Abs 2a lit d entfernt, dh abgeschleppt werden.

Abs 1a:

Diese Bestimmung ist die Spezialnorm für Verkehrsmaßnahmen aus Anlass von Arbeiten auf oder neben einer Straße; für solche Maßnahmen ist daher Abs 1 lit b nicht anzuwenden. Mit dieser Verordnungsermächtigung wird die Möglichkeit geschaffen, dass die Behörde bei Arbeiten auf oder neben einer Straße die erforderlichen Verkehrsmaßnahmen verordnet, die dem Inhalt nach, nicht aber hinsichtlich des genauen örtlichen und zeitlichen Umfanges vorhersehbar sind. Insbesondere der zeitliche Beginn, aber auch das Ende von Baumaßnahmen ist weitgehend von äußeren Umständen, z.B. von der Witterung, abhängig. Zur Festlegung des zeitlichen und örtlichen Umfanges der verordneten Verkehrsmaßnahmen durch Anbringung oder Sichtbarmachung der betreffenden Straßenverkehrszeichen werden daher die Organe des Bauführers ermächtigt, an Ort und Stelle die notwendige Entscheidung zu treffen, wobei sie „als Gehilfen der Behörde“ tätig werden. Im Sinne des § 44 Abs 1 haben die Organe des Bauführers Zeitpunkt und örtlichen Umfang der Kundmachung der von der Behörde erlassenen Verordnung (Anbringung oder Sichtbarmachung der betreffenden Straßenverkehrszeichen) in einem Aktenvermerk festzuhalten.

Abs 1a ist auf alle Arbeiten auf oder neben einer Straße anwendbar, unabhängig davon, ob hiefür eine Bewilligung nach § 90 Abs 1 erforderlich ist oder nicht. Dies betrifft insbesondere Erhaltungsarbeiten, die einer Verkehrsregelung bedürfen.

Abs 2:

Mit dieser Bestimmung soll den Erfordernissen des Schutzes der Bevölkerung und der Umwelt im Rahmen straßenpolizeilicher Anordnungen besser Rechnung getragen werden können. Demzufolge sollen nicht nur eng begrenzte Regelungen zum Schutz der Umwelt möglich sein, sondern jegliche Regelung, die diesem Zweck entspricht, etwa auch eine Routenbindung. Alle Maßnahmen müssen aber dem Zweck entsprechen, und es ist jedenfalls auch auf die Bedeutung der Verkehrsbeziehungen wie etwa die Bedeutung einer Straße für den überregionalen Verkehr und die Verkehrserfordernisse Bedacht zu nehmen, um die Versorgung der Bevölkerung zu gewährleisten. Vgl oben zu Abs 1.

Abs 2a:

Seit der 19. Novelle (1994) sind Kraftwagen bis zu 3.500 kg von der Regelung erfasst. Die Definition des Kraftwagens richtet sich nach dem KFG (siehe ÖAMTC-Fachbuch Kraftfahrrecht). Dadurch wird es möglich, dass etwa auch Wohnmobile und Lastkraftwagen bis 3.500 kg eine entsprechende Parkausnahmeberechtigung bekommen können.

In Z. 2 wird der Behörde (das ist auf Gemeindestraßen gemäß § 94d Z. 4a die Gemeinde im eigenen Wirkungsbereich) die Möglichkeit eröffnet, den Personenkreis der Antragsberechtigten des § 45 entsprechend zu erweitern. Voraussetzung für eine solche Verordnung ist jedoch, dass die örtlichen Gegebenheiten eine solche Ausweitung zulassen. Dabei ist vor allem auf den zur Verfügung stehenden Parkraum Bedacht zu nehmen sowie auf die Größe des durch die Verordnung nach Z. 1 bezeichneten Gebietes.
Darüber hinaus muss auch eine entsprechende Notwendigkeit nach einer solchen Ausweitung bestehen, dh, es wird von der Behörde im Ermittlungsverfahren festzustellen sein, ob überhaupt Angehörige bestimmter Personenkreise (etwa freiberuflich Tätige, Geschäftsleute, bestimmte Arbeitnehmer udgl) von den Verkehrsbeschränkungen tatsächlich betroffen sind. Von einem Personenkreis kann erst dann gesprochen werden, wenn mehrere Personen vorhanden sind, auf die ein bestimmtes gemeinsames Merkmal zutrifft.
Des weiteren ist Voraussetzung, dass die Angehörigen dieser Personenkreise in den vorgesehenen Gebieten ständig tätig sind. Unter ständiger Tätigkeit sind auch solche Arbeiten zu verstehen, die zwar nicht immer, jedoch innerhalb eines bestimmten Zeitraumes, wie etwa saisonale Tätigkeiten, vorgenommen werden. Angehörige der in der Verordnung angeführten Personenkreise können – so wie die Bewohner der betreffenden Gebiete – um eine Bewilligung, jedoch nach § 45 Abs 4a, ansuchen.
Voraussetzung für eine zeitliche Einschränkung der genehmigten Parkdauer ist, dass für die Tätigkeit dieser Personenkreise in diesen Gebieten ein zeitlich beschränktes Parken ausreicht, um die Erschwernis auszugleichen (Öffnungszeiten von Geschäften oder Ordinationen udgl) Eine weitere zeitliche Beschränkung kann etwa darin bestehen, dass die Bewilligung für einen im voraus bestimmten Zeitraum gilt (etwa für die Dauer einer Saison).

Abs 2b:

Diese Zwangsmaßnahmen kommen vor allem bei Übertretungen des Lkw-Nachtfahrverbotes in Betracht. Vgl die Anmerkung zu § 5b.

Abs 3:

Unter „Schnellverkehr“ ist seit der 19. Novelle der Verkehr von Kraftfahrzeugen zu verstehen, die eine Bauartgeschwindigkeit von mindestens 60 km/h aufweisen und mit denen diese Geschwindigkeit überschritten werden darf.

Abs 4:

Die bisherige Verpflichtung zur Anhebung der gem § 20 Abs 2 geltenden Höchstgeschwindigkeiten ist seit 2002 nur noch als „Kann-Bestimmung“ formuliert.

Abs 5:

Siehe die Hinweiszeichen nach § 53 Abs 1 Z. 18 bis 21.
Auch nach der Übertragung der Bundesstraßen, die nicht Bundesautobahnen oder Bundes-Schnellstraßen geblieben sind, hat sich im wesentlichen an der Nummerierung der nunmehrigen Landesstraßen nichts geändert.

Abs 6:

Vgl § 27 Abs 4.

Abs 10:

Zweck dieser Bestimmung ist die Notwendigkeit, zu Bahnhöfen und zu manchen Post- und Telegraphenämtern die Zufahrtsmöglichkeit sicherzustellen.

Abs 11:

Bereits kraft Gesetzes, also ohne dass es einer Verordnung bedarf, ist das kurze Halten zum Aus- oder Einsteigen in den Fällen des § 24 Abs 2a gestattet. Beachte auch die Verwendung des Begriffes „kurz anhalten“ in § 23 Abs 3a.

§ 44 Kundmachung der Verordnungen

(1) Die im § 43 bezeichneten Verordnungen sind, sofern sich aus den folgenden Absätzen nichts anderes ergibt, durch Straßenverkehrszeichen oder Bodenmarkierungen kundzumachen und treten mit deren Anbringung in Kraft. Der Zeitpunkt der erfolgten Anbringung ist in einem Aktenvermerk (§ 16 AVG) festzuhalten. Parteien im Sinne des § 8 AVG ist die Einsicht in einen solchen Aktenvermerk und die Abschriftnahme zu gestatten. Als Straßenverkehrszeichen zur Kundmachung von im § 43 bezeichneten Verordnungen kommen die Vorschriftszeichen sowie die Hinweiszeichen „Autobahn“, „Ende der Autobahn“, „Autostraße“, „Ende der Autostraße“, „Einbahnstraße“, „Ortstafel“, „Ortsende“, „Internationaler Haupt-

verkehrsweg", „Bundesstraße mit Vorrang", „Bundesstraße ohne Vorrang", „Landes- oder Bezirksstraße", „Straße für Omnibusse" und „Fahrstreifen für Omnibusse" in Betracht. Als Bodenmarkierungen zur Kundmachung von im § 43 bezeichneten Verordnungen kommen Markierungen, die ein Verbot oder Gebot bedeuten, wie etwa Sperrlinien, Haltelinien vor Kreuzungen, Richtungspfeile, Sperrflächen, Zickzacklinien, Schutzwegmarkierungen oder Radfahrerüberfahrtmarkierungen in Betracht.

(2) Lässt sich der Inhalt einer Verordnung (§ 43) des Bundesministers für Verkehr, Innovation und Technologie durch Straßenverkehrszeichen oder Bodenmarkierungen nicht ausdrücken oder bezieht sie sich auf das ganze Bundesgebiet, so gelten für die Kundmachung die einschlägigen gesetzlichen Vorschriften. Das gleiche gilt für Verordnungen (§ 43) einer Landesregierung sinngemäß.

(2a) Bezieht sich eine Verordnung (§ 43) einer Landesregierung auf das ganze Landesgebiet, ist die Verordnung zusätzlich zur Kundmachung nach den einschlägigen gesetzlichen Vorschriften (Abs. 2) an allen für den Kraftfahrzeugverkehr bestimmten Straßen, die die Landesgrenzen überschreiten, unmittelbar an der Landesgrenze durch geeignete Hinweistafeln zu verlautbaren. Für solche Hinweistafeln sind insbesondere auch die in § 52 angeführten Straßenverkehrszeichen heranzuziehen. Auf solchen Hinweistafeln oder auf einer Zusatztafel ist der zeitliche und örtliche Geltungsbereich der Verordnung anzugeben.

(2b) Bei Verordnungen (§ 43 Abs. 2 lit. a) einer Bezirksverwaltungsbehörde, die sich durch Straßenverkehrszeichen nicht ausdrücken lassen, gelten für die Kundmachung die einschlägigen gesetzlichen Vorschriften. Der Inhalt solcher Verordnungen ist zusätzlich zur Kundmachung durch Hinweistafeln am Beginn der von der Verordnung betroffenen Straßenstrecke zu verlautbaren. Für solche Hinweistafeln sind insbesondere auch die in § 52 angeführten Straßenverkehrszeichen heranzuziehen. Auf solchen Hinweistafeln oder auf einer Zusatztafel ist auf die entsprechende Fundstelle im Kundmachungsorgan hinzuweisen.

(3) Sonstige Verordnungen, die von einer anderen als in Abs. 2 genannten Behörde auf Grund des § 43 erlassen werden und sich durch Straßenverkehrszeichen oder

Bodenmarkierungen nicht ausdrücken lassen, werden durch Anschlag auf der Amtstafel der Behörde gehörig kundgemacht. Solche Verordnungen treten, sofern darin kein späterer Zeitpunkt bestimmt wird, an dem dem Anschlag folgenden zweiten Tag in Kraft. Der Tag der Kundmachung ist auf dem Anschlag zu vermerken. Der Anschlag ist sechs Wochen auf der Amtstafel zu belassen. Der Inhalt der Verordnung ist überdies ortsüblich zu verlautbaren.

(4) Verordnungen, die sich durch ein Vorschriftszeichen ausdrücken lassen und für ein ganzes Ortsgebiet oder für Straßen mit bestimmten Merkmalen innerhalb eines Ortsgebietes gelten, werden mit den entsprechenden Vorschriftszeichen und der etwa erforderlichen Zusatztafel in unmittelbarer Verbindung mit dem Hinweiszeichen „Ortstafel" gehörig kundgemacht. Der Zeitpunkt der erfolgten Anbringung dieser Zeichen ist in einem Aktenvermerk (§ 16 Allgemeines Verwaltungsverfahrensgesetz [1950]) festzuhalten. Solche Verordnungen sind im Ortsgebiet überdies ortsüblich zu verlautbaren.

(5) Verordnungen, die vom Bundesminister für Verkehr, Innovation und Technologie, von einer Landesregierung oder von einer Bezirksverwaltungsbehörde erlassen werden, sind, sofern sie nicht anders rechtzeitig und wirksam kundgemacht werden können, durch Verlautbarungen in der Presse oder im Rundfunk oder im Fernsehen kundzumachen.

Allgemeines:

Die 19. Novelle versuchte bisher bestehende Zweifel über die Rechtsnatur von Bodenmarkierungen dadurch zu beseitigen, dass die Bodenmarkierungen in den §§ 44, 44a und 44b als Kundmachungsform von Verordnungen neben den Straßenverkehrszeichen ausdrücklich genannt werden. (Tatsächlich bedürfen Bodenmarkierungen, die ein Gebot oder Verbot ausdrücken, bereits seit 1. 10. 1990 einer Verordnung!)

Die Aufzählung der Bodenmarkierungen, mit denen Verordnungen nach § 43 kundgemacht werden können, ist demonstrativ.

Grundsätzlich ist jede Verordnung, die nach § 43 erlassen wurde, durch Straßenverkehrszeichen oder Bodenmarkierungen kundzumachen; hievon gibt es die im § 44 genannten Ausnahmen:

a) wenn sich der Inhalt einer solchen Verordnung nicht durch Straßenverkehrszeichen oder Bodenmarkierungen ausdrücken lässt oder
b) wenn sich der Inhalt einer solchen Verordnung auf das ganze Bundesgebiet oder auf ein ganzes Landesgebiet erstreckt.

Eine nicht oder nicht gehörig kundgemachte Verordnung hat keine Rechtswirkung. Gerichte (einschließlich des Verwaltungsgerichtshofes) sowie die Unabhängigen Verwaltungssenate sind berechtigt, die gehörigen Kundmachungen von Verordnungen selbst zu prüfen, und verpflichtet, nicht oder nicht gehörig (dh in gesetzwidriger oder verfassungswidriger Weise) kundgemachte Verordnungen nicht anzuwenden (Art 89 B-VG).

Ebenfalls keine Rechtswirkung entfalten die im Abs 1 genannten Verkehrszeichen, wenn ihnen keine oder eine von einer unzuständigen Behörde erlassene Verordnung zugrunde liegt (vgl jedoch § 44b).

Bei der Erlassung des Bundesstraßenübertragungsgesetzes 2002 wurde übersehen, diese Bestimmung dem geänderten (bzw aufgehobenen) § 53 Abs 1 Z. 19 bis 21 anzupassen.

ÖAMTC-Tipp:

Kundmachungsmängel entbinden zwar von verwaltungsstrafrechtlichen Folgen, grundsätzlich aber nicht von zivil- oder strafrechtlichen Konsequenzen! Bei Zweifeln über die ordnungsgemäße Kundmachung im Zuge eines Verwaltungsstrafverfahrens sollte jedenfalls die Rechtsberatung des ÖAMTC in Anspruch genommen werden.

Abs 1:

Um den Zeitpunkt des Inkrafttretens einer durch Straßenverkehrszeichen kundgemachten Verordnung nachträglich feststellen zu können, ist zwingend vorgeschrieben, dass die erfolgte Anbringung durch einen Aktenvermerk festzuhalten ist (siehe dazu auch § 43 Abs 1 letzter Satz). In dieser Bestimmung ist überdies vorgesehen, dass in einen solchen Aktenvermerk Einsicht genommen werden kann (nicht jedoch auch in die Verordnung selbst!). Ein ähnliches Einsichtsrecht besteht auch in bezug auf den Gendarmerie-Aktenvermerk über einen Verkehrsunfall – und zwar immer dann, wenn der Beteiligte als „Partei“ im Sinne des § 8 AVG anzusehen ist, dh ab dem Zeitpunkt, in dem gegen ihn eine „Verfolgungshandlung“ als Beschuldigter gesetzt wurde. Darüber hinaus besteht ein Recht auf Akteneinsicht im Fall des § 4 Abs 5a; auf Erhalt eines Unfallberichtes im Fall des § 4

Abs 5b. Zur Ausübung des Einsichtsrechtes kann eine andere physische Person bevollmächtigt werden (nicht daher eine Versicherungsgesellschaft).

Abs 2a:

Die hier vorgeschriebene zusätzliche Kundmachung durch „geeignete Hinweistafeln" an den Landesgrenzen ist verfassungsrechtlich bedenklich. Vor allem führt mangelnde Kundmachung zu massiven Übertretungen und vereitelt damit den Zweck der Verordnung. Dazu kommt noch, dass nähere Regelungen über Abmessungen, Farben etc dieser Hinweistafeln fehlen.

Abs 2b:

Auch gegen die in diesem Absatz vorgesehenen Kundmachungsbestimmungen bestehen erhebliche Bedenken: Oft fehlen Regelungen über die Form der Kundmachung von Verordnungen einer Bezirksverwaltungsbehörde; Im übrigen gibt es auch für die in diesem Absatz genannten Hinweistafeln keinerlei nähere Vorschriften. Vgl auch die Anm zu § 94b.

Abs 3:

Verordnungen lokaler Natur werden oft nicht durch Verkehrszeichen oder Markierungen kundgemacht. Mängel in der ortsüblichen Verlautbarung berühren zwar die rechtsverbindliche Kraft einer ansonsten gehörig kundgemachten Verordnung nicht, doch wird im Falle einer Unterlassung einer ortsüblichen Kundmachung der Einwand der unverschuldeten Rechtsunkenntnis gemäß § 5 Abs 2 VStG besonders von solchen Personen mit Erfolg vorgebracht werden können, die im örtlichen Wirkungsbereich der Behörde nur ihren Aufenthalt (nicht aber etwa ihren dauernden Wohnsitz) haben.
Durch das einleitende Wort „sonstige" soll zum Ausdruck gebracht werden, dass alle Verordnungen, die insbesondere von der Gemeinde im eigenen Wirkungsbereich erlassen werden, aber auch jene Verordnungen der Bezirksverwaltungsbehörde, die sich nicht auf § 43 Abs 2 lit a stützen, durch Anschlag auf der Amtstafel kundzumachen sind.

Abs 4:

Z.B. Hupverbot udgl.
Diese Bestimmung wird als Ausnahme der besonderen Zählregel des § 48 Abs 4 erwähnt. Diese Form dient auch der Kundmachung von Verordnungen gem. § 20 Abs 2a.

Abs 5:

Infolge sich rasch ändernder Verkehrssituationen ist es oft nicht möglich, straßenpolizeiliche Verordnungen auf Grund der in der StVO und in anderen Gesetzen vorgesehenen Kundmachungsvorschriften so rechtzeitig kundzumachen, dass sie zur Vermeidung akuter Verkehrsbeeinträchtigungen und Gefahren wirksam werden können. In solchen Fällen wird nur eine Kundmachung durch Verlautbarung in der Presse oder im Rundfunk oder im Fernsehen möglich sein. Diese Vorschrift stellt somit eine Sondernorm zu den übrigen einschlägigen Kundmachungsvorschriften dar. Sie tritt bei Vorliegen der Voraussetzungen an die Stelle dieser einschlägigen Kundmachungsvorschriften. Aus den in Abs 5 aufgezählten Kundmachungsformen ist die den jeweiligen Erfordernissen angemessenste auszuwählen. Die Kundmachungsvorschrift bezieht sich auf sämtliche Verordnungen auf Grund dieses Bundesgesetzes, für die die genannten Behörden zuständig sind.

Trotz der vorstehend wiedergegebenen Begründung der Regierungsvorlage der 19. Novelle bestehen erhebliche Bedenken gegen diese Kundmachungsbestimmung: einerseits ist niemand dazu verpflichtet, Zeitung zu lesen, Radio zu hören oder fern zu sehen, andererseits wird die nachprüfende Kontrolle solcher Verordnungen insbesondere durch die Gerichtshöfe des öffentlichen Rechtes erheblich erschwert.

ÖAMTC-Forderung:

Im übrigen wäre an eine Ergänzung der Bestimmung zu denken, wonach etwa der Wortlaut einer solchen Verordnung auch im Internet abrufbar sein sollte. Sind solche Verordnungen dazu bestimmt, zwar sofort in Kraft zu treten, dann aber längeren Bestand zu haben, wird das Kundmachungsmittel der Verlautbarung über elektronische Massenmedien alleine wohl kaum ausreichen.

§ 44a Vorbereitende Verkehrsmaßnahmen

(1) Wenn auf Grund von Verkehrsbeobachtungen, Verkehrszählungen oder Verkehrserfahrungen aus Anlaß vorhersehbarer Ereignisse oder Umstände Verkehrsverhältnisse zu erwarten sind, für deren Bewältigung besondere Verkehrsmaßnahmen (Verkehrsverbote, Verkehrsbeschränkungen, Verkehrserleichterungen) notwendig sind, hat die Behörde diese unter Bedachtnahme auf die Sicherheit, Leichtigkeit und Flüssigkeit des sich bewegen-

den und die Ordnung des ruhenden Verkehrs durch Verordnung zu bestimmen.

(2) Die Verordnung nach Abs. 1 hat zu enthalten:

a) die Bestimmung der Strecke, auf der die Verkehrsmaßnahmen wirksam werden sollen,

b) die Festsetzung der Zeiten, in denen die Verkehrsmaßnahmen wirksam werden sollen,

c) die Voraussetzungen, unter denen die Verkehrsmaßnahmen wirksam werden sollen,

d) die in Betracht kommenden Verkehrsmaßnahmen, wie Geschwindigkeitsbeschränkungen, Fahrverbote, Einfahrtverbote, Beschränkungen für Halten und Parken, Einbahnregelungen, Ausnahmen von bestehenden Verkehrsverboten oder Verkehrsbeschränkungen u. dgl.

(3) Verordnungen nach Abs. 1 treten mit der Anbringung oder Sichtbarmachung der ihnen entsprechenden Straßenverkehrszeichen oder Bodenmarkierungen in Kraft. Die Behörde hat die Person, Dienststelle oder Unternehmung zu bestimmen, welche die Straßenverkehrszeichen oder Bodenmarkierungen anzubringen oder sichtbar zu machen hat. Die Aufstellung oder Sichtbarmachung der Straßenverkehrszeichen oder die Anbringung der Bodenmarkierungen ist der Behörde unverzüglich zur Kenntnis zu bringen; diese hat den Zeitpunkt der erfolgten Anbringung oder Sichtbarmachung in einem Aktenvermerk (§ 16 AVG) festzuhalten.

Allgemeines:

In bestimmten Zeiträumen kommt es auf bestimmten Straßenstrecken immer wieder zu Verkehrssituationen, die stets die gleichen Maßnahmen erfordern. Auf diese Verkehrssituation sind Witterung und Jahreszeit nicht ohne Einfluss; vgl etwa den in große Städte rückflutenden Verkehr an Sonntagabenden, der im Winter früher einsetzt als im Sommer.

Abs 3:

Auch im Rahmen vorbereitender Verkehrsmaßnahmen kann es erforderlich sein, Verkehrsverbote, Verkehrsbeschränkungen oder Verkehrserleichterungen durch Bodenmarkierungen darzustellen. Aus diesem Grund wurden auch in diesem Absatz durch die 19. Novelle neben den Straßenverkehrszeichen die Bodenmarkierungen ausdrücklich als Mittel zur Kundmachung von Verordnungen nach § 44a genannt.

Derartige Verordnungen treten außer Kraft, wenn ihre Voraussetzung(en) – vgl Abs 2 lit c – weggefallen ist (sind) –, und zwar auch dann, wenn die zu ihrer Kundmachung aufgestellten Verkehrszeichen weder ausdrücklich aufgehoben (z.B. durch Aufstellung des Verbotszeichens gemäß § 52 Z. 10b „Ende der Geschwindigkeitsbeschränkung") noch unsichtbar gemacht oder entfernt wurden. Vor allem letzteres gilt auch für Bodenmarkierungen. Die damit verbundene Rechtsunsicherheit nimmt der Gesetzgeber bewusst in Kauf.

§ 44b Unaufschiebbare Verkehrsbeschränkungen

(1) Im Falle der Unaufschiebbarkeit dürfen die Organe der Straßenaufsicht, des Straßenerhalters, der Feuerwehr, des Bundesheeres oder des Gebrechendienstes öffentlicher Versorgungs- oder Entsorgungsunternehmen (z.B. Gasgebrechendienste) nach Erfordernis eine besondere Verkehrsregelung durch Anweisungen an die Straßenbenützer oder durch Anbringung von Verkehrsampeln oder Signalscheiben veranlassen oder eine der in § 43 Abs. 1 lit. b Z. 1 und 2 bezeichneten Maßnahmen durch Anbringung der entsprechenden Straßenverkehrszeichen oder Bodenmarkierungen mit der Wirkung treffen, als ob die Veranlassung oder Maßnahme von der Behörde getroffen worden wäre. Dies gilt insbesondere,

a) wenn ein Elementarereignis bereits eingetreten oder nach den örtlich gewonnenen Erfahrungen oder nach sonst erheblichen Umständen mit hoher Wahrscheinlichkeit zu erwarten ist,

b) bei unvorhersehbar aufgetretenen Straßen- oder Baugebrechen u. dgl.,

c) bei unvorhersehbar eingetretenen Ereignissen, wie z.B. Brände, Unfälle, Ordnungsstörungen u. dgl., die besondere Verkehrsverbote oder Verkehrsbeschränkungen oder eine besondere Verkehrsregelung (z.B. Einbahnverkehr, abwechselnder Gegenverkehr, Umleitungen u. dgl.) erfordern.

(2) Ist der Grund für die Veranlassung oder Maßnahme weggefallen, so hat das nach Abs. 1 tätig gewordene Organ oder dessen Dienststelle die Veranlassung oder Maßnahme unverzüglich aufzuheben.

(3) Von der Veranlassung oder Maßnahme und von deren Aufhebung ist die Behörde von der Dienststelle des nach Abs. 1 tätig gewordenen Organs unverzüglich zu verständigen. Die Behörde hat diese Verständigung in einem

Aktenvermerk (§ 16 des Allgemeinen Verwaltungsverfahrensgesetzes [1950]) festzuhalten.

(4) Unbeschadet der Bestimmungen des Abs. 2 hat die Behörde von der Dienststelle des nach Abs. 1 tätig gewordenen Organs die Aufhebung der Veranlassung oder Maßnahme zu verlangen, wenn der Grund dafür weggefallen ist oder die Veranlassung oder Maßnahme gesetzwidrig oder sachlich unrichtig ist.

Maßnahmen wegen bereits eingetretener oder zu erwartender Elementarereignisse sind grundsätzlich von der Behörde zu treffen (vgl § 43 Abs 1); sie dürfen darüber hinaus unter bestimmten Voraussetzungen und bei Beobachtung eines bestimmten Verfahrens auch von den Organen der Straßenaufsicht, des Straßenerhalters, der Feuerwehr, eines Gebrechendienstes – und nunmehr auch des Bundesheeres – ergriffen werden. In jedem Fall sollen die hier geregelten unaufschiebbaren Verkehrsbeschränkungen nur eine Ausnahme bilden und auf das unumgänglich notwendige Ausmaß beschränkt bleiben. Daher wurde auch bestimmt (Abs 2), dass die Veranlassung oder Maßnahme unverzüglich aufzuheben ist, wenn der Grund hiefür weggefallen ist.
Die Kundmachung von unaufschiebbaren Verkehrsbeschränkungen richtet sich sozusagen nach einem „beweglichen System": Je dringlicher die Maßnahme ist, desto geringere Anforderungen werden an die Maßnahme zu richten sein. Bei länger fortdauernden Beschränkungen in Folge einer unaufschiebbaren Maßnahme ist daher an die Kundmachung ein zunehmend strengerer Maßstab zu stellen.

§ 45 Ausnahmen in Einzelfällen

(1) Die Behörde kann auf Antrag durch Bescheid die Benützung von Straßen mit einem Fahrzeug oder einer Ladung mit größeren als den zulässigen Maßen und Gewichten bewilligen, wenn das Vorhaben im besonderen Interesse der österreichischen Volkswirtschaft liegt, sich anders nicht durchführen läßt und keine erheblichen Erschwerungen des Verkehrs und keine wesentlichen Überlastungen der Straße verursacht. Antragsberechtigt sind die Fahrzeugbesitzer oder die Person, für welche die Beförderung durchgeführt werden soll. Liegt bereits eine entsprechende kraftfahrrechtliche Bewilligung vor, so ist eine Bewilligung nach diesem Absatz nicht erforderlich.

(2) In anderen als in Abs. 1 bezeichneten Fällen kann die Behörde Ausnahmen von Geboten oder Verboten, die für

die Benützung der Straßen gelten, auf Antrag bewilligen, wenn ein erhebliches persönliches (wie z.B. auch wegen einer schweren Körperbehinderung) oder wirtschaftliches Interesse des Antragstellers eine solche Ausnahme erfordert, oder wenn sich die ihm gesetzlich oder sonst obliegenden Auf gaben anders nicht oder nur mit besonderen Erschwernissen durchführen ließen und weder eine wesentliche Beeinträchtigung von Sicherheit, Leichtigkeit und Flüssigkeit des Verkehrs noch wesentliche schädliche Einwirkungen auf die Bevölkerung oder die Umwelt durch Lärm, Geruch oder Schadstoffe zu erwarten sind.

(2a) Die Behörde hat Ausnahmen von Verkehrsbeschränkungen und Verkehrsverboten (§ 42 Abs. 6 und § 43 Abs. 2 lit. a) nur für Fahrten zu bewilligen, die ausschließlich der Beförderung von Milch, Schlacht- und Stechvieh, leicht verderblichen Lebensmitteln, von periodischen Druckwerken, unaufschiebbaren Reparaturen an Kühlanlagen oder dem Einsatz von Fahrzeugen des Straßenerhalters zur Aufrechterhaltung des Straßenverkehrs dienen. In allen anderen Fällen ist eine Ausnahmebewilligung nur zu erteilen, wenn daran ein erhebliches öffentliches Interesse besteht. Der Antragsteller hat in beiden Fällen glaubhaft zu machen, daß die Fahrt weder durch organisatorische Maßnahmen noch durch die Wahl eines anderen Verkehrsmittels vermieden werden kann.

(2b) Eine Bewilligung nach Abs. 2 kann auch für alle Straßenbenützungen des Antragstellers von der annähernd gleichen Art für die Dauer von höchstens zwei Jahren, nach Abs. 2a für die Dauer von höchstens sechs Monaten, erteilt werden, wenn für die Dauer dieser Befristung eine erhebliche Änderung der Verkehrsverhältnisse nicht zu erwarten ist.

(3) Eine Bewilligung (Abs. 1, 2, 2a oder 4) ist, wenn es die Sicherheit, Leichtigkeit und Flüssigkeit des Verkehrs oder der Schutz der Bevölkerung und der Umwelt erfordert, bedingt, befristet, mit Auflagen oder unter Vorschreibung der Benützung eines bestimmten Straßenzuges zu erteilen. Die Behörde hat im Falle einer Bewilligung nach Abs. 1 den Ersatz der dem Straßenerhalter aus Anlaß der ausnahmsweisen Straßenbenützung erwachsenden Kosten (z.B. für die Stützung von Brücken, für die spätere Beseitigung solcher Vorkehrungen und für die Wiederinstandsetzung) und, wenn nötig, eine vor der ersten ausnahmsweisen Straßenbenützung zu erlegende angemessene Sicherheitsleistung vorzuschreiben.

(4) Eine Bewilligung kann für die in der Verordnung gemäß § 43 Abs. 2a Z. 1 angegebenen Kurzparkzonen auf die Dauer von höchstens zwei Jahren erteilt werden, wenn der Antragsteller in dem gemäß dieser Verordnung umschriebenen Gebiet wohnt und dort auch den Mittelpunkt seiner Lebensinteressen hat und ein persönliches Interesse nachweist, in der Nähe dieses Wohnsitzes zu parken und

1. Zulassungsbesitzer oder Leasingnehmer eines Kraftwagen ist, oder

2. nachweist, daß ihm ein arbeitgebereigener Kraftwagen auch zur Privatnutzung überlassen wird.

(4a) Eine Bewilligung kann für die in der Verordnung gemäß § 43 Abs. 2a Z. 1 angegebenen Kurzparkzonen auf die Dauer von höchstens zwei Jahren im notwendigen zeitlichen Ausmaß erteilt werden, wenn der Antragsteller zu dem in der Verordnung gemäß § 43 Abs. 2a Z. 2 umschriebenen Personenkreis gehört und

1. Zulassungsbesitzer oder Leasingnehmer eines Kraftwagens ist, oder nachweislich einen arbeitgebereigenen Kraftwagen beruflich benützt, und

2. entweder die Tätigkeit des Antragsteller ohne Bewilligung erheblich erschwert oder unmöglich wäre, oder die Erteilung der Bewilligung im Interesse der Nahversorgung liegt.

(5) Behördliche Erledigungen gemäß den vorstehenden Absätzen können im Wege der automationsunterstützten Datenverarbeitung ohne Unterschrift hergestellt und ausgefertigt werden.

Allgemeines:

Jede Ausnahme von Verkehrsverboten oder Verkehrsbeschränkungen, die durch Verordnung erlassen wurde, ist als Novelle dieser Verordnung anzusehen, die die Behörde im Rahmen der sonstigen gesetzlichen Bestimmungen erlassen darf oder muss. In der Regel ist für derartige Ausnahmebewilligungen nach den einzelnen Landesgesetzen eine Verwaltungsabgabe zu entrichten.

Abs 2:

Das Wort „kann" ist im Sinne von „hat" zu verstehen. Dh, der Behörde ist kein Ermessen eingeräumt, sie hat demnach die beantragte Ausnahme zu bewilligen, wenn die persönlichen Voraussetzungen des Antragstellers gegeben sind und keine wesentliche Beeinträchtigung des Verkehrs zu erwarten ist. Durch die mit der 19. Novelle erfolgte Neufassung wurde der Umweltschutztatbestand in den Abs 2 aufgenommen; eine Ausnahmebewilligung darf nicht erteilt werden, wenn dadurch eine wesentliche Beeinträchtigung der Bevölkerung oder Umwelt durch Lärm, Geruch oder Schadstoffe zu erwarten ist. Die Behörde ist gehalten, im Ermittlungsverfahren eine Prognose über die zu erwartenden Auswirkungen einer allfälligen Ausnahmebewilligung auf die Bevölkerung oder die Umwelt zu erarbeiten. Nur die Erwartung einer wesentlichen Beeinträchtigung verhindert die Erteilung der Bewilligung.

Ein erhebliches persönliches Interesse kann z.B. dann vorliegen, wenn jemand eine Ausnahme von einem Parkverbot vor seinem Wohnhaus begehrt, weil er schwer gehbehindert ist. Ähnliches gilt auch für einen Arzt, der eine solche Ausnahme vor seiner Ordination beantragt. „Erheblich" ist das Interesse dann, wenn es bedeutend bzw. beträchtlich, dh ins Gewicht fallend ist.

Abs 2a:

Durch die Einfügung des Zitates „§ 42 Abs 6" wird klargestellt, dass Ausnahmen von dem durch § 42 Abs 6 ab 1. 1. 1995 eingeführten generellen Nachtfahrverbot nur auf Grund des Abs 2a erteilt werden dürfen.

Abs 4:

Seit der 19. Novelle ist es möglich, die Bewilligung auf die Dauer von höchstens zwei Jahren (bisher ein Jahr) zu erteilen. Dies führt nicht nur zu einer Verwaltungsvereinfachung, sondern auch zu einer Erleichterung für die Antragsteller. Des weiteren wird nunmehr auf den Mittelpunkt der Lebensinteressen (auf den Hauptwohnsitz) abgestellt. Zweitwohnsitze, die aus beruflichen oder privaten Gründen auch über längere Zeit genutzt werden, lassen nicht auf einen solchen Mittelpunkt der Lebensinteressen schließen. Diese Verallgemeinerung durch manche Gemeinden (z.B. Wien) ist unter dem Blickwinkel des Gleichheitsgrundsatzes bedenklich.

Weitere Voraussetzung ist, dass ein persönliches Interesse nachgewiesen wird, in der Nähe gerade dieses Wohnsitzes zu parken. Ein solches liegt z.B. dann nicht vor, wenn der Antragsteller über eine private Abstellmöglichkeit verfügt. Daraus folgt auch, dass eine Person nur eine Bewilligung erhalten kann.
Kurzparkzonen gelten häufig nur tagsüber. In diesen Fällen wird nicht schon dann generell ein persönliches Interesse, in

der Nähe des Wohnsitzes zu parken, angenommen werden können, wenn das betreffende Kraftfahrzeug aus beruflichen Gründen täglich in Betrieb genommen werden muss, da gerade solche Fahrzeuge den Parkplatzin der Nähe des Wohnsitzes tags über, außer bei Krankheit oder Urlaub, nicht benötigen. Diesem Umstand wird im Hinblick auf die Erteilung von Bewilligungen für Fahrzeuge, die zur Privatnutzung überlassen wurden, ganz besondere Bedeutung zukommen. Ein persönliches Interesse kann somit vor allem bei jenen Bewohnern vorliegen, die zu unregelmäßigen Zeiten, insbesondere auch während des Tages, von ihrem Wohn- zum Arbeitsort müssen oder überhaupt andere (etwa öffentliche) Verkehrsmittel verwenden.
Die Bestimmung wurde auf die hier genannten Fahrzeuge erweitert, um Härtefälle zu vermeiden, in denen der Antragsteller nicht Zulassungsbesitzer sondern Leasingnehmer eines Kraftwagens war oder ihm ein arbeitgebereigener Kraftwagen zur privaten Nutzung überlassen wurde.

Die angebotenen Beweismittel unterliegen der freien Beweiswürdigung der Behörde.
Neben diesem Absatz (und Abs 4a) kommt weiterhin auch Abs 2 für die Erteilung einer Kurzparkzonen-Ausnahmebewilligung in Betracht.

Abs 4a:

Wenn die Gemeinde eine „Gebietsverordnung“ auf Grund des Abs 2a Z. 2 erlassen hat, kann auf Antrag eine Ausnahme bewilligt werden. Voraussetzung ist jedoch, dass der Antragsteller zu jenem Personenkreis gehört, der in der Verordnung ausdrücklich genannt ist und der entweder Zulassungsbesitzer oder Leasingnehmer ist oder einen arbeitgebereigenen Kraftwagen beruflich nützt. Der Antrag hat eine Begründung für das Vorliegen der Voraussetzungen des Abs 4a sowie die erforderlichen Beweismittel zu enthalten. Die Tätigkeit des Antragstellers müsste demnach ohne Bewilligung erheblich erschwert oder unmöglich sein. Erheblich erschwert wäre die Tätigkeit beispielsweise dann, wenn sie zwar möglich wäre, aber die vom Antragsteller durchzuführende Tätigkeit ständig oder wiederholt unterbrochen werden müsste, um das Fahrzeug etwa aus dem Kurzparkzonen bereich zu entfernen und dabei auch längere Strecken zu Fuß zurückgelegt werden müssten; das wird vor allem bei jenen Tätigkeiten der Fall sein, die erfahrungsgemäß nicht innerhalb der in der betreffenden Kurzparkzone zulässigen Höchstparkdauer abgeschlossen werden können. Manche

Gemeinde (z.B. Wien) sehen vom Nachweis dieser Erfordernis für das erste antragsgegenständliche Fahrzeug ab.
Von einer erheblichen Erschwernis wird auch dann gesprochen werden können, wenn die Benützung öffentlicher Verkehrsmittel zur Erreichung des Arbeitsplatzes nicht (Schichtarbeiter) oder nur mit einem unzumutbar langen Zeitaufwand möglich wäre. Der bloße erzwungene Umstieg auf öffentliche Nahverkehrsmittel ist allerdings kein hinreichender Grund.
Weiters ist das Interesse an der Nahversorgung im Sinne des „Nahversorgungsgesetzes“, BGBl. 1977/392 (idF BGBl. I Nr. 136/2001), genannt. Darunter ist etwa die Versorgung mit Gütern des täglichen Bedarfs in der betreffenden Kurzparkzone zu verstehen.
Neben diesem Absatz (und Abs 4) kommt weiterhin auch Abs 2 für die Erteilung einer Kurzparkzonen-Ausnahmebewilligung in Betracht.
Durch die Erteilung einer Ausnahmebewilligung wird weder ein Anspruch auf Freihaltung eines Abstellplatzes noch eine besondere „Vertragshaftung“ (anders als etwa bei Mautstraßen) begründet.

§ 46 Autobahnen

(1) Autobahnen dürfen nur mit Kraftfahrzeugen benützt werden, die eine Bauartgeschwindigkeit von mindestens 60 km/h aufweisen und mit denen diese Geschwindigkeit überschritten werden darf; dies gilt nicht für Fahrzeuge des Straßendienstes. Jeder andere Verkehr, insbesondere der Fußgängerverkehr, der Verkehr mit Fahrrädern, Motorfahrrädern und Fuhrwerken, der Viehtrieb und das Reiten, ist auf der Autobahn verboten. Im Bereich eines Grenzüberganges darf die Autobahn betreten werden, um Tätigkeiten zu verrichten, die mit der Grenzabfertigung zusammenhängen oder einem vordringlichen Bedürfnis der Straßenbenützer dienen (wie Geldwechsel, Aufsuchen von Informationsstellen u. dgl.); das gleiche gilt für den Bereich einer Mautstelle sinngemäß.

(2) Zur Autobahn darf nur über die durch Hinweiszeichen gekennzeichneten Zufahrtsstraßen zugefahren und von der Autobahn nur über die ebenso gekennzeichneten Abfahrtstraßen abgefahren werden. Ein zwischen den Fahrbahnen angelegter, der Trennung entgegengesetzter Fahrtrichtungen dienender Mittelstreifen darf weder befahren noch überfahren werden. Beim Ausfahren aus einer Autobahn ist der Verzögerungsstreifen, beim Ein-

fahren der Beschleunigungsstreifen zu benützen; das gleiche gilt im Bereich der Zu- und Abfahrten von Parkplätzen, sofern dort solche Fahrstreifen vorhanden sind.

(3) Muß auf der Autobahn ein Fahrzeug wegen eines Gebrechens o. dgl. angehalten werden, so ist es möglichst auf dem Pannenstreifen abzustellen. Der Lenker des Fahrzeuges hat dafür zu sorgen, daß er mit ihm die Fahrt ehestens fortsetzen kann. Ist dies nicht möglich, so ist das Fahrzeug unverzüglich über die nächste Abfahrtsstraße von der Autobahn zu entfernen.

(4) Auf der Autobahn ist verboten:

a) eine Richtungsfahrbahn entgegen der vorgesehenen Fahrtrichtung zu befahren, sofern sich nicht aus Straßenverkehrszeichen oder Bodenmarkierungen etwas anderes ergibt,

b) umzukehren, ausgenommen im Bereich eines Grenzüberganges auf Anordnung von öffentlichen Organen,

c) Betriebsumkehren zu befahren, ausgenommen mit Fahrzeugen des Straßendienstes, der Straßenaufsicht oder des Pannendienstes,

d) den Pannenstreifen zu befahren, ausgenommen mit Fahrzeugen des Straßendienstes, der Straßenaufsicht oder des Pannendienstes und sofern sich nicht aus Straßenverkehrszeichen oder Bodenmarkierungen etwas anderes ergibt,

e) außerhalb der durch Hinweiszeichen gekennzeichneten Stellen zu halten oder zu parken,

f) rückwärts zu fahren; dieses Verbot gilt jedoch nicht, wenn mit einem Fahrzeug des Straßendienstes bei Arbeitsfahrten zurückgefahren werden muß.

g) *(Entfällt.)*

(5) Die Errichtung von Anlagen, aus denen Fahrzeuge ihre elektrische Antriebskraft entnehmen können (z.B. Oberleitungen), ist auf, über oder neben der Autobahn verboten.

Abs 1:

Die Anhebung der Bauartgeschwindigkeit für Motorfahrräder auf 45 km/h hat es erforderlich gemacht, auch die Geschwindigkeitsgrenze, ab der die Autobahn benützt werden darf, anzuheben. Auf Grund der technischen Entwicklungen (z.B. Zugmaschinen mit über 50 km/h Bauartgeschwindigkeit) wurde die Benützung erst ab einer Bauartgeschwindigkeit von 60 km/h ermöglicht.

Es besteht keine straßenpolizeiliche Verpflichtung im Sinne einer „Mindestgeschwindigkeit“ (allenfalls Verordnung gemäß § 52 Z. 19), auf der Autobahn mindestens 60 km/h zu fahren. Das Verbot eines langsameren Fahrens kann sich jedoch im Einzelfall aus § 20 Abs 1 letzter Satz ergeben (wenn der übrige Verkehr behindert wird). Auch sonst sind auf Autobahnen die Bestimmungen des § 20 Abs 1 über die einzuhaltende Fahrgeschwindigkeit zu beachten. Allerdings gilt der Grundsatz des „Fahrens auf Sicht“ auf Autobahnen nicht ausnahmslos (vgl die diesbezügliche Anmerkung zu § 20 Abs 1).

Soweit es sich um Fahrten bei Dunkelheit und klarer Sicht handelt, muss in der Regel nicht abgeblendet werden, da das Scheinwerferlicht im allgemeinen keine Blendung des entgegenkommenden Verkehrs hervorruft (§ 99 Abs 4 lit c KFG, abgedruckt und erläutert im ÖAMTC-Fachbuch „Verkehrsrecht, Band II“). Wird jedoch abgeblendet, muss die Geschwindigkeit wegen der verminderten Sichtweite so herabgesetzt werden, dass dem Lenker zumindest noch eine geeignete Reaktion auf unvermutet auftauchende Hindernisse möglich ist.

Die erlaubte Höchstgeschwindigkeit beträgt gemäß § 20 Abs 2 130 km/h. Geringere, zumeist fahrzeugbezogene Höchstgeschwindigkeiten enthalten die kraftfahrrechtlichen Vorschriften (§ 98 KFG, § 58 KDV, abgedruckt im ÖAMTC-Fachbuch „Verkehrsrecht, Band II“). Beachte auch die im Anhang IX abgedruckte Verordnung über Geschwindigkeitsbeschränkungen auf bestimmten (Transit-)Autobahnen zur Nachtzeit.

Da Autobahnen kreuzungsfrei sind, kann ein Fahrzeug-Querverkehr von vornherein nicht in Frage kommen. Aus dem zweiten Satz ergibt sich auch, dass Fußgänger und Reiter die Autobahn nicht überqueren dürfen.

Mit Kleinmotorrädern darf die Autobahn benützt werden.

Im Zusammenhang mit der Grenzabfertigung müssen fallweise die Insassen eines Fahrzeuges dieses (teils auf Anweisung von Organen der Grenzdienststelle) verlassen und die Autobahn betreten, um Zoll- oder Passangelegenheiten etwa im Zollamtsgebäude zu erledigen. In einem solchen Fall handelt es sich zwar wohl ebenso wenig um einen Fußgänger-“Verkehr“ im Sinne des Abs 1 wie etwa beim Betreten der Autobahn bei einem Verkehrsunfall oder einer Fahrzeugpanne. Nicht so eindeutig anzunehmen ist dies hingegen, wenn im Bereich eines Grenzüberganges die Insassen eines Fahrzeuges dieses verlassen, um eine dort eingerichtete Wechselstube, Informationsstelle oder dergleichen aufzusuchen. Durch den letzten Satz wird jedoch klargestellt, dass in allen diesen Fällen das Betreten der Autobahn zulässig ist.

Abs 3:

Nur ein erzwungenes Zum-Stillstand-Bringen eines Fahrzeuges (insbesondere wegen Panne) ist außerhalb der gekennzeichneten Parkplätze zulässig. Ein auf dem Pannenstreifen abgestelltes betriebsunfähiges Fahrzeug muss nicht durch eine Warneinrichtung abgesichert werden (vgl §§ 2 Abs 1 Z. 6a, 89 Abs 2). Andererseits darf der Pannenstreifen (abgesehen von den Ausnahmen gemäß Abs 4 lit d) nicht befahren werden. Das Befahren des Pannenstreifens gegen die Fahrtrichtung ist zwar deshalb auch verboten, ist aber mangels Fahrbahneigenschaft des Pannenstreifens kein „Befahren der Richtungsfahrbahn einer Autobahn in falscher Fahrtrichtung“
Die Bestimmungen über die Entfernung von Hindernissen finden sich in § 89a.

Abs 4:

Das Umkehren ist auch an jenen Stellen verboten, an denen sich Übergänge über den Mittelstreifen befinden.
Bei Grenzübergängen kommt es immer wieder vor, dass Personen die Einreise (Weiterfahrt) aus zollrechtlichen, passrechtlichen oder sonstigen Gründen verweigert wird. Solche Personen sind dann gezwungen, mit ihrem Fahrzeug umzukehren. Diesem Umstand trägt lit b Rechnung. Das Umkehren ist hier aber nur auf Anordnung von öffentlichen Organen erlaubt, nicht jedoch auf Grund eigener Entscheidung. Als öffentliche Organe sind Straßenaufsichtsorgane, Organe der öffentlichen Sicherheit wie auch Organe des Zolldienstes zu verstehen.
Bei Arbeitsfahrten mit Fahrzeugen des Straßendienstes, im besonderen bei der Schneeräumung, ist es im Bereich von Parkplätzen häufig notwendig, mit dem Fahrzeug auch eine längere Strecke zurückzufahren.
Auf Autobahnen sind sowohl Fahrschulunterricht als auch Übungsfahrten und Ausbildungsfahrten gem § 19 FSG sowie Perfektionsfahrten im Zuge der zweiten Ausbildungsphase erlaubt.
Andere Verbote ergeben sich aus anderen Bestimmungen: so z.B. beim Abschleppen von Kraftfahrzeugen darf gem § 58 Abs. 1 Z. 2 lit c. KDV (sÖAMTC-Fachbuch „Verkehrsrecht, Band II“ eine Geschwindigkeit von 40 km/h nicht überschritten werden, sofern nicht ein Kraftfahrzeug mit dauernd integrierter Abschleppeinrichtung (Hubbrille) verwendet wird, wobei das abgeschleppte Kraftfahrzeug teilweise hochgehoben

ist und die nicht hochgehobenen Räder auf der Fahrbahn laufen. In diesem Fall (§ 58 Abs 1 Z. 2 lit d KDV) darf eine Geschwindigkeit von 60 km/h bzw auf Autobahnen und Autostraßen von 70 km/h nicht überschritten werden. Im Interesse einer möglichst raschen Freimachung der Autobahn von betriebsunfähigen Kraftfahrzeugen (vgl Abs 3 und § 89a Abs 1) besteht aber wohl kein Einwand dagegen, wenn das betreffende Fahrzeug mittels Seiles oder Abschleppstange bis zur nächsten Abfahrt geschleppt wird, und zwar auf dem Pannenstreifen, wenn es durch ein Fahrzeug des Pannendienstes (bzw des Straßendienstes oder der Straßenaufsicht) erfolgt.
Als Fahrzeuge des Pannendienstes sind naturgemäß jene des ÖAMTC anzusehen.

§ 47 Autostraßen

Autostraßen sind Vorrangstraßen; für sie gelten die im § 46 Abs. 1, 3 und 4 enthaltenen Bestimmungen über den Verkehr auf Autobahnen sinngemäß.

Für Autostraßen (gekennzeichnet durch die Hinweiszeichen gemäß § 53 Abs 1 Z. 8c, d) gelten im wesentlichen die Autobahnvorschriften. Allerdings ist im Gegensatz zur Autobahn mit Querverkehr zu rechnen; die erlaubte Höchstgeschwindigkeit beträgt gemäß § 20 Abs 2 100 km/h, ist aber des öfteren gem § 43 Abs 4 auf beispielsweise 120 km/h angehoben.

D Straßenverkehrszeichen

§ 48 Anbringung der Straßenverkehrszeichen

(1) Die Straßenverkehrszeichen (§§ 50, 52 und 53) sind als Schilder aus festem Material unter Bedachtnahme auf die Art der Straße und unter Berücksichtigung der auf ihr üblichen Verkehrsverhältnisse, namentlich der darauf üblichen Geschwindigkeit von Fahrzeugen, in einer solchen Art und Größe anzubringen, daß sie von den Lenkern herannahender Fahrzeuge leicht und rechtzeitig erkannt werden können. Im Verlauf derselben Straße sind womöglich Straßenverkehrszeichen mit gleichen Abmessungen zu verwenden.

(1a) Abweichend von Abs. 1 können für Straßenverkehrszeichen auch optische (Glasfasertechnik) oder elektroni-

sche Anzeigevorrichtungen verwendet werden; in diesem Falle können die Straßenverkehrszeichen abweichend von den Abbildungen in den §§ 50 und 52 auch „farbumgekehrt" (der weiße Untergrund schwarz und die schwarzen Symbole sowie die schwarze Schrift weiß) dargestellt werden.

(2) Die Straßenverkehrszeichen sind auf der rechten Straßenseite oder oberhalb der Fahrbahn anzubringen, sofern sich aus diesem Bundesgesetz nichts anderes ergibt. Die zusätzliche Anbringung an anderen Stellen ist zulässig. Auf Autobahnen sind Gefahrenzeichen und Vorschriftszeichen auf beiden Seiten oder oberhalb der Fahrbahn anzubringen, ausgenommen auf Streckenteilen, die in der jeweiligen Fahrtrichtung nur einen Fahrstreifen aufweisen, oder in Gegenverkehrsbereichen.

(3) Bei Arbeitsfahrten gemäß § 27 Abs. 1 können Straßenverkehrszeichen an Fahrzeugen des Straßendienstes angebracht werden. Solcherart angebrachte Straßenverkehrszeichen gelten nur für den Bereich der Arbeitstätigkeit; das Ende einer Beschränkung ist daher in diesem Falle nicht anzuzeigen. Beim Anbringen von Straßenverkehrszeichen an Fahrzeugen des Straßendienstes finden auch die Bestimmungen des Abs. 2 über das beiderseitige Anbringen von Gefahrenzeichen und Vorschriftszeichen auf Autobahnen und des § 52 Z. 4a und 4c über das beiderseitige Anbringen der dort angeführten Zeichen keine Anwendung.

(4) Auf einer Anbringungsvorrichtung für Straßenverkehrszeichen (wie Standsäulen, Rahmen, Träger u. dgl.) dürfen nicht mehr als zwei Straßenverkehrszeichen angebracht werden; dies gilt nicht für eine Kundmachung nach § 25 Abs. 2 oder § 44 Abs. 4 sowie für die Anbringung der Hinweiszeichen „Wegweiser" oder die Anbringung von Straßenverkehrszeichen, deren Inhalt miteinander in Zusammenhang steht.

(5) Der Abstand zwischen dem unteren Rand eines Straßenverkehrszeichens und der Fahrbahn darf bei seitlicher Anbringung nicht weniger als 0,60 m und nur in Ausnahmefällen mehr als 2,20 m, bei Anbringung oberhalb der Fahrbahn nicht weniger als 4,50 m und nur in Ausnahmefällen mehr als 5,50 m betragen, sofern sich aus den Bestimmungen dieses Bundesgesetzes nichts anderes ergibt. Bei seitlicher Anbringung darf der seitliche Abstand zwischen dem der Fahrbahn zunächst liegenden Rand eines Straßenverkehrszeichens und dem Fahrbahnrand im Ortsgebiet nicht weniger als 0,30m und nur in Aus-

nahmefällen mehr als 2m, auf Freilandstraßen nur in Ausnahmefällen weniger als 1 m und mehr als 2,50 m betragen. Sind auf einer Anbringungsvorrichtung mehr als ein Straßenverkehrszeichen angebracht, so gelten bei untereinander angebrachten Zeichen die Maßangaben bezüglich des Höhenabstandes für das untere Zeichen, bei nebeneinander angebrachten Zeichen die Maßangaben bezüglich des Seitenabstandes für das näher der Fahrbahn angebrachte Zeichen. Die weiteren Zeichen sind in einem solchen Fall entsprechend den Größenverhältnissen anzubringen.

(6) Wenn es die Verkehrssicherheit erfordert, insbesondere bei unübersichtlichem Straßenverlauf, sind in angemessener Entfernung vor einem nach den Bestimmungen der §§ 49, 50, 52 oder 53 angebrachten Straßenverkehrszeichen ein oder mehrere gleiche Zeichen – ausgenommen beim Zeichen „Halt" – anzubringen, unter denen auf einer Zusatztafel nach § 54 Abs. 5 lit. a die Entfernung bis zu der Straßenstelle anzugeben ist, auf die sich das Straßenverkehrszeichen bezieht. Dies gilt insbesondere für die Gefahrenzeichen „Fußgängerübergang" und „Voranzeiger für Verkehrsampel", für die Vorschriftszeichen „Vorrang geben" und „Wartepflicht bei Gegenverkehr" sowie für das Hinweiszeichen „Krankenhaus". Wird das Vorschriftszeichen „Halt" vorangekündigt, so ist hiefür das Vorschriftszeichen „Vorrang geben" mit einer Zusatztafel nach § 54 Abs. 5 lit. c zu verwenden.

Allgemeines:

Nähere Vorschriften über Straßenverkehrszeichen enthält die StraßenverkehrszeichenV BGBl. II Nr. 238/1998.

Abs 1a:

Bei Verwendung optischer oder elektronischer Anzeigevorrichtungen (Glasfaseroptik bzw sog Matrixzeichen) ist aus Gründen der besseren Erkennbarkeit sowie der technischen Möglichkeiten eine „Farbumkehr" bei der Darstellung von Straßenverkehrszeichen möglich. Überdies können damit auch telematische Verkehrsregelungen geschaffen werden.

Abs 2:

Infolge der ständig steigenden Verkehrsdichte hat sich ergeben, dass die Forderung nach leichter Wahrnehmbarkeit von Straßenverkehrszeichen in bestimmten Fällen besser und zweckmäßiger erfüllt werden kann, wenn die Zeichen oberhalb der Fahrbahn angebracht sind. Dies gilt insbesondere für Wegweiser auf den sogenannten Wegweiserbrücken

(Überkopfwegweiser) und – hier vorwiegend im Ortsgebiet – für Straßen mit mehreren Fahrstreifen in einer Fahrtrichtung. Aus diesem Grund dürfen Straßenverkehrszeichen auch allein (und nicht nur zusätzlich) oberhalb der Fahrbahn angebracht werden. Dennoch ist der weitaus überwiegende Teil der Zeichen schon örtlich bedingt auf der rechten Straßenseite anzubringen, andererseits auch deswegen, weil das Anbringen von Straßenverkehrszeichen oberhalb der Fahrbahn wohl nur für den fließenden Verkehr in Betracht kommt.
Die seinerzeitige Vorschrift, dass auf Autobahnen Gefahrenzeichen zweimal aufzustellen sind, wurde fallengelassen, dafür wurde generell die beidseitige Anbringung von Gefahren- und Vorschriftszeichen vorgesehen. Zweck der Bestimmung war es, auf Autobahnen mit mehreren Fahrstreifen sicherzustellen, dass auch Fahrzeuge, die nicht den rechten Fahrstreifen benutzen, Verkehrszeichen auf jeden Fall wahrnehmen können, auch wenn sie gerade ein auf dem rechten Fahrstreifen befindliches Fahrzeug überholen und daher die auf der rechten Fahrbahnseite angebrachten Verkehrszeichen nicht wahrnehmen können. Auf Autobahnstrecken mit nur einem Fahrstreifen in einer Fahrtrichtung, wie z.B. in Tunnels, besteht jedoch die oben angeführte Notwendigkeit ebenso wenig wie in Gegenverkehrsbereichen.

Abs 3:

Bei den im § 27 Abs 1 genannten Arbeiten ist es zur Sicherheit der Verkehrsteilnehmer und der mit solchen Arbeiten beschäftigten Personen häufig nötig oder zweckmäßig, auf Gefahren hinzuweisen oder Verkehrsbeschränkungen anzuordnen. Zu diesem Zweck sind Straßenverkehrszeichen anzubringen, wobei es praktisch undurchführbar ist, bei Arbeitsfahrten (Schneeräumung, Fahrbahnbestreuung, Kehrmaschinen udgl) oder fortschreitenden Arbeiten mit Arbeitsmaschinen die allenfalls erforderlichen Straßenverkehrszeichen neben der Fahrbahn anzubringen. Deshalb können bei Arbeitsfahrten mit Fahrzeugen des Straßendienstes Straßenverkehrszeichen rechtsverbindlich auch an diesen Fahrzeugen angebracht werden. Da üblicherweise mit Straßenverkehrszeichen kundgemachte Verkehrsbeschränkungen einer gesonderten Aufhebung bedürfen (z.B. Ende einer Geschwindigkeitsbeschränkung), eine solche Aufhebung aber bei einer Anbringung der Zeichen an Fahrzeugen des Straßendienstes praktisch nicht durchführbar ist, wurde der Geltungsbereich im Gesetz selbst eingeschränkt. Die Ausnahmeregelung des letzten Satzes nimmt darauf Rücksicht, dass eine beiderseitige Anbringung praktisch undurchführbar ist.

Abs 4:

Werden entgegen dieser Anordnung mehr Verkehrszeichen als zulässig angebracht, fehlt es an einer gesetzmäßigen Kundmachung der betreffenden Verordnung: diese entfaltet daher keine Rechtswirkung

Man beachte die Ausnahme bei Kurzparkzonen und Ortstafeln.

Auch die gemeinsame Anbringung von Verkehrszeichen nach der StVO und andere Kundmachung z.B. von ortspolizeilichen Verordnungen ist gesetzwidrig und bedroht die Verordnung mit mangelhafter Kundmachung.

(vgl die Anm zu § 44 – Allgemeines).

§ 49 Allgemeines über Gefahrenzeichen

(1) Die Gefahrenzeichen kündigen an, daß sich in der Fahrtrichtung auf der Fahrbahn Gefahrenstellen befinden. Die Lenker von Fahrzeugen haben sich in geeigneter Weise, erforderlichenfalls durch Verminderung der Geschwindigkeit, der angekündigten Gefahr entsprechend zu verhalten.

(2) Auf Autobahnen sind die Gefahrenzeichen 250 m bis 400 m, auf anderen Straßen 150 m bis 250 m vor der Gefahrenstelle anzubringen, sofern sich aus § 50 nichts anderes ergibt.

(3) Wenn es jedoch der Verkehrssicherheit besser entspricht, sind die Gefahrenzeichen in einer anderen als im Abs. 2 bezeichneten Entfernung anzubringen. In einem solchen Fall ist auf Freilandstraßen unter dem Zeichen auf einer Zusatztafel nach § 54 Abs. 5 lit. a die Entfernung bis zur Gefahrenstelle anzugeben.

(4) Wenn sich Gefahrenstellen über einen längeren Straßenabschnitt erstrecken (wie etwa Gefälle, Schleudergefahr, Steinschlag, Wildwechsel u.a.) und dies nicht erkennbar ist oder nicht vermutet werden kann, so ist auf einer Zusatztafel nach § 54 Abs. 5 lit. b die Länge der Gefahrenstelle anzugeben. Innerhalb einer längeren Gefahrenstelle ist das betreffende Gefahrenzeichen zu wiederholen, wenn dies die Verkehrssicherheit erfordert.

Allgemeines:

Das Vorhandensein eines Gefahrenzeichens verpflichtet vor allem zu einer erhöhten Reaktionsbereitschaft und wirkt sich auf die zu wählende angepasste Geschwindigkeit gemäß § 20 Abs 1 aus.

Abs 2:

§ 50 sieht derartige Abweichungen für die Gefahrenzeichen „Gefährliche Kurven“ (Z. 2), „Baken“ (Z. 6c), „Andreaskreuz“ (Z. 6d) und „Kinder“ (Z. 12) vor.

Abs 3:

Damit besteht die Möglichkeit, Straßenverkehrszeichen gegebenenfalls auch in einer größeren oder aber in einer geringeren Entfernung anzubringen, wobei dies auf Freilandstraßen mit einer Zusatztafel anzuzeigen ist. So wird z.B. das Gefahrenzeichen „Querrinne“ oder „Aufwölbung“ (§ 50 Z. 1) nur knapp vor sog „Schwellen“ im Ortsgebiet aufzustellen sein.

§ 50 Die Gefahrenzeichen

Die Gefahrenzeichen sind

1. „QUERRINNE“ oder „AUFWÖLBUNG“

Dieses Zeichen zeigt Hindernisse, wie Querrinnen, Aufwölbungen oder aufgewölbte Brücken, an.

2. „GEFÄHRLICHE KURVEN“ oder „GEFÄHRLICHE KURVE“

Diese Zeichen zeigen an:

a) eine Rechtskurve,

b) eine Linkskurve,

c) eine Doppelkurve rechts beginnend,

d) eine Doppelkurve links beginnend;

sie sind vor Kurven, die wegen ihrer Beschaffenheit oder Unübersichtlichkeit gefährlich sind, dem Verlauf der Kurve entsprechend anzubringen. Sind auf einer kurvenreichen Strecke die Kurven nicht mehr als 240 m voneinander entfernt, so genügt die Anbringung eines der ersten Kurve entsprechenden Zeichens nach lit. c oder d, unter dem auf einer Zusatztafel nach § 54 Abs. 5 lit. b die Länge der kurvenreichen Strecke anzugeben ist.

3. „KREUZUNG“

Dieses Zeichen zeigt eine Kreuzung an; in Ortsgebieten ist es nur anzubringen, wenn es die Verkehrssicherheit im besonderen Maße erfordert.

3a. „KREUZUNG MIT KREISVERKEHR“

Dieses Zeichen kann an Stelle des Zeichens nach Z. 3 und nach Maßgabe der Bestimmungen der Z. 3 aufgestellt werden, um eine Kreuzung mit Kreisverkehr anzuzeigen.

4. „KREUZUNG MIT STRASSE OHNE VORRANG“

Dieses Zeichen zeigt eine Kreuzung mit einer Straße ohne Vorrang an und bedeutet, daß das in der Richtung des starken Striches fahrende Fahrzeug den Vorrang hat (§ 19).

5. *(Entfällt.)*

6a. „BAHNÜBERGANG MIT SCHRANKEN"

Dieses Zeichen kündigt einen durch Schranken gesicherten Eisenbahnübergang an; es ist vor jedem so gesicherten Bahnübergang anzubringen.

6b. „BAHNÜBERGANG OHNE SCHRANKEN"

Dieses Zeichen kündigt einen nicht durch Schranken gesicherten Eisenbahnübergang an; es ist vor jedem solchen Bahnübergang, ausgenommen bei Straßenbahnen im Ortsgebiet, anzubringen. Die Behörde kann die Anbringung des Zeichens bei Bahnübergängen von Anschluß- oder Materialbahnen erlassen, wenn diese durch Bewachung gesichert werden und die Zeichen des Bewachungsorganes für den Straßenbenützer rechtzeitig erkennbar sind.

6c. „BAKEN“

Diese Zeichen kündigen Eisenbahnübergänge an und sind beiderseits der Straße anzubringen; die Baken mit den 3 roten schräg gestellten Balken sind unter den in Z. 6a und 6b angeführten Zeichen ungefähr 240 m, die Baken mit 2 Balken ungefähr 160 m und die Baken mit einem Balken ungefähr 80 m vor dem Bahnübergang anzubringen. Diese Zeichen sind vor allen schienengleichen Eisenbahnübergängen auf Straßen, die für den Durchzugsverkehr von Bedeutung sind, dann anzubringen, wenn es sich um eine Haupt- oder Nebenbahn im Sinne des § 4 Eisenbahngesetz 1957, BGBl. Nr. 60/1957 handelt. In anderen Fällen sind die Baken dann anzubringen, wenn es die Verkehrssicherheit erfordert.

6d. „ANDREASKREUZ“

Dieses Zeichen zeigt einen Bahnübergang an. Näheres über die Anbringung dieses Zeichens und über das Verhalten der Straßenbenützer bei einem solchen Zeichen ergibt sich aus eisenbahnrechtlichen Vorschriften.

7. „GEFÄHRLICHES GEFÄLLE“

Dieses Zeichen kündigt ein starkes Gefälle der Straße an. Das Gefälle ist in Prozenten anzugeben und hat sich auf den steilsten Teil der Strecke zu beziehen.

7a. „STARKE STEIGUNG“

Dieses Zeichen kündigt eine starke Steigung der Straße an. Die Steigung ist in Prozenten anzugeben und hat sich auf den steilsten Teil der Strecke zu beziehen.

8. „FAHRBAHNVERENGUNG“

a)

b)

c)

Diese Zeichen kündigen
a) eine beiderseitige,
b) eine linksseitige und
c) eine rechtsseitige
Verengung der Fahrbahn an.

9. „BAUSTELLE“

Dieses Zeichen zeigt Arbeiten auf oder neben der Straße an.

10. „SCHLEUDERGEFAHR“

Dieses Zeichen zeigt Stellen an, auf denen auf der Fahrbahn unter besonderen Verhältnissen Gleitgefahr besteht. Auf einer Zusatztafel kann die Ursache der Gleitgefahr angekündigt werden.

10a. „SEITENWIND“

Dieses Zeichen zeigt Stellen an, auf denen häufig starker Seitenwind auftritt, dessen Stärke und Richtung durch einen Windsack angezeigt werden kann.

10b. „STEINSCHLAG“

Dieses Zeichen kündigt einen Straßenabschnitt an, wo mit Steinschlag und daher auch mit Steinen auf der Straße zu rechnen ist.

10c. „FLUGBETRIEB"

Dieses Zeichen kündigt einen Straßenabschnitt an, wo mit tieffliegenden Luftfahrzeugen zu rechnen ist.

11. „FUSSGÄNGERÜBERGANG"

Dieses Zeichen zeigt einen Schutzweg (§ 2 Abs. 1 Z. 12) an.

11a. „RADFAHRERÜBERFAHRT"

Dieses Zeichen kündigt eine Radfahrerüberfahrt an.

12. „KINDER"

Dieses Zeichen zeigt Stellen z.B. in der Nähe von Schulen, Kindergärten und Spielplätzen an, wo sich häufig Kinder aufhalten.

13a. „ACHTUNG TIERE“

Dieses Zeichen zeigt den Beginn eines Gebietes an, in dem mit unbegleiteten Weidetieren zu rechnen ist. Es ist insbesondere in Alpgebieten und in Gebieten, in denen der unbeaufsichtigte Weidegang nach altem Herkommen üblich ist, anzubringen (§ 81 Abs. 3).

13b. „ACHTUNG WILDWECHSEL“

Dieses Zeichen zeigt ein Gebiet an, wo damit zu rechnen ist, daß Wild die Straße überquert.

14. „ACHTUNG GEGENVERKEHR“

Dieses Zeichen zeigt an, daß auf Straßen, auf denen sonst nur in einer Richtung gefahren wird, mit Gegenverkehr zu rechnen ist.

15. „VORANKÜNDIGUNG EINES LICHTZEICHENS“

Dieses Zeichen kündigt eine Lichtsignalanlage an. Es ist nur dann anzubringen, wenn mit einer Lichtsignalanlage üblicherweise nicht gerechnet werden muß oder wenn eine solche Anlage schlecht wahrnehmbar ist.

16. „ANDERE GEFAHREN“

Dieses Zeichen kündigt andere als in Z. 1 bis 15 angeführte Gefahrenstellen an. Auf einer Zusatztafel unter dem Zeichen kann die Gefahr näher bezeichnet werden, wie etwa Bankett nicht befahrbar, Holzbringung, Lawinengefahr, Wasserschutzgebiet u. dgl.

Z. 3:

Dieses Zeichen gibt über die Vorrangsituation an dieser Kreuzung keine Auskunft.

Z. 3a:

Dieses Verkehrszeichen enthält keine Aussage darüber, ob der Kreisverkehr (vgl § 2 Abs 1 Z. 3c) Vorrang hat oder nicht. Es ersetzt auch nicht das Verkehrszeichen „Vorgeschriebene Fahrtrichtung“ nach § 52 Z. 15.

Z. 4:

Dieses Verkehrszeichen macht eine Straße nicht zur Vorrangstraße; es zeigt jedoch dem Benützer dieser Straße eine Kreuzung an, an der die einmündenden oder überschneidenden Straßen durch die Vorschriftszeichen „Halt“ oder „Vorrang geben“ abgeschirmt sind, so dass er gegenüber dem

Querverkehr (mit Ausnahme von Einsatzfahrzeugen) Vorrang genießt.

Z. 6a, b, c:

Beachte die Verhaltensvorschriften der Eisenbahn-KreuzungsV (Anh I).

Z. 6d:

Bei den hier genannten eisenbahnrechtlichen Vorschriften handelt es sich um diejenigen der Eisenbahn-KreuzungsV (s. Anhang I), insbesondere um § 17. Ein derartiger, weder durch Schranken noch durch Blinklichter gesicherter Bahnübergang darf nur mit besonderer Vorsicht und Aufmerksamkeit auf allfällige akustische Signale herannahender Schienenfahrzeuge übersetzt werden.

Z. 8:

Vgl das Hinweiszeichen „Fahrstreifenverminderung" gemäß § 53 Abs 1 Z. 23c.

Z. 10a:

Dieses Verkehrszeichen kündigt nur häufigen starken Seitenwind, nicht aber auch dessen Richtung an. Das Gesetz schreibt aber nicht vor, dass nach diesem Verkehrszeichen auch tatsächlich ein Windsack aufgestellt werden muss.

Z. 11:

Bei Vorhandensein eines solchen Zeichens kann sich ein Fahrzeuglenker nicht darauf berufen, er hätte den Schutzweg, z.B. wegen Schneelage, nicht wahrnehmen können. Eine Anpassung der Geschwindigkeit im Sinne § 20 Abs 1 kann nötig sein, insbesondere um auf Fußgänger rechtzeitig reagieren zu können, die gem. § 9 Abs 2 erkennbar die Fahrbahn überqueren wollen.
Vergleiche auch das Hinweiszeichen „Kennzeichnung eines Schutzweges" (§ 53 Abs 1 Z. 2a). Vgl ferner die Bestimmungen der §§ 9 Abs 2, 16 Abs 1 lit d, 24 Abs 1 lit c.

Z. 11a:

Bei Vorhandensein dieses Gefahrenzeichens kann sich ein Fahrzeuglenker nicht darauf berufen, er hätte die Radfahrerüberfahrt, z.B. wegen Schneelage, nicht wahrnehmen können. Gerade bei Radfahrerüberfahrten ist zu beachten, dass man bei Annäherung eine solche Geschwindigkeit zu wählen hat, dass man einem Radfahrer, der sich in der erkennbaren Absicht nähert eine Fahrbahn zu überqueren dieses ungefährdet und ungehindert zu ermöglichen (19. Novelle, 1994)

Vgl auch das Hinweiszeichen „Radfahrerüberfahrt" (§ 53 Abs 1 Z. 2b). Vgl ferner § 56a.

Z. 12:

Gegenüber Kindern gilt der Vertrauensgrundsatz nicht (§ 3), daher vorsichtig fahren! In der Nähe derartig beschilderter Stellen können Zivilpersonen anzutreffen sein, die den Verkehr regeln ("Schulwegpolizei" – § 97a), aber auch sogenannte „Schülerlotsen", auf die häufig durch eigene Tafeln (vgl die Anm zu § 31 Abs 1) aufmerksam gemacht wird (vgl auch § 29a).

---

§ 51 Allgemeines über Vorschriftszeichen

(1) Die Vorschriftszeichen sind vor der Stelle, für die sie gelten, anzubringen. Gilt die Vorschrift für eine längere Straßenstrecke, so ist das Ende der Strecke durch ein gleiches Zeichen, unter dem eine Zusatztafel mit der Aufschrift „ENDE" anzubringen ist, kenntlich zu machen, sofern sich aus den Bestimmungen des § 52 nichts anderes ergibt. Innerhalb dieser Strecke ist das Zeichen zu wiederholen, wenn es die Verkehrssicherheit erfordert. Gilt ein Überholverbot oder eine Geschwindigkeitsbeschränkung für eine Straßenstrecke von mehr als 1 km, so ist bei den betreffenden Vorschriftszeichen die Länge der Strecke mit einer Zusatztafel nach § 54 Abs. 5 lit. b anzugeben, wenn es die Verkehrssicherheit erfordert; dies gilt für allfällige Wiederholungszeichen sinngemäß.

(2) Die Vorschriftszeichen „Einbiegen verboten" und „Umkehren verboten" sind in angemessenem Abstand vor der betreffenden Kreuzung, die Vorschriftszeichen „Vorrang geben" und „Halt" sind im Ortsgebiet höchstens 10 m und auf Freilandstraßen höchstens 20 m vor der Kreuzung anzubringen. Die äußere Form der Zeichen „Vorrang geben" und „Halt" muß auch von der Rückseite her erkennbar sein.

(3) Bei den Vorschriftszeichen können an Stelle einer Zusatztafel die in § 54 bezeichneten Angaben im roten Rand des Straßenverkehrszeichens einzeilig und leicht lesbar angebracht werden, wenn die Erkennbarkeit des Zeichens nicht beeinträchtigt wird.

(4) Für die Anbringung von Vorschriftszeichen, die sich auf ein ganzes Ortsgebiet oder auf Straßen mit bestimmten Merkmalen innerhalb eines Ortsgebietes beziehen, gilt § 44 Abs. 4.

(5) Mündet in einen Straßenabschnitt, für den durch Vorschriftszeichen Verkehrsbeschränkungen kundgemacht sind, eine andere Straße ein, so können diese Beschränkungen auch schon auf der einmündenden Straße durch die betreffenden Vorschriftszeichen mit einer Zusatztafel mit Pfeilen angezeigt werden. Solche Zeichen sind im Ortsgebiet höchstens 20 m und auf Freilandstraßen höchstens 50 m vor der Einmündung anzubringen.

Allgemeines:

Vorschriftszeichen dienen der Kundmachung von Verordnungen, vor allem nach § 43. Derartige Verordnungen gehen grundsätzlich gesetzlichen Bestimmungen (z.B. § 20 Abs 2) vor.

Hinweis:

Das Abstellen eines Fahrzeuges nach einem Verstoß gegen ein Verhaltensverbot kann auch eine Bestrafung nach § 24 Abs 1 lit n nach sich ziehen.

Abs 1:

Der Beginn einer längeren Straßenstrecke ist üblicherweise mit der Zusatztafel oder Inschrift „ANFANG" bezeichnet.
Bei Überholverboten oder Geschwindigkeitsbeschränkungen, die über eine längere Strecke als 1 km gelten, muss deshalb schon von Anbeginn bzw auch bei Wiederholungszeichen mit einer Zusatztafel auf die Länge hingewiesen werden, damit sich die Verkehrsteilnehmer darauf einstellen können. Überaus bedenklich ist daher die Neuregelung der 19. Novelle, wonach die Längenangabe nur mehr dann erforderlich sein soll, „wenn dies die Verkehrssicherheit erfordert". Diese „Erforderlichkeit" (zur Kennzeichnung) muss eine besondere sein, jene der Beschränkung selbst (§ 43) reicht laut VwGH nicht aus, um die Wiederholungspflicht zu begründen.

Abs 5:

Damit kann die Anbringung der betreffenden Straßenverkehrszeichen unmittelbar nach der Einmündung (in beiden Fahrtrichtungen) unterbleiben.

§ 52 Die Vorschriftszeichen

Die Vorschriftszeichen sind

a) Verbots- oder Beschränkungszeichen,

b) Gebotszeichen oder

c) Vorrangzeichen.

a) Verbots- oder Beschränkungszeichen

1. „FAHRVERBOT (IN BEIDEN RICHTUNGEN)"

Dieses Zeichen zeigt an, daß das Fahren in beiden Fahrtrichtungen verboten ist; das Schieben eines Fahrrades ist erlaubt.

2. „EINFAHRT VERBOTEN"

Dieses Zeichen zeigt an, daß die Einfahrt verboten ist.

3a. „EINBIEGEN NACH LINKS VERBOTEN"

3b. „EINBIEGEN NACH RECHTS VERBOTEN“

Diese unter Z. 3a und 3b angeführten Zeichen zeigen je nach der Richtung des Pfeiles an, daß das Einbiegen in die nächste Querstraße nach rechts oder links verboten ist.

3c. „UMKEHREN VERBOTEN“

Dieses Zeichen zeigt an, daß an der betreffenden Straßenstelle oder Kreuzung das Umkehren verboten ist.

4a. „ÜBERHOLEN VERBOTEN“

Dieses Zeichen zeigt an, daß das Überholen von mehrspurigen Kraftfahrzeugen verboten ist. Es ist auf beiden Seiten der Fahrbahn anzubringen.

4b. „ENDE DES ÜBERHOLVERBOTES“

Dieses Zeichen zeigt das Ende des Überholverbotes (Z. 4a) an.

4c. „ÜBERHOLEN FÜR LASTKRAFTFAHRZEUGE VERBOTEN“

Dieses Zeichen zeigt an, daß mit Lastkraftfahrzeugen mit einem höchsten zulässigen Gesamtgewicht von mehr als 3,5 t das Überholen von mehrspurigen Kraftfahrzeugen verboten ist. Es ist auf beiden Seiten der Fahrbahn anzubringen.

4d. „ENDE DES ÜBERHOLVERBOTES FÜR LASTKRAFTFAHRZEUGE“

Dieses Zeichen zeigt das Ende des Überholverbotes für Lastkraftfahrzeuge (Z. 4c) an.

5. „WARTEPFLICHT BEI GEGENVERKEHR“

Dieses Zeichen zeigt an, daß der Lenker eines in der durch den roten Pfeil bezeichneten Fahrtrichtung fahrenden Fahrzeuges bei Gegenverkehr zu warten hat.

6a. „FAHRVERBOT FÜR ALLE KRAFTFAHRZEUGE AUSSER EINSPURIGEN MOTORRÄDERN“

Dieses Zeichen zeigt an, daß das Fahren mit allen mehrspurigen Kraftfahrzeugen verboten ist.

6b. „FAHRVERBOT FÜR MOTORRÄDER“

Dieses Zeichen zeigt an, daß das Fahren mit allen einspurigen Kraftfahrzeugen verboten ist.

6c. „FAHRVERBOT FÜR ALLE KRAFTFAHRZEUGE“

Dieses Zeichen zeigt an, daß das Fahren mit allen Kraftfahrzeugen verboten ist.

6d. „FAHRVERBOT FÜR KRAFTFAHRZEUGE MIT ANHÄNGER“

Dieses Zeichen zeigt an, daß das Fahren mit Kraftfahrzeugen mit allen Arten von Anhängern verboten ist. Eine Gewichtsangabe bedeutet, daß das Verbot nur gilt, wenn das höchste zulässige Gesamtgewicht des Anhängers das im Zeichen angegebene Gewicht überschreitet. Eine Längenangabe bedeutet, daß das Verbot nur gilt, wenn die Länge des Anhängers die im Zeichen angegebene Länge überschreitet.

7a. „FAHRVERBOT FÜR LASTKRAFTFAHRZEUGE“

Diese Zeichen zeigen an, daß das Fahren mit Lastkraftfahrzeugen verboten ist.
Eine Gewichtsangabe bedeutet, daß das Verbot nur für ein Lastkraftfahrzeug gilt, wenn das höchste zulässige Gesamtgewicht des Lastkraftfahrzeuges oder das höchste zulässige Gesamtgewicht eines mitgeführten Anhängers das im Zeichen angegebene Gewicht überschreitet.
Eine Längenangabe bedeutet, daß das Verbot nur gilt, wenn die Länge des Lastkraftfahrzeuges oder die Länge eines mitgeführten Anhängers oder die Länge des Lastkraftfahrzeuges samt Anhänger die im Zeichen angegebene Länge überschreitet.

7b. „FAHRVERBOT FÜR LASTKRAFTFAHRZEUGE MIT ANHÄNGER“

Dieses Zeichen zeigt an, daß das Fahren mit Lastkraftfahrzeugen mit Anhänger verboten ist. Die Gewichtsangabe bedeutet, daß das Mitführen von Anhängern verboten ist, deren Gesamtgewicht das im Zeichen angegebene

Gewicht überschreitet. Der Verkehr von Sattelkraftfahrzeugen und von Zugmaschinen mit einem Anhänger ist jedoch gestattet.

7c. „FAHRVERBOT FÜR FUHRWERKE“

Dieses Zeichen zeigt an, daß die Einfahrt für Fuhrwerke (§ 2 Abs. 1 Z. 21) verboten ist.

7d. *(Entfällt.))*

7e. „FAHRVERBOT FÜR KRAFTFAHRZEUGE MIT GEFÄHRLICHEN GÜTERN“

Dieses Zeichen zeigt an, daß das Fahren mit Beförderungseinheiten, mit denen die gefährliche Güter gemäß den in § 2 Z. 1 GGBG, BGBl. I Nr. 145/1998 [idF BGBl. I Nr. 108/1999], angeführten Vorschriften befördert werden und die gemäß diesen Vorschriften zu kennzeichnen sind, verboten ist.

7f. „FAHRVERBOT FÜR OMNIBUSSE“

Dieses Zeichen zeigt an, daß das Fahren mit Omnibussen verboten ist. Eine Gewichtsangabe bedeutet, daß das Verbot nur gilt, wenn das höchste zulässige Gesamtgewicht des Omnibusses das im Zeichen angegebene Gewicht überschreitet. Eine Längenangabe bedeutet, daß das Verbot nur gilt, wenn die Länge des Omnibusses die im Zeichen angegebene Länge überschreitet.

8a. „FAHRVERBOT FÜR FAHRRÄDER UND MOTORFAHRRÄDER“

Dieses Zeichen zeigt an, daß das Fahren mit Fahrrädern und mit Motorfahrrädern verboten ist. Das Schieben dieser Fahrzeuge ist jedoch gestattet. Für die Lenker von Motorfahrrädern gilt überdies die Z. 8b.

8b. „FAHRVERBOT FÜR MOTORFAHRRÄDER“

Dieses Zeichen zeigt an, daß das Fahren mit Motorfahrrädern mit laufendem Motor sowie das Laufenlassen der Motoren solcher Fahrzeuge am Stand verboten ist. Das Schieben dieser Fahrzeuge ohne laufenden Motor ist jedoch gestattet.

8c. „FAHRVERBOT FÜR FAHRRÄDER“

Dieses Zeichen zeigt an, daß das Fahren mit Fahrrädern verboten ist; das Schieben dieser Fahrzeuge ist jedoch gestattet.

9a. „FAHRVERBOT FÜR ÜBER ...m BREITE FAHRZEUGE“

Dieses Zeichen zeigt an, daß das Fahren mit Fahrzeugen, deren größte Breite die im Zeichen angegebene Breite überschreitet, verboten ist.

9b. „FAHRVERBOT FÜR ÜBER ...m HOHE FAHRZEUGE“

Dieses Zeichen zeigt an, daß das Fahren mit Fahrzeugen, deren größte Höhe die im Zeichen angegebene Höhe überschreitet, verboten ist. Es kann oberhalb der Fahrbahn entsprechend der vorhandenen Höhe angebracht werden.

9c. „FAHRVERBOT FÜR FAHRZEUGE MIT ÜBER ...t GESAMTGEWICHT"

Dieses Zeichen zeigt an, daß das Fahren mit Fahrzeugen, deren Gesamtgewicht das im Zeichen angegebene Gewicht überschreitet, verboten ist.

9d. „FAHRVERBOT FÜR ALLE FAHRZEUGE MIT ÜBER ...t ACHSLAST"

Dieses Zeichen zeigt an, daß das Fahren mit Fahrzeugen, deren Achslast die im Zeichen angegebene Achslast überschreitet, verboten ist.

10a. „GESCHWINDIGKEITSBESCHRÄNKUNG (ERLAUBTE HÖCHSTGESCHWINDIGKEIT)"

Dieses Zeichen zeigt an, daß das Überschreiten der Fahrgeschwindigkeit, die als Stundenkilometeranzahl im Zeichen angegeben ist, ab dem Standort des Zeichens verboten ist. Ob und in welcher Entfernung es vor schienengleichen Eisenbahnübergängen anzubringen ist, ergibt sich aus den eisenbahnrechtlichen Vorschriften.

10b. „ENDE DER GESCHWINDIGKEITSBESCHRÄNKUNG“

Dieses Zeichen zeigt das Ende der Geschwindigkeitsbeschränkung an. Es ist nach jedem Zeichen gemäß Z. 10a anzubringen und kann auch auf der Rückseite des für die Gegenrichtung geltenden Zeichens angebracht werden.

11. „ENDE VON ÜBERHOLVERBOTEN UND GESCHWINDIGKEITSBEGRENZUNGEN“

Dieses Zeichen zeigt das Ende von Überholverboten und Geschwindigkeitsbegrenzungen an, die für den betreffenden Straßenabschnitt durch Straßenverkehrszeichen kundgemacht worden sind.

11a. „ZONENBESCHRÄNKUNG“

Ein solches Zeichen zeigt den Beginn einer Zone an, innerhalb der die durch das eingefügte Zeichen zum Ausdruck gebrachte Verkehrsbeschränkung gilt, wobei in einem Zeichen auch zwei Beschränkungen dargestellt werden können.

11b. „ENDE EINER ZONENBESCHRÄNKUNG“

Ein solches Zeichen zeigt das Ende einer Zonenbeschränkung an. Es kann auch auf der Rückseite des für die Gegenrichtung geltenden Zeichens (Z. 11a) angebracht werden.

12. „HALT ZOLL“

Dieses Zeichen zeigt eine Zollstelle an, bei der zwecks Zollkontrolle anzuhalten ist. Mit entsprechend geänderter Aufschrift zeigt das Zeichen auch andere Stellen an, an denen der Fahrzeuglenker anzuhalten und bestimmte Bedingungen zu erfüllen hat, z.B. „MAUT“.

13a. „PARKEN VERBOTEN“

Dieses Zeichen zeigt mit der Zusatztafel „ANFANG“ den Beginn und mit der Zusatztafel „ENDE“ das Ende eines Straßenabschnittes an, in dem das Parken verboten ist. Das Verbot bezieht sich auf die Straßenseite, auf der sich dieses Zeichen befindet.

Folgende unter dem Zeichen angebrachte Zusatztafeln zeigen an:

a) Eine Zusatztafel mit der Angabe bestimmter Stunden, daß das Verbot während der angegebenen Stunden gilt;

b) eine Zusatztafel mit der Angabe bestimmter Tage, daß das Verbot an den angegebenen Tagen gilt; beginnt das Verbot nicht um 00 Uhr oder endet es nicht um 24 Uhr, so ist auf der Zusatztafel überdies auch noch der Zeitpunkt des Beginnes oder des Endes des Verbotes anzugeben;

c) eine Zusatztafel mit Pfeilen den Verlauf des Straßenabschnittes, in dem das Verbot gilt; solche Pfeile können statt auf einer Zusatztafel auch im Zeichen selbst angebracht werden, sind dort aber in weißer Farbe auszuführen. Wenn der Geltungsbereich des Verbotes auf diese Weise unmißverständlich zum Ausdruck gebracht werden kann, so genügt ein Vorschriftszeichen.

Die Anbringung weiterer Angaben auf den unter lit. a bis c angeführten Zusatztafeln sowie die Anbringung von Zusatztafeln mit anderen Angaben ist unbeschadet des § 51 Abs. 3 zulässig.

13b. „HALTEN UND PARKEN VERBOTEN“

Dieses Zeichen zeigt mit der Zusatztafel „ANFANG“ den Beginn und mit der Zusatztafel „ENDE“ das Ende eines Straßenabschnittes an, in dem das Halten und Parken verboten ist. Das Verbot bezieht sich auf die Straßenseite, auf der sich dieses Zeichen befindet.

Eine Zusatztafel mit der Aufschrift „AUSGENOMMEN ZUSTELLDIENSTE“ zeigt an, daß das rasche Auf- oder

Abladen geringer Warenmengen vom Halteverbot ausgenommen ist.
Eine Zusatztafel mit der Aufschrift „AUSGENOMMEN LADETÄTIGKEIT" zeigt eine Ladezone an.
Hinsichtlich weiterer Zusatztafeln gelten die Bestimmungen der Z. 13a sinngemäß.

13c. „WECHSELSEITIGES PARKVERBOT"

Dieses Zeichen zeigt an, daß auf der Straßenseite, auf der dieses Zeichen angebracht ist, das Parken an ungeraden Tagen verboten ist.

Dieses Zeichen zeigt an, daß auf der Straßenseite, auf der dieses Zeichen angebracht ist, das Parken an geraden Tagen verboten ist.
Beginnt bei den beiden angeführten Zeichen die wechselseitige Beschränkung für das Parken nicht um 00 Uhr, so ist auf einer Zusatztafel der Zeitpunkt des Beginnes des wechselseitigen Parkverbotes anzugeben, das dann ab diesem Zeitpunkt für 24 Stunden gilt.
Hinsichtlich der Zusatztafeln „ANFANG" und „ENDE" sowie weiterer Zusatztafeln gelten die Bestimmungen der Z. 13a sinngemäß.

13d. „KURZPARKZONE“

Dieses Zeichen zeigt den Beginn einer Kurzparkzone an. Wird dieses Zeichen auf der linken Straßenseite angebracht, so bezieht sich die Kurzparkzonenregelung nur auf diese Straßenseite. Im unteren Teil des Zeichens oder auf einer Zusatztafel ist die Zeit, während der die Kurzparkzonenregelung gilt, und die zulässige Kurzparkdauer anzugeben. Falls für das Abstellen eines Fahrzeuges in einer Kurzparkzone auf Grund abgabenrechtlicher Vorschriften eine Gebühr zu entrichten ist, so ist auf diesen Umstand durch das Wort „gebührenpflichtig“, das im unteren Teil des Zeichens oder auf einer Zusatztafel anzubringen ist, hinzuweisen.

13e. „ENDE DER KURZPARKZONE“

Dieses Zeichen zeigt das Ende einer Kurzparkzone an.

14. „HUPVERBOT“

Dieses Zeichen zeigt an, daß die Betätigung der Vorrichtungen zur Abgabe von Schallzeichen verboten ist, wenn zur Abwendung einer Gefahr von einer Person ein anderes Mittel ausreicht. Die Zusatztafel mit der Angabe bestimmter Stunden zeigt die Geltungsdauer des Verbotes an. Das Ende dieses Verbotes ist durch das gleiche Zeichen mit der Zusatztafel „ENDE“ kenntlich zu machen.

b) Gebotszeichen

15. „VORGESCHRIEBENE FAHRTRICHTUNG“

Dieses Zeichen zeigt an, daß Lenker von Fahrzeugen nur in der durch den Pfeil angegebenen Fahrtrichtung fahren dürfen. Der Pfeil kann der jeweiligen örtlichen Verkehrslage entsprechend, z.B. senkrecht, gebogen, geneigt oder mit mehr als einer Spitze ausgeführt sein. Ein nach unten geneigter Pfeil zeigt den zu benützenden Fahrstreifen an. Durch eine Zusatztafel oder durch weiße Aufschrift im blauen Feld unter dem Pfeil kann angezeigt werden, daß das Gebot nur für eine bestimmte Gruppe von Straßenbenützern gilt. Das Zeichen ist, sofern es sich auf eine Kreuzung bezieht, in angemessenem Abstand vor der Kreuzung, sonst vor der Stelle, für die es gilt, anzubringen; bei einer einmündenden Straße darf dieses Zeichen statt vor der Kreuzung auch nur gegenüber der einmündenden Straße angebracht werden. Das Zeichen darf entsprechend dem angestrebten Gebot auch nur auf der Fahrbahn (wie etwa auf einer Schutzinsel oder vor einem Hindernis) angebracht werden.

16. „RADWEG“

Dieses Zeichen zeigt an, daß Lenker von einspurigen Fahrrädern nur den Radweg benützen dürfen.

17. „GEHWEG“

Dieses Zeichen zeigt einen Gehweg an.

17a. „GEH- UND RADWEG“

a)

b)

Diese Zeichen zeigen einen Geh- und Radweg an, und zwar ein Zeichen nach a) einen für Fußgänger und Radfahrer gemeinsam zu benützenden Geh- und Radweg und ein Zeichen nach b) einen Geh- und Radweg, bei dem der Fußgänger- und Fahrradverkehr getrennt geführt werden, wobei die Symbole im Zeichen nach b) der tatsächlichen Verkehrsführung entsprechend anzuordnen sind (Fußgänger rechts, Fahrrad links oder umgekehrt).

17b. „REITWEG“

Dieses Zeichen zeigt einen Reitweg an.

18. „UNTERFÜHRUNG“

Dieses Zeichen zeigt an, daß Fußgänger die Unterführung benützen müssen und die Fahrbahn nicht überqueren dürfen.

19. „VORGESCHRIEBENE MINDESTGESCHWINDIGKEIT“

Dieses Zeichen zeigt an, daß die Lenker von Fahrzeugen unbeschadet der Bestimmungen des § 20 über die Fahrgeschwindigkeit ab dem Standort des Zeichens nicht langsamer fahren dürfen als mit der im Zeichen angegebenen Anzahl von Kilometern pro Stunde.

20. *(Entfällt.)*

21. „UMKEHRGEBOT"

Dieses Zeichen zeigt an, daß die Lenker von Fahrzeugen an der betreffenden Straßenstelle umzukehren haben.

22. „SCHNEEKETTEN VORGESCHRIEBEN"

Dieses Zeichen zeigt an, daß Kraftwagen, die auf der Straße fahren, an deren Beginn das Zeichen angebracht ist, auf mindestens zwei Antriebsrädern Schneeketten haben müssen.

22a. „ENDE EINES GEBOTES"
Ein roter Querbalken von links unten nach rechts oben in den Zeichen nach Z. 16, 17, 17a, 19 und 22 zeigt das Ende des durch das Zeichen ausgedrückten Gebotes an. Ein solches Zeichen kann auch auf der Rückseite des für die Gegenrichtung geltenden Zeichens angebracht werden.

(Beispiel)

c) Vorrangzeichen

23. „VORRANG GEBEN“

Dieses Zeichen zeigt an, daß gemäß § 19 Abs. 4 Vorrang zu geben ist. Es ist vor einer Kreuzung mit einer Vorrangstraße oder mit einer Straße mit starkem Verkehr anzubringen, sofern nicht das Vorschriftszeichen „Halt“ erforderlich ist.

24. „HALT“

Dieses Zeichen ordnet an, daß vor einer Kreuzung anzuhalten und gemäß § 19 Abs. 4 Vorrang zu geben ist. Fehlt eine Bodenmarkierung oder ist sie nicht sichtbar, so ist

das Fahrzeug an einer Stelle anzuhalten, von der aus gute Übersicht besteht. Das Zeichen ist vor allem vor solchen Kreuzungen anzubringen, die besonders gefährlich sind und an denen die Lenker von Fahrzeugen die Verkehrslage in der Regel nur dann richtig beurteilen können, wenn sie anhalten. Ob und in welcher Entfernung es vor schienengleichen Eisenbahnübergängen anzubringen ist, ergibt sich aus den eisenbahnrechtlichen Vorschriften.

25a. „VORRANGSTRASSE"

Dieses Zeichen zeigt den Beginn und den Verlauf einer Vorrangstraße an. Wenn eine Vorrangstraße auf einer Kreuzung die Richtung ihres Verlaufes ändert, so ist der Verlauf der Vorrangstraße auf einer Zusatztafel nach § 54 Abs.5 lit. e erkennbar zu machen.

25b. „ENDE DER VORRANGSTRASSE"

Dieses Zeichen zeigt das Ende einer Vorrangstraße an.

Z. 1:

Nur das Schieben von Fahrrädern, nicht jedoch auch von Motorfahrrädern oder Motorrädern, ist erlaubt.

Durch Zusatztafeln (z.B. „Zufahrt gestattet“, „Ausgenommen Anrainer“ usw) können Ausnahmen von diesem Verbot bestimmt werden. Ist die Zufahrt gestattet, darf in die betreffende Straße auch zum Zwecke des Parkens eingefahren sowie – ist kein Parkplatz frei – durch diese durchgefahren werden.
Als „Anrainer“ sind die Besitzer der neben der Straße befindlichen Liegenschaften, also nicht nur deren Eigentümer, sondern auch Bestandnehmer (Mieter), Jagdausübungsberechtigte udgl anzusehen.
Ist der „Anrainerverkehr“ ausgenommen, dürfen auch Besucher der Anrainer die betreffende Straße befahren.
Ist der „Zubringerverkehr mit Lkw“ erlaubt, darf die betreffende Straße zum Zwecke des Auf- oder Abladens mit Lastkraftwagen benutzt werden; ebenso, wenn dort ein Betrieb (Lagerplatz) des Unternehmens besteht.

Z. 2:

Dieses Zeichen verbietet nur die Einfahrt; es besagt nicht, dass es sich um eine Einbahnstraße handelt.
Auch hier ist das Schieben von Fahrzeugen verboten, und zwar auch von Fahrrädern.

Z. 4a:

Es dürfen aber alle einspurigen Fahrzeuge (z.B. Motorfahrräder) sowie alle mehrspurigen Fahrzeuge, die keine Kraftfahrzeuge sind (z.B. durch Menschen oder Tiere fortbewegte Fuhrwerke), überholt werden. Unerheblich ist die Beschaffenheit des überholenden Fahrzeuges.
Das Nebeneinanderfahren gemäß § 2 Abs 1 Z. 29 gilt nicht als Überholen und fällt daher nicht unter dieses Verbot.

Z. 5:

Gemäß einem Verwaltungsgerichtshof-Erkenntnis ist der Befehl, bei Gegenverkehr zu warten, unbedingt, also ohne Rücksicht auf die bestehende Fahrbahnbreite und die Breite der begegnenden Fahrzeuge, zu befolgen.

Z. 6b:

Dieses Verbot gilt auch für einspurige Motorfahrräder und Kleinmotorräder.

Z. 6d:

Das Zeichen über ein Anhängerverbot bei allen Kraftfahrzeugen ist insbesondere bei Bergstraßen anzutreffen und betrifft vor allem Wohnanhänger und Bootsanhänger.

Z. 7a, b:

Auch geringfügige Gewichtsüberschreitungen bewirken das Fahrverbot.
Personenkraftwagen samt Anhänger (z.B. Wohnwagen) oder Autobusse mit Anhänger sind von diesen Verboten nicht betroffen.
Die Bedeutung des Zeichens Z. 7a ist auf Lastkraftfahrzeuge eingeschränkt. Das Zeichen mit einer Gewichtsangabe soll nur dann verwendet werden, wenn Fahrzeuge mit gewissen Dimensionen, für die das höchste zulässige Gesamtgewicht ein gewisses Merkmal ist, von der Benützung einer Straße ausgeschlossen werden sollen, gleichgültig ob ein solches Fahrzeug beladen oder unbeladen ist. Dies wird vor allem dann der Fall sein, wenn solche Fahrzeuge etwa in einem Kurort oder in einer Ruhezone oder auch wegen der Anlage einer Straße die betreffende Straße nicht befahren sollen. Wenn es jedoch darauf ankommt, dass Straßen oder Straßenteile, wie etwa Brücken, wegen deren eingeschränkter Belastbarkeit mit Fahrzeugen, deren Gesamtgewicht ein bestimmtes Ausmaß überschreitet, nicht befahren werden sollen, so ist jeweils das Verkehrszeichen nach Z. 9c zu verwenden.
Vgl auch das Wochenendfahrverbot des § 42 Abs.1, das Nachtfahrverbot des § 42 Abs 6 sowie die SommerreiseV (Anhang XI).

Z. 7d:

Gem Art III des GGBG, BGBl. I Nr. 145/1998, entfiel dieses Verkehrszeichen am 1. Juli 1999.

Z. 8b:

Mit stillstehendem Motor darf jedoch gefahren werden (z.B. bergab oder durch Treten).

Z. 9d:

Den Begriff Achslast richtet sich nach § 2 Z. 34 KFG, abgedruckt und erläutert im ÖAMTC-Fachbuch „Verkehrsrecht, Band II“.

Z. 10a, b:

Die Aufhebung einer durch das Zeichen gemäß Z. 10a kundgemachten Geschwindigkeitsbeschränkung kann erfolgen durch:
a) das Zeichen gemäß Z. 10b,
b) das Zeichen gemäß Z. 11 (wenn zugleich auch ein Überholverbot endet) oder

c) das Zeichen gemäß Z. 10a, mit dem nunmehr eine andere Geschwindigkeitsbeschränkung kundgemacht wird (nur mehr diese, nicht aber auch die ursprüngliche Beschränkung muss dann aufgehoben werden).
Die Hinweiszeichen „Ortstafel“ und „Ortsende“ (§ 53 Z. 17a und b) bewirken demgegenüber gemäß einem Verwaltungsgerichtshof-Erkenntnis keine derartige Aufhebung. Das heißt, dass z.B. eine Geschwindigkeitsbegrenzung von 70 km/h, die durch Verkehrszeichen gem Z. 10a vor der Tafel „Ortstafel“ verordnet wurde, für den Verlauf der Straße innerhalb des Ortsgebietes weiter gilt. Steht die Tafel gem Z. 10a jedoch in unmittelbarer Verbindung mit dem Hinweiszeichen „Ortstafel“, so gilt die auf dem Verkehrszeichen angeschriebene Geschwindigkeit auf allen Straßen des Ortsgebietes.
Die Neugestaltung dieser Zeichen durch die 19.Novelle besteht in der Weglassung der „km“; inhaltlich hat sich dadurch nichts geändert. Die bisherigen Zeichen (abgebildet bei § 104 Abs 7) sind spätestens bis 31. 12. 2003 zu ersetzen.

Z. 11:

Dieses Zeichen zeigt die Straßenstelle an, wo durch Straßenverkehrszeichen kundgemachte Überholverbote und Geschwindigkeitsbeschränkungen gemeinsam enden. Damit soll die Aufstellung von zwei Zeichen, welche die Aufhebung dieser Verbote anzeigen, eingespart werden. Soll an der betreffenden Stelle jedoch nur eine der beiden genannten Beschränkungen aufgehoben werden, so ist nur das betreffende Aufhebungszeichen zu verwenden.

Z. 11a und 11b:

Das „Zonenzeichen“ dient dazu, die im § 43 vorgesehenen Möglichkeiten für eine Verkehrsberuhigung in einfacher und kostengünstiger Weise kundzumachen, weil ohne diese Zeichen Verkehrsbeschränkungen innerhalb eines bestimmten Gebietes für jede Straße gesondert kundgemacht werden müssten. Abgesehen von den Kosten wird auch eine Vermehrung des „Schilderwaldes“ vermieden.
Die bisherigen Zeichen (mit „km“) gelten bis spätestens 31. 12. 2003 weiter.
Bedauerlicherweise sind weder hier noch in § 43 Bestimmungen enthalten, unter welchen Bedingungen derartige verkehrsberuhigte Zonen errichtet werden dürfen, welche bauliche Maßnahmen zu treffen sind udgl.

Z. 12:

Dieses Zeichen bedeutet ein absolutes Anhaltegebot. Anders verhält es sich dann, wenn am betreffenden Grenzübergang eine Verkehrsregelung durch Lichtzeichen erfolgt, da diese den Straßenverkehrszeichen vorgehen (§ 36 Abs 4). Vgl die noch in Geltung stehende V v 27. 2. 1970, BGBl. 1970/105, über die Kennzeichnung von Grenzübergängen durch besondere, rechteckige Hinweistafeln und allfällige Zusatztafeln, auf denen Beschränkungen der Zeit oder des Umfanges der Benützung des Überganges anzugeben sind. Diese Tafeln sind keine Verkehrszeichen, sind jedoch auch an Straßen-Grenzübergängen, und zwar in unmittelbarer Nähe der Bundesgrenze, anzubringen.

Z. 13a, 13b:

Die Zusatztafeln „Anfang" und „Ende" oder eine Zusatztafel mit Pfeilen sind zwingend erforderlich, andernfalls das Verbot nicht gilt (auch nicht im unmittelbaren Bereich des Verkehrszeichens!).

Z. 13d, 13e:

Die anlässlich der 14. Novelle erfolgte Einfügung des zweiten Satzes erscheint offensichtlich missglückt: sie beseitigt zwar eine Unklarheit (wie ist eine für die linke Seite einer Einbahnstraße verordnete Kurzparkzone kundzumachen), schafft jedoch neue Fragen: wie ist nunmehr eine auch rechts geltende Kurzparkzone kundzumachen und wie verhält es sich, wenn eine Kurzparkzone für ein mehrere Straßen umfassendes Gebiet eingerichtet ist?
Eine Kurzparkzone ist nur dann ordnungsgemäß kundgemacht, wenn an jeder erlaubten Einfahrt ein „ANFANG"-Zeichen und das „ENDE"-Zeichen an jeder erlaubten Ausfahrt vorhanden ist. Bei Mängeln (etwa auch Verstößen gegen Anbringungsregeln des § 48 Abs 4 gilt somit weder eine Parkzeitbeschränkung noch eine allfällige Abgabenpflicht. Beachte aber die Ausnahme von der Zählregel des § 48 Abs 4 für Kurzparkzonen-Beschilderungen!

Z. 14:

Kann beispielsweise durch eine Notbremsung ein Verkehrsunfall verhindert werden, so dürfen bei „Hupverbot" keine akustischen (wohl aber optische) Warnzeichen abgegeben werden. Nur dann, wenn kein anderes Mittel ausreicht, dürfen Schallzeichen verwendet werden. Das „Hupverbot" gilt für alle Schallzeichen, beispielsweise also auch für Glocken von Fahrrädern (nicht jedoch für das „Abläuten" der Schienenfahrzeuge).

Z. 15:

Gilt auch für geschobene Fahrzeuge.

Z. 16:

Radfahrer müssen vorhandene Radwege benützen (siehe § 68 Abs 1), die ausschließlich ihnen vorbehalten sind (auch Motorfahrräder dürfen nicht auf Radwegen verkehren). Siehe auch § 8 Abs 4.

Z. 17:

Vgl. die Benützungsvorschrift des § 8 Abs 4.

Z. 18:

Vgl § 76 Abs 6, wonach sich der Geltungsbereich dieses Gebotszeichens bis auf eine Entfernung von 25 m erstreckt.

Z. 19:

Lenker von Fahrzeugen, die die vorgeschriebene Mindestgeschwindigkeit auf Grund der Beschaffenheit des Fahrzeuges oder eines Defektes nicht überschreiten können, dürfen die mit dem Verkehrszeichen gekennzeichnete Strecke nicht befahren. Durch Sichtbeeinträchtigung oder ungünstigen Straßenzustand herbeigeführte Anpassungen der Fahrgeschwindigkeit werden durch dieses Gebot nicht berührt.
Die bisherigen Zeichen (mit „km") gelten bis spätestens 31. 12. 2003 weiter (§ 104 Abs 7).

Z. 22:

Sofern sie nicht durch eine Zusatztafel ausgenommen sind, müssen auch mit Winterreifen oder Spikes-Reifen versehene Fahrzeuge, aber auch allradgetriebene Fahrzeuge Schneeketten montiert haben. S auch Anm zu § 102 Abs 9 KFG, abgedruckt im ÖAMTC-Fachbuch „Verkehrsrecht, Band II".

Z. 22a:

Das bis zur 19. Novelle hier geregelte Zeichen „Ende der Schneekettenpflicht" wurde durch die auch für das Ende anderer Gebote geltende Regelung ersetzt.

Z. 24:

Dieses Verkehrszeichen enthält zwei Vorschriften: anzuhalten und Vorrang zu geben. Die Nichtbeachtung einer „Stopptafel" ist daher in zweifacher Hinsicht möglich. Nicht nur derjenige Lenker macht sich strafbar, der nicht oder vorschriftswidrig anhält, sondern auch derjenige, der zwar zuerst vorschriftsmäßig anhält, dann aber seine Fahrt so wieder aufnimmt, dass er einen im Vorrang befindlichen Lenker zu unvermitteltem Bremsen oder Ablenken seines Fahrzeuges nötigt. Vorschriftsmäßig ist das Anhalten, wenn es – in Ermangelung einer Bodenmarkierung – an einer Stelle erfolgt, von der gute Übersicht über die ganze Kreuzung besteht.

Hinsichtlich dieses Verkehrszeichens vor Eisenbahnkreuzungen gelten die Bestimmungen der Eisenbahn-KreuzungsV (§§ 17 Abs 3, 18 Abs 4; Anhang I).

Z. 25a, b:

Für Vorrangstraßen gilt eine Reihe von Sonderbestimmungen (z.B. Linkszufahrverbot, § 7 Abs 4; Umkehrverbot, § 14 Abs 2 lit d), deren Einhaltung das Wissen voraussetzt, dass man sich auf einer Vorrangstraße befindet. Dieses Wissen kann auch durch die Zusatztafel gemäß § 54 Abs 5 lit d unter den Vorrangzeichen der Z. 23 und 24 vermittelt werden.

§ 53 Die Hinweiszeichen

(1) Die Hinweiszeichen weisen auf verkehrswichtige Umstände hin. Hinweiszeichen sind die folgenden Zeichen:

1a. „PARKEN“

Dieses Zeichen kennzeichnet einen Parkplatz oder einen Parkstreifen. Im unteren Teil des Zeichens oder auf einer Zusatztafel kann eine besondere Art des Aufstellens der Fahrzeuge für das Parken (Schräg- oder Querparken) angegeben werden; in einem solchen Fall kann die Bodenmarkierung entfallen.

1b. „ZUM PARKPLATZ“

Dieses Zeichen weist auf einen Parkplatz hin.

2. „SPITAL"

Dieses Zeichen weist auf eine Heilstätte oder auf ein Krankenhaus hin. Jeder Lärm ist zu vermeiden; es muß damit gerechnet werden, daß Kranke und Gebrechliche die Straße überqueren.

2a. „KENNZEICHNUNG EINES SCHUTZWEGES"

Dieses Zeichen kennzeichnet einen Schutzweg (§ 2 Abs. 1 Z. 12), bei dem ständig betriebene Lichtzeichen zur Regelung des Verkehrs oder zur Abgabe blinkenden gelben Lichtes nicht vorhanden sind. Es ist beim Schutzweg anzubringen, und zwar auf Einbahnstraßen an beiden Seiten, auf anderen Straßen an der rechten Seite. Wenn jedoch die Verkehrssicherheit dadurch nicht beeinträchtigt wird, ist statt der seitlichen Anbringung die Anbringung des Zeichens über dem Schutzweg zulässig.

2b. „KENNZEICHNUNG EINER RADFAHRERÜBERFAHRT"

Dieses Zeichen kennzeichnet eine Radfahrerüberfahrt (§ 2 Abs. 1 Z. 12a), bei der ständig betriebene Lichtzeichen zur Regelung des Verkehrs oder zur Abgabe blinkenden gelben Lichtes nicht vorhanden sind. Für die Anbringung dieses Zeichens gelten die diesbezüglichen Bestimmungen der Z. 2a sinngemäß.

3. „ERSTE HILFE“

Dieses Zeichen weist auf einen Hilfsposten hin, der für die Leistung Erster Hilfe ausgerüstet ist. Wird dieses Zeichen nicht beim Hilfsposten selbst angebracht, so ist auf einer Zusatztafel oder in weißer Farbe auf dem Zeichen selbst in die Richtung des Hilfspostens zu weisen und die Entfernung anzugeben.

3a. „GOTTESDIENSTE“

Dieses Zeichen weist auf Einrichtungen für Gottesdienste hin. Im blauen Feld des Zeichens oder auf einer Zusatztafel können nähere Angaben über Art, Ort und Zeit des Gottesdienstes angegeben werden (Symbole, Schriftzeichen, Ziffern). Dieses Zeichen darf nur innerhalb des Ortsgebietes angebracht werden. Die Kosten für die Anbringung und Erhaltung dieses Zeichens sind von demjenigen zu tragen, der die Anbringung des Zeichens beantragt.

4. „PANNENHILFE“

Dieses Zeichen weist auf eine Reparaturwerkstätte hin. Wenn nötig, ist auf Zusatztafeln oder in weißer Farbe auf dem Zeichen selbst die Art der Werkstätte und die Entfernung bis zur Werkstätte anzugeben und in die Richtung der Werkstätte zu weisen.

4a. „VERKEHRSFUNK“
Dieses Zeichen informiert über den örtlichen Frequenzbereich von Radiostationen, die Verkehrsinformationen durchgeben. Es entspricht dem Zeichen gemäß Z. 4 mit der Maßgabe, daß in dem weißen Feld der Name der Radiostation und anstelle der Entfernungsangabe der jeweilige örtliche Frequenzbereich anzugeben ist. Außerhalb des Ortsgebietes darf dieses Zeichen – abgesehen vom Fall einer Frequenzänderung – innerhalb einer Entfernung von 50 km nur einmal in der gleichen Fahrtrichtung, auf Autobahnen jedoch nur nach der Einmündung einer Auffahrt angebracht werden.

5. „TELEFON“

Dieses Zeichen weist auf eine Fernsprechstelle hin. Wenn nötig, ist auf einer Zusatztafel oder mit weißer Farbe auf dem Zeichen selbst in die Richtung der Fernsprechstelle zu weisen und die Entfernung bis zur Fernsprechstelle anzugeben.

6. „TANKSTELLE“

Dieses Zeichen weist auf eine Tankstelle hin. Auf einer Zusatztafel kann die Entfernung bis zur Tankstelle sowie die Marke des Treibstoffes auch in anderen Farben angegeben werden. Die Anbringung des Markenzeichens unter diesem Zeichen ist zulässig. Auf derselben Straße darf dieses Zeichen jedoch innerhalb einer Entfernung von 1000 m nur einmal in der gleichen Fahrtrichtung angebracht werden.

7. „ENDE DES GEGENVERKEHRS“

Dieses Zeichen zeigt an, daß mit dem angekündigten (§ 50 Z. 14) ausnahmsweisen Gegenverkehr nicht mehr gerechnet zu werden braucht.

7a. „WARTEPFLICHT FÜR GEGENVERKEHR“

Dieses Zeichen zeigt an, daß der Lenker eines entgegenkommenden Fahrzeuges gemäß § 52 Z. 5 zu warten hat.

8a. „AUTOBAHN"

Dieses Zeichen zeigt den Beginn einer Autobahn an.

8b. „ENDE DER AUTOBAHN"

Dieses Zeichen zeigt das Ende einer Autobahn an.

8c. „AUTOSTRASSE"

Dieses Zeichen zeigt den Beginn einer Autostraße an.

8d. „ENDE DER AUTOSTRASSE“

Dieses Zeichen zeigt das Ende einer Autostraße an.

9a. „FUSSGÄNGERZONE“

Dieses Zeichen zeigt den Beginn einer Fußgängerzone an. Es bedeutet gleichzeitig, daß hier jeglicher Fahrzeugverkehr verboten ist, sofern sich aus § 76a nichts anderes ergibt. Dieses Zeichen darf auch nur auf der Fahrbahn angebracht werden.

9b. „ENDE EINER FUSSGÄNGERZONE“

Dieses Zeichen zeigt das Ende einer Fußgängerzone an. Es darf auch nur auf der Fahrbahn angebracht werden.

9c. „WOHNSTRASSE“

Dieses Zeichen zeigt den Beginn einer Wohnstraße an und bedeutet, daß hier die besonderen Bestimmungen des § 76b gelten. Dieses Zeichen darf auch nur auf der Fahrbahn angebracht werden.

9d. „ENDE EINER WOHNSTRASSE“

Dieses Zeichen zeigt das Ende einer Wohnstraße an und bedeutet, daß die besonderen Bestimmungen des § 76b nun nicht mehr gelten und daß dem außerhalb der Wohnstraße fließenden Verkehr Vorrang zu geben ist. Dieses Zeichen darf auch nur auf der Fahrbahn angebracht werden.

10. „EINBAHNSTRASSE“

Dieses Zeichen zeigt eine Einbahnstraße an und weist in die zulässige Fahrtrichtung.

10a. „STRASSENBAHN BIEGT BEI GELB ODER ROT EIN“

Dieses Zeichen an einem Abspanndraht für Oberleitungen von Schienenfahrzeugen zeigt an, daß auf geregelten Kreuzungen Schienenfahrzeuge bei „Gelb“ bzw. bei „Rot“ in der durch die Spitze angezeigten Richtung einbiegen.

11. „SACKGASSE“

Dieses Zeichen zeigt an, daß die Durchfahrt durch eine Straße nicht möglich ist. Es kann der Anlage der Straße entsprechend angebracht werden.

12. „LATERNEN, DIE NICHT DIE GANZE NACHT ÜBER LEUCHTEN“

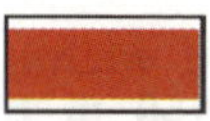

Dieses Zeichen an einer Straßenlaterne weist darauf hin, daß sie noch während der Dunkelheit abgeschaltet wird.

13a. „VORWEGWEISER"

Diese Zeichen zeigen den Straßenverlauf und wichtige Abzweigungen an. Ein solches Zeichen ist 150 m bis 250 m vor der Kreuzung anzubringen. Straßen mit Vorrang werden mit breiten, andere Straßen mit schmalen Strichen angezeigt. Außer den Ortsnamen können auch die Straßennummern und Symbole angebracht werden.

13b. „WEGWEISER“

Diese Zeichen zeigen im Bereich einer Kreuzung die Richtung an, in der ein Ort liegt. Sie dürfen auch nur auf der linken Straßenseite angebracht werden, wenn dies eine bessere Erkennbarkeit erwarten läßt. Auf den Zeichen können auch die Namen mehrerer Orte sowie die Entfernungen, die Straßennummern, Symbole und allenfalls Hinweise auf Beschränkungen angegeben werden. Ist auf einem solchen Zeichen ein Symbol für eine bestimmte Fahrzeugart angebracht, so bedeutet dies, daß der Wegweiser nur für Fahrzeuge der betreffenden Fahrzeugart gilt.

13c. „WEGWEISER ZU ANDEREN VERKEHRSEINRICHTUNGEN“

Dieses Zeichen zeigt im Bereich einer Kreuzung die Richtung an, in der Einrichtungen anderer Verkehrsträger, ausgenommen Seilbahnen und Lifte, liegen. Es darf auch nur auf der linken Straßenseite angebracht werden, wenn dies eine bessere Erkennbarkeit erwarten läßt. Auf dem Zeichen können auch Symbole und Entfernungen angegeben werden.

13d. „WEGWEISER ZU LOKAL- ODER BEREICHSZIELEN“

Diese Zeichen zeigen im Bereich einer Kreuzung die Richtung an, in der bedeutende Ziele innerhalb eines Ortsgebietes oder Gebiets- oder Landschaftsziele liegen. Ein Zeichen dieser Art und Ausführung ist auch zu verwenden, wenn die Richtung zu Seilbahnen und Liften angezeigt wird. Diese Zeichen dürfen auch nur auf der linken Straßenseite angebracht werden, wenn dies eine bessere Erkennbarkeit erwarten läßt. Auf den Zeichen können auch Symbole und Entfernungen angegeben werden. Ist auf einem solchen Zeichen ein Symbol für eine bestimmte Fahrzeugart angebracht, so bedeutet dies, daß der Wegweiser nur für Fahrzeuge der betreffenden Fahrzeugart gilt.

14a. „VORWEGWEISER ZUR AUTOBAHN ODER AUTOSTRASSE“

Dieses Zeichen zeigt vor einer Kreuzung den Weg zu einer Autobahn oder Autostraße an. Das Zeichen ist 150 m bis 250 m vor der Kreuzung anzubringen.

14b. „WEGWEISER ZUR AUTOBAHN ODER AUTOSTRASSE“

Diese Zeichen zeigen im Bereich einer Kreuzung den Weg zu einer Autobahn oder Autostraße an. Sie dürfen auch nur auf der linken Straßenseite angebracht werden, wenn dies eine bessere Erkennbarkeit erwarten läßt.

15a. „VORWEGWEISER – AUTOBAHN ODER AUTOSTRASSE“

a)

b)

c)

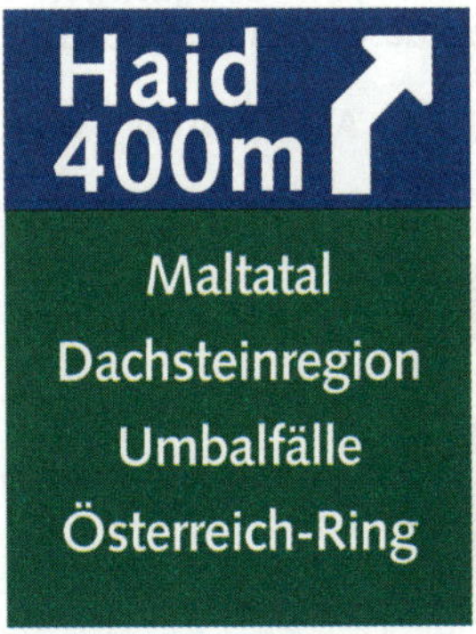

(Touristische Ziele)

d)

Diese Zeichen zeigen den weiteren Verlauf einer Autobahn oder Autostraße und die nächste Ausfahrt an. Ein Zeichen nach a) ist etwa 1000 m, ein Zeichen nach b) etwa 700 m oder, wenn ein Zeichen nach c) nicht angebracht wird, etwa 500 m, ein Zeichen nach c) etwa 400m vor dem Beginn einer Ausfahrt aus einer Autobahn oder Autostraße anzubringen; ein Zeichen nach d) ist etwa 1000 m vor dem Beginn einer Ausfahrt zu einer anderen Autobahn oder Autostraße anzubringen.
Die Aufschriften (und allfällige Symbole) auf einem Zeichen nach c) – ausgenommen die Bezeichnung der Anschlußstelle – hat die Landesregierung auf Antrag von Fremdenverkehrsorganisationen oder von Gemeinden unter Bedachtnahme darauf zu bestimmen, daß die Information einem vordringlichen Bedürfnis der Straßenbenützer dient oder für diese immerhin von erheblichem Interesse ist. Die Kosten für die Anbringung und Erhaltung eines Zeichens nach c) sind von demjenigen zu tragen, der die Anbringung dieses Zeichens beantragt.

15b. „AUSFAHRTSWEGWEISER – AUTOBAHN ODER AUTOSTRASSE“

a)

b)

Diese Zeichen zeigen eine Ausfahrt aus einer Autobahn oder Autostraße an. Ein Zeichen nach a) ist am Beginn der Ausfahrt, ein Zeichen nach b) am Ende der Ausfahrt auf der linken Seite anzubringen.

15c. „ORIENTIERUNGSTAFEL – AUTOBAHN ODER AUTOSTRASSE“

Dieses Zeichen zeigt Entfernungen auf Autobahnen oder Autostraßen an.

16a. „VORANKÜNDIGUNG EINER UMLEITUNG“

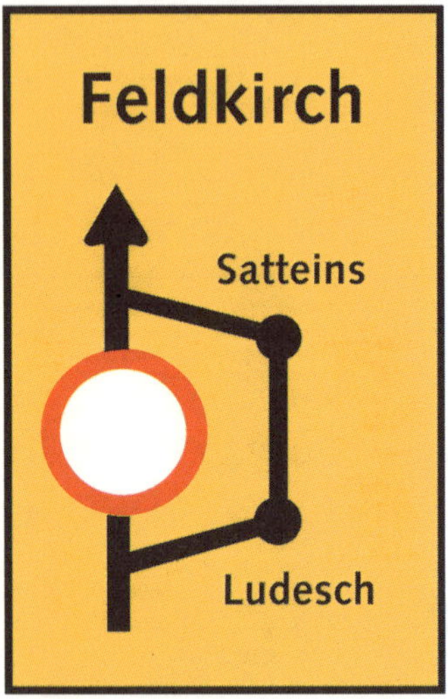

Dieses Zeichen kündigt den Verlauf einer Umleitung an. Im Zeichen kann angegeben werden, ob die Umleitung für alle Fahrzeuge oder nur für bestimmte Fahrzeugarten oder für bestimmte andere Umstände gilt (z.B. nur für Fahrzeuge, deren Höhe oder deren Gesamtgewicht ein bestimmtes Ausmaß überschreitet). Außerdem kann die Länge der Umleitungsstrecke angegeben werden.

16b. „UMLEITUNG“

Diese Zeichen zeigen eine Umleitung des Verkehrs an. Ist auf einem solchen Zeichen ein Symbol für eine bestimmte Fahrzeugart angebracht, so bedeutet dies, daß die Umleitung nur für Fahrzeuge der betreffenden Fahrzeugart gilt.

16c. „WECHSEL DER RICHTUNGSFAHRBAHN"

a)

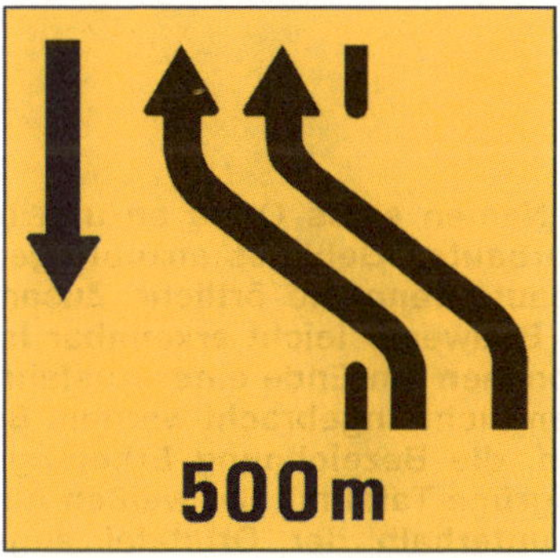

b)

Diese Zeichen kündigen auf Straßen mit Richtungsfahrbahnen einen Wechsel der Richtungsfahrbahn an, und zwar ein Zeichen nach a) die Überleitung des Verkehrs von einer dann gesperrten Richtungsfahrbahn auf die Gegenfahrbahn, ein Zeichen nach b) die Rückleitung zum getrennten Richtungsverkehr. Auf den Zeichen ist die Anzahl und der Verlauf der zur Verfügung stehenden

Fahrstreifen anzuzeigen. In den Pfeilen können auch Hinweise auf Beschränkungen oder Verbote enthalten sein. Auf den Zeichen können auch Entfernungsangaben angebracht werden.

17a. „ORTSTAFEL“

Dieses Zeichen gibt den Namen eines Ortes an und ist jeweils am Beginn des verbauten Gebietes anzubringen. Ein Gebiet ist dann verbaut, wenn die örtliche Zusammengehörigkeit mehrerer Bauwerke leicht erkennbar ist. Auf Autobahnen, ausgenommen am Ende einer Ausfahrtstraße, darf dieses Zeichen nicht angebracht werden. Bei Orten, die berechtigt sind, die Bezeichnung Erholungsdorf zu führen, kann eine grüne Tafel mit der weißen Aufschrift „Erholungsdorf“ unterhalb der Ortstafel angebracht werden.

17b. „ORTSENDE“

Dieses Zeichen ist auf der Rückseite des Zeichens „Ortstafel“ anzubringen; dem Zeichen kann ein Hinweis auf die Entfernung bis zum nächsten Ort mit Verkehrsbedeutung beigefügt werden.

18. „INTERNATIONALER HAUPTVERKEHRSWEG“

Dieses Zeichen zeigt den Verlauf eines internationalen Hauptverkehrsweges an. Ein internationaler Hauptverkehrsweg ist eine Vorrangstraße.

19. „ STRASSE MIT VORRANG“

Dieses Zeichen zeigt die Nummer (§ 43 Abs. 5) einer Vorrangstraße an.

20. *entfällt*

21. „STRASSE OHNE VORRANG“

Dieses Zeichen zeigt die Nummer (§ 43 Abs. 5) einer nicht zur Vorrangstraße erklärten Straße an.

22. „ALLGEMEINE GESCHWINDIGKEITSBESCHRÄNKUNG“

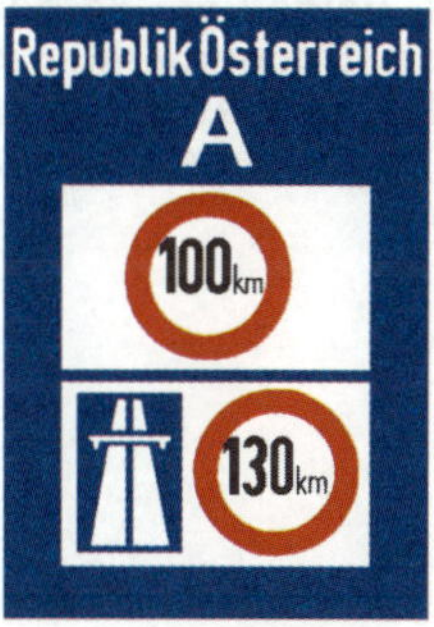

Dieses Zeichen zeigt eine allgemeine Geschwindigkeitsbeschränkung auf Freilandstraßen an. Ein für eine bestimmte Straßenart beigefügtes Symbol bedeutet, daß für diese Straßenart abweichend von der für die übrigen Freilandstraßen geltenden Geschwindigkeitsbeschränkung die neben dem Symbol angegebene Geschwindigkeitsbeschränkung gilt. Das Zeichen ist an den für den Kraftfahrzeugverkehr geöffneten Grenzübergängen anzubringen; es kann im Verlauf wichtiger Durchzugsstraßen wiederholt werden.

23. „VORANZEIGER FÜR EINORDNEN"

Dieses Zeichen zeigt an, wie sich der Lenker eines Fahrzeuges vor der nächsten Kreuzung auf Grund der dort angebrachten Bodenmarkierungen einzuordnen haben wird. Orientierungsangaben können beigefügt werden. Dieses Zeichen ist anzubringen, wenn Bodenmarkierungen ein besonderes Einordnen vorschreiben, es sei denn, diese Bodenmarkierungen können auch ohne Zeichen leicht und rechtzeitig erkannt werden.

23a. „VORANZEIGER FÜR EINBIEGEN"

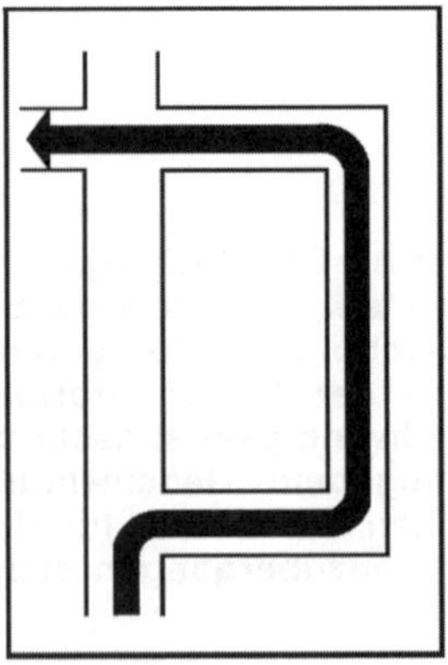

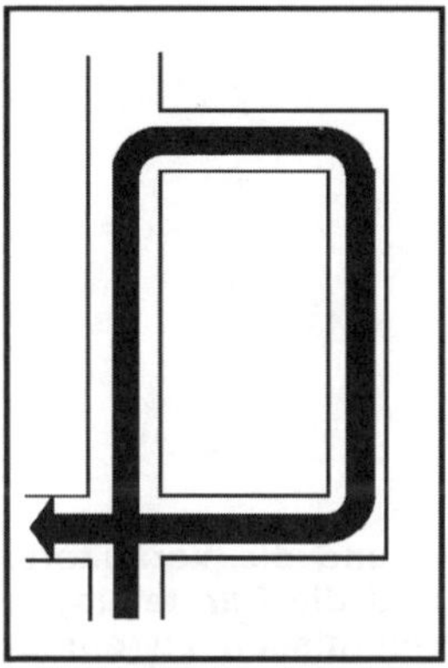

Diese Zeichen zeigen eine besondere Verkehrsführung, insbesondere für das Linkseinbiegen, an, wenn im Zuge der betreffenden Straße Fahrtrichtungsbeschränkungen (z.B. ein Linkseinbiegeverbot) verordnet sind. Bei besonderen Verkehrsführungen wegen vorübergehender Bauarbeiten sind die Zeichen mit gelbem Grund auszuführen.

23b. „VORANZEIGER FÜR FAHRSTREIFENVERLAUF“

Diese Zeichen zeigen den Verlauf und die Veränderung von Fahrstreifen an. Die Anzahl und die Darstellung der Pfeile hat den tatsächlichen Verhältnissen zu entsprechen. In den Pfeilen können Hinweise auf Beschränkungen, Verbote oder Gebote enthalten sein. Auf den Zeichen können auch Entfernungsangaben angebracht werden. Auf Autobahnen und Autostraßen sind die Zeichen mit blauem Grund und weißen Pfeilen auszuführen. Wird ein besonderer Fahrstreifenverlauf wegen vorübergehender Bauarbeiten angezeigt, so sind die Zeichen mit gelbem Grund und schwarzen Pfeilen auszuführen.

23c. „FAHRSTREIFENVERMINDERUNG“

Dieses Zeichen zeigt eine Fahrstreifenverminderung im Sinne des § 11 Abs. 5 an; es ist der Art der Verminderung entsprechend auszuführen.

24. „STRASSE FÜR OMNIBUSSE“

Dieses Zeichen zeigt eine Straße an, die nur von Fahrzeugen des Kraftfahrlinienverkehrs, von Taxi- und Krankentransportfahrzeugen und bei Arbeitsfahrten auch von Fahrzeugen des Straßendienstes und der Müllabfuhr benützt werden darf. Auf einer Zusatztafel kann angegeben werden, daß die betreffende Straße auch mit anderen Fahrzeugarten (z.B. Omnibusse des Stadtrundfahrten-Gewerbes oder einspurige Fahrzeuge) benützt werden darf; diese Angaben können auch im weißen Feld des Hinweiszeichens angebracht werden, wenn dadurch die Erkennbarkeit des Verkehrszeichens nicht beeinträchtigt wird. Dies gilt auch für das Zeichen nach Z. 25.

25. „FAHRSTREIFEN FÜR OMNIBUSSE“

Dieses Zeichen zeigt einen den Fahrzeugen des Kraftfahrlinienverkehrs vorbehaltenen Fahrstreifen an, für dessen Benützung die Bestimmungen der Z. 24 sinngemäß gelten. Falls es die Sicherheit, Leichtigkeit oder Flüssigkeit des Verkehrs erfordert, sind auf diesem Zeichen durch Fahrtstreifenkennzeichnung und Pfeile die Fahrstreifen anzugeben, die für den übrigen Verkehr zur Verfügung stehen.

(2) Auf Vorwegweisern, Wegweisern und Orientierungstafeln sind die Namen von Orten, die im Ausland liegen, nach der offiziellen Schreib weise des betreffenden Staates anzugeben (z.B. Bratislava, Sopron, Maribor). Die zusätzliche Anführung einer allfälligen deutschsprachigen Ortsbezeichnung ist zulässig (z.B. Preßburg, Ödenburg, Marburg).

Allgemeines:

Die Farben für Wegweiser sind einheitlich geregelt. So sind Wegweiser, ausgenommen auf Autobahnen und Autostraßen, weiß mit schwarzer Aufschrift, auf Autobahnen und Autostraßen jedoch blau mit weißer Aufschrift. Wegweiser zu anderen Verkehrseinrichtungen, wie Bahnhöfen, Flugplätzen und Schiffsstationen, sind weiß mit blauer Schrift; Wegweiser zu Seilbahnen und Liften sind ebenso grün mit weißer Schrift wie zu Zielen innerhalb eines Ortes, wie Sehenswürdigkeiten, öffentliche oder sonstige wichtige Einrichtungen udgl, sowie für Hinweise auf Landschaftsgebiete. Auch braune Tafeln sind gebräuchlich. Schließlich sind alle Hinweise auf vorübergehende Maßnahmen, wie Umleitungen udgl, mit gelben Tafeln mit schwarzer Schrift anzuzeigen.
Zeichen (auch Hinweistafeln), die entweder von diesen Ausführungen abweichen oder Vorschriften zum Ausdruck bringen, die nicht Inhalt des Straßenverkehrsrechtes sind (z.B. „No Camping"), dürfen nicht gemeinsam mit Straßenverkehrszeichen an dazu bestimmten Anbringungsvorrichtungen montiert werden. Allenfalls droht ein Kundmachungsmangel nach § 48 Abs 4 StVO.

Abs 1:

Z. 1a:

Vgl § 23 Abs 2 und die dortigen Anmerkungen.

Z. 2:

Da der Vertrauensgrundsatz gegenüber Gebrechlichen nicht gilt (§ 3), ist besondere Vorsicht beim Befahren der anschließenden Strecke anzuwenden.

Z. 2a:

Grundsätzlich soll ein Schutzweg mit einer Verkehrsampel zur Abgabe roten, grünen und gelben nichtblinkenden Lichtes ausgestattet sein. Von dieser Ausstattung darf nur in Ausnahmefällen (§ 56 Abs 3) Abstand genommen werden. In diesem Fall muss aber entweder eine Verkehrsampel zur

Abgabe gelben Blinklichts oder das Hinweiszeichen „Kennzeichnung eines Schutzweges“ angebracht werden. Vgl auch das Gefahrenzeichen „Fußgängerübergang“ (§ 50 Z. 11). Vgl ferner die Bestimmungen der §§ 9 Abs 2, 16 Abs 1 lit d, 24 Abs 1 lit c. Die Schutzbestimmung des § 9 Abs 2 gilt besonders für den ungeregelten Schutzweg,

Z. 2b:

Grundsätzlich soll eine Radfahrerüberfahrt mit einer Verkehrsampel zur Abgabe roten, grünen und gelben nichtblinkenden Lichtes ausgestattet sein. Von dieser Ausstattung darf nur in Ausnahmefällen (§ 56a Abs 3) Abstand genommen werden. In diesem Fall muss aber entweder eine Verkehrsampel zur Abgabe gelben Blinklichts oder das Hinweiszeichen „Kennzeichnung einer Radfahrerüberfahrt“ angebracht werden. Vgl. auch das Gefahrenzeichen „Radfahrerüberfahrt“ (§ 50 Z. 11a). Vgl ferner die Bestimmungen der §§ 9 Abs 2, 16 Abs 1 lit d und 24 Abs 1 lit c.

Z. 4a:

Der Empfang von aktuellen Verkehrsinformationen dient an sich zweifellos einem Bedürfnis der Straßenbenützer. Um die jeweiligen Frequenzen im gesamten Bundesgebiet leicht erkennbar zu machen, wurde dieses Verkehrszeichen eingeführt. Allerdings ist eine „Inflation“ solcher Frequenztafeln zu erkennen, die auch auf das Entstehen zahlreicher Privatradio-Sender zurückzuführen ist.

Z. 7a:

Beachte den Unterschied zum Verbotszeichen nach § 52 Z. 5, das die Wartepflicht bei Gegenverkehr vorschreibt.

Z. 8a, b:

Die Verhaltensnormen sind in § 46 enthalten.

Z. 8c, d:

Die Verhaltensnormen sind in § 47 enthalten.

Z. 9a, b:

Vgl § 76a und die Anmerkungen dazu.

Z. 9c, d:

Die Verhaltensnormen sind in § 76b enthalten. Vgl ferner § 2 Abs 1 Z. 1a.

Z. 10:

Vgl § 2 Abs 1 Z. 3b und § 7 Abs 5.

Z. 10a:

Durch dieses Verkehrszeichen soll den Straßenbenützern angezeigt werden, dass die Straßenbahn bei GELB oder ROT in die Kreuzung einfährt, um einzubiegen. Da dieses Zeichen in der Regel sehr klein und nicht am Fahrbahnrand aufgestellt ist, sondern an der Oberleitungs-Verspannung hängt, ist die Erkennbarkeit sehr erschwert, so dass besondere Vorsicht vor allem beim Linkseinbiegen geboten ist.

Z. 12:

Beachte § 60 Abs 3 und die dortige Anmerkung, wonach beim Abstellen von Fahrzeugen auf deren allfällige Beleuchtungspflicht hingewiesen wird.

Z. 13b, d:

Die Anfügung des letzten Satzes ermöglicht fahrzeugspezifische Wegweiser, z.B. die Kennzeichnung von Radrouten.

Z. 15a:

Das Zeichen nach c) soll auf einer Autobahn bzw Autostraße auf in der näheren Umgebung liegende touristische Ziele hinweisen. Ob ein solches Zeichen angebracht wird und welche Ziele auf diesem Zeichen angegeben werden sollen, hat aus Gründen der Einheitlichkeit und des Interessenausgleiches die Landesregierung zu bestimmen; dies soll daher nicht dem Straßenerhalter überlassen bleiben. Da dieses Zeichen ausschließlich im touristischen Interesse gelegen ist, sind die Kosten – wie etwa bei Anbringung der Zeichen „Gottesdienste", „Pannenhilfe", „Verkehrsfunk" oder „Tankstelle" – vom Antragsteller zu tragen.

Z. 16b:

Dieses Zeichen stellt für sich allein kein Ge- oder Verbot dar. Siehe die Anmerkung unter „Allgemeines".

Z. 17a, b:

Das Ortsgebiet wird durch diese Zeichen abgegrenzt. Die Behörde hat den Aufstellungsort der Ortstafel durch Verordnung zu bestimmen, wobei sie aber an die Gesetzesvorschrift der Z. 17a gebunden ist. Eine weit außerhalb des tatsächlich verbauten Gebietes angebrachte Ortstafel stellt daher die Kundmachung einer gesetzwidrigen Verordnung dar. Da Verordnungen unter den in der Bundesverfassung umschriebenen Voraussetzungen – deren Anführung und Erläuterung den Rahmen dieses Werkes sprengen würde – der verfassungsrechtlichen Kontrolle unterliegen, kann der Verfassungsgerichtshof den Aufstellungsort einer Ortstafel über-

prüfen und die zugrundeliegende Verordnung gegebenenfalls aufheben (vgl die diesbezügliche Anmerkung zu § 43).
Um Zweifel auszuschließen, ist ausdrücklich vorgesehen, dass das Zeichen „Ortstafel" nicht auf einer Autobahn anzubringen ist. Dies ergibt sich daraus, dass die Ortstafel nur am Beginn des verbauten Gebietes angebracht werden darf und ein solches bei Autobahnen, bei denen die sogenannte Anbaufreiheit bestehen muss, nicht gegeben sein kann. Eine dennoch – also gesetzwidrig – auf der Autobahn angebrachte Ortstafel entfaltet keine Rechtswirkungen.
Gemäß § 20 Abs 2 darf im Ortsgebiet nicht schneller als 50 km/h gefahren werden. Siehe jedoch die Anmerkung zu § 52 Z. 10a, b.

Z. 22:

Eine Abänderung dieses Zeichens (Anführung anderer Geschwindigkeitsbeschränkungen, die – gesetzwidrig – für ein ganzes Bundesland verfügt wurden) ist unzulässig. Vgl § 20 Abs 2 samt Anmerkungen.

Z. 23:

Durch Bodenmarkierungen wird unter anderem das Einordnen vor Kreuzungen geregelt. Insbesondere bei starkem Verkehr können sich die Fahrzeuglenker oftmals nicht rechtzeitig auf diese Bodenmarkierungen einstellen. Deshalb gibt es dieses Hinweiszeichen, das nur der Information der Fahrzeuglenker dient (die Nichtbeachtung des Verkehrszeichens alleine ist nicht strafbar, wohl aber der Verstoß gegen die sich aus Bodenmarkierungen ergebende Fahrordnung).

Z. 23c:

Vgl § 11 Abs 5, vor allem das Reißverschlusssystem

Z. 24, 25:

Taxi- und Krankentransportfahrzeuge dürfen diese Flächen generell benützen. Außerdem dürfen sie auch von Fahrzeugen des öffentlichen Sicherheitsdienstes bei Dienstfahrten sowie von Einsatzfahrzeugen außerhalb von Einsatzfahrten benützt werden. Radfahrer dürfen demgegenüber diese Flächen nur dann befahren, wenn ihnen dies durch eine Zusatztafel ausdrücklich erlaubt wird.

§ 54 Zusatztafeln

(1) Unter den in den §§ 50, 52 und 53 genannten Straßenverkehrszeichen können auf Zusatztafeln weitere, das Straßenverkehrszeichen erläuternde oder wichtige, sich auf das Straßenverkehrszeichen beziehende, dieses erweiternde oder einschränkende oder der Sicherheit oder Leichtigkeit des Verkehrs dienliche Angaben gemacht werden.

(2) Die Angaben und Zeichen auf Zusatztafeln müssen leicht verständlich sein. Insbesondere kann auch durch Pfeile in die Richtung der Gefahr oder des verkehrswichtigen Umstandes gewiesen werden.

(3) Die Zusatztafeln sind Straßenverkehrszeichen. Sie sind, sofern sich aus den Bestimmungen des § 53 Z. 6 nichts anderes ergibt, rechteckige, weiße Tafeln; sie dürfen das darüber befindliche Straßenverkehrszeichen seitlich nicht überragen.

(4) Zusatztafeln dürfen nicht verwendet werden, wenn ihre Bedeutung durch ein anderes Straßenverkehrszeichen (§§ 50, 52 und 53) zum Ausdruck gebracht werden kann.

(5) Die nachstehenden Zusatztafeln bedeuten:

a)

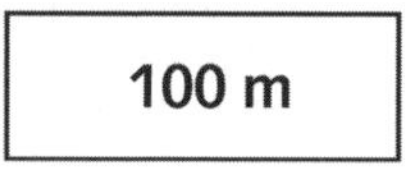

Eine solche Zusatztafel gibt die Entfernung bis zu der Straßenstelle an, auf die sich das betreffende Straßenverkehrszeichen bezieht.

b)

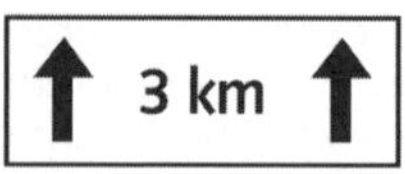

Eine solche Zusatztafel gibt die Länge eines Straßenabschnittes an, für den das betreffende Straßenverkehrszeichen gilt, wie etwa eine längere Gefahrenstelle, die Länge einer Verbots- oder Beschränkungsstrecke u. dgl.

c)

Eine solche Zusatztafel unter dem Zeichen „Vorrang geben“ kündigt das Zeichen „Halt“ an (§ 48 Abs. 6).

d)

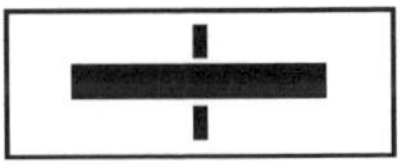

Eine solche Zusatztafel unter dem Zeichen „Vorrang geben“ oder „Halt“ zeigt an, daß die Querstraße eine Vorrangstraße ist.

e)

Eine solche Zusatztafel unter dem Zeichen „Vorrang geben“, „Halt“ oder „Vorrangstraße“ zeigt an, daß eine Straße mit Vorrang einen besonderen Verlauf nimmt (§ 19 Abs. 4).

f)

Diese Zusatztafel weist darauf hin, daß das Straßenverkehrszeichen bei Schneelage oder Eisbildung auf der Fahrbahn zu beachten ist.

g)

Diese Zusatztafel weist darauf hin, daß das Straßenverkehrszeichen bei nasser Fahrbahn zu beachten ist. Die Symbole der Zusatztafeln nach lit. f und g dürfen auch auf einer Zusatztafel nebeneinander angebracht werden.

h)

Eine solche Zusatztafel unter dem Zeichen „Halten und Parken verboten" zeigt an, daß das Halte- und Parkverbot nicht für Fahrzeuge gilt, die nach der Bestimmung des § 29b Abs. 4 gekennzeichnet sind.

i)

Eine solche Zusatztafel unter dem Zeichen „Überholen verboten" zeigt an, daß Zugmaschinen, Motorkarren und selbstfahrende Arbeitsmaschinen überholt werden dürfen.

j)

Eine solche Zusatztafel unter dem Zeichen „Halten und Parken verboten" zeigt eine Abschleppzone (§ 89a Abs. 2 lit. b) an.

Allgemeines:

Statt auf Zusatztafeln können die entsprechenden Angaben nach Maßgabe des § 51 Abs. 3 auch im roten Rand von Vorschriftszeichen angebracht werden. Zusatztafeln sollten klar und verständlich sein. Mehr als vier Zeilen Text vermögen Zweifel an der verlangten Klarheit zu begründen.

Abs 3:

lit f, g:

Sind diese Zusatztafeln unter einem Vorschriftszeichen „Geschwindigkeitsbeschränkung" (§ 52 Z10a) angebracht, gilt die Geschwindigkeitsbeschränkung nur für den Fall von Schnee oder Eis auf der Fahrbahn bzw. bei nasser Fahrbahn.

lit i:

Über die Begriffe Zugmaschinen, Motorkarren und selbstfahrende Arbeitsmaschinen s § 2 Z. 9, 20 und 21 KFG, abgedruckt und erläutert im ÖAMTC-Fachbuch „Verkehrsrecht, Band II".
In manchen Bundesländern wird durch Zusatztafeln auch das Überholen vierrädriger Leichtkraftfahrzeuge, Klasse L2 gestattet. Damit wird der Verkehrsfluss verbessert, da diese Fahrzeuge nur eine Bauartgeschwindigkeit von 45 km/h aufweisen und daher beim Überholen nur relativ kurze Überholstrecken benötigt werden.

E Verkehrsleiteinrichtungen

§ 55 Bodenmarkierungen auf der Straße

(1) Zur Sicherung, Leitung und Ordnung des fließenden und des ruhenden Verkehrs können auf der Straße Bodenmarkierungen angebracht werden; sie können als Längsmarkierungen, Quermarkierungen, Richtungspfeile, Schraffen, Schriftzeichen, Symbole u. dgl. ausgeführt werden.

(2) Längs- oder Quermarkierungen, die ein Verbot oder Gebot bedeuten, wie Sperrlinien (§ 9 Abs. 1), Haltelinien vor Kreuzungen (§ 9 Abs. 3 und 4) und Längsmarkierun-

gen, die dazu dienen, den Fahrbahnrand anzuzeigen (Randlinien), sind als nicht unterbrochene Linien auszuführen.

(3) Längs- oder Quermarkierungen, die dazu dienen, den Verkehr zu leiten oder zu ordnen (Leit- oder Ordnungslinien), und Längsmarkierungen, die dazu dienen, die Fahrbahn von anderen Verkehrsflächen, wie Einmündungen, Ausfahrt u. dgl., abzugrenzen (Begrenzungslinien), sind als unterbrochene Linien auszuführen.

(4) Sperrflächen sind als schräge, parallele Linien (Schraffen), die durch nichtunterbrochene Linien begrenzt sind, auszuführen. Parkverbote können mit einer Zickzacklinie kundgemacht werden.

(5) Wenn die Anlage einer Straße entsprechende Fahrmanöver zuläßt, kann unmittelbar neben einer Sperrlinie eine Leitlinie angebracht werden (§ 9 Abs. 1). Wenn es die Verkehrsverhältnisse erfordern, daß in jeder Fahrtrichtung zumindest zwei Fahrstreifen durch Markierung gekennzeichnet werden, dann sind zum Trennen der Fahrtrichtungen zwei Sperrlinien nebeneinander anzubringen.

(6) Bodenmarkierungen, ausgenommen die Darstellung von Verkehrszeichen, sind in weißer Farbe auszuführen; Zickzacklinien sind jedoch in gelber, Kurzparkzonen in blauer Farbe auszuführen. Wenn es erforderlich ist, eine durch Bodenmarkierungen zum Ausdruck gebrachte Verkehrsregelung vorübergehend durch eine andere Regelung zu ersetzen, sind die dafür notwendigen Bodenmarkierungen in einer anderen Farbe auszuführen.

(7) Bodenmarkierungen können dem jeweiligen Stand der Wissenschaft und Technik entsprechend durch Beschichten der Fahrbahn, durch Aufbringen von Belägen, durch den Einbau von Kunst- oder Natursteinen oder von Formstücken, durch Aufbringen von Fahrstreifenbegrenzern u. dgl. dargestellt werden.

(8)*(Aufgehoben).*

(9) *(Aufgehoben).*

Allgemeines:

Über das Verhalten bei Bodenmarkierungen siehe § 9 und die Erläuterungen hiezu. Die näheren Einzelheiten über die Ausführung von Bodenmarkierungen sind in der – in diesem Werk

nicht abgedruckten – Bodenmarkierungsverordnung idF BGBl. II Nr. 370/2002 enthalten.
Über die Anbringung von Bodenmarkierungen durch den Straßenerhalter siehe die Anm zu § 98 Abs 3.
Beachte auch die durch die Änderung des § 34 geschaffene Möglichkeit der Ausgestaltung von Verkehrsleiteinrichtungen, z.B. von Schutzwegmarkierungen.

Bei mangelnder Erkennbarkeit infolge Abnützung oder Schneelage udgl entfalten Bodenmarkierungen keine Rechtswirkungen.

Abs 2:

Bodenmarkierungen, die ein Gebot oder Verbot bewirken, bedürfen einer Verordnung. (Folge des VfGH-Erk BGBl. 1989/641). Beim Fehlen einer solchen zieht eine Übertretung zwar keine verwaltungsstrafrechtlichen, wohl aber zivil- und strafrechtliche Folgen nach sich.
Beachte die Anbringungspflicht für Randlinien auf Freilandstraßen ab 5,5 Meter Breite gem § 57 Abs 1 .

Abs 4:

Sperrflächen und Flächen, auf denen nicht geparkt werden darf, bedürfen ebenfalls einer Verordnung. Bei Vorhandensein einer Bodenmarkierung ist – selbst bei verordneten Parkverboten – keine Beschilderung erforderlich.

Abs 5:

Doppelte Sperrlinien sind seit der 19. Novelle nur mehr dann erforderlich, wenn mindestens vier Fahrstreifen markiert werden.

Abs 6:

Reguläre Markierungen für ruhenden und fließenden Verkehr: weiß
Ausnahmen: Zickzacklinien für Parkverbote gelb, Markierungen in Kurzparkzonen blau. Vorübergehende (v.a. bei Baustellen) Markierungen gelbrot (§ 2 Abs 1 BodenmV).
Markierungen, die noch im alten Farbschema erstellt sind, sind gem § 98 bis spätestens 31.12.2003 gegen solche nach neuem Schema zu ersetzen.
Durch die deutlich andere Farbe soll sich die vorübergehende Markierung von Dauermarkierungen deutlich abheben und die reguläre Markierung erhalten bleiben.
Bodenmarkierungen, die Verkehrszeichen darstellen, müssen nicht weiß sein.

Abs 7:

Man beachte, dass oft der Fahrbahnbelag von Radfahranlagen oder Abstellplätzen (im ruhenden Verkehr) und Bushaltestellen in eigenem Material bzw. anderer Farbe ausgeführt wird und damit gleiche Wirkungen wie konventionelle Markierungen entfaltet.

§ 56 Schutzwegmarkierungen

(1) In Ortsgebieten sind auf Straßenstellen, wo ständig betriebene Lichtzeichen zur Regelung des Verkehrs oder zur Abgabe blinkenden gelben Lichtes vorhanden sind, auch Schutzwege (§ 2 Abs. 1 Z. 12) in entsprechender Anzahl anzulegen, sofern für den Fußgängerverkehr nicht in anderer Weise, etwa durch Über- oder Unterführungen, Vorsorge getroffen ist.

(2) Auf anderen als den in Abs. 1 bezeichneten Straßenstellen sind Schutzwege dann anzulegen, wenn es Sicherheit und Umfang des Fußgängerverkehrs erfordern. Die Benützung solcher Schutzwege ist durch Lichtzeichen zu regeln.

(3) Solange es die Verkehrsverhältnisse nicht erfordern, kann von einer Regelung des Verkehrs durch Lichtzeichen bei den in Abs. 2 genannten Schutz wegen Abstand genommen werden. In diesem Falle ist der Schutzweg mit blinkendem gelben Licht (§ 38 Abs. 3) oder mit dem Hinweiszeichen nach § 53 Z. 2a ("Kennzeichnung eines Schutzweges") zu kennzeichnen.

Allgemeines:

Die näheren Bestimmungen enthält die – in diesem Werk nicht abgedruckte – Bodenmarkierungsverordnung idF BGBl. II Nr. 370/2002.

Abs 1:

Siehe das Gebotszeichen „Fußgängerunterführung“ gem § 52 Z. 18 und die Verhaltensregel § 76 Abs 6.

Abs 3:

Vgl auch das Gefahrenzeichen „Fußgängerübergang“ (§ 50 Z. 11) sowie das Hinweiszeichen § 53 Abs 1 Z. 2a „Kennzeichnung eines Schutzweges“

§ 56a Radfahrerüberfahrtmarkierungen

(1) Im Ortsgebiet sind auf Straßenstellen, wo ständig betriebene Lichtzeichen zur Regelung des Verkehrs oder zur Abgabe blinkenden gelben Lichtes vorhanden sind, auch Radfahrerüberfahrten (§ 2 Abs. 1 Z. 12a) anzulegen, sofern dies in Fortsetzung von Radfahrstreifen, Radwegen oder Geh- und Radwegen erforderlich ist und für den Fahrradverkehr nicht in anderer Weise, etwa durch Über- oder Unterführungen, Vorsorge getroffen ist.

(2) Auf anderen als den in Abs. 1 bezeichneten Straßenstellen sind Radfahrerüberfahrten dann anzulegen, wenn es die Sicherheit und der Umfang des Fahrradverkehrs erfordern. Die Benützung solcher Radfahrerüberfahrten ist durch Lichtzeichen zu regeln.

(3) Solange es die Verkehrsverhältnisse nicht erfordern, kann von einer Regelung des Verkehrs durch Lichtzeichen bei den in Abs. 2 genannten Radfahrerüberfahrten Abstand genommen werden. In diesem Falle ist die Radfahrerüberfahrt mit blinkendem gelben Licht oder mit dem Hinweiszeichen nach § 53 Abs. 1 Z. 2b ("Kennzeichnung einer Radfahrerüberfahrt") zu kennzeichnen.

Allgemeines:

Gesonderte Fahrstreifen und Radwege bzw. Geh- und Radwege erfordern Hilfen für Radfahrer die Fahrbahn des Fließverkehrs an besonders geschützten Stellen überqueren zu können. Radfahrerüberfahrten dienen diesem Zweck. Aus Gründen der Sicherheit für alle Verkehrsteilnehmer sollten diese durch Lichtzeichen geregelt werden (Abs 1 und 2). Bei der Beurteilung der Frage, ob die „Verkehrsverhältnisse" eine Lichtzeichenregelung nicht erfordern (Abs 3), wird im Hinblick auf das besondere Unfallrisiko der Radfahrer, das wegen deren im Vergleich zu Fußgängern mehrfach höheren Geschwindigkeit gegeben ist, auch ein besonders strenger Maßstab anzulegen sein, so dass nach Abs 3 gekennzeichnete Radfahrerüberfahrten möglichst unterbleiben sollen. Die näheren Bestimmungen enthält die Bodenmarkierungsverordnung idF BGBl. II Nr. 370/2002.

Abs 3:

Beachte die besonderen Schutzbestimmungen gem § 9 Abs 2 und die Berechtigung für Rollschuhfahrer ebenfalls Radfahrerüberfahren zu benützen.

Vgl auch das Gefahrenzeichen „Radfahrerüberfahrt „ (§ 50 Z. 11a) sowie das Hinweiszeichen § 53 Abs 1 Z. 2b „Kennzeichnung einer Radfahrerüberfahrt“

§ 57 Einrichtungen neben und auf der Fahrbahn

(1) Zur besseren Kenntlichmachung des Verlaufes einer Straße können neben der Fahrbahn Leitpflöcke, Leitplanken, Leitbaken, Leitmale, Schneestangen u. dgl. angebracht werden. Überdies können, wenn es die Anlageverhältnisse der Straße erfordern, zur Sicherung des Straßenverkehrs Sicherheitsleitschienen, Lauflichtanlagen, andere Anlagen zur Abgabe von blinkendem Licht oder ähnliche Einrichtungen verwendet werden. Solche Einrichtungen sowie Fahrstreifenbegrenzer, straßenbauliche Einrichtungen u. dgl. können zur Ordnung und Sicherung des Verkehrs, insbesondere zur Teilung der Verkehrseinrichtungen, auch auf der Fahrbahn vorgesehen werden. Außerhalb von Ortsgebieten sind auf Bundes- und Landesstraßen ab einer Fahrbahnbreite von 5,5 m Randlinien anzubringen.

(2) Leitplanken, Leitbaken und Leitmale sind zur besseren Erkennbarkeit mit rückstrahlendem Material in roter und weißer Farbe auszustatten. Lauflichtanlagen und andere Anlagen zur Abgabe von blinkendem Licht haben weißgelbes oder gelbes Licht auszustrahlen. Werden die übrigen Einrichtungen gemäß Abs. 1 zur besseren Erkennbarkeit mit rückstrahlendem Material ausgestattet, so ist an der rechten Straßenseite im Sinne der Fahrtrichtung die Farbe Rot, an der linken die Farbe Weiß zu verwenden. Kann an solchen Einrichtungen an beiden Seiten vorbeigefahren werden, so ist die Farbe Gelb zu verwenden. Anstelle des rückstrahlenden Materials kann auch eine Lichtquelle in der entsprechenden Farbe verwendet werden.

Abs 1:

Um den Fahrzeuglenkern eine bessere Orientierung – vor allem auch bei schlechten Sichtverhältnissen – zu ermöglichen, sind alle Bundes- und Landesstraßen außerhalb des Ortsgebietes ab einer Fahrbahnbreite von 5,5 m mit Randlinien auszustatten. Eine entsprechende Übergangsregelung (§ 104 Abs 7) soll dies schrittweise ermöglichen.

Diese Randlinien mussten bis 31.12.2000 angebracht werden. Aus dieser Anbringungspflicht entsteht auch eine Erhaltungs- und Erneuerungspflicht.

Abweichend vom BMVIT vertritt der ÖAMTC die Meinung, dass die maßgebliche Fahrbahnbreite nicht bloß nach der Anbringung der Randlinie vorhanden sein muss sondern als Basis die Fahrbahn ohne Randlinien heranzuziehen ist.

Fahrstreifenbegrenzer sind elastische, mindestens 20 cm hohe Straßenknöpfe, die anstelle von vorübergehenden Bodenmarkierungen gemäß § 55 Abs 6 angebracht werden dürfen (§ 4 BodenmV). Sie sind vor allem an Autobahn-Baustellen mit Gegenverkehr anzutreffen.

V. ABSCHNITT

Allgemeine Vorschriften über den Fahrzeugverkehr

§ 58 Lenker von Fahrzeugen

(1) Unbeschadet der Bestimmungen des § 5 Abs. 1 darf ein Fahrzeug nur lenken, wer sich in einer solchen körperlichen und geistigen Verfassung befindet, in der er ein Fahrzeug zu beherrschen und die beim Lenken eines Fahrzeuges zu beachtenden Rechtsvorschriften zu befolgen vermag. Sind diese Voraussetzungen offenbar nicht gegeben, so sind die Bestimmungen des § 5b sinngemäß anzuwenden.

(2) Stellt der Lenker unterwegs fest, daß der Zustand des Fahrzeuges oder der sich darauf befindlichen Ladung nicht den rechtlichen Vorschriften entspricht und kann er einen solchen Zustand nicht sofort beheben, so darf er die Fahrt bis zum nächsten Ort, wo der vorschriftswidrige Zustand behoben werden kann, fortsetzen, jedoch nur dann, wenn er die notwendigen Sicherheitsvorkehrungen zur Hintanhaltung einer Gefährdung von Personen oder einer Beschädigung von Sachen trifft.

(3) Die Bestimmungen des Abs. 2 gelten auch dann, wenn der Lenker wegen eines nicht den rechtlichen Vorschriften entsprechenden Zustandes des Fahrzeuges oder der Ladung von einem Organ der Straßenaufsicht beanstandet wird. Die Organe der Straßenaufsicht können jedoch aus Gründen der Verkehrssicherheit die Weiterfahrt verbieten, wenn die Sicherheitsvorkehrungen des Lenkers (Abs. 2) nicht ausreichen.

(4) Ist der Lenker eines Fahrzeuges nicht auch dessen Besitzer, bei Kraftfahrzeugen dessen Zulassungsbesitzer, so hat er, wenn sich das Fahrzeug oder die Ladung nicht in einem den rechtlichen Vorschriften entsprechenden Zustand befindet, dies dem Besitzer des Fahrzeuges oder dem Verfügungsberechtigten, bei Kraftfahrzeugen dem Zulassungsbesitzer, zu melden.

Abs 1:

Nicht nur „Alkohol am Steuer“ macht straffällig bzw rechtfertigt das unmittelbare Verbot ein Fahrzeug in diesem Zustand zu lenken. Das Lenken eines Fahrzeuges ist bei jedweder Art von Fahruntauglichkeit verboten. Diese kann

die verschiedensten Ursachen haben: ein durch einen Streit hervorgerufener, länger andauernder Erregungszustand; Medikamente; Übermüdung; Sichtbehinderung durch einen Fremdkörper im Auge usw. Vorsicht ist auch bei Schwangerschaften geboten: ab dem 6. Monat können Kontraktionen eintreten, die es unmöglich machen, dem Verkehrsgeschehen genügend Aufmerksamkeit zu schenken.
Das Tatbild des § 58 Abs 1 kommt nur dann in Betracht, wenn die Fahrunfähigkeit auf anderen Ursachen als den in § 5 ff besonders behandelten Ursachen Alkohol und/oder Suchtgift beruht (lex specialis). Diese Unterscheidung ist deshalb von besonderer Bedeutung, weil an Übertretungen des § 5 viel höhere Strafen und weit schwerwiegendere Rechtsfolgen geknüpft sind.
Der letzte Satz stellt klar, dass die Organe der Straßenaufsicht berechtigt sind, offenbar fahruntüchtige Personen auch dann durch Zwangsmaßnahmen an der Lenkung oder Inbetriebnahme eines Fahrzeuges zu hindern, wenn die Fahruntüchtigkeit auf anderen Ursachen als Alkohol beruht. Vgl § 5b und die Anmerkungen hiezu.

Abs 2:

Wenn während einer Fahrt festgestellt wird, dass sich ein Fahrzeug oder die Ladung in einem nicht vorschriftsmäßigen Zustand befindet, muss der Lenker vorerst versuchen, diesen vorschriftswidrigen Zustand zu beseitigen. Gelingt ihm dies nicht, so darf er unter Vorkehrung der entsprechenden Sicherungsmaßnahmen die Fahrt bis dorthin fortsetzen, wo dieser Zustand behoben werden kann. Für Kraftfahrer ist wichtig, dass sie sich vor Antritt der Fahrt im Rahmen des Zumutbaren davon überzeugen müssen, ob sich das Kraftfahrzeug in vorschriftsmäßigem Zustand befindet (siehe § 102 Abs 1 KFG, abgedruckt und erläutert im ÖAMTC-Fachbuch „Verkehrsrecht, Band II"). Ist dies nicht der Fall, so darf die Fahrt überhaupt nicht angetreten werden. Haben aber vor Fahrtantritt z.B. alle Beleuchtungsanlagen einwandfrei funktioniert, so besteht keine Verpflichtung, auch während der Fahrt neuerlich eine diesbezügliche Kontrolle durchzuführen (soweit der Lenker den Ausfall nicht ohnehin bemerken muss – z.B. des Scheinwerferlichtes: fällt ein Fernlicht aus, ist sogleich das Abblendlicht einzuschalten).

Abs 3:

Das zu Abs 2 Ausgeführte gilt sinngemäß mit der Ergänzung, dass die Weiterfahrt vom Straßenaufsichtsorgan verboten werden kann. Im Gegensatz zu Abs 1 können in diesem Fall keine Zwangsmaßnahmen gem § 5b zur Verhinderung der Weiterfahrt getroffen werden.

Abs 4:

Diese Meldepflicht besteht natürlich nur so lange, als der vorschriftswidrige Zustand nicht behoben ist. Der Besitzer (Verfügungsberechtigte, Zulassungsbesitzer), dem dies gemeldet wurde, ist verpflichtet, für die Herstellung des ordentlichen Zustandes zu sorgen, bevor er das Fahrzeug wieder auf Straßen mit öffentlichem Verkehr verwendet oder verwenden lässt.

---

§ 59 Verbot des Lenkens von Fahrzeugen

(1) Die Behörde hat einer Person das Lenken eines Fahrzeuges, das ohne besondere Berechtigung gelenkt werden darf, ausdrücklich zu verbieten, wenn diese

a) wegen körperlicher oder geistiger Mängel zum Lenken eines Fahrzeuges ungeeignet ist oder

b) wegen ihres Verhaltens im Straßenverkehr, insbesondere im Hinblick auf wiederholte einschlägige Bestrafungen, eine Gefahr für die Sicherheit des Straßenverkehrs bildet.

(2) Ein Verbot nach Abs. 1 kann je nach den Umständen auf eine bestimmte Fahrzeugart eingeschränkt, befristet oder unbefristet erlassen werden. Es ist aufzuheben oder einzuschränken, wenn die Mängel nicht mehr oder nicht mehr in vollem Umfange bestehen. Wurde das Verbot wegen eines den Straßenverkehr gefährdenden Verhaltens (Abs. 1 lit. b) unbefristet oder für mehr als zwei Jahre verfügt, so darf es überdies nur dann aufgehoben werden, wenn es wenigstens zwei Jahre wirksam war.

(3) Soll eine Verfügung nach Abs. 1 oder 2 für zwei oder mehrere Bundesländer wirksam werden, so ist hiefür die Landesregierung, in deren örtlichem Wirkungsbereich die Partei ihren Wohnsitz hat, zuständig. Diese Behörde hat das Einvernehmen mit den anderen in Betracht kommenden Landesregierungen herzustellen.

Allgemeines:

Die Vorschriften dieses Paragraphen gelten nicht für Kraftfahrer und nicht für solche Personen, die Fahrzeuge nur mit besonderer Bewilligung lenken dürfen (z.B. Radfahrer unter 12 Jahren – § 65).

Dieses Lenkverbot ist daher von jenem des § 32 FSG (siehe ÖAMTC-Fachbuch „Verkehrsrecht, Band III“) zu unterscheiden.
Wegen der besonderen Verantwortung, die angesichts des ständig zunehmenden Verkehrs jeden Fahrzeuglenker trifft, müssen auch jene Personen körperlich und geistig geeignet sowie verlässlich sein, die keine besondere Lenkberechtigung brauchen. Um offenkundig ungeeignete Personen von der Teilnahme am Straßenverkehr ausschließen zu können, hat die Behörde die Möglichkeit, ein Lenkverbot auszusprechen.

Abs 2:

Ein befristetes Lenkverbot erlischt automatisch nach Ablauf der Frist, ohne dass es eines besonderen Antrages bedürfte. Wurde das Verbot wegen mangelnder Verlässlichkeit unbefristet erlassen, so kann es frühestens nach zwei Jahren über Antrag aufgehoben werden.

§ 60 Zustand und Beleuchtung der Fahrzeuge

(1) Ein Fahrzeug darf auf Straßen nur verwendet werden, wenn es so gebaut und ausgerüstet ist, daß durch seinen sachgemäßen Betrieb Personen nicht gefährdet oder durch Geruch, Geräusch, Staub, Schmutz u. dgl. nicht über das gewöhnliche Maß hinaus belästigt oder Sachen, insbesondere die Fahrbahn, nicht beschädigt werden.

(2) Schneekufen sind nur zulässig, wenn die Straße mit einer ununterbrochenen oder doch wenigstens nicht nennenswert unterbrochenen Schnee- oder Eisschicht bedeckt ist.

(3) Während der Dämmerung, bei Dunkelheit oder Nebel oder wenn es die Witterung sonst erfordert, sind Fahrzeuge auf der Fahrbahn zu beleuchten; ausgenommen hievon sind Fahrräder, die geschoben werden. Weißes Licht darf nicht nach hinten und rotes Licht nicht nach vorne leuchten. Eine Beleuchtung des Fahrzeuges darf unterbleiben, wenn es stillsteht und die sonstige Beleuchtung ausreicht, um es aus einer Entfernung von ungefähr 50 m zu erkennen.

(4) Wenn es die Verkehrssicherheit erfordert, hat der Bundesminister für Verkehr, Innovation und Technologie unter Bedachtnahme auf den jeweiligen Stand der Technik nähere Vorschriften über die Ausführung und Beschaffenheit der an Fahrzeugen anzubringenden Rückstrahleinrichtungen einschließlich der gelben Rückstrah-

ler an den Pedalen von Fahrrädern und über ihre Lichtwirkungen durch Verordnung zu erlassen.

Allgemeines:

Die Bestimmungen des § 60 sind Mindesterfordernisse und gelten nur insoweit, als nicht durch andere Vorschriften strengere Anforderungen gestellt werden (z.B. für Kraftfahrzeuge durch die kraftfahrrechtlichen Vorschriften). Ob daher z.B. durch Lärm gegen § 60 Abs 1 StVO oder § 102 Abs 4 (bzw § 102 Abs 1 in Verbindung mit § 4 Abs 2) KFG (s das ÖAMTC-Fachbuch „Verkehrsrecht, Band II") verstoßen wird, richtet sich nach der Ursache der Lärmentstehung.

Abs 2:

Schneeketten müssen aber nicht bei jeder Unterbrechung einer Schneefahrbahn (z.B. durch einen Tunnel) abmontiert werden.

Abs 3:

Die Beleuchtungspflicht gilt für alle Fahrzeuge, die auf der Fahrbahn verwendet werden, also auch für Handwagen und Handkarren. Für geschobene Fahrräder besteht keine Beleuchtungspflicht; aus Gründen der Verkehrssicherheit empfiehlt es sich jedoch auch in diesem Falle, den Dynamo eingeschaltet zu lassen (ein schwach leuchtendes Rücklicht ist immer noch besser als gar kein Rücklicht). Stellt ein Lenker sein Fahrzeug unbeleuchtet unter eine Straßenlaterne, bei deren Ausfall eine entsprechende anderweitige Beleuchtung fehlt, so ist er verpflichtet, sich hinlänglich davon zu überzeugen, dass mit keiner späteren Ausschaltung dieser Laterne zu rechnen ist. Laternen, die nicht die ganze Nacht über leuchten, sind durch das Hinweiszeichen gemäß § 53 Abs 1 Z. 12 gekennzeichnet.
Die Beleuchtungspflicht eines auf der Fahrbahn abgestellten Fahrzeuges entfällt nur dann, wenn seine Umrisse auf ungefähr 50 m leicht und ohne Mühe erkannt werden können oder – ohne Rücksicht auf die Erkennbarkeit – wenn es sich um ein betriebsunfähig gewordenes, also defektes Fahrzeug handelt. In diesem Fall sind jedoch die Vorschriften des § 89 zu beachten.

Abs 4:

Hinsichtlich der Pedalreflektoren von Fahrrädern siehe die „Fahrradverordnung" (abgedruckt als Anhang VIII).

§ 61 Verwahrung der Ladung

(1) Die Ladung ist am Fahrzeug so zu verwahren, daß sein sicherer Betrieb nicht beeinträchtigt, niemand gefährdet, behindert oder belästigt und die Straße weder beschädigt noch verunreinigt wird. Es ist verboten, einen Teil der Ladung nachzuschleifen, es sei denn, daß es sich um eine vom Straßenerhalter erlaubte Beförderung von Baumstämmen auf Holzbringungswegen handelt.

(2) Das hintere Ende der Ladung ist, wenn sie das Fahrzeug mehr als 1 m überragt, deutlich zu kennzeichnen und bei Dunkelheit mit einer weißen Tafel mit rotem Rand aus rückstrahlendem Material zu versehen.

(3) Ladungen, die durch Staub- oder Geruchsentwicklung oder durch Abfallen, Ausrinnen oder Verspritzen Personen belästigen oder die Straßen verunreinigen oder vereisen können, sind in geschlossenen undurchlässigen Fahrzeugen oder in ebenso beschaffenen Behältern zu befördern. Ladungen, die abgeweht werden können, sind mit Plachen oder dergleichen zu überdecken; dies gilt nicht für die Beförderung von Heu. Düngerfuhren brauchen nicht überdeckt zu werden.

(4) Ladungen, die durch die Bewegung des Fahrzeuges Lärm verursachen können, müssen mit schalldämpfenden Unter- oder Zwischen lagen versehen, fest zusammengebunden oder aneinandergepreßt werden.

(5) Blendende Gegenstände sind auf offenen Fahrzeugen verhüllt zu befördern.

(6) Ist die Ladung ganz oder teilweise auf die Straße gefallen, so hat der Lenker zunächst allenfalls erforderliche Maßnahmen zur Verhinderung von Verkehrsstörungen zu treffen, das Beförderungsgut von der Straße zu entfernen und die Straße zu reinigen.

Abs 2:

Für Kraftfahrzeuge gelten – wenn es sich um die Beladung hinsichtlich des höchstzulässigen Gesamtgewichtes, der Ladehöhe, der Ladelänge usw handelt – die Vorschriften der §§ 101 KFG, 59 Abs 1 KDV (s. ÖAMTC-Fachbuch „Verkehrsrecht, Band II"). Mangelhafte Verwahrung der Ladung (z.B. die Art der Befestigung und Sicherung der Schier gegen Herabfallen) führt auch bei Kraftfahrzeugen zu Rechtsfolgen dieses Paragraphen. Das Herunterfallen der Ladung allein rechtfertigt noch nicht den Schluss auf ihre mangelhafte Verwahrung (keine „Erfolgshaftung").

§ 62 Ladetätigkeit

(1) Durch eine Ladetätigkeit auf Straßen, das ist das Beladen oder Entladen von Fahrzeugen sowie das Abschlauchen von Flüssigkeiten aus Fahrzeugen oder in Fahrzeuge, darf die Sicherheit des Verkehrs nicht und die Leichtigkeit des Verkehrs nicht wesentlich beeinträchtigt werden.

(2) Beim Beladen oder Entladen eines Fahrzeuges ist nach Möglichkeit jeder Lärm zu vermeiden; wenn nötig, ist eine schalldämpfende Unterlage zu verwenden oder zwischen dem Ladegut schalldämpfendes Material anzubringen.

(3) Wird ein Fahrzeug auf der Straße für eine Ladetätigkeit aufgestellt, so muß sie unverzüglich begonnen und durchgeführt werden.

(4) Für eine Ladetätigkeit auf Straßenstellen, wo das Halten verboten ist, ist, sofern sich aus den im zweiten und dritten Absatz des § 52 Z. 13b bezeichneten Zusatztafeln nichts anderes ergibt, eine Bewilligung erforderlich; gleiches gilt für das Aufstellen von Fahrzeugen auf Gehsteigen für Zwecke einer Ladetätigkeit, es sei denn, daß auf den in Betracht kommenden Stellen gehalten werden darf. Insoweit es die Sicherheit, Leichtigkeit oder Flüssigkeit des Verkehrs erfordert, ist die Bewilligung bedingt, befristet oder mit Auflagen zu erteilen.

(5) Eine Bewilligung nach Abs. 4 ist von der Behörde zu erteilen, wenn die Ladetätigkeit an einer anderen Stelle besonders umständlich wäre und weder eine Beschädigung des Gehsteiges oder seiner Einbauten noch eine Beeinträchtigung der Sicherheit oder eine wesentliche Behinderung des Verkehrs zu befürchten ist. Auf Grund der Bewilligung dürfen nicht nur die Ladetätigkeiten des Antragstellers, sondern auch alle anderen im wesentlichen gleichartigen Ladetätigkeiten ausgeübt werden. Auch ein Organ der Straßenaufsicht darf eine solche Bewilligung erteilen, jedoch nur dann, wenn es sich um einen dringenden Einzelfall handelt und die sonstigen Voraussetzungen zur Erteilung vorliegen; das Aufstellen von Fahrzeugen auf Gehsteigen darf ein Organ der Straßenaufsicht jedoch nicht bewilligen.

Abs 2:

Darunter fällt vor allem die Verwendung maschineller Einrichtungen zum Zwecke des Beladens oder Entladens (wie z.B. hydraulischer Hebevorrichtungen, aber auch die Benützung von „Containern“, solange sie der Ladetätigkeit dienen).

Abs 3:

Dauert eine Ladetätigkeit im Sinne dieses Absatzes mehr als 10 Minuten, liegt dennoch ein Halten (und kein Parken) vor (§ 2 Abs 1 Z. 27).

Abs 4:

Für die hier genannte Bewilligung ist in der Regel nach den einzelnen Landesgesetzen eine Verwaltungsabgabe zu entrichten.

§ 63 *(Entfällt.)*

Die hier früher geregelte „Beförderung besonderer Güter“ ist nunmehr, soweit es sich um gefährliche Güter handelt, im wesentlichen durch das GGBG idF BGBl. I Nr. 86/2002 geregelt. Soweit es sich um leicht verderbliche Güter – in der Regel also um Lebensmittel – handelt, sind diesbezügliche Vorschriften nicht Angelegenheiten der Straßenpolizei, sondern vielmehr des Gesundheitswesens.

§ 64 Sportliche Veranstaltungen auf Straßen

(1) Wer auf der Straße sportliche Veranstaltungen wie Wettlaufen, Wettfahren usw. durchführen will, bedarf hiezu der Bewilligung der Behörde. Die Bewilligung darf nur erteilt werden, wenn die Veranstaltung die Sicherheit, Leichtigkeit und Flüssigkeit des Verkehrs nicht wesentlich beeinträchtigt und schädliche Einwirkungen auf die Bevölkerung und die Umwelt durch Lärm, Geruch oder Schadstoffe nicht zu erwarten sind.

(2) Die Bewilligung ist, wenn es der Schutz der Bevölkerung und der Umwelt oder die Sicherheit, Leichtigkeit und Flüssigkeit des Verkehrs erfordern, unter Bedingungen oder mit Auf lagen zu erteilen. Insbesondere kann vorgeschrieben werden, daß der Veranstalter und die einzelnen Teilnehmer an der Veranstaltung bei einer in Österreich zugelassenen Versicherungsanstalt eine Versicherung für die gesetzliche Haftpflicht für Personen- und Sachschäden in einer von der Behörde zu bestimmenden angemessenen Höhe abzuschließen haben.

(3) Wenn es die Verkehrssicherheit erfordert und die Verkehrslage es zuläßt, kann die Behörde eine Straße für die Dauer der sportlichen Veranstaltung ganz oder teilweise für den sonstigen Verkehr sperren. In einem solchen Fall kann die Behörde, wenn aus Gründen der Verkehrssicherheit keine Bedenken bestehen, Ausnahmen von Fahrregeln zulassen.

(4) Erstreckt sich eine sportliche Veranstaltung auf zwei oder mehrere Bundesländer, so ist zur Erteilung der Bewilligung nach Abs. 1 die Landesregierung zuständig, in deren örtlichem Wirkungsbereich die Veranstaltung beginnt; das Einvernehmen mit den übrigen in Betracht kommenden Landesregierungen ist herzustellen.

Allgemeines:

Sportliche Veranstaltungen bedürfen, sofern sie unter Verwendung von Kraftfahrzeugen stattfinden, auch der Genehmigung der Obersten Nationalen Sportkommission für den Kraftfahrsport (OSK). Sofern sie unter Verwendung von Fahrrädern stattfinden, der Genehmigung des Österreichischen Radsportverbandes (ÖRV). Die Veranstaltung von und die Teilnahme an von der OSK nicht genehmigten (sogenannten „wilden") Motorsportveranstaltungen zieht für Motorsport-Lizenzbesitzer Sportstrafen nach sich.

Abs 1:

Bei der Bewilligung einer sportlichen Veranstaltung sind seit der 19. Novelle auch Umweltschutz-Gesichtspunkte zu berücksichtigen. Hiebei kann nicht bereits jegliche Entwicklung von Lärm udgl zur Versagung der Bewilligung führen, sondern nur dann, wenn dadurch schädliche Einwirkungen zu erwarten sind. Dies wird z.B. bei einer nur wenige Stunden dauernden Veranstaltung in aller Regel nicht der Fall sein.
Sind aber tatsächlich schädliche Einwirkungen zu erwarten, kann die Bewilligung nur dann versagt werden, wenn auch durch Erteilung von Bedingungen oder Auflagen (Abs 2) nicht Abhilfe geschaffen werden kann. Betroffen sind sportliche Veranstaltungen aller Art, also z.B. auch Radrennen, bei denen durch den häufig umfangreichen Tross von Begleitfahrzeugen Umweltbelastungen verursacht werden können.
In der Regel wird die behördliche Bewilligung einer Motorsportveranstaltung nur erteilt, wenn der Veranstalter die OSK-Genehmigung nachgewiesen hat.

Zumeist ist für eine derartige Bewilligung nach den einzelnen Landesgesetzen eine Verwaltungsabgabe zu entrichten. Näheres über die OSK in dem beim ÖAMTC erhältlichen OSK-Handbuch und im Internet unter www.osk.or.at

Abs 2:

Für Motorsportveranstaltungen schreibt die OSK den Abschluss einer Veranstalter-Haftpflichtversicherung, durch die auch die Haftpflicht der Teilnehmer gedeckt sein muss, zur Pauschaldeckungssumme von mindestens dzt 10 Mio. Euro für die Tötung oder Verletzung einer oder mehrerer Personen bzw für Sachbeschädigung vor, wobei darin auch eine Deckung für Vermögensschäden von mindestens dzt 20.000 Euro enthalten sein muss.

Der Veranstalter einer Motorsportveranstaltung gilt nicht als Mithalter neben dem Eigentümer oder neben dem sonst über das Kraftfahrzeug Verfügungsberechtigten.

Abs 3:

Die Sperre einer Straße bewirkt nicht schon automatisch die Ausnahme von den Fahrregeln für die Konkurrenten. Andererseits sind aber Kraftfahrzeuge, die bei einer kraftfahrsportlichen Veranstaltung und ihren Trainingsfahrten auf einer für den übrigen Verkehr gesperrten Straße verwendet werden, gemäß § 1 Abs 2 lit c KFG (abgedruckt im ÖAMTC-Fachbuch „Verkehrsrecht, Band II") für die Dauer einer solchen Veranstaltung von der Anwendung der Abschnitte II bis XI des KFG ausgenommen.
Ein durch die Sperre betroffener Anrainer hat gegen den diesbezüglichen Bewilligungsbescheid der Behörde mangels „Parteistellung" kein Berufungsrecht.

VI. ABSCHNITT

Besondere Vorschriften für den Verkehr mit Fahrrädern und Motorfahrrädern

§ 65 Benützung von Fahrrädern

(1) Der Lenker eines Fahrrades (Radfahrer) muß mindestens zwölf Jahre alt sein; wer ein Fahrrad schiebt, gilt nicht als Radfahrer. Kinder unter zwölf Jahren dürfen ein Fahrrad nur unter Aufsicht einer Person, die das 16. Lebensjahr vollendet hat, oder mit behördlicher Bewilligung lenken.

(2) Die Behörde hat auf Antrag des gesetzlichen Vertreters des Kindes die Bewilligung nach Abs. 1 zu erteilen, wenn das Kind das 10.Lebensjahr vollendet hat und anzunehmen ist, daß es die erforderliche körperliche und geistige Eignung sowie Kenntnisse der straßenpolizeilichen Vorschriften besitzt. Die Bewilligung gilt für das ganze Bundesgebiet, sofern nicht der gesetzliche Vertreter des Kindes eine örtlich eingeschränkte Geltung beantragt hat. Sie ist unter Bedingungen und mit Auflagen zu erteilen, wenn dies die Verkehrssicherheit erfordert. Die Behörde kann die Bewilligung widerrufen, wenn sich die Verkehrsverhältnisse seit der Erteilung geändert haben oder nachträglich zutage tritt, daß das Kind die erforderliche körperliche oder geistige Eignung nicht besitzt. Über die von ihr erteilte Bewilligung hat die Behörde eine Bestätigung, den Radfahrausweis, auszustellen. Inhalt und Form des Radfahrausweises hat der Bundesminister für Verkehr, Innovation und Technologie durch Verordnung zu bestimmen. Der auf Grund dieser Bestimmung gestellte Antrag, die erteilte Bewilligung und der ausgestellte Radfahrausweis sind von Bundesstempelgebühren befreit.

(3) Radfahrer, die auf dem Fahrrad Personen mitführen, müssen das 16. Lebensjahr vollendet haben. Ist die mitgeführte Person noch nicht acht Jahre alt, so muß für sie ein eigener, der Größe des Kindes entsprechender Sitz vorhanden sein. Ist die mitgeführte Person mehr als acht Jahre alt, so darf nur ein Fahrrad verwendet werden, das hinsichtlich seiner Bauart den Anforderungen der Produktsicherheitsbestimmungen für Fahrräder zum Transport mehrerer Personen (§ 104 Abs. 8) entspricht.

Abs 1:

Obwohl Personen ab dem 12. Lebensjahr kraft Gesetzes ohne einer speziellen Ausbildung bereits auf öffentlichen Verkehrsflächen ein Fahrrad lenken dürfen, sollten Eltern bzw Erziehungsberechtigte prüfen, ob bei ihren Kindern tatsächlich die nötige geistige und körperliche Reife sowie die notwendigen StVO-Kenntnisse vorliegen, um alleine im Straßenverkehr unterwegs zu sein, da bei einer auffälligen Unreife des Kindes trotz der verwaltungsrechtlichen Erlaubnis zivilrechtliche Haftungsprobleme bei Verursachung eines Schadens entstehen können. Die zivilrechtliche Eigenverantwortlichkeit (Deliktsfähigkeit) für Minderjährige liegt erst ab Vollendung des 14. Lebensjahres vor.

Mit der 20. Novelle (1998) wurde die Bestimmung in das Gesetz aufgenommen, wonach das Schieben von Fahrrädern nicht als Fahren gilt, da nicht zwischen einem Fußgänger als solchen und einem Fußgänger, der zusätzlich ein Fahrrad neben sich herschiebt, unterschieden werden soll. Demnach dürfen aber beim Schieben eines Fahrrades Radfahranlagen nicht benützt werden.

Abs 2:

Die Bewilligung erteilt die Bezirksverwaltungsbehörde, die auch den Radfahrausweis ausstellt (vgl die Kinderradfahrausweisverordnung V BGBl. 947/1994). Gegebenenfalls wird vor der Erteilung einer solchen Bewilligung eine ärztliche Untersuchung des Kindes auf seine körperliche und geistige Eignung zum Lenken eines Fahrrades oder der Nachweis einer „Radfahrer-Prüfung" verlangt. Obwohl keine Bundesverwaltungsabgaben mehr eingehoben werden, ist nach einzelnen Landesgesetzen für eine derartige Bewilligung eine Verwaltungsabgabe zu entrichten.

§ 66 Beschaffenheit von Fahrrädern, Fahrradanhängern und Kindersitzen

(1) Fahrräder müssen der Größe des Benützers entsprechen. Fahrräder, Fahrradanhänger und Kindersitze müssen in einem Zustand erhalten werden, der den Anforderungen der Produktsicherheitsbestimmungen für Fahrräder (§ 104 Abs. 8) entspricht.

(2) Der Bundesminister für Verkehr, Innovation und Technologie hat unter Bedachtnahme auf die Verkehrssicherheit und den Stand der Technik durch Verordnung festzulegen:

1. unter welchen Voraussetzungen bestimmte Teile der Ausrüstung von Fahrrädern oder Fahrradanhängern entfallen können;
2. unter welchen Voraussetzungen die Beförderung von Kindern in Kindersitzen oder Personen mit Fahrradanhängern und mehrspurigen Fahrrädern zulässig ist;
3. das Ladegewicht, das bei der Beförderung von Lasten oder Personen mit Fahrrädern oder mit Fahrradanhängern nicht überschritten werden darf.

Allgemeines:
Die bisherigen technischen Vorschriften für Fahrräder und Fahrradanhänger des § 66 „alt" idF der 19. Novelle wurden durch die 20. Novelle auf Verordnungsebene verschoben. Damit kann auf Fortschritte der technischen Entwicklungen einem ständigen Wandel unterliegt und somit darauf schneller reagiert werden kann als es im Rahmen der Gesetzgebung möglich ist.

Die Verordnung ist im Anhang VIII abgedruckt. Sie ersetzt auch die bisher geltende Rennradverordnung und übernimmt diese inhaltsgleich.

§ 68 Verhalten der Radfahrer

(1) Auf Straßen mit einer Radfahranlage ist mit einspurigen Fahrrädern ohne Anhänger die Radfahranlage zu benützen, wenn das Befahren der Radfahranlage in der vom Radfahrer beabsichtigten Fahrtrichtung gemäß § 8a erlaubt ist. Mit Fahrrädern mit einem Anhänger, der nicht breiter als 80 cm oder ausschließlich zur Personenbeförderung bestimmt ist, sowie bei Trainingsfahrten mit Rennfahrrädern kann die Radfahranlage benützt werden. Mit Fahrrädern mit einem sonstigen Anhänger und mit mehrspurigen Fahrrädern ist die für den übrigen Verkehr bestimmte Fahrbahn zu benützen. Auf Gehsteigen und Gehwegen ist das Radfahren in der Längsrichtung verboten. Auf Geh- und Radwegen haben sich Radfahrer so zu verhalten, daß Fußgänger nicht gefährdet werden.

(2) Radfahrer dürfen nur auf Radwegen und in Wohnstraßen sowie auf sonstigen Straßen mit öffentlichem Verkehr bei Trainingsfahrten mit Rennfahrrädern nebeneinander fahren; beim Nebeneinanderfahren darf nur der äußerste rechte Fahrstreifen benützt werden.

(3) Es ist verboten,
a) auf einem Fahrrad freihändig zu fahren oder die Füße während der Fahrt von den Treteinrichtungen zu entfernen,

b) sich mit einem Fahrrad an ein anderes Fahrzeug anzuhängen, um sich ziehen zu lassen,

c) Fahrräder in einer nicht verkehrsgemäßen Art zu gebrauchen, zum Beispiel Karussellfahren, Wettfahren u. dgl.,

d) beim Radfahren andere Fahrzeuge oder Kleinfahrzeuge mitzuführen.

(3a) Radfahrerüberfahrten, wo der Verkehr nicht durch Arm- oder Lichtzeichen geregelt wird, dürfen Radfahrer nur mit einer Geschwindigkeit von höchstens 10 km/h und nicht unmittelbar vor einem herannahenden Fahrzeug und für dessen Lenker überraschend befahren.

(4) Fahrräder sind so aufzustellen, daß sie nicht umfallen oder den Verkehr behindern können. Ist ein Gehsteig mehr als 2,5 m breit, so dürfen Fahrräder auch auf dem Gehsteig abgestellt werden; dies gilt nicht im Haltestellenbereich öffentlicher Verkehrsmittel, außer wenn dort Fahrradständer aufgestellt sind. Auf einem Gehsteig sind Fahrräder platzsparend so aufzustellen, daß Fußgänger nicht behindert und Sachen nicht beschädigt werden.

(5) Gegenstände, die am Anzeigen der Fahrtrichtungsänderung hindern oder die freie Sicht oder die Bewegungsfreiheit des Radfahrers beeinträchtigen oder Personen gefährden oder Sachen beschädigen können, wie zum Beispiel ungeschützte Sägen oder Sensen, geöffnete Schirme u. dgl., dürfen am Fahrrad nicht mitgeführt werden.

Abs 1:

Bei Vorhandensein einer Radfahranlage darf mit einspurigen Fahrrädern ohne Anhänger n i c h t auf der F a h r b a h n gefahren werden. Sind keine derartigen Verkehrsflächen (oder nur solche, die das Befahren in die gewünschte Fahrtrichtung durch Bodenmarkierungen nicht ermöglichen) vorhanden oder befinden sie sich in einem Zustand, der eine gefahrlose Benützung nicht gewährleistet, darf sowohl eine allenfalls vorhandene Nebenfahrbahn als auch die Hauptfahrbahn benützt werden. Für die Benützung von einspurigen Fahrrädern mit einem Anhänger von nicht mehr als 80 cm Breite oder einem Anhänger, der ausschließlich zur Personenbeförderung dient, sowie von Rennfahrrädern (iS der Fahrradverordnung, Anlage VIII) während einer Trainingsfahrt (als Kriterium für Trainingsfahrten sind insbesondere jene Verhältnisse – sowie Ausrüstung und gefahrene Geschwindigkeit – maßgeblich, die mit jenen bei einer radfahrsportlichen Veranstaltung vergleichbar sind) besteht nunmehr die W a h l m ö g l i c h-

keit, ob die Radfahranlage oder die Fahrbahn befahren wird. Mit Fahrrädern mit einem anderen als die ausdrücklich genannten Anhänger und mit mehrspurigen Fahrrädern ist somit immer nur die für den übrigen Verkehr bestimmte Fahrbahn zu benutzen. Das Befahren von Gehsteigen und Gehwegen ist immer verboten; Ausnahmen: mit Kinderfahrrädern oder um sie zu überqueren.
Durch die 20. Novelle ist es nunmehr möglich, dass Radfahranlagen (Radwege, kombinierte Geh- und Radwege sowie Radfahrerüberfahrten und Radfahrstreifen in Einbahnen) in beiden Fahrtrichtungen befahren werden dürfen, soweit sich aus den Bodenmarkierungen nichts anderes ergibt. Ob eine derartige Anlage (ausgenommen Radfahrstreifen in Einbahnen) hinsichtlich der baulichen Gegebenheiten die Möglichkeit des Befahrens in beiden Richtungen bietet, hat die zuständige Behörde zu entscheiden. Ist die notwendige Breite nicht gegeben, so muss durch Richtungspfeile die Fahrtrichtung vorgeschrieben werden. S dazu auch den neuen § 8a samt Anm.
Auf Grund der zunehmenden Konflikte zwischen undisziplinierten Radfahrern und Fußgängern auf Geh- und Radwegen fordert die Bestimmung ausdrücklich eine erhöhte Sorgfaltspflicht gegenüber Fußgängern.
Über den Begriff Radfahranlage sowie Radfahrerüberfahrt s § 2 Abs 1 Z. 11b und Z. 12a.
Über den Begriff des Geh- und Radweges s § 2 Abs 1 Z. 11a; seine Kennzeichnung erfolgt durch das Gebotszeichen gemäß § 52 Z. 17a.
Das Befahren des Waldes (einschließlich der Forststraßen) ist – auch mit „Mountain-Bikes" – nur mit Erlaubnis des Waldeigentümers (Forststraßenerhalters) zulässig.

Abs 2:

Nur im Rahmen von Trainingsfahrten mit Rennfahrrädern (zur Trainingsfahrt und zum Rennfahrrad s Anm zu Abs 1) darf nunmehr auch auf der für den übrigen Verkehr bestimmten Fahrbahn nebeneinander gefahren werden, wobei in diesem Fall stets nur der äußerste rechte Fahrstreifen benutzt werden darf. In allen anderen Fällen muss hintereinander gefahren werden.
Durch die neue Bestimmung des § 65 Abs 1 wurde klargestellt, dass Personen, die Fahrräder schieben, ausdrücklich als Fußgänger und nicht als Radfahrer zu betrachten sind, weshalb auch die Verhaltensvorschriften für Fußgänger heranzuziehen sind. Daher ist es nunmehr verboten, Fahrräder auf Radfahranlagen zu schieben. Bei Vorhandensein eines Gehsteiges ist dieser zu benützen.

Abs 3:

Mit diesen Verboten soll eine der Verkehrssicherheit abträgliche Verwendung eines Fahrrades unterbunden werden.

Abs 3a:

Außerhalb geregelter Kreuzungen dürfen Radfahrer schon in ihrem eigenen Interesse die Radfahrerüberfahrt nur befahren, wenn dies gefahrlos möglich ist. Um dies zu gewährleisten, wird die absolute Geschwindigkeitsgrenze von 10 km/h (etwa doppelte Schrittgeschwindigkeit) häufig nicht ausgenützt werden dürfen.
Diese Bestimmung sagt nichts über den Vorrang aus; vgl diesbezüglich insbesonders § 19 Abs 6, 6a und 6b samt Anm sowie – auf geregelten Kreuzungen – § 37 Abs 5 und § 38 Abs 4.

§ 69 Motorfahrräder

(1) Mit Motorfahrrädern ist ausschließlich die Fahrbahn zu benützen.

(2) Für die Lenker von Motorfahrrädern gelten die Bestimmungen des § 68 Abs. 3 bis 5 über das Verhalten von Radfahrern sinngemäß. Überdies ist ihnen verboten:

a) das Nebeneinanderfahren mit anderen Motorfahrrädern oder Fahrrädern,

b) Motorfahrräder neben einem anderen Motorfahrrad oder Fahrrad zu schieben,

c) dieselbe Straße oder dieselben Straßenzüge innerhalb eines örtlichen Bereiches ohne zwingenden Grund mehrmals hintereinander zu befahren oder den Motor am Stand länger als unbedingt notwendig laufen zu lassen.

Abs 2:

Autobahnen und Autostraßen dürfen mit Motorfahrrädern (Mopeds) nicht benützt werden. Es ist auch nicht erlaubt, mit Motorfahrrädern Radwege und Radfahrstreifen – ausgenommen um sie zu überqueren – zu benützen.

VII. ABSCHNITT

Besondere Vorschriften für den Fuhrwerksverkehr

§ 70 Lenkung von Fuhrwerken

(1) Der Lenker eines Fuhrwerkes muß, sofern sich aus den Bestimmungen über Wirtschaftsfuhren nichts anderes ergibt, mindestens 16 Jahre alt sein.

(2) Hochbeladene Handwagen und Handkarren dürfen nicht geschoben, sondern müssen gezogen werden. Es ist verboten, abschüssige Wegstrecken auf solchen Fahrzeugen sitzend herabzufahren.

(3) Der Besitzer eines Fuhrwerkes hat dafür zu sorgen, daß es nur im vorschriftsmäßigen Zustand in Betrieb genommen wird. Werden Frachtstücke auf geteilte Fahrzeuge geladen, deren rückwärtiger Teil frei beweglich ist, so ist dem Fuhrwerk eine zweite Person beizugeben, die das Ende des Fuhrwerkes zu beaufsichtigen und zu bedienen hat.

(4) Werden auf einem Fuhrwerk Personen befördert, so hat der Lenker dafür zu sorgen, daß sie so untergebracht sind, daß sie den sicheren Betrieb des Fuhrwerkes und die Verkehrssicherheit nicht beeinträchtigen und gefahrlos befördert werden können.

Allgemeines:

Die allgemeinen Vorschriften für Lenker von Fahrzeugen sind in den §§ 58 ff enthalten.
Fuhrwerke dürfen Autobahnen und Autostraßen nicht benutzen.

Abs 2:

Der Sinn dieses Abs liegt darin, dass hoch beladene Handwagen und Handkarren die Sicht beim Schieben beeinträchtigen; daher gilt ein Handwagen oder Handkarren dann als hoch beladen, wenn durch die Ladung die Sicht nach vorne wesentlich behindert wird.

§ 71 Maße und Gewichte

(1) Die Länge eines Fuhrwerkes darf bei Möbel-, Theaterkulissen- und Langgutwagen ohne Deichsel, bei anderen

Fuhrwerken mit der Deichsel 10 m nicht überschreiten. Die Ladung darf bei Möbel-, Theaterkulissen- und Langgutwagen nicht länger als 16 m sein und bei anderen Fuhrwerken um nicht mehr als die Hälfte des Achsabstandes über die Hinterachse hinausragen.

(2) Die Breite eines Fuhrwerkes darf bei Möbelwagen nicht mehr als 2,40 m, bei anderen Fuhrwerken nicht mehr als 2,20 m betragen. Die Breite der Ladung darf bei Erntefuhren und bei Fuhren mit Heu, Stroh oder Schilf in nicht gepreßtem Zustande, wenn sie nicht länger als 11m sind, 3,50 m nicht überschreiten. Ansonsten darf die Ladung nicht breiter als das Fuhrwerk sein.

(3) Fuhrwerke dürfen auch mit der Ladung nicht höher als 3,80 m sein.

(4) Das Gesamtgewicht (§ 2 Abs. 1 Z. 20) eines Fuhrwerkes darf unter Bedachtnahme auf die Beschaffenheit der Straße und ihrer Neigungsverhältnisse und unter Bedachtnahme auf die Länge der zu befahrenden Strecke sowie auf die Art und Beschaffenheit des Fahrzeuges und auf die Witterungsverhältnisse die Leistungsfähigkeit des Gespannes nicht übersteigen. Das Gesamtgewicht eines einspännigen Fuhrwerkes darf 2 t, das eines zweispännigen Fuhrwerkes 4,8 t nicht überschreiten. Werden bei Fuhren in einem ebenen Gelände besonders kräftige Pferde verwendet, so darf das Gesamtgewicht für einspännige Fuhrwerke bis 2,5 t und für zweispännige Fuhrwerke bis 5,5 t betragen. Im ebenen Gelände und bei Verwendung luftbereifter und mit Wälzlagern ausgestatteter Fuhrwerke darf das Gesamtgewicht um ein Drittel erhöht werden.

(5) Die im Abs. 4 angeführten Gesamtgewichte dürfen bei mehr als zweispännigen Fuhrwerken überschritten werden, doch darf das Gesamtgewicht keinesfalls 10 t übersteigen.

§ 72 Beschaffenheit und Ausstattung des Fuhrwerkes

(1) Der Lenker eines Fuhrwerkes, das nicht durch eine Zugmaschine fortbewegt wird, darf keine Vorrichtung zur Abgabe von Schall- oder Blinkzeichen (§ 22) verwenden. Glocken und Schellen an Zugtieren und Schlitten werden von diesem Verbot nicht berührt.

(2) Die Radfelgen eines Fuhrwerkes müssen so breit sein, daß sie die Fahrbahn auch bei voller Belastung des Fuhrwerkes nicht mehr als unvermeidbar abnützen.

(3) Fuhrwerke müssen mit sicher wirkenden Bremsvorrichtungen ausgestattet sein. Dies gilt nicht für zweirädrige Karren, für Handwagen, Handkarren und Handschlitten. Beim Bremsen des Fuhrwerkes darf die Umdrehung der Räder nicht gänzlich verhindert und durch die Betätigung der Hemmvorrichtungen von Schlitten die Fahrbahn nicht beschädigt werden.

(4) Zur Verstärkung der Wirkung der Bremsvorrichtungen (Abs. 3) dürfen Radschuhe nur zur Abwendung einer Gefahr und Ketten nur bei Glatteis oder verschneiter Fahrbahn verwendet werden. Die Glieder der Schneeketten aus starrem Material ohne elastische Überzüge dürfen nicht länger als 3 cm und nicht höher als 2 cm sein. Sie dürfen weder scharfe Kanten, Ecken, ebene Flächen noch wulstartige Erhöhungen aufweisen und müssen so am Rad befestigt sein, daß eine Schlagwirkung auf die Fahrbahn möglichst vermieden wird.

(5) Radfelgen, Radreifen oder Radschuhe, die wulstartige Erhöhungen, hervorstehende Nägel oder Schrauben aufweisen oder sonst geeignet sind, die Fahrbahn zu beschädigen, dürfen nicht verwendet werden. Durch das Ziehen von Maschinen und Geräten darf die Fahrbahn nicht beschädigt werden.

Abs 4 und 5:

Die Bestimmungen dieser Absätze dienen der Vermeidung von Beschädigungen der Straßendecke.

§ 73 Beleuchtung des Fuhrwerkes

(1) Zur Beleuchtung eines Fuhrwerkes (§ 60) sind zwei Lampen zu verwenden, die beide nach vorne weiß und nach hinten rot leuchten. Die Lichter müssen deutlich erkennbar sein und die Breite des Fahrzeuges erkennen lassen; sie können auch an der Ladung angebracht werden, wenn dies zweckmäßiger ist. Bei Handwagen, Handkarren und Handschlitten genügt jedoch eine Lampe, die nach vorne weiß und nach hinten rot leuchtet; kann die Lampe an solchen Fahrzeugen oder an deren Ladungen nicht deutlich sichtbar angebracht werden, so ist sie hinter dem Fahrzeug gut sichtbar zu tragen.

(2) Fuhrwerke dürfen weder mit Fackeln noch mit Laternen mit offenem Licht beleuchtet werden.

(3) An der Rückseite von Fuhrwerken sind höchstens 60 cm über der Fahrbahn zwei rote Rückstrahler mit einer Lichteintrittsfläche von mindestens 20 cm² so anzubringen, daß sie bei Dunkelheit und klarem Wetter im Lichte eines Scheinwerfers auf 150 m sichtbar sind und die Breite des Fahrzeuges erkennen lassen. Bei Handwagen, Handkarren und Handschlitten genügt ein solcher Rückstrahler, der nicht weiter als 40 cm vom linken Fahrzeugrand anzubringen ist.

(4) Am vorderen Ende der Deichsel sind weiße oder gelbe Rückstrahler beweglich aufzuhängen, die im Scheinwerferlicht einer 25-Watt-Lampe auf 150 m sichtbar sind.

(5) Die Beleuchtungseinrichtungen und Rückstrahler müssen in einem solchen Zustand gehalten werden, daß sie voll wirksam sind.

Die Beleuchtung eines Fuhrwerkes muss für jedes nachkommende Fahrzeug leicht erkennbar sein. Sie dient aber nicht nur der Kenntlichmachung für Überholende, sondern auch zur Abwendung von Gefahren, die den von seitwärts und entgegenkommenden Verkehrsteilnehmern von dem Fuhrwerk und dem Fuhrwerk von diesen drohen. Da auch Handwagen und Handkarren sowie motorisierte Fahrzeuge, die weder Kraftfahrzeuge noch Fahrräder sind (s insbes. § 1 KFG), als Fuhrwerke gelten, müssen auch solche Fahrzeuge beleuchtet werden.

§ 74 Bespannung

(1) Die Zugtiere müssen zum Ziehen des Fuhrwerkes tauglich sein. Lahme oder übermüdete Tiere sowie solche, deren Eignung zum Ziehen eines Fuhrwerkes insbesondere durch äußerlich erkennbare Leiden oder Wunden herabgemindert ist, dürfen nicht als Zugtiere verwendet werden.

(2) Bissigen Zugtieren sind Maulkörbe anzulegen. Sofern es sich nicht um Rinder handelt, müssen die Zugtiere bei Schnee- oder Eisglätte mit scharfen Hufeisen oder anderen geeigneten Gleitschutzmitteln versehen sein.

(3) Werden Tiere uneingespannt an einem Fuhrwerk mitgeführt, so sind sie an ein Zugtier oder an das Fuhrwerk so anzubinden, daß sie sich nur an der rechten Seite des Fuhrwerkes oder hinter dem Fuhrwerk fortbewegen können und andere Straßenbenützer nicht behindern.

(4) Geschirr und Zügel müssen zweckmäßig sein und sich in gutem Zustand befinden. Die Verwendung von Gabelzügeln ist verboten.

Abs 1 und 2:

Fuhrwerke, die mit untauglichen Tieren bespannt sind, bilden im Straßenverkehr deshalb ein Hindernis, weil die flüssige Fortbewegung solcher Fahrzeuge nicht gewährleistet ist.

Abs 4:

Gem § 30 Abs 4 gilt das Verbot der Verwendung von Gabelzügen nicht für Wirtschaftsfuhren.

§ 75 Ankoppeln

(1) An ein Fuhrwerk darf nur ein weiteres Fuhrwerk angekoppelt werden. Dies gilt jedoch nur dann, wenn beide Fuhrwerke mit besonders leichtem Gut oder nur mäßig beladen sind oder wenn das zweite Fuhrwerk unbeladen, ein zweirädriger Karren oder ein Handwagen ist. Das Fuhrwerk ist so anzukoppeln, daß es nicht losreißen kann.

(2) Die Länge des gekoppelten Wagenzuges einschließlich der Deichsel und der Ladung darf 16 m nicht überschreiten.

(3) Die Bestimmungen der Abs. 1 und 2 gelten auch für das Ankoppeln von Fuhrwerken an Kraftfahrzeuge, sofern sich aus den kraftfahrrechtlichen Vorschriften nichts anderes ergibt.

VIII. ABSCHNITT

Fußgängerverkehr

§ 76 Verhalten der Fußgänger

(1) Fußgänger haben, auch wenn sie Kinderwagen oder Rollstühle schieben oder ziehen, auf Gehsteigen oder Gehwegen zu gehen; sie dürfen nicht überraschend die Fahrbahn betreten. Sind Gehsteige oder Gehwege nicht vorhanden, so haben Fußgänger das Straßenbankett und, wenn auch dieses fehlt, den äußersten Fahrbahnrand zu benützen; hiebei haben sie auf Freilandstraßen, außer im Falle der Unzumutbarkeit, auf dem linken Straßenbankett (auf dem linken Fahrbahnrand) zu gehen. Benützer von selbstfahrenden Rollstühlen dürfen Gehsteige, Gehwege und Fußgängerzonen in Schrittgeschwindigkeit befahren.

(2) Fußgänger in Gruppen auf Gehsteigen oder Gehwegen, auf dem Straßenbankett oder am Fahrbahnrand dürfen andere Straßenbenützer weder gefährden noch behindern. Fußgänger haben, wenn es die Umstände erfordern, rechts auszuweichen und links vorzugehen.

(3) An Stellen, wo der Verkehr für Fußgänger durch besondere Lichtzeichen (§ 38 Abs. 8) geregelt ist, dürfen Fußgänger nur bei grünem Licht die Fahrbahn zum Überqueren betreten. An Stellen, wo der Verkehr sonst durch Arm- oder Lichtzeichen geregelt ist, dürfen Fußgänger die Fahrbahn nur überqueren, wenn für den Fahrzeugverkehr auf dieser Fahrbahn das Zeichen „Halt" (§§ 37 Abs. 3 und 38 Abs. 5) gilt. Hält ein Verkehrsposten einen Arm senkrecht nach oben oder leuchtet gelbes, nichtblinkendes Licht, so dürfen Fußgänger die Fahrbahn nicht betreten. Wenn Fußgänger die Fahrbahn in Übereinstimmung mit dem angeführten Arm- oder Lichtzeichen betreten haben, sich diese Zeichen jedoch ändern, während sich die Fußgänger auf der Fahrbahn befinden, so dürfen sie die Überquerung der Fahrbahn fortsetzen, bei Vorhandensein einer Schutzinsel jedoch nur bis zu dieser.

(4) An Stellen, wo der Verkehr weder durch Arm- noch durch Lichtzeichen geregelt wird, dürfen Fußgänger

a) einen Schutzweg nicht unmittelbar vor einem herannahenden Fahrzeug und für dessen Lenker überraschend betreten,

b) wenn ein Schutzweg nicht vorhanden ist, erst dann auf die Fahrbahn treten, wenn sie sich vergewissert

haben, daß sie hiebei andere Straßenbenützer nicht gefährden.

(5) Fußgänger haben die Fahrbahn in angemessener Eile zu überqueren. Außerhalb von Schutzwegen haben sie den kürzesten Weg zu wählen; hiebei dürfen sie den Fahrzeugverkehr nicht behindern.

(6) Sind Schutzwege oder für Fußgänger bestimmte Unter- oder Überführungen vorhanden, so haben Fußgänger diese Einrichtungen zu benützen. Ist jedoch keine dieser Einrichtungen vorhanden oder mehr als 25 m entfernt, so dürfen Fußgänger im Ortsgebiet die Fahrbahn nur an Kreuzungen überqueren, es sei denn, daß die Verkehrslage ein sicheres Überqueren der Fahrbahn auch an anderen Stellen zweifellos zuläßt.

(7) Fußgänger dürfen jedoch ungeachtet der Bestimmungen des Abs. 6 die Fahrbahn auf kürzestem Wege überqueren, um eine Haltestelleninsel zu erreichen oder zu verlassen, wenn der Verkehr weder durch Arm- noch durch Lichtzeichen geregelt wird.

(8) An Haltestellen öffentlicher Verkehrsmittel darf die Fahrbahn zum Einsteigen in Schienenfahrzeuge erst nach deren Einfahrt in den Haltestellenbereich (§ 24 Abs. 1 lit. e), zum Einsteigen in andere Fahrzeuge erst nach deren Stillstand betreten werden.

(9) Fußgänger dürfen Schranken, Seil- oder Kettenabsperrungen nicht übersteigen, eigenmächtig öffnen oder unter diesen Einrichtungen durchschlüpfen.

(10) Mit anderen als den im Abs. 1 genannten Kleinfahrzeugen und von Lastenträgern dürfen Gehsteige, Gehwege oder Straßenbankette dann benützt werden, wenn der Fußgängerverkehr dadurch nicht übermäßig behindert wird. Jedoch dürfen Gehsteige oder Gehwege mit Schubkarren in Ortsgebieten in der Nähe von Baustellen, landwirtschaftlichen Betrieben oder Gärten in Längsrichtung befahren werden.

Allgemeines:

Wer sein Fahrrad schiebt, ist seit der 20. Novelle nunmehr gem § 65 Abs 1 ausdrücklich nicht als Radfahrer zu werten und ist daher einem Fußgänger gleichzusetzen, weshalb auch die für Fußgänger betreffenden Bestimmungen gelten. Ein Kraftfahrzeuglenker, der sein Fahrzeug anhält und es verlässt, sich aber unmittelbar bei diesem aufhält, ohne den Weg zu Fuß fortzusetzen, bleibt in der Regel Lenker im

weiteren Sinn des Wortes und unterliegt daher noch nicht den für den Fußgängerverkehr geltenden Bestimmungen; ebensowenig eine mit einer Ladetätigkeit (§ 62) beschäftigte Person.
Auch Kinder sind an die Bestimmungen dieses Paragraphen gebunden (§ 29a Abs 1).
Das Verhalten der Fahrzeuglenker in bezug auf Fußgänger ist insbesondere in den §§ 9 Abs 2 und 29a geregelt. Vgl auch § 3.

Abs 1:

Damit wird die Gehsteigbenützungspflicht und die Pflicht, sich andernfalls am äußersten Fahrbahnrand zu bewegen. Daraus ist auch ein Verbot des Nebeneinandergehens abzuleiten, um auch (Größenschluss aus § 76a Abs 7) den erlaubten Fahrzeugverkehr nicht mutwillig zu behindern.
Auch mit Kinderwagen und geschobenen oder gezogenen Rollstühlen für Kranke ist grundsätzlich der Gehsteig oder das Straßenbankett zu benutzen; bei Vorhandensein dieser Verkehrsflächen darf mit den genannten Kleinfahrzeugen die Fahrbahn nicht in der Längsrichtung befahren werden. Handelt es sich dagegen um einen selbstfahrenden Rollstuhl, so steht dessen Benützer ein Wahlrecht zwischen Gehsteig (Gehweg) und Fahrbahn zu.
Ein Gehweg ist gemäß § 2 Abs 1 Z. 11 ein für den Fußgängerverkehr bestimmter und als solcher gekennzeichneter Weg, die Kennzeichnung erfolgt durch das Gebotszeichen gemäß § 52 Z. 17. Obwohl in dieser Bestimmung nicht erwähnt, haben Fußgänger einen allenfalls vorhandenen Geh- und Radweg, gekennzeichnet durch das Gebotszeichen gemäß § 52 Z. 17a, zu benützen (siehe § 2 Abs 1 Z. 11a sowie die Anm zu § 68 Abs 1). Demgegenüber ist ein Radweg (gekennzeichnet durch das Gebotszeichen gemäß § 52 Z. 16) den Rad- und Rollschuhfahrern vorbehalten.

Es wird dem Fußgänger z.B. dann unzumutbar sein, auf einer Freilandstraße links zu gehen, wenn sich dort Baustellen befinden oder wenn die Gefahr besteht, dass er mangels eines Geländers vom Straßenrand abstürzen könnte.
Fußgänger, die die Fahrbahn benützen, haben in erster Linie selbst auf den Verkehr zu achten und sich gegen seine Gefahren zu schützen.
In Fußgängerzonen und Wohnstraßen dürfen Fußgänger auch die Fahrbahn benützen, dabei aber den erlaubten Fahrzeugverkehr nicht mutwillig behindern (§§ 76a Abs 7, 76b Abs 2).
Auf Grund des Verbots des Fußgängerverkehrs auf Autobahnen und Autostraßen ist Fußgängern auch das

Überqueren von Autobahnen und Autostraßen untersagt. Im Bereich eines Grenzüberganges oder einer Mautstelle darf die Autobahn bzw Autostraße jedoch betreten werden. Die Benützung von selbständigen Gleiskörpern in der Längsrichtung ist für Fußgänger auch dann verboten, wenn sowohl die Gehsteige als auch die Fahrbahn infolge Absperrung unbenützbar geworden sind.
Die Vorschriften, wie sich ein Fußgänger beim Überqueren der Fahrbahn zu verhalten hat, sind in den Absätzen 3 bis 7 enthalten.

Abs 3:

Hier wird vor allem geregelt, wie sich ein Fußgänger zu verhalten hat, wenn er bei vorhandener Lichtsignalisation zwar vorschriftsmäßig die Fahrbahn betreten hat, sich jedoch die Lichtzeichen, während er sich auf der Fahrbahn befindet, ändern.

Abs 4:

Dieser Abs enthält Bestimmungen darüber, wann ein Fußgänger auf die Fahrbahn treten darf, um sie zu überqueren. Die diesbezüglichen Vorschriften sind, je nach dem, ob Schutzwege vorhanden sind oder nicht, verschieden. Durch lit a wird der durch § 9 Abs 2 geschaffene Vorrang für Fußgänger, der sich einem Schutzweg nähert, relativiert

Abs 5:

Der kürzeste Weg ergibt sich in der Regel aus der rechtwinkeligen Überquerung der Fahrbahn. Aufsichtspersonen von Kindern, die die Fahrbahn überqueren, dürfen jedoch auf der Fahrbahn verweilen (§ 29a Abs 2).

Abs 6:

Vgl das Gebotszeichen „Unterführung" gemäß § 52 Z. 18.

Abs 7

S die Bemerkung zu Abs 5.

Abs 10

Dieser Absatz bildet die Grundlage für die Benützung des Gehsteiges durch Kleinfahrzeuge, die weder Fuhrwerk noch Kinderspielzeug (§ 2 Abs 1 Z. 19) noch „Fahrräder" iS § 2 Abs 1 Z. 22 sind (z.B. Klein-Trittroller, sog „Scooter"). Rollstühle sind in Abs 1 geregelt. Die Bestimmung toleriert eine gewisse Beeinträchtigung des Fußgängerverkehrs. Diese darf aber nicht „übermäßig" sein. Bei Fehlen eines Gehsteiges darf mit solchen Fahrzeuge aber nicht die Fahrbahn benützen.

§ 76a Fußgängerzone

(1) Die Behörde kann, wenn es die Sicherheit, Leichtigkeit oder Flüssigkeit des Verkehrs, insbesondere des Fußgängerverkehrs, die Entflechtung des Verkehrs oder die Lage, Widmung oder Beschaffenheit eines Gebäudes oder Gebietes erfordert, durch Verordnung Straßenstellen oder Gebiete dauernd oder zeitweilig dem Fußgängerverkehr vorbehalten (Fußgängerzone). Vor Erlassung einer solchen Verordnung ist die Eisenbahnbehörde anzuhören, wenn auf der betroffenen Straßenstelle oder in dem betroffenen Gebiet Schienenfahrzeuge verkehren. In einer solchen Fußgängerzone ist jeglicher Fahrzeugverkehr verboten, sofern sich aus den folgenden Bestimmungen nichts anderes ergibt; das Schieben eines Fahrrades ist erlaubt. Die Bestimmungen des § 45 über Ausnahmen in Einzelfällen bleiben unberührt.

(2) Sind in einer Fußgängerzone Ladetätigkeiten erforderlich, so hat die Behörde in der Verordnung nach Abs. 1 nach Maßgabe der Erfordernisse die Zeiträume zu bestimmen, innerhalb deren eine Ladetätigkeit vorgenommen werden darf. Ferner kann die Behörde in der Verordnung nach Abs. 1 nach Maßgabe der Erfordernisse und unter Bedachtnahme auf die örtlichen Gegebenheiten bestimmen, daß mit

1. Kraftfahrzeugen des Taxi- und Mietwagen-Gewerbes und Fiakern jeweils zum Zubringen oder Abholen von Fahrgästen,
2. Kraftfahrzeugen des Gästewagen-Gewerbes zum Zubringen oder Abholen von Fahrgästen von Beherbergungsbetrieben,
3. Fahrrädern und
4. Kraftfahrzeugen mit einem höchsten zulässigen Gesamtgewicht bis zu 3500 kg, die zur Ausübung der Tätigkeit als Handelsvertreter dienen und die mit einer Tafel mit der Aufschrift „Bundesgremium der Handelsvertreter, Kommissionäre und Vermittler“ und mit dem Amtssiegel des Landesgremiums, dem der Handelsvertreter angehört, gekennzeichnet sind,

die Fußgängerzone dauernd oder zu bestimmten Zeiten befahren werden darf.

(3) Für die Kundmachung einer Verordnung nach Abs. 1 gelten die Bestimmungen des § 44 Abs. 1 mit der Maßgabe sinngemäß, daß am Anfang und am Ende einer Fußgängerzone die betreffenden Hinweiszeichen (§ 53 Z. 9a bzw. 9b) anzubringen sind.

(4) An Stelle einer Zusatztafel können die vorgesehenen Angaben im blauen Feld des Hinweiszeichens angebracht werden, wenn dadurch die Erkennbarkeit des Zeichens nicht beeinträchtigt wird.

(5) Unbeschadet der Bestimmung des Abs. 2 dürfen Fußgängerzonen

a) mit Fahrzeugen des Straßendienstes und der Müllabfuhr sowie gegebenenfalls mit Schienenfahrzeugen und Omnibussen des Kraftfahrlinienverkehrs,

b) mit den zur Durchführung einer unaufschiebbaren Reparatur eines unvorhersehbar aufgetretenen Gebrechens notwendigen Fahrzeugen,

c) mit Fahrzeugen des öffentlichen Sicherheitsdienstes und der Feuerwehr in Ausübung des Dienstes und

d) mit Krankentransportfahrzeugen, sofern der Ausgangs- oder Endpunkt des Krankentransports in der Fußgängerzone liegt,

befahren werden.

(6) Die Lenker von Fahrzeugen dürfen in eine Fußgängerzone nur an den hiefür vorgesehenen Stellen einfahren. Sie haben von ortsgebundenen Gegenständen oder Einrichtungen (wie Häusern, Brunnen, Laternen, Bänken, Bäumen u. dgl.) einen der Verkehrssicherheit entsprechenden seitlichen Abstand einzuhalten und dürfen nur mit Schrittgeschwindigkeit fahren. Die zulässige Höchstgeschwindigkeit für Schienenfahrzeuge ist nach den eisenbahnrechtlichen Vorschriften festzusetzen.

(7) Fußgänger dürfen in Fußgängerzonen auch die Fahrbahn benützen. Sie dürfen dabei aber den erlaubten Fahrzeugverkehr nicht mutwillig behindern.

Allgemeines:

Für die Errichtung von Fußgängerzonen ist die Gemeinde im eigenen Wirkungsbereich zuständig (§ 94d Z. 8), wobei bei Festlegung in einem Gebiet, in dem z.B. Straßenbahnen verkehren, zuvor die Eisenbahnbehörde zwecks exakter Abstimmung der Fahrplangestaltung gem Abs 1 anzuhören ist.

Von Fußgängerzonen sind die vor dem Inkrafttreten der 6. Novelle bisweilen gemäß § 43 verordneten „verkehrsarmen Zonen“ zu unterscheiden. Diese können durch Verordnungen gemäß § 76a ersetzt werden. Aber auch seit dem Inkrafttreten der 6. Novelle können weiterhin verkehrsarme Zonen verordnet werden. Zur Erlassung solcher Zonen ist die Bezirksverwaltungsbehörde (§ 94b Abs 1 lit b) zuständig.

In verkehrsarmen Zonen dürfen Fußgänger die Fahrbahn nur ausnahmsweise benützen (vgl § 76 Abs 1 und 5); die Höchstgeschwindigkeit des dort gegebenenfalls zulässigen Fahrzeugverkehrs beträgt, sofern nicht eine geringere Geschwindigkeit festgesetzt wurde, 50 km/h (§ 20 Abs 2)!
Ist in Fußgängerzonen Fahrzeugverkehr erlaubt, so darf nur mit Schrittgeschwindigkeit (etwa 5 km/h) gefahren werden.
Beim Verlassen haben Fahrzeuge grundsätzlich Wartepflicht (§ 19 Abs 6 und 6b)
In Fußgängerzonen ist das Spielen, somit auch das (beaufsichtigte) Fahren mit Kinderfahrrädern und sonstigem fahrzeugähnlichem Kinderspielzeug zulässig (nicht jedoch in den oben erwähnten „verkehrsarmen Zonen“)

Abs 1:

Bei Fußgängerzonen, die nicht rund um die Uhr als solche gelten, treffen die Bestimmungen dieses Paragraphen nur innerhalb jener Zeit zu, für die die betreffende Straßenstelle (das betreffende Gebiet) zur Fußgängerzone erklärt wurden.
Rollschuhfahren (s § 88a Abs 1 Z. 2) und das Schieben von Fahrrädern (Personen, die ein Fahrrad schieben, gelten gem § 65 Abs 1 nicht als Radfahrer) ist nunmehr eindeutig auch per Gesetz erlaubt,
Die Bestimmung des letzten Satzes bezieht sich vor allem auf vorhersehbare Reparaturarbeiten. Handelt es sich jedoch um eine unaufschiebbare Reparatur von unvorhersehbar aufgetretenen Gebrechen (z.B. Wasserrohrbruch, Heizungsschäden), dann darf mit den hiefür notwendigen Fahrzeugen gemäß Abs 5 lit b, also ohne Ausnahmebewilligung, in eine Fußgängerzone eingefahren werden.

Abs 2:

Das Befahren von Fußgängerzonen mit Fahrrädern und den sonstigen hier genannten Fahrzeugen kann durch Verordnung entweder dauernd oder für bestimmte Zeiten gestattet werden (Beschilderung). Behinderte dürfen Fußgängerzonen während der Ladetätigkeitszeiten auch ohne diesbezügliche Verordnung befahren (vgl § 29b Abs 2).

Abs 5:

Grundsätzlich darf auch eine Autobuslinie durch eine Fußgängerzone geführt werden. Eine solche Maßnahme wird jedoch von der Behörde besonders kritisch zu prüfen sein, um die Zone für den Fußgängerverkehr nicht weitgehend zu entwerten.
Außerdem darf mit Einsatzfahrzeugen (§ 26 Abs 2) sowie mit selbstfahrenden Rollstühlen gefahren werden (§ 76 Abs 1).

Weiters darf mit Fahrzeugen des öffentlichen Sicherheitsdienstes und der Feuerwehr in Ausübung des Dienstes – ohne Verwendung von Blaulicht oder Folgetonhorn! – gefahren werden

Gem lit d dürfen auch Krankentransportfahrzeuge Fußgängerzonen ohne Blaulicht oder Folgetonhorn (Einsatzfahrt iS des Gesetzes) befahren. Dies ist aber nur dann erlaubt, wenn Patienten, die ihren Wohnort in der Zone haben, abgeholt oder dorthin zurückgebracht werden. Das bloße Durchfahren der Zone ist jedoch nicht erlaubt.

§ 76b Wohnstraße

(1) Die Behörde kann, wenn es die Sicherheit, Leichtigkeit oder Flüssigkeit des Verkehrs, insbesondere des Fußgängerverkehrs, die Entflechtung des Verkehrs oder die Lage, Widmung oder Beschaffenheit eines Gebäudes oder Gebietes erfordert, durch Verordnung Straßenstellen oder Gebiete dauernd oder zeitweilig zu Wohnstraßen erklären. In einer solchen Wohnstraße ist der Fahrzeugverkehr verboten; ausgenommen davon sind der Fahrradverkehr, das Befahren mit Fahrzeugen des Straßendienstes, der Müllabfuhr, des öffentlichen Sicherheitsdienstes und der Feuerwehr in Ausübung des Dienstes sowie das Befahren zum Zwecke des Zu- und Abfahrens.

(2) In Wohnstraßen ist das Betreten der Fahrbahn und das Spielen gestattet. Der erlaubte Fahrzeugverkehr darf aber nicht mutwillig behindert werden.

(3) Die Lenker von Fahrzeugen in Wohnstraßen dürfen Fußgänger und Radfahrer nicht behindern oder gefährden, haben von ortsgebundenen Gegenständen oder Einrichtungen einen der Verkehrssicherheit entsprechenden seitlichen Abstand einzuhalten und dürfen nur mit Schrittgeschwindigkeit fahren. Beim Ausfahren aus einer Wohnstraße ist dem außerhalb der Wohnstraße fließenden Verkehr Vorrang zu geben.

(4) Die Anbringung von Schwellen, Rillen, Bordsteinen u. dgl. sowie von horizontalen baulichen Einrichtungen ist in verkehrsgerechter Gestaltung zulässig, wenn dadurch die Einhaltung der Schrittgeschwindigkeit nach Abs. 3 gewährleistet wird.

(5) Für die Kundmachung einer Verordnung nach Abs. 1 gelten die Bestimmungen des § 44 Abs. 1 mit der Maßgabe, daß am Anfang und am Ende einer Wohnstraße die betreffenden Hinweiszeichen (§ 53 Abs. 1 Z. 9c bzw. 9d) anzubringen sind.

Abs 1:

Wohnstraßen sind neben Fußgängerzonen gemäß § 76a und sogenannten „verkehrsarmen Zonen" gemäß § 43 ein weiterer Fall von Verkehrsflächen, auf denen ein Fahrzeugverkehr nur in sehr eingeschränktem Maße zulässig ist.
Straßen mit entsprechender Verkehrsbedeutung (z.B. Landeshauptstraßen) dürfen nicht zu Wohnstraßen erklärt werden.
Nunmehr dürfen auch Feuerwehrfahrzeuge – ohne Blaulicht oder Folgetonhorn – in Ausübung des Dienstes Wohnstraßen befahren.

Abs 2:

Zum Rollschuhfahren s § 88a Abs 1 Z. 2.

Abs 3:

Hinsichtlich der Wartepflicht beim Verlassen siehe auch § 19 Abs 6 und 6b.

Abs 4:

Die hier genannten Hindernisse sind entsprechend ihrem Zweck so auszugestalten, dass sie bei Einhaltung der Schrittgeschwindigkeit keine Gefährdung für den Fahrzeuglenker darstellen.

§ 77 Geschlossene Züge von Fußgängern

(1) Geschlossene Züge von Fußgängern, insbesondere geschlossene Verbände des Bundesheeres oder des Sicherheitsdienstes, Prozessionen, Leichenbegängnisse und sonstige Umzüge haben die Fahrbahn zu benützen. Für geschlossene Kinder- oder Schülergruppen gilt dies jedoch nur dann, wenn Gehsteige, Gehwege oder Straßenbankette nicht vorhanden sind. Geschlossene Züge von Fußgängern dürfen über Brücken und Stege nicht im Gleichschritt marschieren. Bei der Benützung der Fahrbahn durch solche Züge gelten die Bestimmungen des II. Abschnittes sowie die Bestimmungen über die Bedeutung der Arm- oder Lichtzeichen sinngemäß.

(2) Bei Dämmerung, Dunkelheit, Nebel oder wenn es die Witterung sonst erfordert, ist, wenn die sonstige Beleuchtung nicht ausreicht, die Spitze eines die Fahrbahn benützenden geschlossenen Zuges durch nach vorne weiß und das Ende durch nach hinten rot leuchtende Lampen kenntlich zu machen. Besteht der Zug aus einer Reihe, so ist an Spitze und Ende je eine Lampe, besteht

er aus mehreren Reihen, so sind an beiden Flügeln der Spitze und des Endes je eine Lampe mitzuführen.

(3) Ein geschlossener Zug von Fußgängern darf auch durch mitfahrende Fahrzeuge beleuchtet werden. In einem solchen Falle gelten die Bestimmungen des Abs. 2 sinngemäß. Das linke Licht muß in einer Linie mit den links gehenden Personen liegen.

§ 78 Verhalten auf Gehsteigen und Gehwegen in Ortsgebieten

Auf Gehsteigen und Gehwegen in Ortsgebieten ist verboten:

a) Gegenstände, insbesondere solche, die scharf, spitz oder sonst gefährlich sind, so zu tragen, daß andere Straßenbenützer gefährdet werden können,

b) blendende Gegenstände unverhüllt zu tragen,

c) den Fußgängerverkehr insbesondere durch den Verkauf oder die Verteilung von Programmen oder Eintrittskarten vor Theatern und Vergnügungsstätten, durch das Verstellen des Weges, durch das Tragen von Reklametafeln sowie durch den Verkauf von Druckschriften, durch das Mitführen von Tieren oder durch unbegründetes Stehenbleiben zu behindern.

Anmerkung:

Zu lit c siehe die Bewilligungspflicht gemäß § 82 Abs 1.

IX. ABSCHNITT

Verkehr nicht eingespannter Tiere

§ 79 Reiten

(1) Reiter müssen körperlich geeignet und des Reitens kundig sein und das 16. Lebensjahr vollendet haben. Jüngere Personen dürfen nur in Begleitung Erwachsener reiten; dies gilt jedoch nicht für das Reiten im Rahmen eines landwirtschaftlichen Betriebes, wenn der Reiter das zwölfte Lebensjahr vollendet hat.

(2) Reiter dürfen nur die Fahrbahn und auf Straßen mit Reitwegen nur die Reitwege benützen. Bei der Benützung der Fahrbahn gelten für sie die Bestimmungen des II. Abschnittes sinngemäß und sie haben Arm- oder Lichtzeichen zu beachten.

(3) Bei Dämmerung, Dunkelheit, starkem Nebel oder wenn es die Witterung sonst erfordert, müssen Reiter bei Benützung der Fahrbahn, wenn die sonstige Beleuchtung nicht ausreicht, durch helleuchtende Laternen an der linken Seite gekennzeichnet sein.

Allgemeines:

Ein Mensch reitet, wenn er sich auf einem Tier sitzend von diesem tragen lässt. Es ist daher unbeachtlich, ob der Mensch auf das Tier nach den Grundsätzen der Reitkunst einwirkt, ob er sich hiebei eines zugerittenen Tieres bedient und ob es überhaupt als Reittier bestimmt ist (Ackerpferd). Auf Autobahnen und Autostraßen darf nicht geritten werden.

Abs 1:

Der Begriff des Erwachsenen ist im allgemeinen der österreichischen Rechtssprache fremd. Nach dem Sinn der Regelung ist wohl davon auszugehen, dass die Begleitperson wenigstens 19 Jahre alt sein muss. Ist sie aber des Reitens kundig, genügt ein Mindestalter von 16 Jahren.

Abs 3:

Daher besteht keine Beleuchtungspflicht, wenn Reitwege benützt werden.

§ 80 Viehtrieb

(1) Treiber und Führer von Vieh müssen im Hinblick auf die Anzahl und die Art der Tiere sowie im Hinblick auf die für den Viehtrieb in Betracht kommenden Straßen körperlich und geistig geeignet sein.

(2) Das Führen von Zug- oder Reittieren in Koppeln von mehr als drei Tieren durch eine Person ist verboten. Bei Stieren sind besondere Sicherheitsmaßnahmen zu treffen. Bei größeren Viehtrieben sind Gruppen zu bilden und zwischen den einzelnen Gruppen größere Abstände einzuhalten.

(3) Das Vieh muß auf der Straße so getrieben oder geführt werden, daß der übrige Verkehr dadurch möglichst wenig behindert wird. Das Vieh muß auf der rechten Fahrbahnseite getrieben und von einer angemessenen Zahl Treiber begleitet werden.

(4) Es ist verboten, Vieh auf der Fahrbahn, auf Gehwegen, Gehsteigen, Radfahranlagen und auf Straßenbanketten lagern zu lassen.

(5) Bei kurzzeitig auf der Straße haltenden Tieren haben die Treiber Vorsorge zu treffen, daß übrige Straßenbenützer nicht behindert oder gefährdet werden.

(6) Bei Dämmerung und Dunkelheit, starkem Nebel oder wenn es die Witterung sonst erfordert, muß der Viehtrieb, wenn die sonstige Beleuchtung nicht ausreicht, an seinem Anfang durch einen Treiber mit einer nach vorne weiß und an seinem Ende durch einen Treiber mit einer nach hinten rot leuchtenden Lampe gesichert werden. Beim Treiben oder Führen von einzelnen Tieren genügt eine helleuchtende Lampe.

Allgemeines:

Die Straßenverkehrsordnung versteht unter „Vieh" Nutztiere, die nicht einzeln, sondern in der Regel nur in größerer Zahl gehalten werden und oft Herden bilden (z.B. Rinder, Schafe, Ziegen); auch Kleinvieh fällt darunter, wie Gänse, Enten uä. Hunde fallen jedoch nicht unter den Begriff des Viehs im Sinne dieses Paragraphen.

Abs 1:

Unter Führen und Treiben ist jede Einwirkung auf das Tier zu verstehen (Reiten sowie Lenken von bespannten Fuhrwerken ausgenommen), wodurch ihm der Wille dieser

Person aufgezwungen wird, wobei beim Treiben diese Einwirkung ohne fixe Verbindung mit dem Tier erfolgt.

§ 81 Weiden an Straßen

(1) Vieh, das auf nicht abgezäunten Grundstücken an Autobahnen oder Vorrangstraßen weidet, muß von Personen, die zum Treiben und Führen von Vieh geeignet sind (§ 80 Abs.1), beaufsichtigt und von der Straße ferngehalten werden.

(2) Die Bestimmungen des Abs. 1 gelten auch für das Weiden von Vieh auf nicht abgezäunten Grundstücken an anderen als den in Abs. 1 genannten Straßen, die keine ausreichende Sicht auf diese Grundstücke gewähren.

(3) Die Behörde hat Alpgebiete und Gebiete, in denen der unbeaufsichtigte Weidegang nach altem Herkommen üblich ist, von den Bestimmungen des Abs. 2 überhaupt, von den Bestimmungen des Abs. 1 dann auszunehmen, wenn nicht erhebliche Bedenken aus Gründen der Verkehrssicherheit entgegenstehen.

(4) Eine Verordnung gemäß Abs. 3 ist durch Anschlag auf der Amtstafel der Behörde kundzumachen.

Abs 1 und 2:

An Autobahnen und Vorrangstraßen darf Vieh nur in abgezäunten Grundstücken oder unter Aufsicht weiden. An anderen Straßen darf Vieh auf nicht abgezäunten Grundstücken nur dann unbeaufsichtigt weiden, wenn die Straße eine ausreichende Sicht über diese Grundstücke gewährt. Ist dies nicht der Fall, so muss auch an diesen Straßen das Vieh beaufsichtigt oder das Grundstück abgezäunt werden. Zur Haftung für Schäden siehe auch §1320 ABGB. Unter Umständen kommt aber auch eine vertragliche Schadenersatzhaftung des Straßenerhalters auf Mautstraßen (Gehilfenhaftung auch für leichte Fahrlässigkeit, Beweislastumkehr) in Betracht.

Abs 3:

Unter einer „Alp“ versteht man im allgemeinen einen größtenteils oder ausschließlich als Sommerweide des Viehs benutzten Landkomplex im Gebirge, der in der Regel oberhalb der ständigen Wohnungen (Siedlungen) gelegen ist und meist besondere zum Betrieb erforderliche Gebäude besitzt, die im allgemeinen nur während der Weidezeit bewohnt sind. Liegen die Voraussetzungen eines Weidegebietes als „Alpgebiet“ vor und bestehen aus Gründen der Verkehrssicherheit keine erheblichen Bedenken, so ist die Behörde verpflichtet, die Beaufsichtigungspflicht des Landwirtes aufzuheben. Ähnlich ist vorzugehen, wenn ein Gebiet, in dem der unbeaufsichtigte Weidegang nach altem Herkommen üblich ist, vorliegt. Dies wird unter Umständen erst nach einem Ermittlungsverfahren festgestellt werden können.

X. ABSCHNITT

Benützung von Straßen zu verkehrsfremden Zwecken

§ 82 Bewilligungspflicht

(1) Für die Benützung von Straßen einschließlich des darüber befindlichen, für die Sicherheit des Straßenverkehrs in Betracht kommenden Luftraumes zu anderen Zwecken als zu solchen des Straßenverkehrs, z.B. zu gewerblichen Tätigkeiten und zur Werbung, ist unbeschadet sonstiger Rechtsvorschriften eine Bewilligung nach diesem Bundesgesetz erforderlich. Das gleiche gilt für Tätigkeiten, die geeignet sind, Menschenansammlungen auf der Straße herbeizuführen oder die Aufmerksamkeit der Lenker von Fahrzeugen zu beeinträchtigen.

(2) Eine Bewilligung nach Abs. 1 ist auch für das Aufstellen von Kraftfahrzeugen oder Anhängern ohne Kennzeichentafeln erforderlich.

(3) Eine Bewilligung nach Abs. 1 ist nicht erforderlich

a) für gewerbliche Tätigkeiten auf Gehsteigen oder Gehwegen ohne feste Standplätze,

b) für das Wegschaffen eines betriebsunfähig gewordenen Fahrzeuges oder für dessen Instandsetzung, sofern dies einfacher als das Wegschaffen ist und der fließende Verkehr dadurch nicht behindert wird,

c) für eine gewerbliche Tätigkeit, die ihrem Wesen nach auf der Straße ausgeübt wird und deren Betriebsanlage genehmigt ist,

d) für das Aufstellen oder die Lagerung von Sachen, die für Bau, Erhaltung, Pflege und Reinigung der Straße erforderlich sind,

e) für das Musizieren bei Umzügen und dergleichen (§ 86),

f) für die Nutzung der Rückseite von Verkehrszeichen oder anderen Einrichtungen zur Verhinderung von Falschfahrten im Zuge von Autobahnabfahrten zu Werbezwecken, wenn diese Nutzung nicht der Sicherheit und Leichtigkeit des Verkehrs entgegensteht und die Behörde, die diese Verkehrszeichen oder diese Einrichtungen verfügt hat, zustimmt und die Gesamtkosten der Anbringung und Erhaltung vom Unternehmer getragen werden.

(4) Eine Bewilligung nach Abs. 1 ist ferner nicht erforderlich für geringfügige Instandsetzungs- oder Instandhal-

tungsarbeiten an Fahrzeugen, z.B. Vergaserreinigung, Reifenwechsel, Arbeiten an der elektrischen Anlage oder dergleichen, vor der Betriebsstätte eines hiezu befugten Gewerbetreibenden, wenn dort das Halten und Parken nicht verboten ist (§§ 23 und 24).

(5) Die Bewilligung nach Abs. 1 ist zu erteilen, wenn durch diese Straßenbenützung die Sicherheit, Leichtigkeit und Flüssigkeit des Verkehrs nicht wesentlich beeinträchtigt wird oder eine über das gewöhnliche Maß hinaus gehende Lärmentwicklung nicht zu erwarten ist. Wenn es die Sicherheit, Leichtigkeit oder Flüssigkeit des Verkehrs erfordert, ist die Bewilligung bedingt, befristet oder mit Auflagen zu erteilen; die Bewilligung ist zu widerrufen, wenn die Voraussetzungen für die Erteilung weggefallen sind.

(6) Die Organe der Straßenaufsicht sind befugt, verkehrsfremde Tätigkeiten auf und an der Straße, auch wenn für sie eine Bewilligung nach Abs. 1 vorliegt, vorübergehend zu untersagen, wenn es die Verkehrssicherheit erfordert.

(7) Das Aufstellen von Kisten, Brettern, Tafeln u. dgl. auf Parkflächen ist unbeschadet der Bestimmungen des Abs. 1 bis 6 verboten.

Abs 1:

Im Bewilligungsverfahren haben Anrainer keine Parteistellung.

Für derartige Bewilligungen sind nach den einzelnen Landesgesetzen Verwaltungsabgaben zu entrichten, deren Höhe sich an der Art der beantragten Straßenbenützung orientiert.

Eine über den Gemeingebrauch hinausgehende Benützung von öffentlichen Straßen (das ist eine Benützung, die anderen Zwecken dient als jenen, die jedermann zustehen) bedarf außerdem einer Gebrauchserlaubnis. Für ihre Erteilung ist in der Regel ein Entgelt zu entrichten (z.B. eine Gebrauchsabgabe, wenn es sich um öffentlichen Gemeinde- oder, wie z.B. in Wien, Bundesstraßengrund handelt).

Die Benützung einer Straße zur Durchführung einer Versammlung unterliegt nicht der Bewilligungspflicht nach § 82, sondern nur der Anzeigepflicht nach § 86 und nach dem VersammlungsG. Das Aufstellen von Informationstischen und die Verteilung von Informationsmaterial ist jedoch nach § 82 bewilligungspflichtig.

Das Verteilen von Reklamezetteln ist ebenso bewilligungspflichtig (beachte hier auch das Behinderungsverbot gem § 78 lit c) wie deren Anbringung unter den Scheibenwischern abgestellter Fahrzeuge (im letzteren Fall wird in der Regel aber keine Bewilligung erteilt).

Abs 2:

Sind zwei Kraftfahrzeuge unter einem Wechselkennzeichen zugelassen, so bedarf die Aufstellung des jeweils kennzeichentafellosen Fahrzeuges auf Straßen mit öffentlichem Verkehr einer behördlichen Bewilligung. Vgl jedoch § 89a Abs 2 samt Anm.

Abs 3 lit c:

Unter diese Vorschrift fallen beispielsweise Tankstellen, bei deren gewerberechtlicher Genehmigung jedoch ebenfalls auf die Sicherheit, Leichtigkeit und Flüssigkeit des Verkehrs Bedacht genommen werden muss.

Abs 3 lit f:

Sofortmaßnahmen gegen „Geisterfahrer" können solcherart durch Sponsoren finanziert werden.

Abs 5:

Nur wenn der fließende Verkehr wesentlich beeinträchtigt wird (abgesehen von den in § 83 Abs 1 genannten Fällen), ist die Bewilligung zu versagen; die allgemeine Parkraumnot ist dafür kein ausreichender Grund.

§ 83 Prüfung des Vorhabens

(1) Vor Erteilung einer Bewilligung nach § 82 ist das Vorhaben unter Bedachtnahme auf die gegenwärtigen und zu erwartenden Verkehrsverhältnisse zu prüfen. Eine wesentliche, die Erteilung der Bewilligung ausschließende Beeinträchtigung der Sicherheit, Leichtigkeit und Flüssigkeit des Verkehrs (§ 82 Abs. 5) liegt insbesondere vor, wenn

a) die Straße beschädigt wird,

b) die Straßenbeleuchtung und die Straßen- oder Hausbezeichnungstafeln verdeckt werden,

c) sich die Gegenstände im Luftraum oberhalb der Straße nicht mindestens 2,20 m über dem Gehsteig und 4,50 m über der Fahrbahn befinden,

d) die Gegenstände seitlich der Fahrbahn den Fußgängerverkehr auf Gehsteigen oder Straßenbanketten be-

hindern und nicht mindestens 60 cm von der Fahrbahn entfernt sind.

(2) Wenn in einer Fußgängerzone oder in einer Wohnstraße kein Gehsteig vorhanden ist, so gilt die Maßangabe nach Abs. 1 lit. c bezüglich eines Gehsteiges für einen 1,5 m breiten Streifen entlang der Häuserfronten, für den übrigen Teil der Fußgängerzone oder Wohnstraße gilt die Angabe bezüglich der Fahrbahn.

Die in Abs 1 enthaltene Aufzählung ist nur beispielsweise und nicht erschöpfend.

§ 84 Werbungen und Ankündigungen außerhalb des Straßengrundes

(1) Werkstätten, wo Fahrzeuge repariert werden, Radiostationen, die Verkehrsinformationen durchgeben, und Tankstellen dürfen außerhalb von Ortsgebieten nur mit den Hinweiszeichen „Pannenhilfe" (§ 53 Abs. 1 Z. 4), „Verkehrsfunk" (§ 53 Abs. 1 Z. 4a) beziehungsweise „Tankstelle" (§ 53 Abs. 1 Z. 6) angekündigt werden. Die Kosten für die Anbringung und Erhaltung dieser Zeichen sind von demjenigen zu tragen, der ihre Anbringung beantragt hat.

(2) Ansonsten sind außerhalb von Ortsgebieten Werbungen und Ankündigungen an Straßen innerhalb einer Entfernung von 100 m vom Fahrbahnrand verboten. Dies gilt jedoch nicht für die Nutzung zu Werbezwecken gemäß § 82 Abs. 3 lit. f.

(3) Die Behörde hat Ausnahmen von dem im Abs. 2 enthaltenen Verbot zu bewilligen, wenn das Vorhaben einem vordringlichen Bedürfnis der Straßenbenützer dient oder für diese immerhin von erheblichem Interesse ist und vom Vorhaben eine Beeinträchtigung des Straßenverkehrs nicht zu erwarten ist. Für eine solche Ausnahmebewilligung gelten die Bestimmungen des § 82 Abs. 5 letzter Satz sinngemäß.

(4) Ist eine Werbung oder Ankündigung entgegen der Bestimmung des Abs. 2 und ohne Bewilligung nach Abs. 3 angebracht worden, so hat die Behörde den Besitzer oder Verfügungsberechtigten mit Bescheid zu verpflichten, die Werbung oder Ankündigung zu entfernen.

Werbungen und Ankündigungen an Freilandstraßen können die Aufmerksamkeit des Fahrzeuglenkers in einem der Verkehrssicherheit abträglichen Maße in Anspruch nehmen. Daher sind nur Reparaturwerkstätten, Tankstellen und Radiosender, die aktuelle Verkehrsinformationen ausstrahlen (durch die 20. Novelle eingefügt), an Freilandstraßen nur mit Verkehrszeichen anzukündigen, während alle anderen Werbungen und Ankündigungen an Freilandstraßen – ausgenommen solche nach § 82 Abs 3 lit f – innerhalb einer Entfernung von 100 m vom Fahrbahnrand überhaupt verboten sind. Ausnahmen bedürfen der behördlichen Bewilligung, für die in der Regel nach Maßgabe der einzelnen Landesgesetze eine Verwaltungsabgabe zu entrichten ist.

§ 84 gilt nicht für Werbungen innerhalb eines Ortsgebietes, hiefür kommen vor allem die Vorschriften des § 35 in Betracht.
Neben den Bestimmungen dieses Paragraphen können auch Landesgesetze in Betracht kommen, denen zu Folge Werbungen und Ankündigungen – sowohl an Freilandstraßen als auch in Ortsgebieten – einer (zusätzlichen) Bewilligung bedürfen, unter Umständen sogar überhaupt verboten sind.

§ 85 Ausübung von Erwerbstätigkeiten

(1) Die Ausübung von Erwerbstätigkeiten im Umherziehen auf Straßen ist bei starkem Verkehr oder wenn sie mit lärmender Kundenwerbung verbunden ist, in der Nähe von Krankenhäusern, Schulen, Theatern, Kinos, Markthallen, Marktplätzen und dergleichen während der Betriebszeit sowie vor Kirchen während des Gottesdienstes verboten.

(2) Von der Straße aus dürfen Waren in Schaufenstern nur in Zeiten schwachen Verkehrs geordnet werden; der Verkehr darf hiedurch nicht behindert werden.

(3) Inhabern einer Lizenz zur Ausübung der Bettelmusik ist auf Antrag oder von Amts wegen von der Behörde ein geeigneter Platz zur Ausübung dieser Tätigkeit unter Bedachtnahme auf die Sicherheit, Leichtigkeit und Flüssigkeit des Verkehrs anzuweisen.

§ 86 Umzüge

Sofern eine Benützung der Straße hiefür in Betracht kommt, sind, unbeschadet sonstiger Rechtsvorschriften, Versammlungen unter freiem Himmel, öffentliche oder ortsübliche Umzüge, volkstümliche Feste, Prozessionen

oder dergleichen von den Veranstaltern drei Tage, Leichenbegängnisse von der Leichenbestattung 24 Stunden vorher der Behörde anzuzeigen.

Als sonstige Rechtsvorschriften kommen vor allem die Bestimmungen des Versammlungsgesetzes (Anzeigepflicht!) in Betracht.

§ 87 Wintersport auf Straßen

(1) Auf Straßen im Ortsgebiet, auf Bundes-, Landes- und Vorrangstraßen ist die Ausübung von Wintersport verboten, sofern eine solche Straße für den Fahrzeugverkehr nicht auf Grund der folgenden Bestimmung gesperrt oder auf Grund der Witterungsverhältnisse unbenützbar ist. Wenn es das öffentliche Interesse erfordert und keine erheblichen Interessen am unbehinderten Straßenverkehr entgegenstehen, kann die Behörde durch Verordnung einzelne Straßen von dem Verbot der Ausübung von Wintersport ausnehmen und für den übrigen Fahrzeugverkehr sperren.

(2) Eine Verordnung nach Abs. 1 ist durch Anschlag auf der Amtstafel der Behörde kundzumachen.

(3) Personen, die auf Straßen skifahren, schlittschuhlaufen oder rodeln, haben auf andere Straßenbenützer Rücksicht zu nehmen und ihnen auszuweichen.

Das Gehen mit angeschnallten Skiern oder das Ziehen von Rodeln entlang des Straßenrandes ist nicht als Wintersport zu werten und daher zulässig.

§ 88 Spielen auf Straßen

(1) Auf der Fahrbahn sind Spiele jeder Art verboten; dies gilt nicht für Wohnstraßen. Wenn es das öffentliche Interesse erfordert und keine erheblichen Interessen am unbehinderten Straßenverkehr entgegenstehen, kann die Behörde durch Verordnung einzelne Fahrbahnen oder Fahrbahnabschnitte entweder dauernd oder für bestimmte Zeiten von diesem Verbot ausnehmen und für den übrigen Verkehr sperren. Eine solche Fahrbahn darf jedoch mit fahrzeugähnlichem Kinderspielzeug und ähnlichen Bewegungsmitteln nur befahren werden, wenn sie keine oder nur eine geringe Neigung aufweist. Weiters kann die Behörde durch Verordnung auf einzelnen Fahr-

bahnen oder Fahrbahnabschnitten entweder dauernd oder für bestimmte Zeiten das Fahren mit Rollschuhen zulassen.

(1a) Eine Verordnung nach Abs. 1 ist durch Anschlag auf der Amtstafel der Behörde kundzumachen.

(2) Spiele auf Gehsteigen oder Gehwegen und deren Befahren mit fahrzeugähnlichem Kinderspielzeug und ähnlichen Bewegungsmitteln sind verboten, wenn hiedurch der Verkehr auf der Fahrbahn oder Fußgänger gefährdet oder behindert werden. Kinder unter zwölf Jahren müssen beim Befahren von Gehsteigen oder Gehwegen mit den genannten Geräten überdies von einer Person, die das 16. Lebensjahr vollendet hat, beaufsichtigt werden, wenn sie nicht Inhaber eines Radfahrausweises gemäß § 65 sind.

(3) Es ist verboten, die Ordnung des Straßenverkehrs durch Werfen von Steinen, Schießen mit Schleudern, Auslösen von Knallpräparaten, Eisschleifen, Eisstockschießen, Blenden mit Spiegeln und ähnlichen Betätigungen zu stören oder Straßenbenützer auf diese Weise zu belästigen.

Abs 1:

Mit dieser Bestimmung wird die Einrichtung von Spielstraßen ermöglicht. Bei der Einrichtung solcher Spielstraßen wird die Behörde allerdings zu prüfen haben, ob für den notwendigen Fahrzeugverkehr hinreichend gesorgt ist und inwieweit solche Spielstraßen der Wohnbevölkerung zumutbar und mit den sonstigen Verkehrsbedürfnissen vereinbar sind.

In Wohnstraßen ist das Fahren mit Rollschuhen seit der 20. Novelle eindeutig erlaubt (s § 88a Abs 1 Z. 2).

Abs 2:

Hinsichtlich der Benützung von Gehsteigen und Gehwegen wurde durch die Novellierung dieses Abs (20. Nov) an der bisherigen Rechtslage eigentlich nichts verändert, lediglich die Bestimmungen bzgl des Rollschuhfahrens wurden durch die Neuschaffung des § 88a an diese Gesetzesstelle verlagert.

Das Verkehrsministerium stellte im Jahr 1994 fest, dass das Benützen von Skateboards auch auf Gehsteigen unzulässig ist. Da diese keine Lenk- und Bremsvorrichtung aufweisen und hohe Geschwindigkeiten erzielen können, stellt ihre Benützung stets eine Gefährdung oder Behinderung sowohl des Fußgängerverkehrs als auch des Verkehrs auf der Fahrbahn dar; es kann nämlich insbesondere vorkommen, dass ein

Skateboard herrenlos wird, wenn der Benützer die Herrschaft darüber verliert und deshalb abspringt. Das Skateboarding ist daher auf Gehsteigen und Gehwegen stets unzulässig. Dasselbe gilt für sogenannte „Rollschi“.
Nicht als „Spielen“ wird das Ziehen von Kinderfahrzeugen durch die Begleitperson zu bewerten sein, solange dieses Verhalten der Fortbewegung dient und die Gefahr, dass sich das Spielzeug einer unmittelbaren und ausschließlichen Einflussmöglichkeit durch die Begleitperson unterliegt und nicht durch allenfalls darauf sitzende Kinder gelenkt werden können. Siehe auch die Anmerkung zu § 87 bezüglich das Ziehen von Rodeln.

§ 88a Rollschuhfahren

(1) Das Rollschuhfahren ist auf Gehsteigen, Gehwegen und Schutzwegen erlaubt. Das Befahren der Fahrbahn mit Rollschuhen in der Längsrichtung ist verboten; ausgenommen von diesem Verbot sind:
1. **Radfahranlagen, nicht jedoch Radfahrstreifen außerhalb des Ortsgebietes,**
2. **Wohnstraßen und Fußgängerzonen,**
3. **Fahrbahnen, die gemäß § 88 Abs. 1 vom Verbot des Spielens auf der Fahrbahn ausgenommen wurden und**
4. **Fahrbahnen, auf denen durch Verordnung der zuständigen Behörde das Fahren mit Rollschuhen zugelassen wurde.**

(2) Bei der Benützung von Radfahranlagen haben Rollschuhfahrer die gemäß § 8a vorgeschriebene Fahrtrichtung einzuhalten und die für Radfahrer geltenden Verhaltensvorschriften zu beachten.

(3) Rollschuhfahrer haben sich so zu verhalten, daß andere Verkehrsteilnehmer weder gefährdet noch behindert werden; insbesondere haben sie ihre Geschwindigkeit auf Gehsteigen, Gehwegen, Schutzwegen, in Fußgängerzonen und in Wohnstraßen dem Fußgängerverkehr anzupassen. Abgesehen von Abs. 2 haben Rollschuhfahrer die für Fußgänger geltenden Verhaltensvorschriften zu beachten.

(4) Kinder unter zwölf Jahren dürfen auf Straßen mit öffentlichem Verkehr, außer in Wohnstraßen, nur unter Aufsicht einer Person, die das 16. Lebensjahr vollendet hat, rollschuhfahren, wenn sie nicht Inhaber eines Radfahrausweises gemäß § 65 sind.

Allgemeines:

Der Gesetzgeber wollte durch die Einführung spezieller Rollschuhbestimmungen dem Boom von Inline-Skates in den 90-er Jahren entsprechen. Die Bestimmungen zeigen die Ambivalenz dieses Fortbewegungsmittel als Sportgerät, Verkehrsmittel oder (Kinder-)Spielzeug. Dementsprechend wurden auch § 9 Abs 2 und § 76b angepasst. Als Ausfluss dieser Ambivalenz geht der ÖAMTC davon aus, dass für Rollschuhfahrer, zumindest auf Radfahranlagen, die 0,8 Promille Alkoholgrenze wie bei Radfahrern gilt. Ob und inwieweit eine Untersuchung auf Beeinträchtigung durch Alkohol oder Drogen (Alkomat, klinische Untersuchung, Bluttest) zulässig ist (verpflichtend ist eine Alkoholuntersuchung gem § 5 Abs 2 Z. 2 jedenfalls, wenn der Verdacht auf Verursachung eines Verkehrsunfalles besteht), bleibt einer Klärung durch die Rechtsprechung oder einer Festlegung durch den Gesetzgeber vorbehalten.

Abs 1:

Zwischen einer ausnahmslosen Einschränkung auf Gehsteige und Gehwege und einer sicherlich zu weitgehenden Ausdehnung auf die Fahrbahn selbst, wurden die in diesem Abs aufgezählten Verkehrsflächen als Kompromisslösung zur Benützung für Rollschuhfahrer freigegeben. Das Befahren der Fahrbahn mit Rollschuhen in Längsrichtung ist jedenfalls, mit Ausnahme der Anlagen gem Z. 1 bis 4, verboten. Lediglich das bloße Überqueren von Fahrbahnen von Gehsteig zu Gehsteig oder Radfahranlage zu Radfahranlage ist erlaubt.

Auf gekennzeichneten Schutzwegen und Radfahrüberfahrten sind Rollschuhfahrer Fußgängern und Radfahrern rechtlich gleichgestellt. Ob Personen, die mit angezogenen Rollschuhen auf der Fahrbahn „gehen“, auch faktisch als Fußgänger zu betrachten sind oder nicht, ist zwar definitv nicht geklärt, die Fußgängereigenschaft muss aber wohl aus der Natur der Sache eher abgelehnt werden.

Zum Begriff der Radfahranlage in Z. 1, s § 2 Abs 1 Z. 11b, des Radfahrstreifens, s § 2 Abs 1 Z. 7 samt Anm. Auf Radfahranlagen kann die Behörde jedoch das Rollschuhfahren per Verordnung verbieten, wenn dies im Einzelfall aufgrund der baulichen Gegebenheiten als notwendig erscheint. Vor allem auf Mehrzweckstreifen (s § 2 Abs 1 Z. 7a) wird von dieser Ermächtigung oft Gebrauch gemacht und dies durch Bodenmarkierungen (durchgestrichenes Rollschuh-Symbol) zum Ausdruck gebracht.

Z. 3 bezieht sich auf „Spielstraßen“, wobei die gegenständlichen Fahrbahnen oder Fahrbahnabschnitte für den gesam-

ten Verkehr per Verordnung gesperrt sind, jedoch unter den Bedingungen des § 88 Abs 1 das Spielen und Befahren mit Rollschuhen dauernd oder für bestimmte Zeit erlaubt ist.
Z. 4 bezieht sich auf Fahrbahnen, die keine Spielstraßen gem § 88 Abs 1 sind und nur das Rollschuhfahren per Verordnung der zuständigen Behörde (idR die Gemeinde) dauernd oder für bestimmte Zeit zugelassen wurde.

Abs 2 und 3:

Rollschuhfahrer müssen sich hinsichtlich der jeweils zu beachtenden Verhaltensvorschriften auf Radfahranlagen wie Radfahrer, auf Fußgängerflächen wie Fußgänger verhalten. Da auch (gemischte) Geh- und Radwege (ohne Trennung) als Radfahranlagen gelten, haben Rollschuhfarer dort die Regeln für den Fahrradverkehr einzuhalten. Zu den Verhaltensvorschriften s auch § 68 und 76ff.

Abs 4:

Das Mindestalter für das Rollschuhfahren ohne Aufsicht ist mit der Vollendung des 12. Lebensjahres angesetzt. Ausnahmen diesbezüglich bestehen nur dahingehend, dass in Wohnstraßen überhaupt keine Altersgrenze besteht und Inhaber eines Radfahrausweises bereits ab Vollendung des 10. Lebensjahres alleine fahren dürfen. S auch § 65 Abs 2 samt Anm.

XI. ABSCHNITT

Verkehrserschwernisse

§ 89 Kennzeichnung von Verkehrshindernissen

(1) Gegenstände, die auf der Straße stehen oder liegen, sind von den Verfügungsberechtigten durch das Gefahrenzeichen „Andere Gefahren" und bei Dämmerung, Dunkelheit, Nebel oder wenn es die Witterung sonst erfordert, durch Lampen kenntlich zu machen. Kann nur an einer Seite vorbeigefahren werden, so ist der Gegenstand für diejenigen, die links vorbeifahren, durch rotes Licht und für diejenigen, die rechts vorbeifahren, durch weißes Licht zu kennzeichnen. Kann an beiden Seiten vorbeigefahren werden, so ist der Gegenstand durch gelbes Licht zu kennzeichnen. Die Kennzeichnung darf unterbleiben, wenn die Gegenstände am Straßenrand so gelagert sind, daß niemand gefährdet oder behindert wird und sie bei schlechten Sichtverhältnissen durch rückstrahlendes Material oder eine sonstige Beleuchtung erkennbar sind. Dauernde Absperrungen, wie etwa Mautschranken u. dgl., müssen ständig gut erkennbar sein.

(2) Ist ein mehrspuriges Fahrzeug auf einer Freilandstraße auf einer unübersichtlichen Straßenstelle, bei durch Witterung bedingter schlechter Sicht, Dämmerung oder Dunkelheit zum Stillstand gelangt, so hat der Lenker diesen Umstand unverzüglich den Lenkern anderer, auf dem verlegten Fahrstreifen heran nahender Fahrzeuge durch das Aufstellen einer nach den kraftfahrrechtlichen Vorschriften genehmigten Warneinrichtung anzuzeigen. Diese Warneinrichtung ist auf dem verlegten Fahrstreifen in der Richtung des ankommenden Verkehrs in einer der Verkehrssicherheit entsprechenden Entfernung von dem zum Stillstand gelangten Fahrzeug aufzustellen, damit sich die Lenker herannahender Fahrzeuge rechtzeitig auf das Verkehrshindernis einstellen können.

Abs 1:

Es wird sich in gewissen Fällen nicht vermeiden lassen, dass Gegenstände, die an sich ein Verkehrshindernis bilden, auf der Straße verbleiben müssen. Zur Vermeidung einer Beeinträchtigung des Straßenverkehrs durch solche Gegenstände müssen diese entsprechend gekennzeichnet und gegebenenfalls beleuchtet werden.

Gegenstände, die mit Rückstrahlern ausgerüstet sind, wie dies etwa in der Regel bei Containern oder Lademulden der Fall ist, müssen nicht besonders beleuchtet werden.

Abs 2:

Hier ist vor allem bei betriebsunfähigen Kraftfahrzeugen das Aufstellen eines Pannendreieckes gemeint. Das Einschalten der Warnblinkanlage wird (wenn möglich) empfohlen, reicht aber für sich alleine nicht aus.
Auf Autobahnen ist bei Abstellen eines Fahrzeuges auf dem Pannenstreifen formell keine Kennzeichnung erforderlich, weil der Pannenstreifen nicht „Fahrstreifen" ist. Zur Senkung des Unfallrisikos wird aber die Aufstellung eines reflektierenden Dreieckes in der Nähe des Fahrzeuges empfohlen. Ragt das Fahrzeug aber auch nur geringfügig in den Fahrstreifen oder fehlt ein Pannenstreifen, ist das Fahrzeug jedenfalls zu kennzeichnen.

§ 89a Entfernung von Hindernissen

(1) Die Lenker von Fahrzeugen haben dafür zu sorgen, daß Steine oder andere Gegenstände, die unter die Räder des Fahrzeuges gelegt worden sind, um das Abrollen zu verhindern, vor der Weiterfahrt von der Straße entfernt werden. Kann mit einem Fahrzeug wegen einer Betriebsstörung die Fahrt nicht fortgesetzt werden, so hat der Lenker, wenn das Fahrzeug ein Hindernis bildet, für die eheste Entfernung des Fahrzeuges von der Fahrbahn zu sorgen.

(2) Wird durch einen Gegenstand auf der Straße, insbesondere durch ein stehendes Fahrzeug, mag es betriebsfähig oder nicht betriebsfähig sein, durch Schutt, Baumaterial, Hausrat u. dgl. der Verkehr beeinträchtigt, so hat die Behörde die Entfernung des Gegenstandes ohne weiteres Verfahren zu veranlassen. Die Entfernung ist ferner ohne weiteres Verfahren zu veranlassen

a) bei einem Gegenstand, bei dem zu vermuten ist, daß sich dessen der Inhaber entledigen wollte sowie bei einem ohne Kennzeichentafeln abgestellten Kraftfahrzeug oder Anhänger und

b) bei einem Gegenstand (Fahrzeug, Container u. dgl.), der im Bereich eines Halte- und Parkverbotes abgestellt ist, das aus Gründen der Sicherheit erlassen worden und durch das Vorschriftszeichen nach § 52 Z.13b mit einer Zusatztafel „Abschleppzone" (§ 54 Abs. 5 lit. j) kundgemacht ist.

(2a) Eine Verkehrsbeeinträchtigung im Sinne des Abs. 2 ist insbesondere gegeben,

a) wenn Schienenfahrzeuge nicht unbehindert fahren können,
b) wenn der Lenker eines Omnibusses des Kraftfahrlinienverkehrs am Vorbeifahren oder Wegfahren, am Zufahren zu einer Haltestelle oder zu einer Garage oder am Befahren eines Fahrstreifens für Omnibusse gehindert ist,
c) wenn der Lenker eines sonstigen Fahrzeuges am Vorbeifahren oder Wegfahren oder am Zufahren zu einer Ladezone oder zu einer Garagen- oder Grundstückseinfahrt gehindert ist,
d) wenn ein Fahrzeug, bei dem kein Ausweis im Sinne des § 29b Abs. 4 angebracht ist, auf einem gemäß § 43 Abs. 1 lit. d freigehaltenen Abstellplatz abgestellt ist oder wenn der Inhaber eines Ausweises nach § 29b Abs. 1 oder 5 am Zufahren zu einem solchen Abstellplatz gehindert ist,
e) wenn Fußgänger, insbesondere auch Personen mit Kinderwagen oder Behinderte mit Rollstuhl, an der Benützung eines Gehsteiges, eines Gehweges oder eines Geh- und Radweges gehindert sind,
f) wenn Radfahrer an der Benützung eines Radfahrstreifens, eines Radweges oder eines Geh- und Radweges gehindert sind,
g) wenn ein Fahrzeug auf einem Schutzweg, auf einer Radfahrerüberfahrt oder vor einer Behindertenrampe abgestellt ist [,]
h) wenn ein Fahrzeug, das nicht ein Omnibus ist, auf einer für Omnibusse vorbehaltenen Fläche („Buszone“) abgestellt ist [oder]
i) wenn der Lenker eines Taxifahrzeuges oder einer Fiakerkutsche am Zufahren zum Standplatz gehindert ist.

(3) Im Falle der Unaufschiebbarkeit sind auch die Organe der Straßenaufsicht, des Straßenerhalters, der Feuerwehr oder eines Kraftfahrlinien- oder Eisenbahnunternehmens berechtigt, unter den im Abs. 2 genannten Voraussetzungen die dort bezeichneten Gegenstände zu entfernen oder entfernen zu lassen. Dies gilt insbesondere auch bei Vorliegen der Voraussetzungen für unaufschiebbare Verkehrsbeschränkungen nach § 44b Abs. 1.

(4) Von der Entfernung des Gegenstandes nach Abs. 2 und vom Ort der Verbringung ist sowohl die dem Orte der

bisherigen Aufstellung oder Lagerung am nächsten gelegene als auch die hiefür örtlich zuständige Polizei- oder Gendarmeriedienststelle unverzüglich zu verständigen. Von einer Entfernung des Gegenstandes nach Abs. 3 ist darüber hinaus die Behörde unverzüglich zu verständigen. Die Polizei- bzw. Gendarmeriedienststelle hat alle die Verbringung betreffenden Auskünfte zu erteilen.

(5) Sofern der Gegenstand noch nicht übernommen worden ist, hat die Behörde innerhalb einer Frist von einer Woche nach dem Entfernen des Gegenstandes den Eigentümer, im Falle des Entfernens eines zum Verkehr zugelassenen Kraftfahrzeuges oder Anhängers jedoch den Zulassungsbesitzer, durch Zustellung zu eigenen Handen (§ 21 ZustellG.) aufzufordern, den Gegenstand innerhalb einer Frist von sechs Monaten, einen im letzten Satz des Abs. 2 genannten Gegenstand aber innerhalb einer Frist von zwei Monaten, gerechnet vom Tage der Zustellung, zu übernehmen. Die Bestimmung des § 25 ZustellG. über die Zustellung an Personen, deren Wohnung unbekannt ist, gilt in diesem Falle sinngemäß, wenn die Person, an welche die Aufforderung zu richten wäre, nicht festgestellt werden kann.

(6) Nach erfolglosem Ablauf der gemäß Abs. 5 gesetzten Frist geht das Eigentum am entfernten Gegenstand auf den Erhalter jener Straße über, von der der Gegenstand entfernt worden ist. Dieser Eigentumsübergang findet jedoch nicht statt, wenn

a) der Gegenstand zu einem Zeitpunkt aufgestellt oder gelagert worden ist, zu dem die Voraussetzungen zur Entfernung nach Abs.2 oder 3 noch nicht vorlagen und dem Inhaber des Gegenstandes der bevorstehende Eintritt der Voraussetzungen nicht bekannt war und

b) die Aufstellung oder Lagerung nicht schon von Anbeginn gesetzwidrig war.

(7) Das Entfernen und Aufbewahren des Gegenstandes erfolgt auf Kosten desjenigen, der im Zeitpunkt des Aufstellens oder Lagerns des Gegenstandes dessen Inhaber, bei zum Verkehr zugelassenen Kraftfahrzeugen oder Anhängern dessen Zulassungsbesitzer war. Die Kosten sind vom Inhaber, bei zum Verkehr zugelassenen Kraftfahrzeugen oder Anhängern vom Zulassungsbesitzer oder deren Erfüllungsgehilfen (Beauftragten) bei der Übernahme des Gegenstandes zu bezahlen. Wird der Gegenstand innerhalb der gemäß Abs. 5 festgesetzten Frist nicht übernommen oder die Bezahlung der Kosten

verweigert, so sind die Kosten dem Inhaber des entfernten Gegenstandes, bei zum Verkehr zugelassenen Kraftfahrzeugen dem Zulassungsbesitzer mit Bescheid vorzuschreiben. Ist der Gegenstand widerrechtlich entzogen worden, so sind die Kosten demjenigen vorzuschreiben, der den Gegenstand entzogen hat. Ist der Gegenstand jedoch zu einem Zeitpunkt aufgestellt oder gelagert worden, zu dem die Voraussetzungen zur Entfernung nach Abs. 2 oder 3 noch nicht vorlagen, so sind die Kosten für die Entfernung, Aufbewahrung und Übernahme des Gegenstandes und die Gefahr der Entfernung und Aufbewahrung von dem Rechtsträger zu tragen, dessen Organ die Entfernung veranlaßt hat, es sei denn, daß dem Inhaber der bevorstehende Eintritt der Voraussetzung bekannt war oder daß die Aufstellung oder Lagerung von Anbeginn gesetzwidrig war. Eine Kostenvorschreibung nach Ablauf von drei Jahren nach Entfernung des Gegenstandes ist unzulässig.

(7a) Die Höhe der zu bezahlenden Kosten (Abs.7) kann durch Verordnung in Bauschbeträgen (Tarifen) gestaffelt bei Fahrzeugen nach der Art, sonst nach Größe oder Gewicht der Gegenstände auf Grund einer Ausschreibung nach dem kostengünstigsten Angebot festgesetzt werden. Die Festsetzung ist derart vorzunehmen, daß die notwendigen, der Behörde aus der Entfernung und Aufbewahrung der Gegenstände tatsächlich erwachsenden durchschnittlichen Kosten gedeckt sind. Hiezu gehören insbesondere die Kosten des Einsatzes der Transportfahrzeuge, der Entlohnung des für das Entfernen benötigten Personals, der Amortisation der Geräte sowie der Errichtung, des Betriebes, der Erhaltung, der Sicherung und der Bewachung des Ortes der Aufbewahrung, wobei jedoch jene Kosten unberücksichtigt zu bleiben haben, die die Behörde aus dem allgemeinen Aufwand zu tragen hat. Die für die Aufbewahrung der Gegenstände zu entrichtenden Bauschbeträge sind nach der Dauer der Verwahrung zu bestimmen.

(8) Durch die Bestimmungen der Abs. 2 bis 7 werden Rechtsvorschriften über gefundene oder vom Eigentümer preisgegebene Sachen nicht berührt.

Abs 1:

Die auf besonders abschüssigen Straßen durchaus zweckmäßige Sicherung eines Fahrzeuges gegen Abrollen mittels Steinen, Bremsklötzen udgl darf nicht dazu führen, dass die

Verkehrssicherheit durch das Liegenlassen derartiger Gegenstände beeinträchtigt wird.

Abs 2:

Das Abschleppen eines Fahrzeuges ist oft das letzte Mittel, um erhebliche Verkehrsstörungen hintanzuhalten. Anderseits rechtfertigt nicht schon der bloße Verstoß gegen eine Halte- oder Parkvorschrift, die sich als bloße Ordnungsvorschrift darstellt, sondern nur ein den Verkehr behinderndes Abstellen die Entfernung des Fahrzeuges (vgl jedoch Abs 2a und die Erläuterungen hiezu). So reicht beispielsweise die Unterlassung der Anbringung eines korrekt entwerteten Parkscheines oder einer richtig eingestellten Parkscheibe nicht zur Entfernung des Fahrzeuges aus. Die Entfernung darf allerdings schon dann veranlasst werden, wenn das abgestellte Fahrzeug eine Verkehrsbehinderung befürchten lässt (die also noch nicht tatsächlich eingetreten sein muss).

Entsprechendes gilt gem OGH auch auf Privatparkplätzen, da die Garagierungsordnungen von diesen Regeln nicht wesentlich abweichen dürfen.

Wird die Verkehrsbeeinträchtigung durch zwei abgestellte Fahrzeuge gemeinsam bewirkt und genügt zu ihrer Beseitigung die Entfernung eines Fahrzeuges, hat die Behörde ein diesbezügliches Wahlrecht – es sei denn, dass bekannt ist, welches Fahrzeug später kam, oder es ist offenkundig (etwa weil ein Fahrzeug gegen ein Halteverbot verstößt), welcher der beiden Lenker die Verkehrsbeeinträchtigung bewirkte. Nur wenn dies geklärt wurde, können Kosten gemäß Abs 7 begehrt werden.

Als Entfernung gilt auch ein bloßes Wegschieben oder Wegheben eines Gegenstandes (Kraftfahrzeuges), z.B. nach einem Verkehrsunfall. Üblicherweise erfolgt jedoch die Entfernung eines Fahrzeuges dergestalt, daß es auf ein Lastkraftfahrzeug gehoben und weggebracht wird. Solange sich das Fahrzeug noch auf dem Boden befindet – wenn auch schon mit den zum Hochheben notwendigen Vorrichtungen an den Rädern –, ist der Abschleppvorgang abzubrechen, wenn dessen Lenker kommt und es wegfahren will.

Wird das Fahrzeug dennoch oder – ganz allgemein – ohne Vorliegen der in diesem Absatz umschriebenen Voraussetzungen entfernt, ist darin eine unmittelbar beim Unabhängigen Verwaltungssenat anfechtbare (rechtswidrige) „Ausübung unmittelbarer verwaltungsbehördlicher Befehls- und Zwangsgewalt“ zu erblicken (Art 129a Abs 1 Z. 2 B-VG idF BGBl. 1988/685). Man beachte die sechs Wochen dauernde Beschwerdefrist.

Auf privatrechtlich bewirtschafteten Parkplätzen stellt ein vergleichbares Verhalten unter Umständen eine Besitzstörung dar, die ggf. gem § 339 ABGB verfolgt werden kann (30-Tage-Klagefrist).
Obwohl es unter den Voraussetzungen des § 82 Abs 2 zulässig ist, ein Kraftfahrzeug ohne Kennzeichentafeln abzustellen (von Bedeutung vor allem bei Wechselkennzeichen), sollen solche Fahrzeuge abgeschleppt werden können!
Die Schaffung von sog Sicherheitszonen für Einsatzfahrzeuge im Bereich von gefährdeten Gebäuden erfordert die Entfernung von Hindernissen. Eine Sicherheitszone würde nämlich ihren Sinn verlieren, wenn nicht dort abgestellte Gegenstände jeglicher Art, insbesondere auch Wohnwagen udgl ohne weiteres Verfahren entfernt werden könnten. Solche Sicherheitszonen sind aber mit einer entsprechenden Zusatztafel zu kennzeichnen, um Fahrzeuglenker darauf aufmerksam zu machen, dass etwa ein dort abgestelltes Fahrzeug abgeschleppt werden kann, auch wenn es den Verkehr nicht beeinträchtigt.

Abs 2a:

Diese Aufzählung ist nur eine beispielsweise, so dass es durchaus vorstellbar ist, auch in anderen Fällen ein Abschleppen zu veranlassen (z.B. wenn entgegen § 24 Abs 3 lit d so geparkt wird, dass nur mehr weniger als 5 m frei bleiben). Auch die Hinderung eines Lenkers, der eine dauernd stark gehbehinderte Person befördert, am berechtigten Zufahren zu einem Abstellplatz gem § 43 Abs 1 lit d rechtfertigt die kostenpflichtige Entfernung des Fahrzeuges, für das keine Abstellberechtigung besteht.
Grundsätzlich ist aber daran festzuhalten, dass ein Abschleppen nur bei einer unmittelbaren Verkehrsbeeinträchtigung in Betracht kommt, ausgenommen die in lit d, g und h genannten Fälle (vgl auch die Anm zu Abs 2).
Durch die 20. Novelle wurde in lit d lediglich eine redaktionelle Anpassung an den neugefassten § 29b vorgenommen und in lit i (neu!) verankert, dass die Hinderung auch eines Lenkers eines Taxifahrzeuges oder einer Fiakerkutsche am Zufahren zum Standplatz die kostenpflichtige Entfernung des verkehrsbehindernd abgestellten Fahrzeuges zur Folge haben kann.

Abs 3:

Unter der Voraussetzung der besonderen Dringlichkeit kann die Entfernung auch ohne Anordnung der Behörde vorgenommen werden, und zwar auch dann, wenn die Aufstellung (beispielsweise eines Fahrzeuges zum Parken) zwar völlig korrekt erfolgt war, danach aber Ereignisse im Sinne des § 44b eingetreten sind, die die Wegschaffung erfordern. Man beachte aber die Kostenfolgen gem Abs 7 und die Anm hiezu.

Abs 5:

Bei zum Verkehr zugelassenen Kraftfahrzeugen oder Anhängern kann der Zulassungsbesitzer in der Regel eher ermittelt werden als der Eigentümer. Aus diesem Grunde wird in einem solchen Fall der Zulassungsbesitzer aufgefordert, den Gegenstand wieder zu übernehmen.
Gemäß § 21 Abs 2 ZustellG, idF BGBl. I Nr. 65/2002, ist, wenn die Zustellung zu eigenen Handen nicht bewirkt werden kann, der Empfänger durch eine schriftliche Anzeige aufzufordern, zur Annahme des Schriftstückes zu einer ihm gleichzeitig zu bestimmenden Zeit an der Abgabestelle anwesend zu sein. Wird dieser Aufforderung nicht entsprochen, so ist das zuzustellende Schriftstück, wenn die Zustellung durch die Post zu vollziehen war, bei dem zuständigen Postamt, in allen anderen Fällen aber beim Gemeindeamt oder bei der Behörde, wenn sie sich in derselben Gemeinde befindet, zu hinterlegen. Von der Hinterlegung ist der Empfänger schriftlich zu verständigen. Die vorschriftsmäßige Hinterlegung des zuzustellenden Schriftstückes hat die Wirkung der Zustellung (Beginn der sechsmonatigen bzw zweimonatigen Übernahmsfrist oder der vierzehntägigen Berufungsfrist!). Wenn der Empfänger seinen gewöhnlichen Aufenthaltsort nur vorübergehend verlassen hat und ihm das zuzustellende Schriftstück nicht rechtzeitig nachgesendet werden kann, ist es nicht zu hinterlegen, sondern der Behörde zurückzustellen. Eine dennoch erfolgte Hinterlegung (oder ein sonstiger Zustellungsmangel) hat zur Folge, dass die Zustellung mit dem der Rückkehr folgenden Tag als vollzogen gilt.
Zufolge § 25 ZustellG können Zustellungen an Personen, deren Wohnung unbekannt ist, durch öffentliche Bekanntmachung erfolgen; sie gelten als vollzogen, wenn seit dem Anschlag an der Amtstafel der Behörde zwei Wochen verstrichen sind.
Bezüglich der Kosten der Entfernung und Aufbewahrung vgl Abs 7 und 7a.

Abs 6:

Übernimmt der Eigentümer (bei Kraftfahrzeugen der Zulassungsbesitzer) innerhalb von zwei bzw sechs Monaten den entfernten Gegenstand, bleibt er jedenfalls Eigentümer,

muss aber unter Umständen die Kosten der Entfernung und Aufbewahrung tragen (vgl hiezu Abs 7); meldet er sich nach Ablauf dieser Frist, hat er seine Eigentumsrechte nur dann nicht verloren, wenn die Voraussetzungen der lit a und b vorliegen. Liegen sie nicht vor, hat er sowohl das Eigentum verloren als auch die Kosten zu tragen.
Der hier vorgesehene Verlust des Eigentums begründet keinen Entschädigungsanspruch!

Abs 7:

Zu den anlastbaren Kosten der Entfernung und Aufbewahrung zählt nicht auch die Prämie einer von der Behörde oder vom beauftragten Abschleppunternehmen allenfalls abgeschlossenen Versicherung gegen Schäden an den abgeschleppten Kraftfahrzeugen.
Die Entfernung und Aufbewahrung erfolgt nicht auf Gefahr des Inhabers (bei Kraftfahrzeugen des Zulassungsbesitzers), so dass z.B. Beschädigungen von Kraftfahrzeugen beim Abschleppen nicht zu Lasten des Zulassungsbesitzers gehen.
Die Kosten werden im Fall der Übernahme des Gegenstandes nur dann bescheidmäßig vorgeschrieben, wenn ihre Zahlung verweigert wird. Daraus ergibt sich aber auch, dass die Herausgabe des Kraftfahrzeuges oder sonstigen Gegenstandes nicht von der Bezahlung der Kosten abhängig gemacht werden darf (kein Zurückbehaltungsrecht). Geschieht dies dennoch, liegt eine „rechtswidrige Ausübung unmittelbarer behördlicher Befehls- und Zwangsgewalt“ vor (vgl die diesbezügliche Anm zu Abs 2).
Ansprüche auf Rückerstattung von zu Unrecht eingehobenen Abschleppkosten können, wenn sie von der Behörde nicht formlos durch Zahlung erledigt werden, durch beim Verfassungsgerichtshof einzubringende Klage (Art 137 B-VG) geltend gemacht werden.

Abs 7a:

Die Berechnung der Kosten nach Durchschnittswerten bietet die Möglichkeit einer Verwaltungsvereinfachung, da die Ermittlung der Kosten für jeden Einzelfall unter Bedachtnahme auf die konkrete Abschlepp- und Anfahrtszeit sowie die unvermeidliche Bereitstellungszeit von Abschleppungsfahrzeugen und Bedienungspersonal sehr verwaltungsaufwendig ist und außerdem notwendigerweise dazu führen muss, dass sich für das Entfernen von mehreren verkehrsbeeinträchtigend abgestellten Kraftfahrzeugen von derselben Örtlichkeit verschieden hohe Kostenersätze ergeben, die dadurch entstehen, dass Fahrtwege zur Verwahrstelle und

Verkehrssituationen jeweils unterschiedlich sein können. Die Berechnung nach Bauschbeträgen ermöglicht es der Behörde, unter Berücksichtigung der für gleichartige Leistungen erforderlichen Kosten ohne Erzielung eines Gewinnes den entstandenen Aufwand ersetzt zu erhalten.
Die Differenzierung in der Tarifgestaltung bei Fahrzeugen im Sinne der StVO nach der Art, sonst nach der Größe oder Gewicht der Gegenstände trägt dem Umstand Rechnung, dass entsprechend der Verschiedenartigkeit des Transportgutes der Behörde verschieden hohe Kosten erwachsen. Dabei ist daran gedacht, dass innerhalb der einspurigen Kraftfahrzeuge sowie innerhalb der Personen- und Kombinationskraftwagen keine weitere Unterscheidung getroffen wird.
Wird ein Fahrzeug nur „händisch" verstellt, kommen als verrechenbare Kosten nur die des Personals in Frage; ein nach Abs 7a erlassener – auch andere Kosten enthaltender – Tarif darf in einem solchen Fall nicht angewendet werden.

Abs 8:

Hier kommen insbesondere die §§ 386, 388ff ABGB in Betracht. Nur solche Sachen, die der Eigentümer nicht mehr als die seinigen behalten will und daher preisgibt, kann sich grundsätzlich jedermann aneignen. Eine derartige Herrenlosigkeit wird jedoch nicht vermutet, sondern muss von demjenigen bewiesen werden, der sie behauptet. Es ist daher im Zweifel davon auszugehen, dass eine Sache bloß verloren wurde. Ihr Finder darf sie sich nicht zueignen.

§ 90 Arbeiten auf oder neben der Straße

(1) Wird durch Arbeiten auf oder neben der Straße der Straßenverkehr beeinträchtigt, so ist hiefür unbeschadet sonstiger Rechtsvorschriften eine Bewilligung der Behörde erforderlich. Die Bewilligung ist auf Antrag des Bauführers zu erteilen, wenn die Beeinträchtigung nicht wesentlich ist oder wenn es möglich ist, für die Aufrechterhaltung der Sicherheit, Leichtigkeit und Flüssigkeit des Verkehrs in anderer Weise zu sorgen.

(2) Die Bestimmungen des Abs. 1 finden keine Anwendung auf verkehrsfremde Tätigkeiten, für die gemäß § 82 eine Bewilligung erforderlich ist, sowie für Arbeiten an Mautanlagen und zur Erhaltung, Pflege und Reinigung der Straßen, für Vermessungsarbeiten und für nur kurzfristige dringende Reparaturen an öffentlichen Einrichtungen. Solche Arbeiten sind, sofern dies die Verkehrssicherheit erfordert, durch das Gefahrenzeichen „Baustel-

le“ anzuzeigen. Für Personen, die mit Vermessungsarbeiten oder den dringenden Reparaturen an öffentlichen Einrichtungen beschäftigt sind, gelten die Bestimmungen des § 98 Abs. 2 sinngemäß.

(3) Die Bewilligung ist unter Berücksichtigung der Art und des Umfanges der Bauführung und der Verkehrsbedeutung der Straße zur Wahrung der Sicherheit, Leichtigkeit und Flüssigkeit des Verkehrs bedingt, befristet oder mit Auflagen (z.B. Absperrung mit rot-weiß gestreiften Schranken) zu erteilen. Geschwindigkeitsbeschränkungen aus Anlaß von Arbeiten auf oder neben der Straße dürfen nur von der Behörde und nur im unbedingt notwendigen Ausmaß und nur für die unbedingt notwendige Strecke angeordnet werden.

Abs 1:

Unter „Arbeiten“ sind nicht nur Arbeiten an der Straße und ihren Anlagen selbst zu verstehen, sondern alle solche, durch die der Verkehr unmittelbar (z.B. Straßenaufgrabung wegen Kabelarbeiten) oder mittelbar (z.B. Vermessungsarbeiten) beeinträchtigt wird.

Anrainer haben im Bewilligungsverfahren keine Parteistellung.

Als sonstige Rechtsvorschriften kommen z.B. die Bauordnungen, die Gewerbeordnung udgl in Betracht.

Für derartige Bewilligungen ist in der Regel nach Maßgabe der landesgesetzlichen Vorschriften eine Verwaltungsabgabe zu entrichten.

Abs 2:

Im Hinblick auf die Vielfalt von Vermessungsarbeiten sowie von kurzfristigen dringenden Reparaturen an öffentlichen Einrichtungen ist für solche Tätigkeiten keine Bewilligung erforderlich. Im Interesse der Verkehrssicherheit und der Sicherheit der mit Vermessungsarbeiten oder dringenden Reparaturen beschäftigten Personen sind diese in gleicher Weise wie Organe des Straßenerhalters und unter den gleichen Bedingungen zum Tragen einer auffallenden Schutzausrüstung verpflichtet.

Das Anbringen von im § 44 Abs 1 genannten Straßenverkehrszeichen sowie allenfalls eine Lichtsignalregelung ist nur aufgrund einer entsprechenden Verordnung bzw Verfügung der Behörde zulässig; die mit Vermessungsarbeiten oder dringenden Reparaturen beschäftigten Personen dürfen von sich aus solche Einrichtungen nicht anbringen.

Die mit dem BStÜG 2002 eingefügte Ergänzung zugunsten der Reparatur von Mautanlagen folgte Zweckmäßigkeitsüberlegungen.

Abs 3:

Im Falle der Unaufschiebbarkeit, insbesondere bei Elementarereignissen, Straßen- oder Baugebrechen, können die Organe der Straßenaufsicht, des Straßenerhalters, der Feuerwehr oder des Gebrechendienstes gemäß § 44b auch Geschwindigkeitsbeschränkungen anordnen. Ansonsten aber dürfen Geschwindigkeitsbeschränkungen im Bereich von Baustellen nur von der Behörde verfügt werden.

Anlässlich der 3. StVO-Novelle hat der Nationalrat in Form der „Entschließung" die Bundesregierung ersucht, den Landesregierungen zu empfehlen, der Straßensignalisation im Bereich von Baustellen erhöhtes Augenmerk zuzuwenden, und hiebei ausgeführt: „Gemäß § 90 Abs 3 StVO dürfen Geschwindigkeitsbeschränkungen im Bereiche von Baustellen nur für die unbedingt notwendige Strecke angeordnet werden. Das bedeutet, dass Verkehrszeichen, mit denen eine Geschwindigkeitsbeschränkung verfügt wird, nach Beendigung der Bauarbeiten jedenfalls wieder zu entfernen und während des Ruhens der Bauarbeiten tunlichst zu verdecken sind."

ÖAMTC-Tipp:

Wer als Fahrzeuglenker wegen einer Übertretung beanstandet wird, obwohl die Beschränkung offenkundig außerhalb der bewilligten Arbeitszeiten nicht außer Kraft gesetzt wurde, sollte sich unverzüglich mit dem ÖAMTC-Rechtsservice in Verbindung setzen.

§ 91 Bäume und Einfriedungen neben der Straße

(1) Die Behörde hat den Grundeigentümer aufzufordern, Bäume, Sträucher, Hecken und dergleichen, welche die Verkehrssicherheit, insbesondere die freie Sicht über den Straßenverlauf oder auf die Einrichtungen zur Regelung und Sicherung des Verkehrs, oder welche die Benützbarkeit der Straße einschließlich der auf oder über ihr befindlichen, dem Straßenverkehr dienenden Anlagen, z.B. Oberleitungs- und Beleuchtungsanlagen, beeinträchtigen, auszuästen oder zu entfernen.

(2) Ein Anspruch auf Entschädigung für die Ausästung oder Beseitigung (Abs. 1) besteht nur bei Obstbäumen, die nicht in den Luftraum über die Straße hineinragen.

Über die Entschädigung entscheidet die Behörde nach den Bestimmungen des Eisenbahnenteignungsgesetzes 1954.

(3) An Einfriedungen, die von einer Straße nicht mehr als zwei Meter entfernt sind, dürfen spitze Gegenstände, wie Stacheldraht und Glasscherben, nur in einer Höhe von mehr als zwei Metern über der Straße und nur so angebracht werden, daß eine Gefährdung der Straßenbenützer nicht möglich ist.

(4) Elektrisch geladene Drahteinfriedungen, z.B. Weidezäune, dürfen nur in einer Entfernung von mehr als zwei Metern von der Straße entfernt angebracht werden.

(5) Frisch gestrichene Gegenstände auf oder an der Straße müssen, solange sie abfärben, auffallend kenntlich gemacht werden.

Abs 1:

Diese Vorschrift hat vorbeugenden Charakter. Sie setzt daher nicht voraus, dass schon Unfälle an der betreffenden Straßenstelle geschehen sind.

Abs 3:

Beachte, dass der Begriff „Straße" auch den Gehsteig umfasst.

§ 92 Verunreinigung der Straße

(1) Jede gröbliche oder die Sicherheit der Straßenbenützer gefährdende Verunreinigung der Straße durch feste oder flüssige Stoffe, insbesondere durch Schutt, Kehricht, Abfälle und Unrat aller Art sowie das Ausgießen von Flüssigkeiten bei Gefahr einer Glatteisbildung ist verboten. Haften an einem Fahrzeug, insbesondere auf seinen Rädern, größere Erdmengen, so hat sie der Lenker vor dem Einfahren auf eine staubfreie Straße zu entfernen.

(2) Die Besitzer oder Verwahrer von Hunden haben dafür zu sorgen, daß diese Gehsteige und Gehwege sowie Fußgängerzonen und Wohnstraßen nicht verunreinigen.

(3) Personen, die den Vorschriften der vorhergehenden Absätze zuwiderhandeln, können, abgesehen von den Straffolgen, zur Entfernung, Reinigung oder zur Kostentragung für die Entfernung oder Reinigung verhalten werden.

Abs 1:

Eine Straßenverunreinigung ist nur dann und immer dann verboten, wenn sie entweder gröblich ist oder die Sicherheit der Straßenbenützer gefährdet.
Die Vorschrift des zweiten Satzes ist von besonderer Bedeutung für Baufahrzeuge und ländliche Wirtschaftsmaschinen.

Abs 2:

Hunde dürfen die hier genannten Verkehrsflächen überhaupt nicht, andere Verkehrsflächen (z.B. Fahrbahn, Radfahrstreifen usw) nicht gröblich oder gefährlich verunreinigen.

Abs 3:

Diese Straffolgen setzen ein schuldhaftes Verhalten voraus; die bloße Verursachung einer verbotenen Verunreinigung reicht zu einer Bestrafung nicht aus.
Die Kosten der Entfernung ausgeflossenen Treibstoffes sind nach dieser Bestimmung (und nicht nach § 89a) vorzuschreiben.

§ 93 Pflichten der Anrainer

(1) Die Eigentümer von Liegenschaften in Ortsgebieten, ausgenommen die Eigentümer von unverbauten, land- und forstwirtschaftlich genutzten Liegenschaften, haben dafür zu sorgen, daß die entlang der Liegenschaft in einer Entfernung von nicht mehr als 3 m vorhandenen, dem öffentlichen Verkehr dienenden Gehsteige und Gehwege einschließlich der in ihrem Zuge befindlichen Stiegenanlagen entlang der ganzen Liegenschaft in der Zeit von 6 bis 22 Uhr von Schnee und Verunreinigungen gesäubert sowie bei Schnee und Glatteis bestreut sind. Ist ein Gehsteig (Gehweg) nicht vorhanden, so ist der Straßenrand in der Breite von 1 m zu säubern und zu bestreuen. Die gleiche Verpflichtung trifft die Eigentümer von Verkaufshütten.

(1a) In einer Fußgängerzone oder Wohnstraße ohne Gehsteige gilt die Verpflichtung nach Abs. 1 für einen 1 m breiten Streifen entlang der Häuserfronten.

(2) Die in Abs. 1 genannten Personen haben ferner dafür zu sorgen, daß Schneewächten oder Eisbildungen von den Dächern ihrer an der Straße gelegenen Gebäude bzw. Verkaufshütten entfernt werden.

(3) Durch die in den Abs. 1 und 2 genannten Verrichtungen dürfen Straßenbenützer nicht gefährdet oder behindert werden; wenn nötig, sind die gefährdeten Straßen-

stellen abzuschranken oder sonst in geeigneter Weise zu kennzeichnen. Bei den Arbeiten ist darauf Bedacht zu nehmen, daß der Abfluß des Wassers von der Straße nicht behindert, Wasserablaufgitter und Rinnsale nicht verlegt, Sachen, insbesondere Leitungsdrähte, Oberleitungs- und Beleuchtungsanlagen nicht beschädigt und Anlagen für den Betrieb von Eisenbahnen, insbesondere von Straßenbahnen oder Oberleitungsomnibussen in ihrem Betrieb nicht gestört werden.

(4) Nach Maßgabe des Erfordernisses des Fußgängerverkehrs sowie der Sicherheit, Leichtigkeit oder Flüssigkeit des übrigen Verkehrs hat die Behörde, sofern im Einzelfall unter den gleichen Voraussetzungen auf Antrag des nach Abs. 1 oder 5 Verpflichteten nicht die Erlassung eines Bescheides in Betracht kommt, durch Verordnung

a) die in Abs. 1 bezeichneten Zeiten, in denen die dort genannten Verkehrsflächen von Schnee oder Verunreinigung gesäubert oder bestreut sein müssen, einzuschränken;

b) die in Abs. 1 bezeichneten Verrichtungen auf bestimmte Straßenteile, insbesondere auf eine bestimmte Breite des Gehsteiges (Gehweges) oder der Straße einzuschränken;

c) zu bestimmen, daß auf gewissen Straßen oder Straßenteilen nicht alle in Abs. 1 genannten Verrichtungen vorgenommen werden müssen;

d) die Vorsichtsmaßregeln näher zu bestimmen, unter denen die in Abs. 1 und 2 bezeichneten Verrichtungen durchzuführen sind.

(5) Andere Rechtsvorschriften, insbesondere das Hausbesorgergesetz, BGBl. Nr. 16/1970, werden durch die Abs. 1 bis 4 nicht berührt. Wird durch ein Rechtsgeschäft eine Verpflichtung nach Abs. 1 bis 3 übertragen, so tritt in einem solchen Falle der durch das Rechtsgeschäft Verpflichtete an die Stelle des Eigentümers.

(6) Zum Ablagern von Schnee aus Häusern oder Grundstücken auf die Straße ist eine Bewilligung der Behörde erforderlich. Die Bewilligung ist zu erteilen, wenn das Vorhaben die Sicherheit, Leichtigkeit und Flüssigkeit des Verkehrs nicht beeinträchtigt.

Abs 1:

Nach den Straßenverwaltungsvorschriften hat im Ortsgebiet grundsätzlich der Straßenerhalter (das ist in der Regel die

Gemeinde) für die Schneereinigung auch auf Gehsteigen und Gehwegen zu sorgen. Diese Verpflichtung wurde durch die StVO auf die Liegenschaftseigentümer übertragen.
Die Eigentümer von unverbauten land- und forstwirtschaftlich „genutzten“ Liegenschaften sind von dieser Pflicht ausgenommen, da sie nicht auf der Liegenschaft und meist auch nicht in deren näherer Umgebung wohnen. Durch die 20. Novelle wurde eindeutig klargestellt, daß sich die gegenständliche Ausnahme ausdrücklich auf die „Nutzung“ von derartigen Liegenschaften bezieht, dh, dass aber nunmehr Eigentümer von unverbauten land- und forstwirtschaftlichen Liegenschaften, welche zwar als solche gewidmet sind, aber nicht genutzt werden, gegenüber der alten, diesbezüglich unklaren Rechtslage jedenfalls für eine Räumung sorgen müssen. Solcherart wird dem Verkehrsbedürfnis der Fußgänger Rechnung getragen.
Soweit es sich um bebaute Grundstücke im Ortsgebiet handelt, müssen deren Eigentümer jedenfalls, das heißt auch entlang land- und forstwirtschaftlicher Liegenschaften, für die Schneereinigung sorgen.
Neben den hier geregelten Anrainerpflichten tritt die vertragliche Pflicht des Betreibers eines Massenbeförderungsmittels, den Haltestellenbereich (das sind jene Teile der Straße, von denen aus die Fahrgäste das Verkehrsmittel betreten, bzw auf diese beim Aussteigen gelangen – vgl auch § 24 Abs 1 lit e) vom Eis zu säubern bzw zu streuen.
Die in § 1319a ABGB vorgesehenen Haftungsbeschränkungen kommen nur „Wegehaltern“ zugute (das sind diejenigen, die die Kosten für die Errichtung und Erhaltung der betreffenden Verkehrsflächen tragen sowie die Verfügungsmacht haben, die entsprechenden Maßnahmen zu setzen). Für Liegenschaftseigentümer treffen diese Voraussetzungen in aller Regel nicht zu, sodass sie – bzw die von ihnen beauftragten Personen – schon bei jeder schuldhaft unterlassenen Schneereinigung bzw Glatteisstreuung für daraus resultierende Schäden haften. Dasselbe gilt für die Straßenerhalter von Mautstraßen. Vgl auch die Anm zu Abs 5.

Abs 2:

Diese Sonderbestimmung verpflichtet die Liegenschaftseigentümer unter allen Umständen zur Beseitigung der besonders gefährlichen Schneewächten und Eisbildungen. Nach allgemeinen Rechtsgrundsätzen gebietet es jedoch die notwendige Sorgfalt darüber hinaus, auch den Gefahren vorzubeugen, die durch eine sonstige Ansammlung von Schneemassen entstehen können. In diesen Fällen besteht daher die Verpflichtung, mögliche „Dachlawinen" durch Aufstellung von Warnstangen anzukündigen sowie weiters, für baldige Abräumung des Schnees vom Dach Sorge zu tragen.

Abs 5:

Der Hauseigentümer haftet seinen Mietern für alle Schäden, die daraus entstehen, dass der von ihm bestellte Hausbesorger die durch öffentliche Vorschriften angeordnete Bestreuung des Gehsteiges bei Glatteis unterlässt. Dritten Personen gegenüber haftet für derartige Schäden der Hausbesorger; überdies der Hauseigentümer dann, wenn er sich eines untüchtigen oder wissentlich eines untüchtigen Hausbesorgers zur Besorgung seiner Verpflichtungen bedient. Diese Haftung wird auch durch den Schlusssatz des Abs 5 nicht ausgeschlossen, da die Übertragung der Verpflichtungen des Liegenschaftseigentümers durch Rechtsgeschäft (also z.B. Dienstvertrag, Auftrag uä) an einen Dritten nur dann dem Gesetz entspricht, wenn der Liegenschaftseigentümer bei der Auswahl des „Besorgungsgehilfen" jede pflichtgemäße Sorgfalt walten lässt. Widrigenfalls könnte der Liegenschaftseigentümer die Haftung wegen Verletzung der Vorschriften des § 93 dadurch ausschließen, dass er die vorgeschriebenen Verrichtungen einem vermögenslosen Dritten (ja sogar einem Kinde) aufträgt. Da dies nicht der Sinn des Gesetzes sein kann, muss diese Bestimmung in der dargelegten Weise ausgelegt werden.
Verwaltungsstrafrechtlich wird anstelle des Eigentümers der Übernehmer der Verpflichtung verantwortlich, ohne diese Verantwortlichkeit durch ein – weiteres – Rechtsgeschäft auf eine andere Person übertragen zu können.

Abs 6:

Für die Erteilung einer derartigen Bewilligung ist in der Regel nach Maßgabe der landesgesetzlichen Vorschriften eine Verwaltungsabgabe zu entrichten.

XII. ABSCHNITT

Behörden und Straßenerhalter

§ 94 Zuständigkeit des Bundesministers für Verkehr, Innovation und Technologie

Behörde im Sinne dieses Bundesgesetzes ist der Bundesminister für Verkehr, Innovation und Technologie

1. für die Erlassung der ihm in diesem Bundesgesetz ausdrücklich vorbehaltenen Verordnungen,

2. für die Erlassung von Verordnungen, die Autobahnen betreffen,

3. für die Erlassung von Verordnungen, mit denen Bundesstraßen zu Autostraßen oder Vorrangstraßen erklärt werden, und

4. für Vorschreibungen gemäß § 98 Abs. 3, die Einrichtungen zur Regelung und Sicherung des Verkehrs auf Autobahnen betreffen.

Anmerkung:

Z. 3 ist durch die sogenannte „Verländerung der Bundesstraßen" durch das BStÜG 2002 bedeutungslos geworden.

§ 94a Zuständigkeit der Landesregierung

(1) Behörde im Sinne dieses Bundesgesetzes ist, sofern sich nicht eine andere Zuständigkeit ergibt, die Landesregierung. Diese ist jedenfalls für die Handhabung der Verkehrspolizei (§94b Abs. 1 lit. a) auf Autobahnen zuständig.

(2) Die Landesregierung kann Organe, die dem Landesgendarmeriekommando oder dem Bezirksgendarmeriekommando angehören oder diesem zugeteilt sind und in Angelegenheiten des Straßenverkehrs besonders geschult sind, zur Handhabung der Verkehrspolizei einsetzen:

a) auf der Autobahn,

b) auf verkehrsreichen Straßenzügen,

c) wenn die Verkehrsverhältnisse diesen Einsatz erfordern,

d) wenn auf Grund von Verkehrsbeobachtungen, Verkehrszählungen oder Verkehrserfahrungen aus Anlaß vorhersehbarer Ereignisse dieser Einsatz notwendig ist,

e) zur Hintanhaltung von schweren Verwaltungsübertretungen, insbesondere solchen nach § 5, § 99 Abs. 1 bis 2 und Überschreitungen von erlaubten Höchstgeschwindigkeiten, oder wenn ein über den Bereich einer Bezirksverwaltungsbehörde hinausgehendes Einschreiten erforderlich ist.

(3) Abs. 2 lit. b bis e gilt nicht für den Bereich von Bundespolizeibehörden.

(4) Die Landesregierung kann sich im örtlichen Wirkungsbereich von Bundespolizeibehörden zur Vollziehung des Abs. 1 zweiter Satz auch der Sicherheitswacheorgane dieser Behörden bedienen.

Allgemeines:

Nach der Bundesverfassung ist die Landesregierung oberste Vollzugsbehörde des Landes. Da die Vollziehung der Straßenverkehrsordnung Landessache ist, endet deshalb der administrative Instanzenzug bei der Landesregierung (meist aber, vor allem im Verwaltungsstrafverfahren, beim Unabhängigen Verwaltungssenat), ohne dass ein Rechtszug an den Bundesminister für Verkehr, Innovation und Technologie gegeben wäre; es kann jedoch unter gewissen Voraussetzungen der Verfassungs- bzw. Verwaltungsgerichtshof angerufen werden (siehe Art 144 bzw 130 B-VG).

Abs 1:

S die Anm zu § 94.

Abs 2:

Daraus ergibt sich, dass die Verkehrspolizei auch auf der Autobahn nur von Organen des örtlich zuständigen Landesgendarmeriekommandos – also nicht die Landesgrenzen überschreitend – ausgeübt werden darf. Gewisse Überschneidungen ergeben sich aufgrund der sehr wohl zulässigen „Nacheile“.

Der durch die 19. Novelle angefügte lit e (durch die 20. Novelle nunmehr korrigiert auf „§ 5, § 99 Abs 1 „bis“ 2“) ermöglicht es der jeweiligen Landesregierung, Einsatzanordnungen, z.B. zu verstärkten Alkohol- und Geschwindigkeitskontrollen, unabhängig vom jeweiligen Verkehrsaufkommen oder Straßentyp, zu erteilen. Diese Einsatzanordnungen der Landesregierung können nicht nur landesweit, sondern auch innerhalb des örtlichen Zuständigkeitsbereiches einer Bezirksverwaltungsbehörde getroffen

werden. Dadurch wird eine langjährige Forderung des ÖAMTC verwirklicht.
Beachte auch Artikel II und III der 3. StVO-Novelle (idF BGBl. I Nr. 92/1998), die wie folgt lauten:
Art II: „Falls die Landesregierung gemäß § 94a Abs 1 und 2 den Einsatz von Organen des Landesgendarmeriekommandos verfügt, haben diese Organe neben den im § 97 Abs 1 angeführten Obliegenheiten auch an der Vollziehung aller

a) das öffentliche Sicherheitswesen,
b) das Kraftfahrwesen sowie
c) die gewerbsmäßige Beförderung von Personen und Gütern mit Kraftfahrzeugen und den Werkverkehr

betreffenden Gesetze, Verordnungen österreichischer Verwaltungsorgane und Verordnungen von Organen der Europäischen Gemeinschaften unmittelbar im Umfang des § 97 Abs 1 mitzuwirken."
Art III: „(1) Ordnet die Landesregierung den Einsatz von Organen der Bundesgendarmerie nach § 94a Abs 1 und 2 an, so sind diese insoweit, als sie im Rahmen der Zuständigkeit der Landesregierung tätig werden, Organe der Landesregierung und insoweit, als sie im Rahmen der Zuständigkeit der Bezirksverwaltungsbehörde tätig werden, Organe der Bezirksverwaltungsbehörde.
(2) Bedient sich die Landesregierung gemäß § 94a Abs 4 der Sicherheitswacheorgane einer Bundespolizeibehörde, so sind sie in dieser Hinsicht Organe der Landesregierung.
(3) Für die Fälle der Mitwirkung nach Art II sind die Organe des Landesgendarmeriekommandos in dieser Hinsicht Organe der jeweils zuständigen Behörde."

Abs 4:

Vgl die Anm zu Abs 2.

---

§ 94b Zuständigkeit der Bezirksverwaltungsbehörde

(1) Behörde im Sinne dieses Bundesgesetzes ist, sofern der Akt der Vollziehung nur für den betreffenden politischen Bezirk wirksam werden soll und sich nicht die Zuständigkeit der Gemeinde oder der Bundespolizeibehörde ergibt, die Bezirksverwaltungsbehörde

a) für die Verkehrspolizei, das ist die Überwachung der Einhaltung straßenpolizeilicher Vorschriften und die unmittelbare Regelung des Verkehrs durch Arm- oder Lichtzeichen, nicht jedoch für die Verkehrspolizei auf der Autobahn,

b) für die Erlassung von Verordnungen und Bescheiden,
c) für die Entfernung von Hindernissen (§ 89a) mit Ausnahme der Erlassung von Verordnungen nach § 89a Abs. 7a,
d) für Hinweise auf Gefahren und sonstige verkehrswichtige Umstände, unbeschadet des Rechtes des Straßenerhalters nach § 98 Abs. 3,
e) für die Führung des Verzeichnisses von Bestrafungen nach § 96 Abs. 7,
f) für die Sicherung des Schulweges (§§ 29a und 97a),
g) für die Anordnung der Teilnahme am Verkehrsunterricht und die Durchführung des Verkehrsunterrichtes (§ 101),
h) für die Feststellung von unfallverhütenden Maßnahmen gemäß § 96 Abs. 1.

(2) Die Bezirksverwaltungsbehörde ist ferner Behörde im Sinne dieses Bundesgesetzes für Personen, die ihren Hauptwohnsitz im örtlichen Wirkungsbereich der Behörde haben
a) für die Ausstellung eines Gehbehindertenausweises nach § 29b Abs. 1 und
b) für die Erteilung einer Bewilligung sowie die Ausstellung eines Radfahrausweises nach § 65 Abs. 2.

Abs 1:

Der Akt der Vollziehung wird dann für den betreffenden Bezirk wirksam, wenn die sich daraus ergebenden Wirkungen örtlich nicht darüber hinausgehen.
Zur Handhabung der Verkehrspolizei ist grundsätzlich die Bezirksverwaltungsbehörde berufen, soweit nicht ausnahmsweise (§ 94a) eine Zuständigkeit der Landesregierung gegeben ist oder Angelegenheiten der Verkehrspolizei der Gemeinde übertragen worden sind (§ 94c).
Zur Verkehrspolizei gehört daher nicht auch die Einhebung einer vorläufigen Sicherheit, die Beschlagnahme oder die Verhängung eines Organmandates. Die diesbezüglichen Rechte der Organe der Bundesgendarmerie und der Bundespolizei resultieren aus anderen Bestimmungen, z.B. dem VStG.
Bezirksverwaltungsbehörden sind die Bezirkshauptmannschaften und die Magistrate der Städte mit eigenem Statut.
Die Erlassung der in Abs 1 lit c genannten Verordnungen nach § 89a Abs 7a fällt gemäß § 94d Z. 15a in den eigenen Wirkungsbereich der Gemeinde.

Durch die 20. Novelle wurde die Feststellung unfallverhütender Maßnahmen gem § 96 Abs 1 eindeutig in den Zuständigkeitsbereich der Bezirksverwaltungsbehörde eingegliedert.

Abs 2:

In lit d wurde eine redaktionelle Anpassung an den neugefassten § 29b vorgenommen.

§ 94c Übertragener Wirkungsbereich der Gemeinde

(1) Die Landesregierung kann durch Verordnung von der Bezirksverwaltungsbehörde zu besorgende Angelegenheiten (§ 94b), die nur das Gebiet einer Gemeinde betreffen, wenn und insoweit dies im Interesse der Zweckmäßigkeit, Raschheit und Einfachheit gelegen ist, dieser Gemeinde übertragen. Bei der Besorgung der übertragenen Angelegenheiten tritt die Gemeinde an die Stelle der Bezirksverwaltungsbehörde. Vor Erlassung der Verordnung ist der Bezirksverwaltungsbehörde Gelegenheit zur Stellungnahme zu geben.

(2) Die Übertragung kann sich, sofern sich aus Abs. 3 nichts anderes ergibt, sowohl auf gleichartige einzelne als auch auf alle im § 94b bezeichneten Angelegenheiten hinsichtlich einzelner oder aller Straßen beziehen. Angelegenheiten des Verwaltungsstrafverfahrens mit Ausnahme der Vollziehung des § 50 VStG. und Angelegenheiten des Verkehrsunterrichtes (§ 101) sind von der Übertragung ausgeschlossen. Die Übertragung ist durch Verordnung zu widerrufen oder einzuschränken, wenn die Voraussetzungen, unter denen sie erfolgt ist, überhaupt weggefallen bzw. nicht mehr im seinerzeitigen Umfang gegeben sind.

(3) Sofern eine Gemeinde über einen Gemeindewachkörper verfügt, kann ihr die Handhabung der Verkehrspolizei (§ 94b Abs. 1 lit. a) durch diesen übertragen werden. Hiebei können alle oder nur bestimmte Angelegenheiten der Verkehrspolizei hinsichtlich aller oder nur einzelner Straßen übertragen werden. Die Ermächtigung der übrigen Organe der Straßenaufsicht, die Verkehrspolizei im Gemeindegebiet zu handhaben, bleibt unberührt.

Allgemeines:

Unsere Bundesverfassung gewährleistet den Gemeinden – neben deren Eigenschaft als selbständiger Wirtschaftskörper – die Ausübung gewisser behördlicher Aufgaben, die im ausschließlichen oder überwiegenden Interesse der in der Gemeinde verkörperten örtlichen Gemeinschaften gelegen und geeignet sind, durch die Gemeinschaft innerhalb ihrer örtlichen Grenzen besorgt zu werden; dies ist ihr eigener Wirkungsbereich. Die Gesetze haben nach unserer Bundesverfassung solche Angelegenheiten ausdrücklich als solche des eigenen Wirkungsbereiches der Gemeinde zu bezeichnen (s § 94d). Die Gemeinde hat die Angelegenheit des eigenen Wirkungsbereiches im Rahmen der Gesetze und Verordnungen des Bundes und des Landes in eigener Verantwortung frei von Weisungen und unter Ausschluss eines Rechtsmittels an Verwaltungsorgane außerhalb der Gemeinde zu besorgen. Der Bund und das Land üben jedoch ein Aufsichtsrecht (gilt nicht für Wien!) aus. Wer durch den Bescheid eines Gemeindeorgans in Angelegenheiten des eigenen Wirkungsbereiches in seinen Rechten verletzt zu sein behauptet, kann nach Erschöpfung des Instanzenzuges innerhalb von zwei Wochen ab Erlassung des Bescheides dagegen bei der Landesregierung Vorstellung erheben (gilt ebenfalls nicht für Wien; hier endet der Instanzenzug beim Berufungssenat). Diese hat den Bescheid, wenn Rechte des Einschreiters durch ihn verletzt werden, aufzuheben und die Angelegenheit zur neuerlichen Entscheidung an die Gemeinde zu verweisen. Für Städte mit eigenem Statut kann die Landesgesetzgebung dieses Recht der Vorstellung aufheben. Die Einbringung einer Beschwerde an den Verfassungs- oder Verwaltungsgerichtshof ist erst nach Erledigung der Vorstellung zulässig; nur dort, wo das Recht der Vorstellung aufgehoben wurde, kann eine derartige Beschwerde schon nach Erschöpfung des Instanzenzuges (für Wien: gegen die Entscheidung des Berufungssenates) erhoben werden.

Im Gegensatz zum eigenen Wirkungsbereich der Gemeinde (§ 94d) steht der hier in diesem Paragraphen geregelte übertragene Wirkungsbereich. Er bedeutet die Verpflichtung und Besorgung von Aufgaben des Bundes oder des Landes nach Maßgabe der Gesetze, wobei sie allen sonst für jedwede Verwaltung geltenden Grundsätzen unterliegen; die Angelegenheiten des übertragenen Wirkungskreises werden vom Bürgermeister besorgt, der in Angelegenheiten der Landesvollziehung (wozu die StVO gehört, vgl bei

§ 94a) an die Weisungen der zuständigen Organe des Landes gebunden ist (gilt nicht für Wien).

Abs 3:

Zur Verkehrspolizei gehören nicht die in der diesbezüglichen Anmerkung zu § 94b beispielsweise genannten Aufgaben. Der Behörde wurde jedoch die Möglichkeit eingeräumt, die Organe einer Gemeindewache auch zur Einhebung von Geldstrafen mit Organstrafverfügungen zu ermächtigen. Weiters können seit der B-VG-Novelle 1988, BGBl. 1988/685, Mitglieder eines Gemeindewachkörpers zur Handhabung des Verwaltungsstrafrechtes wie die sonstigen Organe des öffentlichen Sicherheitsdienstes ermächtigt werden, jedoch beschränkt auf Verwaltungsübertretungen in Angelegenheiten, die in den gesetzlichen Wirkungsbereich der Gemeinde fallen. Im übrigen bleibt das Verwaltungsstrafverfahren in der Zuständigkeit der Bezirksverwaltungsbehörde bzw der Bundespolizeibehörde.
Wurde einer Gemeinde die (straßenpolizeiliche) Verkehrspolizei übertragen, so ist ihr nach Maßgabe der Bestimmungen des § 123 Abs 3 KFG (abgedruckt und erläutert im ÖAMTC-Fachbuch „Verkehrsrecht, Band II") auch die Mitwirkung an der Vollziehung des Kraftfahrgesetzes zu übertragen.
Durch die 19. Novelle wurde klargestellt, dass die übrigen Organe der Straßenaufsicht neben dem Gemeindewachkörper zur Handhabung der Verkehrspolizei zuständig bleiben.

§ 94d Eigener Wirkungsbereich der Gemeinde

Sofern der Akt der Vollziehung nur für das Gebiet der betreffenden Gemeinde wirksam werden und sich auf Straßen, die nach den Rechtsvorschriften weder als Autobahnen, Autostraßen, Bundesstraßen oder Landesstraßen gelten noch diesen Straßen gleichzuhalten sind, beziehen soll, sind folgende Angelegenheiten von der Gemeinde im eigenen Wirkungsbereich zu besorgen:

1. die Erlassung von Verordnungen nach § 20 Abs. 2a,
1a. die Bewilligung von Ausnahmen nach § 24 Abs. 8,
1b. die Bestimmung von Kurzparkzonen (§ 25),
1c. die Erlassung einer Verordnung nach § 25 Abs. 5,
2. das Verbot oder die Einschränkung von Wirtschaftsfuhren (§ 30 Abs. 6),
3. die Verpflichtung eines Anrainers, die Anbringung von Einrichtungen zur Regelung und Sicherung des Verkehrs zu dulden (§ 33 Abs. 1),
3a. die Erlassung von Bescheiden betreffend Vermeidung von Verkehrsbeeinträchtigungen (§ 35),

4. die Erlassung von Verordnungen nach § 43, mit denen
a) Beschränkungen für das Halten und Parken,
b) ein Hupverbot,
c) ein Benützungsverbot für Radfahranlagen durch Rollschuhfahrer oder
d) Geschwindigkeitsbeschränkungen
erlassen werden,
4a. die Erlassung von Verordnungen nach § 43 Abs. 2a,
5. Hinweise auf Gefahren und sonstige verkehrswichtige Umstände, unbeschadet des diesbezüglichen Rechtes des Straßenerhalters nach § 98 Abs. 3,
6. die Bewilligung von Ausnahmen (§ 45) von den *[nach Z. 4]* erlassenen Beschränkungen und Verboten,
7. die Bewilligung der Ladetätigkeit nach § 62 Abs. 4 und 5,
8. die Bestimmung von Fußgängerzonen und die Bewilligung von Ausnahmen für Fußgängerzonen (§ 76a),
8a. die Bestimmung von Wohnstraßen (§ 76b),
9. die Bewilligung nach § 82,
10. die Bewilligung von Werbungen und Ankündigungen (§ 84 Abs. 3),
11. die Anweisung eines Platzes zur Ausübung der Bettelmusik (§ 85 Abs. 3),
12. die Entgegennahme der Anzeigen von Umzügen (§ 86), sofern sich nicht aus § 95 die Zuständigkeit der Bundespolizeibehörde ergibt,
13. die Erlassung von Verordnungen nach § 87 Abs. 1 (Wintersport auf Straßen),
14. die Erlassung von Verordnungen nach § 88 Abs. 1 (Spielen auf Straßen, Rollschuhfahren auf Fahrbahnen),
15. die Entfernung von Hindernissen (§ 89a),
15a. die Erlassung von Verordnungen nach § 89a Abs. 7a (Tariffestsetzung für die Entfernung und Aufbewahrung von Hindernissen),
16. die Bewilligung von Arbeiten (§ 90) ein schließlich der Erlassung der durch diese Arbeiten erforderlichen Verkehrsverbote und Verkehrsbeschränkungen,
17. die Verpflichtung, Straßenverunreinigungen zu beseitigen bzw. die Kosten hiefür zu tragen (§ 92 Abs. 3),
18. die Erlassung von Verordnungen und Bescheiden nach § 93 Abs. 4 und 6 (Pflichten der Anrainer),
19. die Handhabung der Bestimmungen des § 96 Abs. 4,
20. die Sicherung des Schulweges (§§ 29a und 97a).

Allgemeines:

Es handelt sich um eine erschöpfende Aufzählung; weitergehende StVO-Kompetenzen fallen nicht in den eigenen Wirkungsbereich der Gemeinde. S auch die Anm zu § 94c. Die Beibehaltung des Wortes „Bundesstraßen" ist nach dem BStÜG 2002 nur noch auf jene (theoretisch denkbaren) Bundesstraßen (-stücke) anzuwenden, die zwar „Autobahn oder Schnellstraße" nach dem BStMG 2002, nicht aber zugleich ohnehin Autobahnen oder Autostraßen nach dieser Bestimmung der StVO sind.

Z. 1 und 4:

Die Gemeinde ist auch für die Erlassung von globalen Geschwindigkeitsbeschränkungen für das gesamte Ortsgebiet und für alle anderen Geschwindigkeitsbeschränkungen zuständig; jedoch nur insoweit, als es sich nicht um (Bundes-) Autobahnen, Autostraßen oder Landesstraßen handelt. Durch die 20. Novelle wurde die Z. 4 dem neuen § 88a ("Rollschuhfahren") angepasst, da die Gemeinde als lokale Behörde am besten beurteilen wird können, ob bestimmte Radfahranlagen auf Gemeindestraßen für Rollschuhfahrer gesperrt werden sollen. Diese Angelegenheit wurde somit in den eigenen Wirkungsbereich der Gemeinde gem dem B-VG übertragen.

Z. 6:

Die Wortfolge „nach Z. 4" wurde vom Verfassungsgerichtshof aufgehoben (Kdm BGBl. 1991/615). Die Gemeinde ist daher für die Bewilligung von Ausnahmen von allen Beschränkungen und Verboten zuständig, die sie verfügt hat.

Z. 14:

Durch die 20. Novelle wurde diese Z. hinsichtlich des „Rollschuhfahrens auf Fahrbahnen" erweitert. S dazu auch § 88a samt Anm.

Z. 20:

Entsprechend der Regelung der Schülerlotsen im Rahmen der Sicherung des Schulweges in § 29a wurde die Zuständigkeit der Gemeinde im eigenen Wirkungsbereich zur Sicherung des Schulweges auch auf § 29a erstreckt, soweit es sich nicht um Bundesschnellstraßen oder Landesstraßen handelt; für diese Straßen bleibt die Bezirksverwaltungsbehörde zuständig.

§ 94e Verordnungen

Soweit Verordnungen nicht gemäß § 94 vom Bundesminister für Verkehr, Innovation und Technologie zu erlassen sind, steht ihre Erlassung den Ländern zu.

§ 94f Mitwirkung

(1) Vor Erlassung einer Verordnung ist, außer bei Gefahr im Verzuge, anzuhören:

a) von der Landesregierung und von der Bezirksverwaltungsbehörde:
1. die betroffene Gemeinde,
2. wenn sich der Geltungsbereich einer Verordnung auch auf den örtlichen Wirkungsbereich einer Bundespolizeibehörde erstrecken soll, diese Behörde,
3. wenn Interessen von Mitgliedern einer Berufsgruppe berührt werden, die gesetzliche Interessenvertretung dieser Berufsgruppe;

b) von der Gemeinde (§ 94c und d):
1. wenn sich der Geltungsbereich einer Verordnung auch auf den örtlichen Wirkungsbereich einer Bundespolizeibehörde erstrecken soll, diese Behörde,
2. wenn Interessen von Mitgliedern einer Berufsgruppe berührt werden, die gesetzliche Interessenvertretung dieser Berufsgruppe.

(2) Die Landesregierung und die Bezirksverwaltungsbehörde haben, außer bei Gefahr im Verzuge, vor Erlassung eines Bescheides in Angelegenheiten, die den örtlichen Wirkungsbereich einer Bundespolizeibehörde oder das Gebiet nur einer Gemeinde berühren, die Bundespolizeibehörde bzw. die Gemeinde anzuhören. Dies gilt jedoch nicht für Strafverfügungen oder Straferkenntnisse wegen Übertretung nach § 99 und für die Anordnung der Teilnahme am Verkehrsunterricht (§ 101). Die Gemeinde (§ 94c und d) hat, außer bei Gefahr im Verzuge, vor Erlassung eines Bescheides in Angelegenheiten, die den örtlichen Wirkungsbereich einer Bundespolizeibehörde berühren, diese Behörde anzuhören.

(3) Die Anhörung der Gemeinde nach den Abs.1 und 2 hat zu entfallen, wenn die Gemeinde Straßenerhalter ist. In diesem Falle gilt § 98 Abs. 1.

Abs 1:

Die hier vorgeschriebene Anhörung der gesetzlichen Interessenvertretung besteht beispielsweise hinsichtlich der Rechtsanwaltskammer, wenn es um die Erlassung eines Halteverbotes vor einem großen und dementsprechend stark von Rechtsanwälten frequentierten Justizgebäude geht.

§ 95 Bundespolizeibehörden

(1) Im örtlichen Wirkungsbereich einer Bundespolizeibehörde obliegt dieser, soweit in den folgenden Absätzen nichts anderes bestimmt ist,

a) die Handhabung der Verkehrspolizei (§ 94b lit. a), jedoch nicht auf der Autobahn,

b) die Ausübung des Verwaltungsstrafrechts (§§ 99 und 100) einschließlich der Führung des Verzeichnisses von Bestrafungen (§ 96), jedoch nicht die Ausübung des Verwaltungsstrafrechts hinsichtlich Übertretungen der Bestimmungen über die Benützung der Straße zu verkehrsfremden Zwecken (X. Abschnitt),

c) die Anordnung der Teilnahme am Verkehrsunterricht und die Durchführung des Verkehrsunterrichts (§ 101),

d) die Schulung und Ermächtigung von Organen der Straßenaufsicht zur Prüfung der Atemluft auf Alkoholgehalt sowie überhaupt die Handhabung der §§ 5, 5a und 5b,

e) das Verbot des Lenkens von Fahrzeugen (§ 59),

f) die Bewilligung sportlicher Veranstaltungen (§ 64),

g) die Entgegennahme der Anzeigen von Umzügen (§ 86),

h) die Sicherung des Schulweges (§§ 29a und 97a), sofern sich nicht die Zuständigkeit der Gemeinde (§ 94d) ergibt.

(1a) Im örtlichen Wirkungsbereich der Bundespolizeidirektion Wien obliegen dieser die in Abs. 1 lit. a bis h genannten Aufgaben, ausgenommen die Ausübung des Verwaltungsstrafrechtes hinsichtlich Übertretungen der §§ 8 Abs. 4, 9 Abs. 7, 23 bis 25 und 26a Abs. 3 sowie der Kurzparkzonen-Überwachungsverordnung.

(1b) Im örtlichen Wirkungsbereich der Bundespolizeidirektion Linz obliegen dieser die in Abs. 1 lit. a bis h genannten Aufgaben, aus genommen die Ausübung des Verwaltungsstrafrechtes hinsichtlich Übertretungen der §§ 8 Abs. 4, 9 Abs. 7, 23 bis 25 und 26a Abs. 3 sowie der Kurparkzonen-Überwachungsverordnung, BGBl. Nr. 857/1994.

(1c) Im örtlichen Wirkungsbereich der Bundespolizeidirektion Graz obliegen dieser die in Abs. 1 lit. a bis h genannten Aufgaben, aus genommen die Ausübung des Verwaltungsstrafrechtes hinsichtlich Übertretungen der §§ 8 Abs. 4, 9 Abs. 7, 23 bis 25 und 26a Abs. 3 sowie der Kurzparkzonen-Überwachungsverordnung, BGBl. Nr. 857/1994.

(2) Die Bundespolizeibehörden dürfen die ihnen obliegenden Angelegenheiten nicht auf die Gemeinde (§ 94 Abs. 3) übertragen.

(3) Die Bundespolizeibehörden haben bei Amtshandlungen nach Abs. 1 lit. f und g den Ortsgemeinden Gelegenheit zur Stellungnahme zu geben.

Allgemeines:

In folgenden Städten Österreichs bestehen Bundespolizeibehörden:
Eisenstadt, Graz, Innsbruck, Klagenfurt, Leoben, Linz, Salzburg, Schwechat, St. Pölten, Steyr, Villach, Wels, Wien, Wiener Neustadt.

Abs 1:

Die Befugnisse der Bundespolizei-(und Bezirksverwaltungs-)Behörden hinsichtlich der Überwachung der Einhaltung straßenpolizeilicher Vorschriften erstrecken sich nur auf öffentliche Straßen.

lit a:

Vergleiche jedoch § 94a Abs 4.
Der Klammerausdruck „(§ 94b lit. a)“ muss richtig lauten „(§ 94b Abs. 1 lit. a)“.

Abs 1a, 1b und 1c:

Die Ausübung des Verwaltungsstrafverfahrens in Wien, Linz und Graz hinsichtlich der in diesem Abs genannten Verwaltungsübertretungen wird damit wieder den Magistraten der Städte Wien, Linz und Graz als Bezirksverwaltungsbehörden übertragen. Diese Rückübertragungen (gem der 19. Novelle für Wien und der 20. Novelle für Linz und Graz) werden (bzw für Wien „wurden“ durch LGBl für Wien 1994/40, in Kraft getreten am 1. 10. 1994) wirksam, sobald auch die Länder durch Landesgesetze dies inhaltsgleich normiert haben.

Abs 2:

Der Klammerausdruck „(§ 94 Abs. 3)“ hat richtig zu lauten „(§ 94c)“.

§ 96 Besondere Rechte und Pflichten der Behörde

(1) Ereignen sich an einer Straßenstelle oder -strecke wiederholt Unfälle mit Personen- oder Sachschaden, so hat die Behörde unverzüglich – insbesondere auf Grund von Berichten der Dienststellen von Organen der Straßenaufsicht oder sonstiger geeigneter Stellen, unter Durchführung eines Lokalaugenscheins, Einholung von Sachverständigengutachten, Auswertung von Unfallverzeichnissen u. dgl. – festzustellen, welche Maßnahmen zur Verhütung weiterer Unfälle ergriffen werden können; hiebei ist auf den jeweiligen Stand der Wissenschaft und Forschung Bedacht zu nehmen. Das Ergebnis dieser Feststellungen ist demjenigen, der für die Ergreifung der jeweiligen Maßnahme zuständig ist, und der Landesregierung mitzuteilen.

(1a) Als unfallverhütend festgestellte Maßnahmen sind unverzüglich zu verwirklichen; ist das nicht möglich, so hat die Stelle, die für die Ergreifung der Maßnahme zuständig ist, der feststellenden Behörde und der Landesregierung die Umstände mitzuteilen, die diesen Maßnahmen entgegenstehen. Ist jedoch die Landesregierung oder der Bundesminister für Verkehr, Innovation und Technologie für die Ergreifung der Maßnahme zuständig, so sind die der Maßnahme entgegenstehenden Umstände in einem Aktenvermerk (§ 16 AVG) festzuhalten.

(1b) Die Landesregierung hat jährlich dem Bundesminister für Verkehr, Innovation und Technologie, sofern dieser nicht selbst für die Ergreifung der Maßnahme zuständig ist, zu berichten,

1. an welchen Straßenstellen Unfallhäufungsstellen (Abs. 1) aufgetreten sind,
2. die jeweils als unfallverhütend festgestellten Maßnahmen sowie
3. deren Verwirklichung oder die Gründe, die der betreffenden Maßnahme entgegenstehen.

Spätestens zwei Jahre nach Verwirklichung einer Maßnahme ist auch über ihre Auswirkungen zu berichten.

(2) Die Behörde hat alle zwei Jahre unter Beiziehung des Straßenerhalters alle angebrachten Einrichtungen zur Regelung und Sicherung des Verkehrs daraufhin zu überprüfen, ob sie noch erforderlich sind. Nicht mehr erforderliche Einrichtungen dieser Art sind zu entfernen.

(3) Die Behörde hat bei Kreuzungen von zwei Vorrangstraßen durch Anbringen der Straßenverkehrszeichen

„Ende der Vorrangstraße“ und „Vorrang geben“ oder „Halt“ zu bestimmen, welcher Fahrzeuglenker auf einer solchen Kreuzung den Vorrang hat.

(4) Die Behörde hat unter Bedachtnahme auf die Sicherheit, Leichtigkeit und Flüssigkeit des Verkehrs von Amts wegen oder auf Antrag der gesetzlichen Interessenvertretung die Standplätze für Fahrzeuge des Platzfuhrwerks-Gewerbes (Taxi-Gewerbes) sowie des Ausflugswagen-(Stadtrundfahrten-) Gewerbes festzusetzen. Dabei hat sie unter Berücksichtigung der zur Verfügung stehenden Abstellflächen und deren beste Ausnützung für diese Standplätze entweder nur das Parken oder für den ganzen Bereich des Standplatzes oder nur für einen Teil desselben auch das Halten zu verbieten. Die Standplätze sind durch die Vorschriftszeichen nach § 52 Z. 13a bzw. 13b mit den entsprechenden Zusatztafeln, z.B. mit der Aufschrift „AUSGENOMMEN...TAXI“, zu kennzeichnen. Die Vorschriften dieses Absatzes gelten sinngemäß auch für die Standplätze des mit Pferden betriebenen Platzfuhrwerks-Gewerbes mit der Maßgabe, daß an Stelle des Ausdruckes „TAXI“ der Ausdruck „FIAKER“ zu verwenden ist.

(5) Wird durch eine Haltestelle des Kraftfahrlinienverkehrs die Sicherheit, Leichtigkeit und Flüssigkeit des Verkehrs beeinträchtigt, so hat die Behörde die Verlegung der Haltestelle zu verfügen. Das Recht der Konzessionsbehörde zur bedarfsmäßigen Festsetzung der Haltestellen von Kraftfahrlinien nach den hiefür geltenden Rechtsvorschriften bleibt unberührt. Das gleiche gilt für Haltestellen von Straßenbahnen.

(6) Sofern es die Sicherheit, Leichtigkeit und Flüssigkeit des Straßenverkehrs erfordert, hat die Behörde zu verfügen, daß bestimmte Arten der Straßenbenützung, insbesondere solche, für die eine behördliche Bewilligung erforderlich ist, von Organen der Straßenaufsicht besonders zu überwachen sind. Die Behörde hat in regelmäßigen Abständen den Einsatz von Organen der Straßenaufsicht zur besonderen Überwachung der Bestimmungen des § 42 anzuordnen.

(7) Die Behörde hat ein Verzeichnis aller Personen zu führen, die in ihrem örtlichen Wirkungsbereich den Hauptwohnsitz haben und innerhalb der letzten fünf Jahre wegen einer Übertretung nach § 99 Abs. 1 bis 2 oder § 37a FSG bestraft worden sind. Hat eine Person ihren Hauptwohnsitz nicht innerhalb des örtlichen Wirkungsbe-

reiches der Behörde, die das Strafverfahren durchführt, so hat diese die Bestrafung nach Rechtskraft der Behörde des Hauptwohnsitzes bekanntzugeben.

(8) *(Aufgehoben.)*

Abs 1:

Die zuständigen Straßenpolizeibehörden sind verpflichtet, bei der Unfallverhütung und in diesem Zusammenhang insbesondere bei der Sanierung von Straßenstellen, an denen eine erhöhte Unfallhäufigkeit festgestellt wurde, nach dem jeweiligen Stand der Wissenschaft und Forschung vorzugehen. Dasselbe gilt auch für die von der Behörde festzustellenden Maßnahmen zur Unfallverhütung; darüber hinaus enthält die Bestimmung eine demonstrative Aufzählung der Hilfsmittel, deren sich die Behörde bei Erfüllung ihrer Aufgabe bedienen kann.

Im Gegensatz zum Abs 2 schreibt dieser Abs keine periodische Überprüfung vor. Wann durch die Behörde einzuschreiten ist, hängt lediglich von der Häufigkeit der Unfälle an der betreffenden Straßenstelle ab.

Als Maßnahme iS dieses Abs kommt insbesondere die Anordnung der Anbringung von Einrichtungen zur Regelung und Sicherung des Verkehrs in Betracht.

Vgl auch die Anm zu § 97 Abs 1 lit b.

Abs 1a und 1b:

Durch ein Untätigbleiben der zuständigen Stellen kommt es immer wieder dazu, dass Ursachen für Verkehrsunfälle nicht beseitigt werden. Mit diesen Bestimmungen sind einerseits den Bezirksverwaltungsbehörden mehr Möglichkeiten gegeben, die zuständigen Stellen (in der Regel den Straßenerhalter) dazu zu bringen, ihren Pflichten nachzukommen, andererseits ist der Landesregierung die fachliche Aufsicht über die Bezirksverwaltungsbehörden und dem Bund das Wahrnehmungsrecht in diesem Bereich erleichtert. Sollten unfallverhütende Maßnahmen nicht unverzüglich gesetzt werden, werden die Oberbehörde und der Bund im Rahmen ihres Wahrnehmungsrechts auf eine gesetzestreue Vollziehung der StVO zu drängen haben.

Abs 2:

Auch die Überhäufung der Straße mit Verkehrszeichen und Bodenmarkierungen ist der Sicherheit, Flüssigkeit und Leichtigkeit des Verkehrs abträglich.

Anlässlich der Beratung der Regierungsvorlage der 3. StVO-Novelle hat der Nationalrat eine Entschließung gefasst, mit der die Bundesregierung ersucht wird, die Landesregierungen an die Bestimmung des Abs 2 zu erinnern und ihnen zu empfehlen, darauf hinzuwirken, dass, unbeschadet gesetzlicher Bestimmungen,

a) Straßenverkehrszeichen grundsätzlich nur nach Maßgabe von Sicherheit, Leichtigkeit und Flüssigkeit des Verkehrs angebracht werden sollen und
b) Straßenverkehrszeichen wieder entfernt werden sollen, wenn Sicherheit, Leichtigkeit und Flüssigkeit des Verkehrs ihr Vorhandensein nicht mehr erfordern (vgl auch bei § 90).

Abs 4:

Der Behörde ist es somit möglich, Standplätze für Taxis udgl auch von Amts wegen festzulegen, um im öffentlichen Interesse auszuschließen, dass mangels Antragstellung wieder eine Art Bedarfsregelung Platz greift.
Antragslegitimiert ist nur die gesetzliche Interessenvertretung, nicht auch der einzelne Unternehmer.
Dieser Abs ermöglicht es, Standplätze nicht nur mit einem Parkverbot, sondern auch durch ein Halte- und Parkverbot freizuhalten. Nach Maßgabe der Erfordernisse des Einzelfalles kann auch teilweise ein Parkverbot, teilweise ein Halte- und Parkverbot verfügt werden.
Auf Taxistandplätzen, die mit Halte-(Park-)Verbot belegt sind, ist das Halten (Parken) nur für dienstbereite Taxis erlaubt.

Abs 5:

Die Behörde hat nicht nur das Recht, sondern die Pflicht, unbeschadet der Rechte der für Kraftfahrlinien zuständigen Konzessionsbehörde die Verlegung einer die Sicherheit, Leichtigkeit und Flüssigkeit des Verkehrs beeinträchtigenden Haltestelle zu verfügen.

Abs 6:

Da die Einhaltung des Wochenend- und Feiertagsfahrverbotes für Lkw von besonderer Bedeutung für die Sicherheit, Leichtigkeit und Flüssigkeit des Verkehrs ist, ist die zuständige Straßenpolizeibehörde verpflichtet, regelmäßig eine besondere Überwachung der Einhaltung des Wochenend- und Feiertagsfahrverbotes und der auf Grund des § 42 erlassenen Verordnungen (z.B. Sommerreise-Verordnung, s. Anhang XI) anzuordnen.

Abs 7:

In diesen Abs neu aufgenommen wurden die Bestimmungen „§ 37a FSG“ (durch BGBl. I Nr. 3/1998) und § 99 Abs 1 „bis“

2 (durch die 20. Novelle). Diese Bestimmungen beziehen sich auf die Staffelung der betreffenden Alko-Limits.
Da die Vollziehung der Straßenverkehrsordnung Landessache ist, sind die Bezirksverwaltungs- bzw Bundespolizeibehörden mit der Führung der „Verkehrssünderkartei" befasst.

§ 97 Organe der Straßenaufsicht

(1) Die Organe der Straßenaufsicht, insbesondere der Bundesgendarmerie, der Bundessicherheitswache und im Falle des § 94c Abs. 1 auch der Gemeindewachkörper, haben die Verkehrspolizei (§ 94b Abs. 1 lit. a) zu handhaben und bei der Vollziehung dieses Bundesgesetzes durch
a) Vorbeugungsmaßnahmen gegen drohende Verwaltungsübertretungen,
b) Maßnahmen, die für die Einleitung von Verwaltungsstrafverfahren erforderlich sind,
c) Anwendung körperlichen Zwanges, soweit er gesetzlich vorgesehen ist,
mitzuwirken.
Darüber hinaus können Mitglieder eines Gemeindewachkörpers mit Zustimmung der Gemeinde von der zuständigen Bezirksverwaltungsbehörde in dem Umfang und unter den Voraussetzungen wie die sonstigen Organe der Straßenaufsicht zur Mitwirkung bei der Vollziehung dieses Bundesgesetzes durch die in lit. a bis c angeführten Maßnahmen ermächtigt werden. In diesem Fall unterstehen die Mitglieder des Gemeindewachkörpers in fachlicher Hinsicht der zuständigen Bezirksverwaltungsbehörde.

(1a) Zollorgane haben im Bereich des Amtsplatzes im Sinne des § 11 des Zollrechts-Durchführungsgesetzes, BGBl. Nr. 659/1994, an der Vollziehung dieses Bundesgesetzes im Rahmen der ihnen sonst obliegenden Aufgaben in dem in Abs. 1 bezeichneten Umfang mitzuwirken und gelten hiebei als Organe der Straßenaufsicht. Im Bereich einer Mautstelle dürfen auch die mit der Mauteinhebung betrauten Organe den Verkehr durch Arm- oder Lichtzeichen regeln.
(2) Organe der Straßenaufsicht, ausgenommen Organe der Bundesgendarmerie, der Bundes- oder einer Gemeindesicherheitswache oder Zollorgane, sind auf ihre Dienstpflichten zu vereidigen und mit einem Dienstabzei-

chen auszustatten. Form, Ausstattung und Tragweise des Dienstabzeichens sind unter Bedachtnahme auf seinen Zweck und seine Erkennbarkeit durch Verordnung des Bundesministers für Verkehr, Innovation und Technologie zu bestimmen.

(3) Bei Gefahr im Verzuge, wie z.B. bei Bränden oder Unfällen, oder in besonderen Ausnahmefällen, wie z.B. bei Straßenbauten, kann die Behörde, wenn es die Sicherheit, Leichtigkeit und Flüssigkeit des Verkehrs erfordert, außer den Organen der Straßenaufsicht auch andere geeignete Personen mit der Regelung des Verkehrs auf den in Betracht kommenden Straßenteilen vorübergehend betrauen. Sie hat diese Personen nach Möglichkeit mit einer weißen Armbinde kenntlich zu machen und mit einem Ausweis, aus dem diese Betrauung hervorgeht, zu versehen. Wenn es die Sicherheit, Leichtigkeit und Flüssigkeit des Verkehrs erfordert, kann die Behörde auch Organe eines Straßenbahnunternehmens mit der Regelung des Verkehrs im Bereiche von Straßenbahnhaltestellen betrauen.

(4) Die Organe der Straßenaufsicht sowie die nach Abs. 3 betrauten Organe sind, wenn es die Sicherheit, Leichtigkeit und Flüssigkeit des sich bewegenden oder die Ordnung des ruhenden Verkehrs erfordert, berechtigt, einzelnen Straßenbenützern für den Einzelfall Anordnungen für die Benützung der Straße zu erteilen, und zwar auch solche, die von den sonstigen diesbezüglichen Bestimmungen abweichen. Diese Anordnungen dürfen

a) nur gegeben werden, wenn ihre Befolgung ohne Gefährdung von Personen und ohne Beschädigung von Sachen möglich ist,

b) nur befolgt werden, wenn dies ohne Gefährdung von Personen und ohne Beschädigung von Sachen möglich ist.

(5) Die Organe der Straßenaufsicht sind berechtigt, durch deutlich sichtbare oder hörbare Zeichen Fahrzeuglenker zwecks Lenker- oder Fahrzeugkontrolle, zwecks anderer, den Fahrzeuglenker oder eine beförderte Person betreffende Amtshandlungen oder zwecks Durchführung von Verkehrserhebungen (wie Verkehrszählungen u. dgl.) zum Anhalten aufzufordern. Der Fahrzeuglenker hat der Aufforderung Folge zu leisten. Bei solchen Amtshandlungen sind die Organe der Straßenaufsicht auch berechtigt, die aus Gründen der Verkehrssicherheit allenfalls notwendigen Verkehrsbeschränkungen (z.B. sogenannte Ge-

schwindigkeitstrichter) anzuordnen und durch Straßenverkehrszeichen kundzumachen sowie eine allenfalls notwendige Regelung mit Lichtzeichen vorzunehmen. Für die Anwendung dieser Maßnahme gilt § 44 b Abs. 2 bis 4.

(6) Alle Personen, die auf Grund der Bestimmungen dieses Bundesgesetzes mit der unmittelbaren Regelung des Verkehrs befaßt sind, müssen während dieser Tätigkeit so ausgerüstet sein und sich so aufstellen, daß sie von allen Straßenbenützern bei gehöriger Aufmerksamkeit leicht gesehen werden können.

Allgemeines:

Organe der Straßenaufsicht handeln, gleichgültig, wem sie organisatorisch unterstehen, jeweils im Namen jener Behörde, welche für die Verkehrspolizei zuständig ist (§§ 94a bis 94c).

Abs 1:

Aus lit b ergibt sich, dass die Organe auch zur Vermessung von Unfallstellen verpflichtet sind, sofern dafür eine sachliche Notwendigkeit besteht.

Abs 1a:

Aufgrund der zunehmenden Notwendigkeit besteht nunmehr bei Grenzübergängen die Möglichkeit, dass auch Zollorgane im Rahmen der Bestimmungen des Abs 1 an der Vollziehung der Straßenverkehrsordnung mitwirken, wobei der diesbezügliche Wirkungsbereich auf das Gebiet des Amtsplatzes (iS des § 11 Zollrechtsdurchführungsgesetz, BGBl. Nr. 659/1994, idF BGBl. I Nr. 97/2002) beschränkt wurde. Auch können mit der Mauteinhebung betraute Organe eine im Bereich der Mautstelle notwendige Verkehrsregelung durch Arm- oder Lichtzeichen durchführen, wobei es unerheblich ist, ob es sich um Organe des Straßenerhalters, der Mautgesellschaft oder sonstige Organe handelt.

Abs 2:

Einem Gendarmeriebeamten kommen die Befugnisse des § 97 unabhängig davon zu, ob er Uniform trägt. Ist er in Zivil, bedarf es jedoch einer nach außen hin gegenüber dem Betroffenen wahrnehmbaren ausdrücklichen Erklärung über die erfolgte „Indienststellung". Eine besondere diesbezügliche Formel ist jedoch ebensowenig erforderlich wie die Vorweisung des Dienstausweises. Vgl auch § 1 Abs 3 der Richtlinien-Verordnung, abgedruckt im Anhang XII.

Durch die 20. Novelle wurde lediglich eine redaktionelle Anpassung an den neuen Abs 1a bzgl der Zollorgane durchgeführt und die bisherige Regelung über die Vereidigung von Straßenaufsichtsorganen herausgenommen. Nunmehr ist es im Rahmen des Organisationsrechts Sache der Landesgesetzgeber zu bestimmen, wer die jeweilige Vereidigung der betreffenden Organe vornimmt.

Abs 4:

Hier ist die sogenannte „individuelle Weisung" entsprechend dem Hilfszeichen nach § 41 geregelt. Eine solche Weisung ist zwar nur unter den Voraussetzungen des lit b, dann jedoch sofort zu befolgen.
Für derartige Weisungen sind Sicherheit, Leichtigkeit oder Flüssigkeit des Fließverkehrs Voraussetzung.

Abs 5:

Abgesehen von den eher eindeutigeren optischen Zeichen können Lenker auch mit akustischen Zeichen, z.B. mittels Megafon, zum Anhalten aufgefordert werden, wobei als Aufforderung diese Zeichen deutlich sein müssen. Ein bloßer Zuruf oder „Nachpfeifen" alleine ist nicht geeignet und die Nichtbefolgung daher nicht strafbar.
Auch zum Zweck der Durchführung von Verkehrserhebungen können nunmehr Anhaltungen erfolgen.
Durch den dritten Satz ist es den Organen der Straßenaufsicht ermöglicht, bei Verkehrskontrollen sogenannte „Geschwindigkeitstrichter" und gegebenenfalls auch Lichtzeichenregelungen anzuordnen. Verkehrsanhaltungen auf Autobahnen sind ohne eine solche Maßnahme in der Regel besonders gefährlich.

§ 97a Sicherung des Schulweges

(1) Die Behörde kann auf Vorschlag oder nach Anhörung der Leitung eines Kindergartens oder einer Schule geeignete Personen mit der Regelung des Verkehrs nach Maßgabe des Abs.3 betrauen; sie hat den betrauten Personen einen Ausweis, aus dem die Betrauung hervorgeht, auszufolgen.

(2) Die betrauten Personen sind mit einem geeigneten Signalstab sowie mit einer gut wahrnehmbaren Schutzausrüstung auszustatten, die sie während der Verkehrsregelung zu tragen haben. Der Bundesminister für Inneres hat durch Verordnung die Ausführung, Beschaffen-

heit, Farbe und sonstige zur Wahrnehmbarkeit erforderlichen Eigenschaften des Signalstabes und der Schutzausrüstung sowie den Inhalt und die Form des Ausweises zu bestimmen.

(3) Die betrauten Personen dürfen durch deutlich erkennbare Zeichen mit dem Signalstab die Lenker von Fahrzeugen zum Anhalten auffordern, um Kindern das Überqueren der Fahrbahn zu ermöglichen. Die betrauten Personen dürfen diese Verkehrsregelung nur an Straßenstellen, an denen der Verkehr nicht durch Lichtzeichen geregelt wird, und nur ausüben

a) in der unmittelbaren Umgebung von Gebäuden, in denen Schulen, die von Kindern unter 15 Jahren besucht werden, oder Kindergärten untergebracht sind, aber nur auf Fahrbahnstellen, die von Kindern in der Regel auf dem Schulweg (Weg zum oder vom Kindergarten) überquert werden, oder

b) als Begleitung von geschlossenen Kindergruppen.

(4) Den Anordnungen (Abs. 3) der betrauten Personen ist Folge zu leisten.

Allgemeines:

Vor Erlassung der hier vorgesehenen Verfügungen ist jedenfalls der Kindergarten oder die Schule anzuhören. Ob es sich um eine öffentliche Einrichtung handelt oder um private Kindergärten oder Schulen, ist bedeutungslos. Die Befugnisse der „Schulwegpolizei" sind genau umschrieben, weitere Aufgaben dürfen ihr nicht übertragen werden. Vgl auch die im Anhang V abgedruckte Verordnung. Diese „Schulwegpolizei" mit ihren Anhaltebefugnissen unterscheidet sich von den an sich gleich ausgestatteten Schülerlotsen gem § 29a Abs 4.

Abs 1:

„Geeignete Personen" können auch Minderjährige (z.B. Polizeischüler) sein.

§ 98 Besondere Rechte und Pflichten des Straßenerhalters

(1) Der Straßenerhalter ist in jedem nach den Bestimmungen dieses Bundesgesetzes durchzuführenden Verfahren Partei im Sinne des § 8 des Allgemeinen Verwaltungsverfahrensgesetzes 1950; dies gilt jedoch nicht für Verfahren nach § 59 über das Verbot des Lenkens von Fahrzeugen, nach § 65 über die Bewilligung der Benüt-

zung von Fahrrädern durch Personen unter 12 Jahren, nach § 99 über die Bestrafung von Übertretungen straßenpolizeilicher Vorschriften, es sei denn, daß auch über privatrechtliche Ansprüche des Straßenerhalters zu entscheiden ist (§ 100 Abs. 6) und nach § 101 über die Verpflichtung zur Teilnahme am Verkehrsunterricht. Vor Erlassung einer Verordnung auf Grund dieses Bundesgesetzes hat die Behörde den Straßenerhalter anzuhören, es sei denn, daß Gefahr in Verzuge ist und er nicht rechtzeitig beteiligt werden kann. Vom Inhalt der Verordnung ist er in jedem Falle in Kenntnis zu setzen.

(2) Der Straßenerhalter hat seine Organe, die mit der Erhaltung, Pflege und Reinigung der Straßen beauftragt sind, mit einer auffallenden Schutzausrüstung auszustatten und sie anzuweisen, diese Ausrüstung während der Dauer der Arbeitsverrichtungen zu tragen. Die Schutzausrüstung braucht auf Straßenstellen, die durch das Gefahrenzeichen „Baustelle" (§ 50 Z. 9) gekennzeichnet sind, nicht getragen zu werden.

(3) Der Straßenerhalter darf auch ohne behördlichen Auftrag Einrichtungen zur Regelung und Sicherung des Verkehrs (§ 31 Abs. 1) anbringen; dies gilt unbeschadet der Bestimmungen über unaufschiebbare Verkehrsbeschränkungen (§ 44b), jedoch nicht für die in § 44 Abs. 1 genannten Straßenverkehrszeichen und Bodenmarkierungen. Die Behörde kann ihm jedoch, wenn es die Sicherheit, Leichtigkeit oder Flüssigkeit des Verkehrs erfordert, vorschreiben, Einrichtungen zur Regelung und Sicherung des Verkehrs zu entfernen oder an den von ihr zu bestimmenden Stellen anzubringen. Die Entfernung der genannten Einrichtungen kann die Behörde insbesondere verlangen, wenn ihre Anbringung gesetzwidrig oder sachlich unrichtig ist.

(4) Der Straßenerhalter hat der Behörde Umstände, die in der Anlage oder Beschaffenheit der Straße begründet sind und für die Erlassung einer Verordnung nach § 43 maßgebend sein können, bekanntzugeben.

Allgemeines:

Straßenerhalter kann auch eine Privatperson sein.

Abs 3:

Der Straßenerhalter darf aber nur jene Einrichtungen zur Regelung und Sicherung des Verkehrs ohne behördlichen

Auftrag anbringen, für die es keiner Verordnung gemäß § 43 bedarf.

Abs 4:

Darüber hinaus ist der Straßenerhalter in erster Linie verpflichtet, alles vorzukehren, um die Sicherheit der Straße herzustellen bzw zu erhalten. Diese Verpflichtung ergibt sich einerseits aus den einzelnen Straßenverwaltungsvorschriften und andererseits aus der allgemeinen Verkehrssicherungspflicht aller Personen, die eine Straße dem allgemeinen Verkehr überlassen (vgl auch § 1319a ABGB).

XIII. ABSCHNITT

Straf- und Schlußbestimmungen

§ 99 Strafbestimmungen

(1) Eine Verwaltungsübertretung begeht und ist mit einer Geldstrafe von 1.162 Euro bis 5.813 Euro, im Fall ihrer Uneinbringlichkeit mit Arrest von zwei bis sechs Wochen, zu bestrafen,

a) wer ein Fahrzeug lenkt oder in Betrieb nimmt, obwohl der Alkoholgehalt seines Blutes 1,6 g/l (1,6 Promille) oder mehr oder der Alkoholgehalt seiner Atemluft 0,8 mg/l oder mehr beträgt,

b) wer sich bei Vorliegen der in § 5 bezeichneten Voraussetzungen weigert, seine Atemluft auf Alkoholgehalt untersuchen oder sich vorführen zu lassen, oder sich bei Vorliegen der bezeichneten Voraussetzungen nicht der ärztlichen Untersuchung unterzieht,

c) (Verfassungsbestimmung) wer sich bei Vorliegen der im § 5 bezeichneten Voraussetzungen weigert, sich Blut abnehmen zu lassen.

(1a) Eine Verwaltungsübertretung begeht und ist mit einer Geldstrafe von 872 Euro bis 4.360 Euro, im Fall ihrer Uneinbringlichkeit mit Arrest von zehn Tagen bis sechs Wochen, zu bestrafen, wer ein Fahrzeug lenkt oder in Betrieb nimmt, obwohl der Alkoholgehalt seines Blutes 1,2 g/l (1,2 Promille) oder mehr, aber weniger als 1,6 g/l (1,6 Promille) oder der Alkoholgehalt seiner Atemluft 0,6 mg/l oder mehr, aber weniger als 0,8 mg/l beträgt.

(1b) Eine Verwaltungsübertretung begeht und ist mit einer Geldstrafe von 581 Euro bis 3.633 Euro, im Fall ihrer Uneinbringlichkeit mit Arrest von einer bis sechs Wochen, zu bestrafen, wer in einem durch Alkohol oder Suchtgift beeinträchtigten Zustand ein Fahrzeug lenkt oder in Betrieb nimmt.

(2) Eine Verwaltungsübertretung begeht und ist mit einer Geldstrafe von 36 Euro bis 2.180 Euro, im Fall ihrer Uneinbringlichkeit mit Arrest von 24 Stunden bis sechs Wochen, zu bestrafen,

a) der Lenker eines Fahrzeuges, dessen Verhalten am Unfallsort mit einem Verkehrsunfall in ursächlichem Zusammenhang steht, sofern er den Bestimmungen des § 4 Abs. 1 und 2 zuwiderhandelt, insbesondere nicht anhält, nicht Hilfe leistet oder herbeiholt oder nicht die nächste Polizei- oder Gendarmeriedienststelle verständigt,

b) *(Aufgehoben).*
c) wer als Lenker eines Fahrzeuges, z.B. beim Überholen, als Wartepflichtiger oder in Hinblick auf eine allgemeine oder durch Straßenverkehrszeichen kundgemachte Geschwindigkeitsbeschränkung, unter besonders gefährlichen Verhältnissen oder mit besonderer Rücksichtslosigkeit gegenüber anderen Straßenbenützern gegen die Vorschriften dieses Bundesgesetzes oder der auf Grund dieses Bundesgesetzes erlassenen Verordnungen verstößt,
d) wer im Bereich von Fahrbahnkuppen oder von unübersichtlichen Kurven auf einem von den Lenkern herannahender Fahrzeuge zu benützenden Fahrstreifen oder auf Vorrangstraßen außerhalb des Ortsgebietes bei starkem Nebel oder bei sonstiger erheblicher Sichtbehinderung hält oder parkt (§ 24 Abs. 1) oder wer ein Verkehrshindernis nicht kennzeichnet (§ 89),
e) wer Einrichtungen zur Regelung und Sicherung des Verkehrs unbefugt anbringt, entfernt, verdeckt oder in ihrer Lage oder Bedeutung verändert oder solche Einrichtungen beschädigt, es sei denn, die Beschädigung ist bei einem Verkehrsunfall entstanden und die nächste Polizei- oder Gendarmeriedienststelle oder der Straßenerhalter ist von der Beschädigung unter Bekanntgabe der Identität des Beschädigers ohne unnötigen Aufschub verständigt worden,
f) wer ein Fahrzeug lenkt, obwohl ihm dies gemäß § 59 verboten ist.

(2a) Eine Verwaltungsübertretung begeht und ist mit einer Geldstrafe von 218 Euro bis 2.180 Euro, im Fall ihrer Uneinbringlichkeit mit Arrest von 48 Stunden bis sechs Wochen zu bestrafen, wer als Lenker eines Fahrzeuges gegen die Fahrverbote des § 42 oder einer auf Grund des § 42 erlassenen Fahrverbotsverordnung verstößt.

(2b) Wer als Lenker eines Fahrzeuges die in Abs. 2a genannte Verwaltungsübertretung innerhalb von zwei Stunden ab Beginn des jeweiligen Fahrverbotes begeht, ist mit einer Geldstrafe bis zu 726 Euro, im Falle ihrer Uneinbringlichkeit mit Arrest bis zu zwei Wochen zu bestrafen.

(2c) Eine Verwaltungsübertretung begeht und ist mit einer Geldstrafe von 72 Euro bis 2 180 Euro, im Fall ihrer Uneinbringlichkeit mit Arrest von 24 Stunden bis sechs Wochen, zu bestrafen, wer als Lenker eines Fahrzeuges Fußgänger, die Schutzwege vorschriftsmäßig benützen oder Radfahrer, die Radfahrerüberfahrten vorschriftsmäßig benützen, gefährdet oder behindert.

(3) Eine Verwaltungsübertretung begeht und ist mit einer Geldstrafe bis zu 726 Euro, im Fall ihrer Uneinbringlichkeit mit Arrest bis zu zwei Wochen, zu bestrafen,

a) wer als Lenker eines Fahrzeuges, als Fußgänger, als Reiter oder als Treiber oder Führer von Vieh gegen die Vorschriften dieses Bundesgesetzes oder der auf Grund dieses Bundesgesetzes erlassenen Verordnungen verstößt und das Verhalten nicht nach den Abs. 1, 1a, 1b, 2, 2a, 2b oder 4 zu bestrafen ist.
b) wer in anderer als der in Abs. 2 lit. a bezeichneten Weise gegen die Bestimmungen des § 4 verstößt, insbesondere die Herbeiholung einer Hilfe nicht ermöglicht, den bei einem Verkehrsunfall entstandenen Sachschaden nicht meldet oder als Zeuge eines Verkehrsunfalles nicht Hilfe leistet,
c) wer die Kennzeichnung „Arzt im Dienst“ unbefugt oder zu anderen als im § 24 bezeichneten Zwecken gebraucht,
d) wer Straßen ohne Bewilligung zu verkehrsfremden Zwecken (X. Abschnitt) benützt, insbesondere ohne Bewilligung eine nach § 82 bewilligungspflichtige Tätigkeit oder Herstellung vornimmt oder ohne Bewilligung sportliche Veranstaltungen nach § 64 abhält,
e) wer sich an Fahrzeuge anhängt, um sich ziehen zu lassen,
f) wer Tiere während der Fahrt an einer Leine hält oder an Fahrzeuge anhängt, um sie mitlaufen zu lassen, ausgenommen die Fälle des § 74 Abs. 3,
g) wer Straßenbenützer blendet,
h) wer als Besitzer eines Fuhrwerkes dieses einem anderen in unvorschriftsmäßigem Zustand zum Betrieb überläßt,
i) wer beim Betrieb eines Fahrzeuges oder bei einer Ladetätigkeit vermeidbaren Lärm erregt oder sonst gegen die in diesem Bundesgesetz oder in Verordnungen auf Grund dieses Bundesgesetzes enthaltenen Bestimmungen zum Schutz vor Lärmbelästigung, z.B. gegen § 69, verstößt,

j) wer in anderer als der in lit. a bis h sowie in den Abs. 1, 1a, 1b, 2, 2a, 2b, 2c und 4 bezeichneten Weise Gebote, Verbote oder Beschränkungen sowie Auflagen, Bedingungen oder Fristen in Bescheiden nicht beachtet.

(4) Eine Verwaltungsübertretung begeht und ist mit einer Geldstrafe bis zu 72 Euro, im Fall ihrer Uneinbringlichkeit mit Arrest bis zu 48 Stunden, zu bestrafen,

a) wer auf fahrende Fahrzeuge aufspringt oder von ihnen abspringt,
b) wer Erwerbstätigkeiten auf Straßen entgegen den Bestimmungen des § 85 Abs. 1 ausübt oder durch Arbeiten an Schaufenstern den Verkehr behindert (§ 85 Abs. 2),
c) wer Versammlungen, öffentliche oder ortsübliche Umzüge, volkstümliche Feste, Prozessionen und Leichenbegängnisse nicht gemäß § 86 anzeigt,
d) wer auf Straßen trotz Verbot Wintersport betreibt,
e) wer durch Spiele auf oder neben der Straße oder sonst gegen die Bestimmungen des § 88 verstößt oder als gesetzlicher Vertreter von Kindern zuläßt, daß sie gegen diese Bestimmungen verstoßen,
f) wer durch Arbeiten auf oder neben der Straße entgegen den Bestimmungen des § 90 den Straßenverkehr beeinträchtigt, an Einfriedungen spitze Gegenstände anbringt, frisch gestrichene Gegenstände nicht kenntlich macht oder elektrisch geladene Drahteinfriedungen weniger als 2 m von der Straße anbringt (§ 91),
g) wer Straßen gröblich verunreinigt oder als Besitzer oder Verwahrer eines Hundes die in § 92 bezeichnete Sorgfaltspflicht verletzt,
h) wer entgegen der sich für ihn aus § 93 ergebenden Verpflichtung nicht für die Säuberung oder Bestreuung der Straße sorgt,
i) *(Entfällt.)*

(5) Der Versuch ist strafbar. Wer in einem durch Alkohol beeinträchtigten Zustand versucht, ein Fahrzeug in Betrieb zu nehmen, wird jedoch nicht bestraft, wenn er, aus freien Stücken oder von wem immer auf seinen Zustand aufmerksam gemacht, die Ausführung aufgibt.

(6) Eine Verwaltungsübertretung liegt nicht vor,

a) wenn durch die Tat lediglich Sachschaden entstanden ist, die Bestimmungen über das Verhalten bei einem Verkehrsunfall mit bloßem Sachschaden (§ 4 Abs. 5) eingehalten worden sind und nicht eine Übertretung nach Abs. 1, 1a oder 1b vorliegt,

b) wenn die Tat auf einer Straße ohne öffentlichen Verkehr begangen wurde (§ 1 Abs. 2),

c) wenn eine Tat nach diesem Bundesgesetz oder nach den §§ 37 und 37a FSG den Tatbestand einer in die Zuständigkeit der Gerichte fallenden strafbaren Handlung verwirklicht,

d) wenn durch eine Zuwiderhandlung gegen § 25 Abs. 3 oder gegen eine auf Grund des § 25 Abs. 1 oder 4 erlassene Verordnung auch ein abgabenrechtlich strafbarer Tatbestand verwirklicht wird.

(7) Wegen einer in Abs. 1 bis 5 genannten Verwaltungsübertretung ist auch strafbar, wer diese auf dem Gebiet einer österreichischen Grenzabfertigungsstelle, die auf ausländischem Gebiet liegt, begeht. Die Überwachung der Einhaltung straßenpolizeilicher Vorschriften zählt zur Grenzabfertigung.

Allgemeines:

Die einzelnen Verwaltungsübertretungen sind je nach ihrer Schwere in mehrere Gruppen zusammengefasst. Durch die 20. Novelle wurde vor allem – abgesehen von einigen redaktionellen Anpassungen der Alkoholbestimmungen – eine abgestufte Strafregelung für das Fahren unter Alkoholeinfluss eingeführt, wodurch, ausgehend vom Limit des untersten Bereichs, ein gesteigerter Alkoholisierungsgrad aufgrund des damit verbundenen höheren Unrechtsgehaltes auch zu einer höheren Strafe führt. Bisher lag es ausschließlich im Ermessen der Behörde, innerhalb des vorgegebenen Strafrahmens auf unterschiedliche Alkoholisierungsgrade Rücksicht zu nehmen. Nun ist bereits durch die sukzessive angehobenen Strafuntergrenzen, auch bei Verhängung der Mindeststrafe, automatisch eine höhere Strafe verbunden. Insgesamt soll mit den neuen Bestimmungen dem Umstand Rechnung getragen werden, dass schwer alkoholbeeinträchtigte Fahrzeuglenker, statistisch erwiesen, meist auch schwerere Verkehrsunfälle verursachen. Auch vom ÖAMTC wurde in diesem Zusammenhang die diesbezügliche Reform zur Hebung der Verkehrssicherheit nachdrücklich verlangt.
Durch die 19. Novelle wurde zwar das außerordentliche Milderungsrecht des § 20 VStG bei Delikten nach den Abs 1 bis 2a abgeschafft (§ 100 Abs 5). Zwischenzeitlich wurde aber diese Gesetzesänderung durch den VfGH wieder rückgängig gemacht (s Anm zu § 100 Abs 5). Beachte auch die dort

angebrachten Ausführungen zum Opportunitätsgrundsatz des § 21 VStG.

Kinder unter 14 Jahren, sogenannte „Unmündige“, die eine mit Strafe bedrohte Handlung begehen, sind weder gerichtlich noch verwaltungsrechtlich strafbar (§ 4 Abs 1 JGG 1988, § 4 Abs 1 VStG).

Hervorzuheben ist, dass das Verkehrsrecht-Anpassungsgesetz 1971, BGBl 274, wesentliche Änderungen gerade hinsichtlich der StVO-Strafbestimmungen mit sich brachte. Im Sinne einer „Entkriminalisierung“ des Verkehrsstrafrechts im weiteren Sinn wurden die Strafdrohungen der Abs 1 bis 4 insofern geändert, als zunächst grundsätzlich nur noch Geldstrafen verhängt werden dürfen. Gegenüber der früheren Rechtslage entfällt für die Behörde bei der Bestrafung einer erstmaligen Übertretung die Wahlmöglichkeit zwischen Geld- und Arreststrafe. Das Strafausmaß ist dabei unverändert geblieben (erst durch die 13. Novelle wurde der Rahmen der Geldstrafe bei Alkohol-Delikten erhöht); auch die Ersatzfreiheitsstrafen (bei faktischer Unmöglichkeit der Vollstreckung der Geldstrafe) entsprechen dem früheren Rahmen der Arreststrafen. Vgl auch § 100 Abs 1 samt Anm.

Für Kraftfahrer gelten außerdem die Strafbestimmungen des § 134 KFG und der §§ 37 f FSG (abgedruckt und erläutert in den ÖAMTC-Fachbüchern „Verkehrsrecht, Band II und Band III“) sowie die speziellen Strafvorschriften des Sicherheitsgurten- und des Sturzhelm-Gesetzes (abgedruckt in Anhang VI und VII).

Begehen Führerscheinanfänger während der Probezeit einen Verstoß gegen die in § 4 FSG (s das ÖAMTC-Fachbuch „Verkehrsrecht, Band III“) genannten StVO-Vorschriften, sind sie – zusätzlich zur Strafe – einer Nachschulung zu unterziehen, außerdem verlängert sich die Probezeit.

Die Lenker von Fahrzeugen, mit denen gefährliche Güter befördert werden, unterliegen überdies den Strafbestimmungen des § 27 GGBG, BGBl I 1998/145, für die dort angeführten Verwaltungsübertretungen.

Sämtliche Anm bezüglich der, neben der Verwaltungsstrafe, zu verhängenden Begleitmaßnahmen (z.B. Entzug der Lenkberechtigung) beziehen sich nur auf Übertretungen, die beim Lenken von Kraftfahrzeugen begangen wurden.

Abs 1:

Der Strafrahmen dieses Abs beträgt € 1.162,– (ATS 16.000,–) bis € 5.813,– (ATS 80.000,–) oder 2 bis 6 Wochen Ersatzfreiheitsstrafe.

Die drei Strafdrohungen dieses Abs schließen einander gemäß § 100 Abs 2 aus.
Von Kraftfahrern begangene Übertretungen gem diesem Absatzführen zur Entziehung der Lenkberechtigung (s §§ 24 ff FSG).

lit a:

Zusätzlich zur Verwaltungsstrafe wird bei einem derartigen Alkoholisierungsgrad gem dem FSG verhängt (s das ÖAMTC-Fachbuch „Verkehrsrecht, Band III"):

1. Entzug der Lenkberechtigung für mindestens 4 Monate (§ 26 Abs 2 Z. 1 FSG)
2. Begleitende Maßnahmen gem § 24 Abs 3 FSG (§ 26 Abs 8 FSG)
3. Beibringung eines ärztlichen Gutachtens gem § 8 FSG (§ 26 Abs 8 FSG).

lit b:

Es fällt daher schon die bloße unberechtigte Verweigerung des „Alkomat-Tests" in den gleichen Strafrahmen wie eine tatsächlich festgestellte alkoholbedingte Fahruntauglichkeit gem lit a.
Die unberechtigte Verweigerung der Untersuchung der Atemluft auf Alkoholgehalt ist auch dann strafbar, wenn durch die ärztliche Untersuchung das Nichtvorliegen einer Alkoholbeeinträchtigung festgestellt wurde!
Hinsichtlich der Bestimmungen gem dem FSG, s Anm zu lit a, 1. und 2.

lit c:

Vgl auch § 5 Abs 6 samt Anm.
Hinsichtlich der Bestimmungen gem dem FSG, s Anm zu lit a, 1. und 2.

Abs 1a:

Der Strafrahmen dieses Abs beträgt € 872,– (ATS 12.000,–) bis € 4.360,– (ATS 60.000,–) oder 10 Tage bis 6 Wochen Ersatzfreiheitsstrafe.
Zusätzlich zur Verwaltungsstrafe wird bei einem derartigen Alkoholisierungsgrad gem dem FSG verhängt:
1. Entziehung der Lenkberechtigung für mindestens 3 Monate (§ 26 Abs 1 Z. 3 FSG)
2. Begleitende Maßnahmen gem § 24 Abs 3 FSG (§ 26 Abs 8 FSG)

Abs 1b:

Der Strafrahmen dieses Abs beträgt € 581,– (ATS 8.000,–) bis € 3.633,– (ATS 50.000,–) oder 1 Woche bis 6 Wochen Ersatzfreiheitsstrafe.
Dieser neue Abs entspricht der bisherigen Normierung *(§ 99 Abs 1 lit a alt!!)* hinsichtlich des Lenkens und der Inbetriebnahme eines Fahrzeuges in alkoholisiertem oder durch Suchtgift beeinträchtigtem Zustand. Gem § 5 Abs 1 iVm § 99 Abs 1a ergibt sich aus der StVO ein Rahmen des Alkoholisierungsgrades von 0,8 bis 1,19 Promille oder 0,4 bis 0,59 mg/l, innerhalb dieser Grenzen eine Bestrafung nach diesem Abs erfolgt. Hinsichtlich des Entzuges der Lenkberechtigung s § 26 Abs 1 FSG samt Anm.
Abgesehen von den Alkohol-Sanktionen nach der StVO gibt es auch noch spezielle Bestimmungen des FSG (wie z.B. die 0,5 bis 0,79 Promille Grenze gem § 14 Abs 8 FSG iVm § 37a FSG, Strafrahmen: € 218,– bis € 3633,–) oder bis zu 6 Wochen Ersatzfreiheitsstrafe), welche jedoch nur für Kraftfahrer gelten.
Hinsichtlich der allgemeinen und speziellen Strafbestimmungen für einzelne Lenkberechtigungsklassen nach dem FSG und aller damit verbundenen begleitenden Maßnahmen s die Zusammenfassung in der Anm des § 14 Abs 8 FSG, abgedruckt im ÖAMTC-Fachbuch „Verkehrsrecht, Band III".

Abs 2:

lit a:

Nach dieser Gesetzesstelle kann nur ein Fahrzeuglenker, nicht aber auch z.B. ein Fußgänger bestraft werden. Auch ein Zeuge, der Hilfe nicht leistet oder herbeiholt, unterliegt nicht dieser Strafbestimmung, sondern der des Abs 3 lit b.
Auch das Nichtanhalten nach einem Verkehrsunfall mit bloßem Sachschaden unterliegt dieser Strafvorschrift.
Nach Maßgabe der §§ 7 Abs 3 Z. 6 und 26 Abs 1 Z. 1 FSG führen von Kraftfahrern begangene Übertretungen gemäß dieser Bestimmung bei Vorliegen einer verletzten Person zur Entziehung der Lenkberechtigung.

lit c:

Viele Übertretungen der StVO haben eine mangelnde Rücksichtnahme auf andere Straßenbenützer oder die Herbeiführung gefährlicher Verhältnisse zum Gegenstand. Um nun eine Übertretung der StVO nach dieser Gesetzesstelle bestrafen zu können, haben zu der Übertretung zusätzliche Sachverhaltselemente zu treten, die entweder die Feststellung rechtfertigen, dass die Tat unter besonders gefährlichen

Verhältnissen begangen wurde oder dass eine besondere Rücksichtslosigkeit gegenüber anderen Straßenbenützern vorliegt.
Hinsichtlich der Anwendung dieser Bestimmung auf Überschreitungen zahlenmäßig bestimmter Geschwindigkeitsbeschränkungen s auch die Anm zu Abs 2 lit b.
Von Kraftfahrern begangene Übertretungen gemäß dieser lit führen zur Entziehung der Lenkberechtigung (§§ 7 Abs 3 Z. 3 und 26 Abs 1 Z. 1 FSG).
Besonders gefährliche Verhältnisse sind beispielsweise gegeben, wenn ein Kraftfahrer,
- ohne seine überhöhte Geschwindigkeit herabzusetzen, den Vorrang eines mit erhöhter Geschwindigkeit fahrenden Einsatzfahrzeuges verletzt;
- eine vollkommen unübersichtliche Fahrbahnkuppe auf der linken Fahrbahnseite mit hoher Geschwindigkeit befährt;
- bei durchwegs vereister Fahrbahn und bei sichtbehinderndem Nebel mit hoher Geschwindigkeit bei Gegenverkehr überholt;
- überholt, obwohl ihm ein von einem PKW gefolgter vollbesetzter Kleinautobus entgegenkommt, der zur Vermeidung eines Unfalles nur noch nach rechts zwischen die Alleebäume gelenkt werden kann;
- in einer engen Baumallee mit hoher Geschwindigkeit vorschriftswidrig überholt;
- in einem Tunnel statt der dort erlaubten 80 km/h mit 160 km/h fährt, selbst wenn kein reger Fahrzeugverkehr herrscht;
- eine unübersichtliche Kreuzung bei Schneeglätte mit überhöhter Geschwindigkeit befährt;
- ein voranfahrendes Fahrzeug zunächst mit hoher Geschwindigkeit überholt und sich dann unmittelbar vor das überholte Fahrzeug setzt sowie plötzlich und unvermittelt abbremst, wodurch das überholte Fahrzeug zum Anhalten gezwungen wird;
- mit zu hoher Geschwindigkeit in eine unübersichtliche Rechtskurve und Engstelle auf regennasser Fahrbahn fährt;
- im Ortsgebiet mit 120 km/h fährt, wobei seine Einbahn-Fahrstrecke zahlreiche ungeregelte Einmündungen von rechts aufweist und an den linken Straßenrand zum Teil als Erholungsflächen dienende Grünflächen anschließen, von denen Kinder oder Tiere jederzeit auf die Fahrbahn laufen können.

Dagegen liegen besonders gefährliche Verhältnisse nicht schon dann vor, wenn z.B.
- ein Pkw-Lenker den Vorrang eines Motorrollers missachtet, wodurch dessen Lenker schwer verletzt wird;

- eine Einbahnstraße in verkehrter Richtung befahren und eine rechtzeitige Ausweichhandlung unterlassen wird;
- ein auf einer Vorrangstraße fahrender Lenker durch einen wartepflichtigen Fahrzeuglenker zu plötzlichem Abbremsen gezwungen wird.

Besondere Rücksichtslosigkeit gegenüber anderen Straßenbenützern ist beispielsweise dann gegeben, wenn

- sich ein Kraftfahrer im Ortsgebiet mit 70 km/h einem Schutzweg nähert, auf dem sich Passanten befinden;
- ein Kraftfahrer im Ortsgebiet trotz des Gefahrenzeichens „Kinder" und vielen Schulkindern auf der Straße mit 70 bis 80 km/h fährt;

Dagegen kann nicht in jedem Fall in einer, wenn auch erheblichen, Überschreitung der Höchstgeschwindigkeit im Ortsgebiet allein eine besondere Rücksichtslosigkeit erblickt werden.

lit d:

Nicht nur das Parken, sondern auch das Halten auf Freiland-Vorrangstraßen ist nach dieser Bestimmung strafbar, jedoch nur dann, wenn es bei starkem Nebel oder sonstiger erheblicher Sichtbehinderung erfolgte (siehe auch § 24 Abs 1 lit h).

Bei Dunkelheit, aber klarer Sicht ist dagegen auf solchen Straßen nur das Parken verboten (§ 24 Abs 3 lit g) und gemäß Abs 3 lit a strafbar.

lit e:

Eine Beschädigung dieser Einrichtung anlässlich eines Verkehrsunfalles ist nach dieser Vorschrift nicht strafbar, wenn sie so rasch wie möglich, und zwar von wem immer, den hier angeführten Stellen gemeldet worden ist. Dies vor allem deshalb, weil im Interesse der Sicherheit der Straßenbenützer eine rasche Verständigung der in Betracht kommenden Stellen wichtig ist, damit diese unverzüglich die erforderlichen verkehrssichernden Maßnahmen treffen und die Behebung des Schadens veranlassen können. Die Bekanntgabe der Identität des Beschädigers dient der Regelung des Schadenersatzes.

Begeht der Beschädiger „Fahrerflucht", treffen aber die übrigen Voraussetzungen dieser lit zu (weil z.B. ein Zeuge die Beschädigung und die Identität des Beschädigers gemeldet hat), dann ist er zwar nicht nach dieser Bestimmung, wohl aber gemäß Abs 2 lit a strafbar.

lit f:

Das Lenken eines Kraftfahrzeuges, ohne im Besitz einer entsprechenden Lenkberechtigung zu sein, wird nicht nach dieser Gesetzesstelle, sondern nach den führerscheinrechtlichen Vorschriften (§ 37 Abs 3 Z. 1 FSG) bestraft.

Abs 2a und 2b:

Da es sich bei Übertretungen des Wochenend- und Feiertagsfahrverbotes um schwere Verstöße gegen die Sicherheit, Leichtigkeit und Flüssigkeit des Verkehrs handelt, ist für dieses Delikt ein höherer Strafrahmen vorgesehen. Dieser höhere Strafrahmen gilt aber dann nicht (Abs 2b), wenn die Übertretung innerhalb von zwei Stunden ab Beginn des Fahrverbotes begangen wurde, da dabei einerseits unterschiedliche Gründe (wie etwa verkehrsbedingte Verspätungen) zu einer Übertretung führen können und andererseits am Beginn eines Fahrverbotes die Folgen der Übertretung in der Regel noch nicht so groß sind, dass sie generell mit einem höheren Strafausmaß zu belegen wären.
Der Verkehrsausschuss des Nationalrates ist davon ausgegangen, dass bei einer solchen Verwaltungsübertretung eines Lenkers die Behörde jedenfalls auch gegen den Unternehmer, der den Lenker zu der Fahrt veranlasst hat, gemäß § 7 VStG (Anstiftung und Beihilfe) zu ermitteln hat.
Übertretungen nach Abs 2b können auch mit Organmandat (s dazu auch Anm zu Abs 3) geahndet werden; auch ein „Absehen von der Strafe“ ist zulässig (siehe hiezu bei § 100 Abs 5).

Abs 3:

In Ermangelung einer Untergrenze gilt die allgemeine Bestimmung des § 13 VStG, wonach der Mindestsatz einer Geldstrafe € 7,– beträgt.
Eine Übertretung nach Abs 3 kann auch mit „Organmandat“ (Organstrafverfügung gem § 50 VStG; s insbesondere auch die Anm zu § 100 Abs 5) geahndet werden, dessen Höchstbetrag in den Fällen des § 100 Abs 5a € 36,–, ansonsten dzt € 21,– ausmacht.
Es kommt aber auch ein „Absehen von der Strafe“ (siehe die Anm zu § 100 Abs 5) in Betracht.
Primär-Arreststrafen kommen bei den in diesem Abs umschriebenen Delikten praktisch nicht vor; Ersatz-Arreststrafen sind ebenso wie in § 16 VStG nach unten überhaupt nicht, nach oben mit zwei Wochen limitiert.
§ 47 Abs 2 VStG hat die Einführung sogenannter „Computer-Strafverfügungen“ (Höchstbetrag bisher € 145,– bzw. S 2.000,–) durch Verordnung ermöglicht. Mit 1.8.2002 wurde der Strafrahmen auf 290,– Euro verdoppelt Sie ist nicht anwendbar bei Alkoholdelikten und – weil ausdrücklich davon

ausgenommen – bei Verstößen, die unter besonders gefährlichen Verhältnissen oder mit besonderer Rücksichtslosigkeit (Abs 2) begangen wurden. Durch die Einführung der nachstehend beschriebenen „Anonymverfügung“ hat die Computer-Strafverfügung jedoch wesentlich an praktischer Bedeutung verloren.
§ 49a VStG ermöglicht die Verhängung sogenannter „Anonymverfügungen“ für einzelne per V festzusetzende Tatbestände. Der Höchstbetrag einer solcherart vorgeschriebenen Geldstrafe beträgt seit 1.8.2002 (VStG-Novelle im Zuge der Verwaltungsreform 2002) Euro 218,–; Die Verdreifachung soll aber nach wiederholten Aussagen von Parlamentariern nicht der Anhebung des allgemeinen Strafniveaus sondern der Aufnahme neuer Delikte in die Kataloge dienen. In Anbetracht der Vorgaben des §49a VStG erscheint dieses Ansinnen fragwürdig. Die Verhängung einer (Ersatz-)Freiheitsstrafe ist unzulässig. Wird der Strafbetrag mittels des vorgesehenen Beleges (mit Identifikationsnummer zur automationsunterstützten Einlesung) fristgerecht eingezahlt, so hat die Behörde von der Ausforschung des unbekannten Täters Abstand zu nehmen und jede Verfolgungshandlung zu unterlassen. Als fristgerechte Einzahlung des Strafbetrages mittels Beleges gilt auch die Überweisung des Strafbetrages auf das im Beleg angegebene Konto, wenn der Überweisungsauftrag die automationsunterstützt lesbare, vollständige und richtige Identifikationsnummer des Beleges enthält und der Strafbetrag dem Konto des Überweisungsempfängers fristgerecht gutgeschrieben wird. Andernfalls wird die Anonymverfügung gegenstandslos; der Täter ist auszuforschen (sog „Lenkererhebung“) und das ordentliche Verwaltungsstrafverfahren gegen ihn einzuleiten.
Die in den einzelnen Bundesländern erlassenen Anonymverfügungs-Verordnungen sehen zum Teil sehr unterschiedliche Strafsätze vor; auch die mit Anonymverfügung strafbaren Tatbestände stimmen nicht überein.

lit a:

Unter diese Strafbestimmung fallen die weitaus meisten Übertretungen der StVO sowie verschiedener Verordnungen (z.B. Kurzparkzonen-ÜberwachungsV usw).
Durch die 20. Novelle fand lediglich eine redaktionelle Anpassung hinsichtlich der neuen Abs 1a und 1b statt.

lit b:

Die von einem Beteiligten unterlassene Hilfeleistung unterliegt der strengeren Strafe nach Abs2 lit a.

lit d:

Nach dieser Stelle ist auch das bewilligungslose Verteilen von Reklamezetteln oder deren Anbringung unter den Scheibenwischern abgestellter Fahrzeuge strafbar.

lit j:

Insbesondere alkoholisierte Lenker haben häufig das Anhaltegebot eines Straßenaufsichtsorganes missachtet und sich dadurch einer Alkoholkontrolle und in weiterer Folge einer diesbezüglichen Bestrafung entzogen. Bis zur 19. Novelle war das Nichtbeachten eines Anhaltegebotes nach Abs 4 lit i strafbar (Höchststrafe 1.000 S [jetzt 72 Euro]). Durch die Übernahme der lit i des Abs 4 in den Abs 3 wird seit der 19. Novelle für das Nichtanhalten eine Geldstrafe bis zu 726 Euro angedroht, so dass die höchstmögliche Strafe mit der Mindeststrafe für alkoholisierte Lenker annähernd gleich ist.

Abs 4:

Auch hier gilt die 7 Euro-Untergrenze des § 13 VStG; auch hier ist die „Anonymverfügung", das Organmandat sowie ein „Absehen von der Strafe" zulässig.

Abs 5:

Auch wer von einem Straßenaufsichtsorgan auf den alkoholbeeinträchtigten Zustand aufmerksam gemacht wird und daraufhin das Fahrzeug nicht in Betrieb nimmt, bleibt straffrei. Wurde das Fahrzeug jedoch bereits in Betrieb genommen (z.B. durch Starten des Motors), so ist die Straffälligkeit auch dann gegeben, wenn nicht gelenkt wird! Dies deshalb, weil bereits die erfolgte Inbetriebnahme das vollendete Delikt nach § 5 Abs 1 darstellt.

Abs 6:

lit a:

Straffreiheit nach einem Verkehrsunfall mit Sachschaden hängt daher nicht von der behördlichen Meldung allein ab, sondern tritt schon dann ein, wenn der oder die Beschädiger die Identität nachgewiesen hat (haben). Dies gilt auch dann, wenn einer der Beteiligten nach dem wechselseitigen Identitätsnachweis die behördliche Anzeige erstattet.

Wie schon zu § 4 Abs 5 ausgeführt, muss die behördliche Meldung eines Verkehrsunfalles mit bloßem Sachschaden dann immer vorgenommen werden, wenn kein Identitätsnachweis erfolgte (vor allem bei der Beschädigung eines geparkten Fahrzeuges!). Von Bedeutung ist jedoch, dass sich die Straffreiheit nur auf den Verstoß gegen die StVO-

Fahrregel bezieht, der unmittelbar zum Verkehrsunfall geführt hat. Hat daher ein Lenker in einem durch Alkohol beeinträchtigten Zustand eine Fahrregel missachtet und dadurch einen Verkehrsunfall mit Sachschaden verursacht, ist er hinsichtlich der Übertretung nach § 5 Abs 1 nicht straffrei.
Bezüglich Straffreiheit bei Beschädigung einer Einrichtung zur Regelung und Sicherheit des Verkehrs vgl Abs 2 lit e samt Anm. Eine ähnliche Bestimmung hinsichtlich der bei einem Straßenverkehrsunfall entstandenen Beschädigungen von „Sicherungseinrichtungen oder Verkehrszeichen an schienengleichen Eisenbahnübergängen" enthält das Eisenbahngesetz Straffreiheit bei Verständigung der nächsten Bahndienststelle oder der nächsten Polizei- oder Gendarmeriedienst stelle unter Bekanntgabe der Identität der Beteiligten und ohne unnötigen Aufschub). Soweit es sich um eine „durch Mangel an pflichtgemäßer Aufmerksamkeit" verursachte Beschädigung einer Bundesstraße handelt, tritt auch hier gemäß § 31 Abs 2 Bundesstraßengesetz 1971, BGBl 286, Straffreiheit ein, wenn die nächste Polizei- und Gendarmeriedienststelle oder die nächste Dienststelle der Bundesstraßenverwaltung hievon unter Identitätsbekanntgabe des Beschädigers und ebenfalls ohne unnötigen Aufschub verständigt worden ist.
Gemäß § 134 Abs 2 Z. 1 KFG tritt auch bei einem kraftfahrrechtlichen Verstoß Straffreiheit nach einem Verkehrsunfall ein, wenn die behördliche Meldung ohne unnötigen Aufschub erfolgte oder der (die) Beschädiger die Identität nachgewiesen hat (haben).
Solcherart wurde die – vom ÖAMTC jahrelang geforderte – „Entkriminalisierung" des Verkehrsstrafrechtes verwirklicht (vgl auch § 100 Abs 1, 5 und 5a samt Anm).

lit c:

Damit wird eine „Doppelbestrafung" (durch Gericht und Verwaltungsbehörde), die für den Bereich der StVO bereits vom Verfassungsgerichtshof beseitigt wurde (Kdm BGBl. I Nr. 16/1997), nunmehr auch für Delikte nach dem FSG ausgeschlossen. Dies hätte richtigerweise allerdings im FSG erfolgen müssen. Wohl ist jedoch eine Doppelbestrafung iVm „Alkoholdelikten" möglich, wenn z.B. eine Verweigerung iS des § 5 Abs 2 und eine fahrlässige Körperverletzung gem § 88 Abs 3 (iVm § 81 Z. 1 und 2) StGB nach einem Verkehrsunfall vorliegt, weil die Bestrafung wegen fahrlässiger Körperverletzung unter Alkoholeinfluss durch das Strafgericht nicht auch dem Unrechtsgehalt des verwaltungsstrafrechtlichen „Verweigerungsdeliktes“ als solches Rechnung trägt. Die Verweigerung der Untersuchung auf eine Alkoholbeeinträchtigung stellt im Gegensatz zu einer tatsächlich festgestellten und strafbaren Alkoholbeeinträchtigung ein eigenes verwaltungsstrafrechtliches Delikt dar.

Ansonsten ist entscheidend, ob der Tatbestand einer gerichtlich strafbaren Handlung vorliegt, ob also die Aburteilung der Tat nach dem Gesetz in die Zuständigkeit der Gerichte zu fallen hat. Liegt kein gerichtlich strafbarer Tatbestand vor (insbesondere bei Unfällen ohne Personenschaden, aber auch in den Fällen des § 88 Abs 2 StGB), ist die Zuständigkeit der Verwaltungsbehörde gegeben. Die manchmal schwierige Abgrenzung bereitet im Falle einer verurteilenden Entscheidung des Strafgerichtes keine Probleme; die Verwaltungsbehörde ist an diese Entscheidung gebunden, die Ahndung als Verwaltungsübertretung ausgeschlossen. Bei einem Freispruch hat die Verwaltungsbehörde zwar selbständig zu prüfen, ob sie zur Ahndung zuständig ist, doch muss sie hiebei die Begründung des strafgerichtlichen Erkenntnisses berücksichtigen. Ähnliches gilt, wenn das Gericht das Verfahren eingestellt hat. Erfolgte die Einstellung jedoch wegen „mangelnder Strafwürdigkeit der Tat“ (§ 42 StGB, § 451 Abs 2 StPO), fällt die Tat also an sich in die Zuständigkeit des Gerichtes, liegt keine von der Verwaltungsbehörde zu ahndende Übertretung vor.
Auch dann, wenn sich die Verwaltungsbehörde nach entsprechender Prüfung zuständig zur Ahndung erachtet, kann sie in weiterer Folge das Verfahren einstellen (vgl § 45 Abs 1 VStG).
Art IV des Verkehrsrecht-Anpassungsgesetzes 1971, BGBl 274, sieht vor, dass die Verwaltungsbehörde vom Staatsanwalt oder Gericht verständigt werden muss, wenn die Anzeige wegen eines Verkehrsunfalles zurückgelegt oder das diesbezügliche gerichtliche Strafverfahren rechtskräftig ohne Schuldspruch beendet wird. Diese weit gefasste Verständigungspflicht soll der Verwaltungsbehörde zwar die Gelegenheit bieten, das eigene Verfahren einzuleiten oder fortzuführen, begründet aber keine über lit c hinausgehende Zuständigkeit der Verwaltungsbehörde.
Dem § 99 Abs 6 lit c StVO ähnliche Bestimmungen enthalten: § 31 Abs 1 Bundesstraßengesetz 1971, § 54 Abs 1 Eisenbahngesetz 1957 und § 134 Abs 2 Z. 2 KFG. In allen diesen Fällen gelten Zuwiderhandlungen nicht als Verwaltungsübertretungen, wenn die Zuständigkeit der Strafgerichte gegeben ist.

lit d:

Damit können Übertretungen der StVO-Vorschriften über das Kurzparken und gleichzeitige Übertretungen der Vorschriften betreffend das kostenpflichtige Parken (s § 25) nur einmal, und zwar abgabenrechtlich, bestraft werden. Ähnlich lit c gilt auch hier, dass die Verwirklichung eines abgabenrechtlichen Tatbestandes entscheidend ist. Bejahendenfalls liegt – unabhängig davon, ob ein abgabenrechtliches Verfahren eingeleitet wurde und wie es endete – keine StVO-Übertretung vor.

Abs 7:

Da Österreich an mehreren Grenzübergängen über sogenannte „vorgeschobene Grenzabfertigungsstellen" – das sind österreichische Grenzabfertigungsstellen, die sich geografisch gesehen auf dem Gebiet des jeweiligen Nachbarstaates befinden – verfügt, wurde durch diese Normierung der 20. Novelle dem Umstand Rechnung getragen, dass es hinsichtlich der Zuständigkeit zur Ausübung der Verwaltungsstrafbarkeit durch österreichische Behörden auf einem solchen Gebiet in der letzten Zeit immer mehr zu Problemen gekommen ist. Nunmehr wurde eindeutig klargestellt, dass einerseits die Vollziehung der Straßenverkehrsordnung zu den Angelegenheiten der Grenzabfertigung zählt, und andererseits auch bereits für diesen Gebietsbereich (obwohl außerhalb des eigentlichen Staatsgebiets liegend) die Zuständigkeit der österreichischen Behörde bezüglich der Vollziehung der StVO vorliegt.

§ 100 Besondere Vorschriften für das Strafverfahren

(1) Ist eine Person einer Verwaltungsübertretung nach § 99 schuldig, derentwegen sie bereits einmal bestraft worden ist, so kann an Stelle der Geldstrafe eine Arreststrafe im Ausmaß der für die betreffende Tat angedrohten Ersatzfreiheitsstrafe verhängt werden; ist eine solche Person bereits zweimal bestraft worden, so können Geld- und Arreststrafe auch nebeneinander verhängt werden. Bei Übertretungen nach § 99 Abs. 3 und 4 ist die Verhängung einer Arreststrafe nach den vorstehenden Bestimmungen aber nur zulässig, wenn es ihrer bedarf, um die betreffende Person von weiteren Verwaltungsübertretungen der gleichen Art abzuhalten.

(2) Die im § 99 Abs. 1 lit. a bis c, Abs. 1a und Abs. 1b enthaltenen Strafdrohungen schließen einander aus.

(3) Beim Verdacht einer Übertretung der Vorschriften dieses Bundesgesetzes oder der auf Grund dieses Bundesgesetzes erlassenen Verordnungen kann im Sinne des § 37a VStG als vorläufige Sicherheit ein Betrag bis 1.308 Euro festgesetzt werden.

(3a) Ist ein Fahrzeug entgegen den Bestimmungen des § 8 Abs. 4, § 23 Abs. 1, 2, 2a, § 24 Abs.1 lit. a, d, e, f, i, k, m und n, Abs. 3 lit. a, f und i abgestellt und auf Grund bestimmter Tatsachen anzunehmen, daß bei dem Lenker des Fahrzeuges die Strafverfolgung aus in seiner Person gelegenen Gründen offenbar unmöglich oder wesentlich erschwert sein werde, so können die Organe der Straßenaufsicht technische Sperren an das Fahrzeug anlegen, um den Lenker am Wegfahren zu hindern. Der Lenker ist mit einer an jeder Tür, die zum Lenkersitz Zugang gewährt – wenn dies nicht möglich ist, sonst auf geeignete Weise –, anzubringenden Verständigung auf die Unmöglichkeit, das Fahrzeug ohne Beschädigung in Betrieb zu nehmen, hinzuweisen. Diese Verständigung soll in deutscher Sprache sowie in jener Sprache gehalten sein, die der Lenker vermutlich versteht, und einen Hinweis auf die zur Durchführung des Strafverfahrens zuständige Behörde enthalten. Eine solche Sperre ist unverzüglich aufzuheben, sobald das gegen den Lenker des Fahrzeuges einzuleitende Verfahren abgeschlossen und die verhängte Strafe vollzogen ist oder eine Sicherheit gemäß §§ 37, 37a, VStG. geleistet wurde. Die eingehobenen Strafgelder fließen dem Rechtsträger zu, der den Aufwand der Behörde zu tragen hat.

(4) Die Bestrafung einer Übertretung nach § 99 steht der Erlassung und Vollstreckung eines Bescheides, womit der Auftrag erteilt wird, einen den Vorschriften dieses Bundesgesetzes zuwiderlaufenden Tatbestand zu beseitigen, nicht entgegen.

(5) Bei einer Verwaltungsübertretung nach § 99 Abs. 1, 1a, 1b, 2 oder 2a finden die Bestimmungen der 50 VStG. keine Anwendung.

(5a) Bei Übertretungen der Bestimmungen des § 7 Abs. 2 und 5, § 9 Abs. 1 und 2, § 16 Abs. 1 und 2, § 17 Abs. 3, § 19 Abs. 1 bis 7, § 37 Abs.2 und 3, § 38 Abs. 2a, 5 und 7, § 46 Abs. 1 bis 4, § 47, § 52 Z. 2, 4a und 4c und § 53 Z. 10 sowie bei mit Meßgeräten festgestellten Überschreitungen bis 30 km/h einer ziffernmäßig festgesetzten erlaubten Höchstgeschwindigkeit können – sofern in diesen Fällen nicht Umstände im Sinne des § 99 Abs. 2 lit. c vorliegen – die Bestimmungen des § 50 VStG. mit der

Maßgabe angewendet werden, daß Geldstrafen bis 36 Euro sofort eingehoben werden.

(5b) Werden zur Feststellung einer Überschreitung einer ziffernmäßig festgesetzten Höchstgeschwindigkeit automatische Geschwindigkeitsmesssysteme verwendet, mit denen die durchschnittliche Fahrgeschwindigkeit eines Fahrzeuges auf einer bestimmten Wegstrecke gemessen werden kann, gilt die Messstrecke als Ort der Begehung der Übertretung. Wurden dabei auf der Meßstrecke im Meßzeitraum mehrere Geschwindigkeitsübertretungen begangen, so gelten diese als eine Übertretung. Erstreckt sich die Messstrecke auf den Sprengel mehrerer Behörden, so ist die Behörde zuständig, in deren Sprengel das Ende der Messstrecke fällt.

(6) Die Behörde hat im Straferkenntnis im Sinne des § 57 Verwaltungsstrafgesetz [1950] auch über die aus einer Übertretung nach § 99 abgeleiteten privatrechtlichen Ansprüche des Straßenerhalters gegen den Beschuldigten zu entscheiden.

(7) Eingehobene Strafgelder, ausgenommen jene nach Abs. 3a, sind dem Erhalter jener Straße abzuführen, auf der die Verwaltungsübertretung begangen worden ist; Strafgelder, die auf Straßen eingehoben werden, die gemäß Art. 5 § 1 des Bundesgesetzes BGBl. I Nr. 50/2002 als Bundesstraßen aufgelassen wurden, sind jedoch an den Bund abzuführen; in Wien gilt das Land Wien als Erhalter jener Straßen, die weder Bundesstraßen sind noch gemäß Art. 5 § I des Bundesgesetzes BGBl. I Nr. 50/2002 als Bundesstraßen aufgelassen wurden. In Ortsgebieten mit Landes- und Gemeindestraßen können die eingehobenen Strafgelder zwischen Land und Gemeinde auch nach dem Verhältnis der Straßenlänge zwischen Landes- und Gemeindestraßen aufgeteilt und abgeführt werden, sofern zwischen Land und Gemeinde ein diesbezügliches Einvernehmen besteht. Sofern sich aus den Abs. 8, 9 und 10 nichts anderes ergibt, sind die eingehobenen Strafgelder für die Straßenerhaltung sowie für die Beschaffung und Erhaltung von Einrichtungen zur Verkehrsüberwachung zu verwenden. Im Falle der Verwaltungsübertretung nach § 99 Abs. 4 lit. h gilt als Straßenerhalter der Erhalter der Fahrbahn; ist eine solche nicht vorhanden, so fließen die Strafgelder dem Träger der Sozialhilfe zu, der für den Ort, wo die Verwaltungsübertretung begangen worden ist, zuständig ist.

(8) Bestellt ein Land Straßenaufsichtsorgane oder ordnet ein Land zum Zwecke der Überwachung des Verkehrs

Personal zur Dienstleistung bei einer Bezirksverwaltungsbehörde oder Bundespolizeibehörde ab, so ist der Personal- und Sachaufwand für diese Organe aus den Strafgeldern jener Verwaltungsübertretungen, die von diesen Organen wahrgenommen werden, zu bestreiten. Dies gilt nur dann, wenn die Bestellung oder Abordnung der Organe im Einvernehmen mit dem Bundesminister für Inneres erfolgt und nur für Übertretungen der §§ 8 Abs. 4, 9 Abs. 7, 23 bis 25 und 26a Abs. 3 sowie der Kurzparkzonen-Überwachungsverordnung. Ein nach Abzug dieses Aufwandes verbleibender Rest ist auf die Erhalter jener Straßen aufzuteilen, auf denen die den eingenommenen Strafgeldern zugrunde liegenden Verwaltungsübertretungen begangen wurden. Die Aufteilung hat im Verhältnis jener Beträge zu erfolgen, die den Straßenerhaltern ohne Abzug des Personal- und Sachaufwandes für diese Organe zugeflossen wären. Dieser Rest an Strafgeldern ist vorrangig für die Straßenerhaltung und ein danach noch verbleibender Rest zur Förderung von Investitionen des öffentlichen Nahverkehrs zu verwenden.

(9) Werden Angelegenheiten der Straßenpolizei, die bisher von Bundespolizeibehörden vollzogen wurden, auf Bezirksverwaltungsbehörden rückübertragen, so sind die im örtlichen Wirkungsbereich einer Bezirksverwaltungsbehörde anfallenden Strafgelder zur Abdeckung des dieser Bezirksverwaltungsbehörde durch die Rückübertragung entstehenden Mehraufwandes, mit Ausnahme des in Abs. 8 bezeichneten Aufwandes, zu verwenden; dabei haben der Bund und das jeweilige Land im Verhältnis der ihnen jeweils im Bereich dieser Bezirksverwaltungsbehörde im vorangegangenen Kalenderjahr zugeflossenen Strafgelder zur Abdeckung beizutragen.

(10) 20 vH der Strafgelder aus jenen Verwaltungsübertretungen, die von Organen der Bundesgendarmerie oder Bundessicherheitswache wahrgenommen werden, fließen der Gebietskörperschaft zu, die den Aufwand für diese Organe zu tragen hat. Dies gilt nicht für Verwaltungsübertretungen auf Gemeindestraßen in Gemeinden mit weniger als 10.000 Einwohnern. Die Strafgelder sind für die Abdeckung des Personal- und Sachaufwandes, der aus dem Einsatz solcher zusätzlichen Organe auf dem Gebiet der Verkehrsüberwachung entsteht, und für die Beschaffung und Erhaltung von Einrichtungen zur Verkehrsüberwachung zu verwenden.

Abs 1:

Im Sinne der „Entkriminalisierung“ darf über eine Person eine primäre Arreststrafe nur verhängt werden, wenn sie innerhalb der Tilgungsfrist (siehe dazu später) wegen der gleichen Übertretung schon einmal (mit Geldstrafe) bestraft worden ist; ist die betreffende Person wegen der gleichen Übertretung schon zweimal bestraft worden, so können Geld- und Arreststrafe auch nebeneinander verhängt werden. Dies gilt aber gemäß § 11 VStG auch bei Übertretungen nach § 99 Abs 3 und 4 nur eingeschränkt – nämlich dann, wenn die Verhängung einer Freiheitsstrafe, gleichgültig ob allein oder neben einer Geldstrafe, notwendig ist, um den Täter von weiteren Delikten gleicher Art abzuhalten.
Es besteht kein fester Umrechnungsschlüssel (z.B. resultierend aus den Höchstgrenzen) für die Festsetzung der Ersatzarreststrafe im Verhältnis zur verhängten Geldstrafe.
Sonderbestimmungen hinsichtlich der Verhängung von (Ersatz-) Freiheitsstrafen über Jugendliche enthält § 58 Abs 2 VStG.
Zu beachten ist, dass gemäß § 55 VStG Verwaltungsstrafen nach Ablauf von fünf Jahren nach Fällung des Straferkenntnisses als getilgt gelten und dann weder bei Auskünften für Zwecke eines Strafverfahrens erwähnt noch bei der Strafbemessung im Verwaltungsstrafverfahren berücksichtigt werden dürfen.

Abs 2:

Durch die 20. Novelle fand lediglich eine redaktionelle Anpassung an die neuen Abs 1a und 1b des § 99 statt.

Abs 3:

Der Höchstbetrag der vorläufigen Sicherstellung beträgt € 1.308,–.
Ansonsten beträgt der Höchstbetrag € 181,– (2.500 S). Vgl auch sonst § 37a VStG, demzufolge besonders geschulte und hiezu ermächtigte Organe des öffentlichen Sicherheitsdienstes (dazu gehören insbesondere nicht die Organe einer Gemeindewache) in bestimmten Fällen eine „vorläufige Sicherheit“ festsetzen und einheben können.
Die Einhebung einer vorläufigen Sicherheit ohne Vorliegen der gesetzlichen Voraussetzungen (z.B. durch nicht ermächtigte Organe oder eines die gesetzliche Höchstgrenze übersteigenden Betrages, aber auch die Abnahme eines Reisepasses oder Führerscheines) stellt einen gesetzlosen Akt dar, der das verfassungsgesetzlich geschützte Recht auf Unverletzlichkeit des Eigentums verletzt; er ist als (rechtswidrige)

„Ausübung unmittelbarer behördlicher Befehls- und Zwangsgewalt" seit 1. 1. 1991 nicht mehr beim Verwaltungsgerichtshof, sondern beim „Unabhängigen Verwaltungssenat" (Art 129a Abs 1 Z. 2 B-VG) anfechtbar.
§ 134 Abs 4 KFG (abgedruckt im ÖAMTC-Fachbuch „Verkehrsrecht, Band II") enthält eine gleichartige Vorschrift, an die Abs 3 durch die 19. Novelle angepasst wurde.

Abs 3a:

Die Anlegung derartiger „Radklammern" kommt dann in Betracht, wenn die Strafverfolgung zumindest wesentlich erschwert sein wird. Tritt durch die vorschriftswidrige Abstellung eine Verkehrsbeeinträchtigung ein, dann ist primär die Entfernung (Abschleppung) des Fahrzeuges zu veranlassen (sofern sie im Einzelfall möglich ist).
Bei Kraftfahrzeugen mit österreichischen Kennzeichentafeln wird in der Regel anzunehmen sein, dass es von einem Österreicher abgestellt wurde. In einem solchen Fall wird eine wesentliche Erschwerung der Strafverfolgung nicht zu befürchten sein. Dasselbe gilt bei einem Fahrzeug mit deutschem Kennzeichen: auf Grund des Staatsvertrages mit der Bundesrepublik Deutschland über Amts- und Rechtshilfe in Verwaltungssachen, BGBl 1990/526 (s. ÖAMTC-Fachbuch „Verkehrsrecht, Band III"), wird dort auch Vollstreckungshilfe geleistet. Die Anlegung von Radklammern wird schließlich auch dann zu unterbleiben haben, wenn der Lenker beim oder im Fahrzeug ist oder zu diesem gerade zurückkommt. Die bisher bestehende Zweckbindung im letzten Satz wurde mit dem BudgetbegleitG 2001 (BGBl. I Nr. 142/2000) beseitigt.

Abs 4:

Z.B. der Auftrag zur Beseitigung einer gemäß § 84 Abs 2 verbotenen Werbung oder Ankündigung.

Abs 5:

Hinsichtlich des Herausfallens des § 20 VStG durch die Änderung der StVO gem BGBl. I Nr. 3/1998 handelt es sich um eine StVO-Novelle aufgrund einer Aufhebung durch den VfGH (Kdm BGBl. I Nr. 129/1997). Damit wird die Anwendbarkeit der im § 20 VStG geregelten außerordentlichen Milderung der Strafe für alle Delikte nach der StVO hergestellt. Demgemäß darf nunmehr bei Jugendlichen immer sowie bei Erwachsenen dann, wenn bei diesen die Milderungsgründe die Erschwerungsgründe beträchtlich überwiegen, die Mindeststrafe bis zur Hälfte unterschritten werden.

Durch das VerwaltungsreformG 2001, BGBl. I Nr. 65/2002 wurde der schon bisher ansatzweise bestehende Opportunitätsgrundsatz erweitert.

„§ 21. (1) Die Behörde kann ohne weiteres Verfahren von der Verhängung einer Strafe absehen, wenn das Verschulden des Beschuldigten geringfügig ist und die Folgen der Übertretung unbedeutend sind. Sie kann den Beschuldigten jedoch gleichzeitig unter Hinweis auf die Rechtswidrigkeit seines Verhaltens mit Bescheid ermahnen, sofern dies erforderlich ist, um den Beschuldigten von weiteren strafbaren Handlungen gleicher Art abzuhalten.
(1a) Die Behörde kann von der Einleitung und Durchführung eines Strafverfahrens absehen, wenn die Verfolgung aussichtslos erscheint oder der hiefür erforderliche Aufwand in einem Missverhältnis zum Grad und zur Bedeutung der in der Verwaltungsübertretung liegenden Verletzung öffentlicher Interessen steht.
(1b) Unter den in Abs. 1 genannten Voraussetzungen können die Verwaltungsbehörden von der Erstattung einer Anzeige absehen.
(2) Unter den in Abs. 1 angeführten Voraussetzungen können die Organe der öffentlichen Aufsicht von der Verhängung einer Organstrafverfügung oder von der Erstattung einer Anzeige absehen; sie können den Täter in solchen Fällen in geeigneter Weise auf die Rechtswidrigkeit seines Verhaltens aufmerksam machen.“

Von der Führung eines Verwaltungsstrafverfahrens wird abgesehen werden können, wenn ein "Missverhältnis" im Sinne des Abs 1a vorliegt. Von einem solchen kann laut VwGH „jedenfalls nur dann gesprochen werden, wenn der Unrechtsgehalt gering ist und der im Interesse eines rechtsstaatlichen Verfahrens erforderliche Aufwand für die (Einleitung und) Durchführung des gegenständlichen Strafverfahrens jenen Aufwand, der üblicherweise mit einem Strafverfahren betreffend Delikte solcher Art verbunden ist, ERHEBLICH übersteigt.“

Im Gegensatz zur früheren „Verwarnung“ ist diese nunmehrige „Ermahnung“ keine Strafe mehr. Die Bestimmung des § 21 Abs 2 VStG gibt der „Toleranz“ der (Straßen-)Aufsichtsorgane die gesetzliche Deckung. Trotz der Formulierung „kann“ bzw „können“ hat der Beschuldigte bzw Täter bei Vorliegen der Voraussetzungen einen Rechtsanspruch auf die Ermahnung bzw Toleranz (jedoch nur bei den nach § 99 Abs 2b, 3 und 4 strafbaren Verwaltungsübertretungen).
§ 50 VStG schließlich enthält die Vorschriften über das sogenannte „Organmandat“ (Organstrafverfügung), das ebenso

nur bei denjenigen Tatbeständen verhängt werden kann, die nach § 99 Abs 2b, 3 und 4 strafbar sind. Diesbezüglich können die Organe – abgesehen von der Barzahlung – bei bestimmten Verwaltungsübertretungen dem Beanstandeten einen zur postalischen Einzahlung des Strafbetrages geeigneten Beleg übergeben, der eine Identifikationsnummer zur automationsunterstützten Einlesung enthalten muss oder, wenn keine bestimmte Person beanstandet wird, einen diesbezüglichen Beleg hinterlassen. Weiters ist es aber nunmehr auch möglich, dass die Organe dem Beanstandeten „gestatten" können, den Strafbetrag in bestimmten fremden Währungen, mit Scheck oder mit Kreditkarte zu bezahlen (aus dieser Bestimmung ergibt sich jedoch, dass kein Rechtsanspruch auf die genannten Zahlungsarten besteht). Die Einzahlung hat binnen zwei Wochen zu erfolgen, andernfalls die Anzeige an die Behörde zu erstatten ist. Als fristgerechte Einzahlung des Strafbetrages mittels Beleges gilt auch (wie bei einer Anonymverfügung) die Überweisung des Strafbetrages auf das im Beleg angegebene Konto, wenn der Überweisungsauftrag die automationsunterstützt lesbare, vollständige und richtige Identifikationsnummer des Beleges enthält und der Strafbetrag dem Konto des Überweisungsempfängers fristgerecht gutgeschrieben wird.
s auch Abs 5a samt Anm.
Vgl schließlich § 134 Abs 5 KFG, wonach – und zwar auch bei Übertretungen der StVO! – dem Zulassungsbesitzer eines Kraftfahrzeuges der Organmandatsbeleg zugestellt werden kann, wenn dieser weder dem Täter übergeben noch am Tatort hinterlassen werden konnte.

Die vom VfGH vorgenommene Aufhebung des Verbotes bei den genannten Delikten gem. § 21 StG vorzugehen, geht auf ein Verfahren zurück, in dem der zuständige UVS (Amtsbeschwerde) die zutreffende Meinung vertrat, dass eine weitestgehend unbedeutende Handlung eines alkoholisierten Lenkers nicht zwingend mit den strengen Sanktionen der § 99 Abs 1, Abs 1 a und 1b verfolgt werden sollte. (BGBl. I Nr. 32/2000, VfGH G 211/98-9 und G 108/99-7)

Abs 5a:

Dieser Abs gibt den hiezu ermächtigten Organen die Möglichkeit, bei Übertretungen der darin an geführten Bestimmungen Organmandate bis zum Höchstbetrag von 36 Euro zu verhängen. In allen übrigen Fällen, in denen Organmandate zulässig sind (vgl insbesondere Abs 5 samt Anm), beläuft sich deren Höchstbetrag derzeit auf 21 Euro (§ 50 Abs 1

VStG). Beachte jedoch § 134 Abs 3 KFG (abgedruckt und erläutert im ÖAMTC-Fachbuch „Verkehrsrecht, Band II"), demzufolge für bestimmte kraftfahrrechtliche Delikte ebenfalls Organmandate bis 36 Euro verhängt werden können.
Überschreitungen aller ziffernmäßig festgesetzten erlaubten Höchstgeschwindigkeiten – also z.B. auch des nächtlichen Tempolimits auf Transitautobahnen (vgl § 42 Abs 8 sowie die im Anhang unter IX. abgedruckte Verordnung) – im Ausmaß bis 30 km/h fallen unter diese Bestimmung.

Abs 5b:

Mit der 21. Novelle wurde die Möglichkeit einer sog „Streckenmessung" (auch „Section Control" genannt) eingeführt, bei der die Durchschnittsgeschwindigkeit eines Fahrzeuges über die Länge einer bestimmten Strecke mittels automatischen Geschwindigkeitsmesssystemen gemessen wird. Dabei wird ermittelt, ob während des Befahrens dieser Strecke eine oder mehrere Geschwindigkeitsüberschreitungen begangen wurden, wobei mehrere Überschreitungen immer nur als eine Übertretung gewertet und für eine Strafe herangezogen werden dürfen.
Da im Fall eines Straferkenntnisses Unklarheiten hinsichtlich des konkreten Tatortes der Geschwindigkeitsübertretung entstehen könnten, wurde festgelegt, dass die gesamte Messstrecke als Tatort gilt. Diese Tatortvermutung, noch dazu unabhängig von der Länge der Strecke, für die aufgrund der Durchfahrtsdauer eine Durchschnittsgeschwindigkeit errechnet wird, erscheint vor allem bei längeren Strecken rechtlich nicht unbedenklich.
Da die effektive Verfolgung von Fahrzeugen eine derart aufwendige und damit wohl auch schwer nachvollziehbare Erfassung, Auswertung und Dokumentation von Fahrzeugbewegungen verlangt, bleibt abzuwarten, ob das technisch aufwendige Verfahren den Ansprüchen von Zuverlässigkeit und Rechtssicherheit voll entspricht. Völlig offen ist überdies wie die Kraftfahrer handeln werden, die innerhalb einer solchen Messstrecke erkennen, dass sie mit zu hoher Geschwindigkeit fahren.
Diese Bestimmung ist weitgehend ident mit § 134 Abs 3b, der zur Verfolgung von Übertretungen der Tempolimits gem KFG und § 58 KDV geschaffen wurde. (KFG und KDV s ÖAMTC-Fachbuch „Verkehrsrecht, Band II")

Abs 7:

Der 2. Satz vereinfacht die Abführung der Strafgelder in Ortsgebieten mit Landes- und Gemeindestraßen.

Für ehemalige Bundesstraßen verfügt das Bundesstraßenübertragungs G dass die für dort begangene Delikte eingehobenen Strafgelder trotz der „Verländerung“ vorerst weiterhin dem Bund zufallen.

Für die Zweckbindung der Strafgelder besteht kein Aufteilungsschlüssel; sinnvoller Weise muss wohl wesentlich mehr als die Hälfte weiterhin für Zwecke der Straßenerhaltung verwendet werden (s jedoch Abs 8 bis 10).
Die Zweckbindung der Strafgelder gilt nur für StVO-Strafen, nicht auch für Strafgelder nach anderen Bundesgesetzen.

Abs 8:

Auf Grund der Bundesverfassung steht den Ländern das Recht zu, eigene Straßenaufsichtsorgane ins Leben zu rufen. Abs 8 besagt, dass für diesen Fall der Bund und das jeweilige Land eine Einvernehmensregelung dahingehend treffen können, dass der Personal- und Sachaufwand für solche Straßenaufsichtsorgane aus den Strafgeldern abgedeckt werden darf, die aus von diesen Organen wahrgenommenen Verwaltungsübertretungen stammen. Diese Organe sollen sowohl gegen die hier genannten Parkdelikte nach der StVO als auch gegen Verstöße gegen abgabenrechtliche Kurzparkzonen-Vorschriften einschreiten können.
Weiters regelt Abs 8, was mit den nach Abzug dieser Kosten übrig bleibenden Strafgeldern zu geschehen hat und wie ein solcher Rest auf die Straßenerhalter aufzuteilen ist. Für Nahverkehrs-Investitionen darf nur ein geringer Anteil dieses Restes verwendet werden.

Abs 9:

Die Bestimmung dieses Abs berücksichtigt eine Rückübertragung von Angelegenheiten, die durch paktierte Gesetzgebung den Bundespolizeibehörden übertragen wurden. Durch eine solche Rückübertragung wird für die Bezirksverwaltungsbehörden in der Regel ein Mehraufwand für Personal, Ausstattung etc entstehen. Dieser Mehraufwand soll abgegolten werden, wobei Bund und Länder anteilig zur Abgeltung beizutragen haben. Sofern durch die Rückübertragung auch die Bestellung von zusätzlichen Straßenaufsichtsorganen nötig wird, sollen diese Mehrkosten aber ausschließlich nach Abs 8 abgegolten werden.

Abs 10:

Damit wird eine personelle Aufstockung der Organe der Verkehrsüberwachung ermöglicht.

§ 101 Verkehrsunterricht

(1) Wer als Lenker eines Fahrzeuges wegen einer Übertretung dieses Bundesgesetzes bestraft oder ermahnt (§ 21 Verwaltungsstrafgesetz [1950]) wurde, kann von der Behörde seines Hauptwohnsitzes durch Bescheid zur Teilnahme an einem von ihr abzuhaltenden Verkehrsunterricht bis zu einer Gesamtdauer von sechs Stunden verpflichtet werden, wenn sein Verhalten im Straßenverkehr insbesondere mit Rücksicht auf wiederholte Beanstandungen vermuten läßt, daß er die Verkehrsvorschriften nicht beherrscht.

(2) Zur Teilnahme am Verkehrsunterricht kann der Lenker eines Fahrzeuges bei Vorliegen der Voraussetzungen des Abs. 1 auch dann verpflichtet werden, wenn er lediglich mit Rücksicht auf die Bestimmungen des § 99 Abs. 6 lit.c von der Verwaltungsbehörde nicht bestraft wird.

(3) Der Verkehrsunterricht kann auch an Sonn- und Feiertagen abgehalten werden, darf aber an solchen Tagen nicht länger als zwei Stunden dauern. Die Bestimmung des § 20 des Allgemeinen Verwaltungsverfahrensgesetzes [1950] ist anzuwenden.

Allgemeines:

Die Anordnung, dass sich der Lenker eines Fahrzeuges einem Verkehrsunterricht zu unterziehen habe, ist eine vorbeugende und erzieherische Maßnahme. Die Teilnahme am Verkehrsunterricht kann wiederholt angeordnet und nach den Bestimmungen des Verwaltungsvollstreckungsgesetzes durchgesetzt werden. Fußgänger können – § 101 bezieht sich nur auf Fahrzeuglenker – zur Teilnahme an einem Verkehrsunterricht nicht verpflichtet werden.
Vom Verkehrsunterricht unterscheidet sich die „Nachschulung", der verkehrsauffällig gewordene Führerscheinbesitzer unterzogen werden können (s ÖAMTC-Fachbuch „Verkehrsrecht, Band III").
Gemäß § 128 Abs 2 Strafvollzugsgesetz, BGBl 1969/144, ist für Strafgefangene, die wegen fahrlässig begangener strafbarer Handlungen gegen Leib und Leben (gerichtlich) verurteilt worden sind, ein Unterricht über die Verhütung von Unfällen und über Erste Hilfe vorgesehen.

Das gerichtliche Strafverfahren gegen einen Jugendlichen (das sind gemäß § 1 Z. 2 JGG 1988 Personen zwischen 14 und 19 Jahren) kann „vorläufig eingestellt" werden, wenn sich der Beschuldigte bereit erklärt, ihm vom Gericht erteilte Auflagen zu erfüllen. Hiefür kommt bei Verkehrsdelikten vor allem die Teilnahme an Ausbildungs- oder Fortbildungskursen (insbesondere Fahrsicherheitskursen des ÖAMTC) in Betracht.

Seit 1.1.2000 besteht auch im Erwachsenenstrafrecht die Diversion:
Damit wurde – was den Verkehrsbereich betrifft – ein wesentlicher Schritt in Richtung Entkriminalisierung gesetzt:
Verdächtige (Verursacher eines Verkehrsunfalles haben nicht als „Straftäter" zu gelten) können demnach einer strafgerichtlichen Verurteilung entgehen, wenn sie ein Angebot der Staatsanwaltschaft annehmen, der von der Verfolgung zurücktritt, wenn der Verdächtige entweder ein vom Staatsanwalt festgesetztes Bußgeld zahlt oder in einer festgesetzten Probezeit kein weiteres strafrechtlich relevantes Delikt (insbes. § 88 StGB) setzt oder sich zu gemeinnützigen Leistungen verpflichtet oder einen außergerichtlichen Tatausgleich ermöglicht,

Zusätzlich zur Probezeit kann eine „Pflicht" auferlegt werden. Im Verkehrsbereich kommen hier Nachschulungen bei mangelnder Bereitschaft zur Verkehrsanpassung und psychischen Defiziten sowie Fahrsicherheitskurse (z.B. bei ÖAMTC-Fahrsicherheitszentren) auch für Nichtmitglieder bei Kenntnis- und Fähigkeitsdefiziten zur Anwendung.

ÖAMTC-Tipp:

Mitglieder sollten sich nach einem Unfall mit Personenschaden möglichst unverzüglich mit einem Rechtsberater des zuständigen Landesvereins in Verbindung setzen. Damit kann unter Umständen die diversionelle Erledigung positiv mitgestaltet werden.

Abs 1:

Zur hier erwähnten „Ermahnung" vgl die Anmerkung zu § 100 Abs 5.

Abs 3:

Aus § 20 AVG ergibt sich: Steht die zur Teilnahme am Verkehrsunterricht verpflichtete Person in einem öffentlichen Amt oder Dienst oder im Dienst eines dem öffentlichen Verkehr dienenden Unternehmens und muss voraussichtlich zur Wahrung der Sicherheit oder anderer öffentlicher Interessen eine Stellvertretung während der Verhinderung dieser Person eintreten, so ist gleichzeitig deren vorgesetzte Stelle von der Ladung zu benachrichtigen. Die Vorführung eines Heeresangehörigen oder eines Beamten der Heeresverwaltung hat durch das vorgesetzte militärische Kommando (Dienststelle) zu erfolgen.

§ 102 Abgrenzung zu anderen Rechtsvorschriften Verweisungen

Durch dieses Bundesgesetz werden die Straßenverwaltungsgesetze sowie eisenbahnrechtliche und arbeitsrechtliche Vorschriften nicht berührt.

Zu den unberührt gebliebenen Vorschriften gehören beispielsweise das Bundesstraßengesetz, die Landesstraßenverwaltungsgesetze, das Eisenbahngesetz, die verschiedenen Dienstnehmerschutzverordnungen (auch EU-Recht) usw.

§ 102a Verweisungen

Soweit in diesem Bundesgesetz auf Bestimmungen anderer Bundesgesetze verwiesen wird, sind diese, sofern nichts anderes ausdrücklich angeordnet ist, in ihrer jeweils geltenden Fassung anzuwenden.

---

§ 103 Inkrafttreten und Aufhebung

(1) Dieses Bundesgesetz tritt, sofern sich aus Abs. 2 nichts anderes ergibt, am 1. 1. 1961 in Kraft.

(2) Der § 95 dieses Bundesgesetzes tritt in den einzelnen Ländern mit dem Inkrafttreten des ihm entsprechenden Landesgesetzes (Art. 15 Abs. 4 B-VG.), frühestens jedoch zugleich mit den übrigen Bestimmungen dieses Bundesgesetzes in Kraft.

(2a) Dieses Bundesgesetz, BGBl. Nr. 518/1994, ausgenommen § 24 Abs. 3 lit. i und § 95, tritt mit 1. Oktober 1994 in Kraft. Verordnungen auf Grund dieser Bestimmungen können bereits ab dem der Kundmachung folgenden Tag erlassen werden; sie dürfen jedoch frühestens mit 1. Oktober 1994 in Kraft gesetzt werden. § 24 Abs. 3 lit. i tritt mit 1. Jänner 1996 in Kraft.

(2b) Der § 95 dieses Bundesgesetzes, in der Fassung BGBl. Nr. 518/1994, tritt in den einzelnen Ländern mit

dem Inkrafttreten des ihm entsprechenden Landesgesetzes, frühestens jedoch mit 1. Oktober 1994 in Kraft. Die Zuständigkeit zur Ausübung des Verwaltungsstrafrechtes für die bis zum Inkrafttreten des jeweils entsprechenden Landesgesetzes begangenen Übertretungen richtet sich nach den bisherigen Vorschriften.

(2c) Dieses Bundesgesetz, BGBl. I Nr. 92/1998, ausgenommen § 95 Abs. 1b und 1c, tritt mit xx. xxxxxxxx 1998 in Kraft. § 95 Abs. 1b und 1c, in der Fassung BGBl. I Nr. 92/1998, tritt in den einzelnen Ländern mit dem Inkrafttreten des entsprechenden Landesgesetzes, frühestens jedoch mit xx. xxxxxxxx 1998 in Kraft; die Zuständigkeit zur Ausübung des Verwaltungsstrafrechtes für die bis zum Inkrafttreten des jeweils entsprechenden Landesgesetzes begangenen Übertretungen richtet sich nach den bisherigen Vorschriften.

(2d) (Verfassungsbestimmung) § 5 Abs. 6 in der Fassung BGBl. I Nr. 92/1998 tritt mit xx. xxxxxxxx 1998 in Kraft.

(2e) *[BGBl. I Nr. 142/2000]* § 100 Abs. 3a letzter Satz in der Fassung des Bundesgesetzes BGBl. I Nr. 142/2000 tritt mit 1. Jänner 2001 in Kraft.

(2e) *[BGBl. I 2002/50]* § 99 Abs. 1 bis 4 und § 100 Abs. 3 und 5a in der Fassung des Bundesgesetzes BGBl. I Nr. 32/2002 treten mit 1. Jänner 2002 in Kraft.

(2f) Dieses Bundesgesetz BGBl. I Nr. 50/2002 tritt mit 1. April 2002 in Kraft.

(3) Mit dem Inkrafttreten dieses Bundesgesetzes tritt das Straßenpolizeigesetz vom 12. Dezember 1946, BGBl. Nr. 46/1947, mit Ausnahme der darin enthaltenen Verfassungsbestimmungen, außer Kraft.

(4) Die §§ 5 Abs. 8, 11 und 12 sowie 5a Abs. 1 dieses Bundesgesetzes, in der Fassung BGBl. I Nr. 128/2002, treten mit 1. Jänner 2003 in Kraft.

(5) (Verfassungsbestimmung) Die §§ 5 Abs. 10 und 105 Abs. 4 dieses Bundesgesetzes, in der Fassung BGBl. I Nr. 128/2002, treten mit 1. Jänner 2003 in Kraft.

Allgemeines:

Die StVO 1960 ist am 1. 1. 1961 in Kraft getreten.

Die einzelnen Novellen traten wie folgt in Kraft:

Die StVO-Novelle 1964 erlangte im wesentlichen am 1. 10. 1964 Geltung. Die Novelle 1965 trat am 31. 7. 1965 in Kraft. Die 3. StVO-Novelle vom Jahre 1969 gilt seit dem

1. 10. 1969; die Bestimmungen des § 5 Abs. 7b (betreffend die Beistellung der zur Blutabnahme erforderlichen Einrichtungen an öffentlichen Krankenanstalten) und des § 95 Abs 1 lit a und lit h (Kompetenz der Verkehrspolizei bzw. der „Schulwegpolizei") traten in den einzelnen Bundesländern mit dem Inkrafttreten eines entsprechenden Landesgesetzes in Kraft. Die durch das Verkehrsrecht-Anpassungsgesetz 1971 bewirkten Änderungen sind am 17.8. 1971, die der 4. Novelle am 31. 5. 1974 in Kraft getreten. Die Bestimmungen der 5. Novelle gelten seit 1. 8. 1975.
Die 6. Novelle ist im wesentlichen am 1. 1. 1977 in Kraft getreten.
Die 7. Novelle ist am 1. 6. 1977 in Kraft getreten; die 8. Novelle am 22. 12. 1977.
Die 9. Novelle ist mangels ausdrücklicher Regelung ihres Inkrafttretens mit 23. 6. 1982 wirksam geworden.
Die 10. Novelle ist am 1. 7. 1983 in Kraft getreten.
Die 11. Novelle gilt seit 1. 7. 1984, die 12. Novelle seit 24. 11. 1984.
Die Bestimmungen der 13. Novelle sind am 1. 5. 1986, die der 14. Novelle am 1. 6. 1987, die der 15. Novelle im wesentlichen am 1. 3. 1989, die der 16. Novelle am 1. 12. 1989 in Kraft getreten.
Die 17. Novelle ist am 15. 7. 1990 in Kraft getreten.
Die 18. Novelle ist am 31. 7. 1993 in Kraft getreten.
Die 19. Novelle ist im wesentlichen am 1. 10. 1994 in Kraft getreten, die daraufhin erfolgte Änderung der StVO am 6. 1. 1998.
Die 20. Novelle betreffend s Anm zu Abs 2c und 2d.
Durch Art III Z. 2 GGBG (BGBl. Nr. 145/1998) – Änderung der StVO 1960 – wurde die Legende zum Zeichen gem § 52 lit a Z. 7e per 1. September 1998 geändert.
Durch Art III Z. 1 GGBG (BGBl. I Nr. 145/1998) – Änderung der StVO 1960 – entfällt das Zeichen gem § 52 lit a Z. 7d samt Legende ab 1. Juli 1999.
Durch das EUGVIT erfolgte die Anpassung aller in der StVO genannten Geldbeträge an die Euro-Einführung. Die Beträge wurden meist auf ganze Euro abgerundet.
Das BundesstraßenübertragungsG (BGBl. I Nr. 50/2002) brachte die Anpassung der Verkehrszeichen an die „Verländerung" der Bundesstraßen (§ 53 Abs 1 Z. 20 ff)
Mit der 21. KFG Novelle wurden insb die sog „Section Control" (§ 100 Abs 5b) und die Mindeststrafe für die „Schutzweg-Gefährdung" (§ 99 Abs 2c) sowie die Anhebung der Organmandat-Strafe beim Verstoß gegen die Gurtenanlegepflicht (s Anh VI) eingeführt. (Inkrafttreten: 25. August 2002)

Beachtlich ist die Entscheidung des VfGH (Kundm BGBl. I Nr. 32/2000), wonach das Verbot bei leichten Alkoholdelikten gem § 21 VStG vorzugehen, als verfassungswidrig erkannt wurde.

Abs 2c und 2d:

Die sogenannte „StVO-Drogen-Novelle“ (BGBl. I Nr. 128/2002, Inkrafttreten mit 1. 1. 2003) brachte verschärfte Mitwirkungspflichten des Fahrzeuglenkers bei der Feststellung einer durch Drogenkonsum hervorgerufenen Beeinträchtigung der Fahrtüchtigkeit. Hinsichtlich der Inkrafttretensbestimmungen für die 20. Novelle ist ein Fehler dahingehend unterlaufen, dass aller Wahrscheinlichkeit nach der Inhalt des Ausschussberichtes direkt als Gesetzestext gedruckt und somit veröffentlicht wurde. Anstatt des Datums sind dadurch nur „Platzhalter“ (xxxx), den Tag und das Monat des Jahres 1998 betreffend, vorhanden, womit aus dieser Bestimmung selbst auf keinen konkreten Zeitpunkt zu schließen ist. Im Rahmen der sich aus Art 49 Abs 1 B-VG ergebenden Bestimmung bezüglich des allgemeinen Inkrafttretens von Bundesgesetzen muss jedoch wohl eine Interpretation dahingehend erfolgen, dass die gesamte 20. Novelle (mit Ausnahme des § 95 Abs 1b und 1c, dessen Inkrafttreten von den einzelnen Landesgesetzen abhängig ist) samt der Verfassungsbestimmung des Abs 2d „nach Ablauf des Tages, an dem das Stück des Bundesgesetzblattes, das die Kundmachung enthält, herausgegeben und versendet wird“, somit am 22. 7. 1998 in Kraft getreten ist.

Abs 2e:

Die Anfügung des Abs 2e durch das EUGVIT BGBl. I Nr. 32/2002 an Abs 2d ist als Redaktionsversehen zu bewerten. Denn bereits durch das BudgetbegleitG 2001 BGBl. I Nr. 142/2000 war der Abs 2e an Abs 2d angefügt worden. Im Zuge einer Berichtigung wird daher der neue Abs 2e als Abs 2f zu bezeichnen sein.

Abs 2f:

Abgesehen von der sich aus den Erörterungen zu Abs 2e ergebenden Konsequenzen (sollte eigentlich Abs 2g heißen) erscheint die Textierung mit ihrem Hinweis auf das BStÜG 2002 höchst unpraktisch: Tatsächlich traten mit 1.4.2002 folgende Bestimmungen in Kraft: § 44 Abs 1, 53 Abs 1 Z. 19, der Entfall von § 53 Abs 1 Z. 20, § 53 Abs 1 Z. 21, 90 Abs 2, § 100 Abs 7 erster Satz

§ 104 Übergangsbestimmungen

(1) *(Gegenstandslos.)*

(2) Bewilligungen, die auf Grund der bis zum Inkrafttreten dieses Bundesgesetzes geltenden straßenpolizeilichen Vorschriften rechtskräftig erteilt wurden, gelten als auf Grund dieses Bundesgesetzes erlassen, wenn sie seinen Vorschriften nicht widersprechen. Widerspricht eine solche Bewilligung den Vorschriften dieses Bundesgesetzes, so ist sie erloschen; dies hat die Behörde durch Bescheid festzustellen.

(3–6) *(Gegenstandslos.)*

(7) Straßenverkehrszeichen und Bodenmarkierungen, die den Bestimmungen dieses Bundesgesetzes in der Fassung der 19. StVO-Novelle, BGBl. Nr. 518/1994, nicht entsprechen, sind bei einer allfälligen Neuanbringung, spätestens aber bis 31. Dezember 2003, durch Straßenverkehrszeichen oder Bodenmarkierungen nach diesem Bundesgesetz zu ersetzen. Bis dahin sind Straßenverkehrszeichen und Bodenmarkierungen nach den Bestimmungen dieses Bundesgesetzes in der Fassung der 18. StVO-Novelle, BGBl. Nr. 522/1993, zu beachten. Randlinien gemäß § 57 Abs. 1 letzter Satz sind spätestens bis zum 31. Dezember 2000 anzubringen.

(8) Bis zum Inkrafttreten einer Verordnung des Bundesministers für Verkehr, Innovation und Technologie im Einvernehmen mit der Bundesministerin für Frauenangelegenheiten und Verbraucherschutz gemäß § 8 Abs. 1 Produktsicherheitsgesetz 1994, BGBl. Nr. 63/1995, sind die §§ 65 Abs. 3, 66 und 67, jeweils in der Fassung BGBl. Nr. 518/1994, anstelle der §§ 65 Abs. 3, 66 und 67 in der Fassung BGBl. I Nr. 92/1998 anzuwenden.

(9) Straßenverkehrszeichen, die den Bestimmungen dieses Bundesgesetzes in der Fassung der 20. StVO.-Novelle, BGBl. I Nr. 92/1998, nicht entsprechen, sind bei einer allfälligen Neuanbringung, spätestens aber bis 31. Dezember 2003, durch Straßenverkehrszeichen nach diesem Bundesgesetz zu ersetzen. Bis dahin sind Straßenverkehrszeichen nach den Bestimmungen dieses Bundesgesetzes in der Fassung der 19. StVO.-Novelle, BGBl. Nr. 518/1994, zu beachten.

Abs 7:

Die gemäß Abs 7 weitergeltenden Verkehrszeichen sind in der Folge abgebildet.

GESCHWINDIGKEITSBESCHRÄNKUNG (ERLAUBTE HÖCHSTGESCHWINDIGKEIT) (ersetzt durch das gleichnamige Zeichen gemäß § 52 Z. 10a).

ENDE DER GESCHWINDIGKEITSBESCHRÄNKUNG (ersetzt durch das gleichnamige Zeichen gemäß § 52 Z. 10b).

ZONENBESCHRÄNKUNG (ersetzt durch das gleichnamige Zeichen gemäß § 52 Z. 11a).

ENDE EINER ZONENBESCHRÄNKUNG (ersetzt durch das gleichnamige Zeichen gemäß § 52 Z. 11b).

VORGESCHRIEBENE MINDESTGESCHWINDIGKEIT (ersetzt durch das gleichnamige Zeichen gemäß § 52 Z. 19).

ENDE DER VORGESCHRIEBENEN MINDESTGESCHWINDIGKEIT (ersetzt durch das neue Zeichen gemäß § 52 Z. 22a „Ende eines Gebotes").

ENDE DER SCHNEEKETTENPFLICHT (ersetzt durch das neue Zeichen gemäß § 52 Z. 22a „Ende eines Gebotes").

Abs 8:

S dazu die Anm zu den §§ 65 Abs 3, 66 und 67.

Abs 9:

Diese Bestimmung (20. Nov) bezieht sich im wesentlichen auf die Änderungen durch die Straßenverkehrszeichenverordnung 1960, BGBl. 159 idF BGBl. II Nr. 238/1998, wodurch nicht Straßenverkehrszeichen in ihrer Gesamtheit durch neue ersetzt worden sind, sondern lediglich deren Beschaffenheit novelliert wurde.

§ 105 Vollziehung

(1) Mit der Vollziehung des § 95 ist der Bundesminister für Verkehr, Innovation und Technologie im Einvernehmen mit dem Bundesminister für Inneres betraut.

(2) Mit der Vollziehung der zivilrechtlichen Vorschriften dieses Bundesgesetzes ist der Bundesminister für Justiz im Einvernehmen mit dem Bundesminister für Verkehr, Innovation und Technologie betraut.

(3) Soweit die Vollziehung dieses Bundesgesetzes den Ländern zusteht, obliegt sie den Landesregierungen, im übrigen, soweit sich aus den Abs. 1 und 2 nichts anderes ergibt, dem Bundesminister für Verkehr, Innovation und Technologie.

(4) (Verfassungsbestimmung) Die Vollziehung der §§ 5 Abs. 6 und 10 sowie 99 Abs. 1 lit. c obliegt den Landesregierungen.

Darüber hinaus enthält Art V der 3. Novelle folgende Kompetenzbestimmungen:

„(1) Mit der Vollziehung des § 89a Abs 6 ist der Bundesminister für Justiz betraut.
(2) Mit der Vollziehung des § 95 Abs 1 lit a und h ist der Bundesminister für Handel, Gewerbe und Industrie im Einvernehmen mit dem Bundesminister für Inneres betraut.
(3) Mit der Vollziehung des Art II ist hinsichtlich der lit a der Bundesminister für Inneres und hinsichtlich der lit b der Bundesminister für Handel, Gewerbe und Industrie betraut.
(4) Mit der Vollziehung des Art III ist der Bundesminister für Inneres betraut.
(5) Soweit die Vollziehung dieses Bundesgesetzes den Ländern zusteht, obliegt sie den Landesregierungen, im übrigen, soweit sich aus Abs 1 und 2 nichts anderes ergibt, dem Bundesminister für Handel, Gewerbe und Industrie."

Art VI des Verkehrsrecht-Anpassungsgesetzes 1971, BGBl 274, enthält hinsichtlich seines (die StVO betreffenden) Art I die Bestimmung, dass mit seiner Vollziehung, soweit diese den Ländern zusteht, die Landesregierungen, im übrigen der Bundesminister für Handel, Gewerbe und Industrie betraut sind.
Art IV der 6. Novelle umfasst nachstehende Kompetenzbestimmungen:
„(1) Mit der Vollziehung des Art I Z. 39 *(letzter Satz des § 41 Abs 1)* und 103 *(§ 97 Abs 1a)* ist der Bundesminister für Verkehr im Einvernehmen mit dem Bundesminister für Finanzen betraut.
(2) Mit der Vollziehung des § 89a Abs 6 ist der Bundesminister für Justiz betraut.
(3) Im übrigen ist mit der Vollziehung dieses Bundesgesetzes der Bundesminister für Verkehr betraut, soweit die Vollziehung nicht den Ländern zusteht und insoweit den Landesregierungen obliegt."
An Stelle der vorstehend genannten Bundesministerien für Handel, Gewerbe und Industrie bzw. für Verkehr bzw für öffentliche Wirtschaft und Verkehr ist nunmehr der Bundesminister für Verkehr, Innovation und Technologie zuständig.
Auch die Kompetenzartikel der weiteren Novellen betrauen mit der Vollziehung grundsätzlich den Bundesminister für Verkehr, Innovation und Technologie.

Anhang

EisenbahnkreuzungsV.

I.

Verordnung des Bundesministeriums für Verkehr und Elektrizitätswirtschaft vom 21. 12. 1960, BGBl. 1961/2, über die Sicherung und Benützung schienengleicher Eisenbahnübergänge (Eisenbahn-Kreuzungsverordnung 1961), IdF der V v 3. 3. 1988, BGBl 123.

Auszug:

Es wurden lediglich jene Bestimmungen (§§ 16 bis 21) aufgenommen, die sich an den Straßenbenützer richten. Die übrigen Vorschriften, deren Normadressaten vor allem die Behörden und Eisenbahnunternehmen sind, wurden weggelassen.
Verstöße gegen diese Verordnung werden – soweit nicht ein gerichtlich strafbarer Tatbestand vorliegt (vgl die Anmerkung zu § 99 Abs 6 lit c StVO) – gemäß § 54 Abs 3 Eisenbahngesetz 1957, BGBl 60 in der Fassung BGBl 1992/452, als Verwaltungsübertretungen mit Geldstrafen bis zu 726 Euro geahndet. Beim zweiten Verstoß kann – vgl § 100 Abs1 StVO – an Stelle der Geldstrafe eine Arreststrafe bis zu zwei Wochen verhängt werden; ab dem dritten einschlägigen Delikt können Geld- und Arreststrafen auch nebeneinander verhängt werden. Eine Arreststrafe ist in diesen Fällen aber nur zulässig, wenn es ihrer bedarf, um die betreffende Person von weiteren Verwaltungsübertretungen der gleichen Art abzuhalten.
Es sind auch Organstrafverfügungen zulässig. Der diesbezügliche „Katalog“ sieht für die meisten Übertretungen der §§ 16 bis 21 eine Geldstrafe von 36 Euro vor.
Die Verordnung enthält im wesentlichen „alte“ Straftatbestände – siehe die diesbezügliche Anmerkung zu § 99 unter „Allgemeines“.
Hinsichtlich der Straffreiheit bei Beschädigungen von Sicherungseinrichtungen und Verkehrszeichen an schienengleichen Eisenbahnübergängen anlässlich eines Straßenverkehrsunfalles vgl den diesbezüglichen Teil der Anmerkung zu § 99 Abs 6 lit a StVO.
In der hier abgedruckten Fassung ist die Verordnung am 1. 7. 1988 in Kraft getreten.

Auf Grund des Eisenbahngesetzes 1957, BGBl. 60, in der Fassung des Bundesgesetzes BGBl. 1976/305, wird verordnet:

IV. ABSCHNITT

Verhalten bei Eisenbahnkreuzungen

§ 16 Allgemeine Bestimmungen für das Verhalten bei Eisenbahnkreuzungen

(1) Die Straßenbenützer haben sich bei Annäherung an Eisenbahnkreuzungen unter Beachtung der Straßenverkehrszeichen und auf Grund der vorhandenen Sichtverhältnisse so zu verhalten und insbesondere ihre Geschwindigkeit so zu wählen, daß sie erforderlichenfalls vor der Eisenbahnkreuzung verläßlich anhalten können.

(2) Verboten ist:
a) das Überholen auf einer Eisenbahnkreuzung;
b) das Überholen mehrspuriger Kraftfahrzeuge innerhalb von etwa 80 m vor bis unmittelbar nach einer Eisenbahnkreuzung;
c) das Halten, Parken oder Umkehren auf einer Eisenbahnkreuzung;
d) das Halten, Parken oder Umkehren unmittelbar vor oder nach einer Eisenbahnkreuzung, wenn durch das haltende, parkende oder umkehrende Fahrzeug der Lenker eines anderen Fahrzeuges gehindert wird, die Annäherung eines Schienenfahrzeuges oder Einrichtungen zur Anzeige oder Sicherung von Eisenbahnkreuzungen rechtzeitig wahrzunehmen;
e) ein Übersetzen der Eisenbahnkreuzung zu versuchen, wenn nach der Lage des Straßenverkehrs (z.B. Verkehrsstockung) ein Anhalten auf der Eisenbahnkreuzung erforderlich werden könnte;
f) Schranken unbefugt zu betätigen, geschlossene Schranken zu übersteigen, zu umfahren oder zu umgehen oder sich sonst unbefugt in den abgesperrten Raum zu begeben;
g) der Sicherung dienende Anlagen zu beschädigen, unbefugt zu entfernen, zu überdecken oder in ihrer Lage oder ihrer Bedeutung zu ändern;
h) an den der Sicherung dienenden Anlage oder deren Befestigungseinrichtungen unbefugt Beschriftungen, bildliche Darstellungen, Anschläge, geschäftliche Anpreisungen oder dergleichen anzubringen.

(3) Wenn ein gefahrloses Übersetzen der Eisenbahnkreuzung möglich und erlaubt ist, so hat dies ohne Verzögerung und so rasch wie möglich zu erfolgen. Ein Verweilen auf der Eisenbahnkreuzung ist allen Straßenbenützern verboten.

(4) Die Eisenbahnkreuzung muß von Fahrzeugen bis 10 m Länge mit mindestens 4 km/h, von über 10 m bis 16 m Länge mit mindestens 5 km/h und von über 16 m bis 22 m Länge mit mindestens 7 km/h übersetzt werden. Das Übersetzen von Eisenbahnkreuzungen mit Fahrzeugen, die diese Geschwindigkeit bei den gegebenen örtlichen Verhältnissen nicht erreichen oder eine Länge von mehr als 22 m haben, bedarf der Zustimmung des Eisenbahnunternehmens. Das gleiche gilt für Straßenfahrzeuge von einer Höhe von mehr als 4,00 m bei Eisenbahnkreuzungen mit elektrisch betriebenen Eisenbahnen. Der Straßenbenützer hat sich um die Zustimmung des Eisenbahnunternehmens so rechtzeitig zu bewerben, daß Maßnahmen für eine sichere Übersetzung getroffen werden können. Wird die Zustimmung vom Eisenbahnunternehmen verweigert, so kann der Straßenbenützer eine Entscheidung der Behörde herbeiführen; diese hat die Benützung der Eisenbahnkreuzung zu gestatten, wenn ein sicheres Übersetzen der Eisenbahnkreuzung gewährleistet erscheint.

(5) Tiere sind bei Annäherung eines Schienenfahrzeuges in solcher Entfernung vor der Eisenbahnkreuzung zurückzuhalten und durch ausreichendes Begleitpersonal so zu beaufsichtigen, daß keinerlei Gefährdung eintreten kann. Bestehen an einer Eisenbahnkreuzung besondere Einrichtungen für den Viehtrieb (Vorschubbäume, Viehgatter und dergleichen), so sind sie vom Begleitpersonal bei Annäherung eines Schienenfahrzeuges zu schließen und nach dessen Vorbeifahrt zu öffnen. Sie dürfen nur geöffnet werden, wenn sich das Begleitpersonal überzeugt hat, daß kein weiteres Schienenfahrzeug nachfolgt und daß sich kein Schienenfahrzeug aus der Gegenrichtung nähert.

Hinsichtlich der höchstzulässigen Annäherungsgeschwindigkeit besteht folgende Situation:

a) bei Vorhandensein von Geschwindigkeitsbeschränkungszeichen (gemäß § 52 Z. 10 StVO) gilt die dort angegebene Höchstgeschwindigkeit; ansonsten besteht

b) bei Eisenbahnkreuzungen keine zahlenmäßig begrenzte Höchstgeschwindigkeit.

§ 17 Verhalten bei Eisenbahnkreuzungen, die durch Andreaskreuze und Gewährleisten des erforderlichen Sichtraumes oder durch Andreaskreuze und Abgabe akustischer Signale vom Schienenfahrzeug aus gesichert sind

(1) Die Straßenbenützer haben sich bei Annäherung an die durch Andreaskreuze angezeigten Eisenbahnkreuzungen durch Ausblick auf den Bahnkörper und durch besondere Achtsamkeit auf allfällige akustische Signale herannahender Schienenfahrzeuge zu überzeugen, ob sich aus einer der beiden Fahrtrichtungen ein Schienenfahrzeug nähert. Die Eisenbahnkreuzung darf nur übersetzt werden, wenn sich der Straßenbenützer die Gewißheit verschafft hat, daß ein gefahrloses Übersetzen möglich ist.

(2) Bei Annäherung eines Schienenfahrzeuges darf die Eisenbahnkreuzung nicht übersetzt werden. Nach dessen Vorbeifahrt hat sich der Straßenbenützer zu überzeugen, ob nicht ein weiteres Schienenfahrzeug nachfolgt oder ob nicht aus der Gegenrichtung sich ein Schienenfahrzeug nähert.

(3) Wenn vor einer Eisenbahnkreuzung das Straßenverkehrszeichen „Halt“ angebracht ist, sind Fahrzeuge, sofern eine Bodenmarkierung im Sinne des § 9 Abs. 4 der Straßenverkehrsordnung 1960 vorhanden und sichtbar ist, an dieser, sonst an einer mindestens 3 m vom nächsten Gleis entfernten Stelle anzuhalten, von der aus gute Übersicht besteht. Eine Weiterfahrt darf erst erfolgen, wenn den Bestimmungen der Abs. 1 und 2 entsprochen wurde.

Abs 3:

Es handelt sich um das Vorschriftszeichen „HALT“ gemäß § 52 Z. 24 StVO.

§ 18 Verhalten bei Eisenbahnkreuzungen, die durch Schrankenanlagen gesichert sind

(1) Die Straßenbenützer haben bei Annäherung an Eisenbahnkreuzungen, die durch Schrankenanlagen gesichert sind, auf die Stellung der Schrankenbäume sowie auf allfällige optische und akustische Zeichen, die ein Schließen der Schranken ankündigen, und, soweit dies die örtlichen Verhältnisse zulassen, auf die Annäherung eines Schienenfahrzeuges zu achten.

(2) Wenn optische oder akustische Zeichen ein Schließen der Schranken ankündigen, wenn sich Schrankenbäume

abwärts bewegen oder wenn Schranken auch nur über einen Teil der Fahrbahn geschlossen sind, ist vor den Schranken anzuhalten. Wenn ein sicheres Anhalten bei Aufleuchten des gelben Lichtes nicht mehr möglich ist, so haben die Fahrzeuglenker weiterzufahren. Auf Freilandstraßen haben die Lenker von Lastkraftwagen, Sattelkraftfahrzeugen und selbstfahrenden Arbeitsmaschinen mit einem höchsten zulässigen Gesamtgewicht von mehr als 7,5 t sowie von Zugmaschinen, Fuhrwerken und Motorkarren, sofern die Notwendigkeit zum Anhalten vor der Eisenbahnkreuzung bereits aus einer entsprechenden Entfernung erkennbar ist, in einem Abstand von etwa 20 m vor dem Standort der mit einem Balken versehenen Straßenverkehrszeichen „Baken" und, wo solche fehlen, in einem Abstand von etwa 100 m vor der Eisenbahnkreuzung anzuhalten, damit die Lenker anderer Fahrzeuge in der Lage sind, sich vor ihnen einzureihen.

(3) Die Eisenbahnkreuzung darf erst übersetzt werden, wenn die Schrankenbäume wieder vollkommen geöffnet sind und bei Einrichtungen zur Abgabe von Lichtzeichen das gelbe und das rote Licht erloschen sind.

(4) Wenn die Stellung der Schrankenbäume nicht eindeutig ist oder wenn bei offenen Schranken das Straßenverkehrszeichen „Halt" angebracht ist oder die Annäherung eines Schienenfahrzeuges wahrgenommen wird, ist vor dem Schranken anzuhalten. Die Eisenbahnkreuzung darf erst und nur dann übersetzt werden, wenn sich die Straßenbenützer durch alle ihnen zu Gebote stehenden Mittel überzeugt haben, daß ein gefahrloses Übersetzen möglich ist.

Abs 2:

Auch wenn sich der Lenker beim ersten akustischen Zeichen in einer solchen Entfernung vom Schranken befindet, dass er nicht mehr davor anhalten kann, so hat er die Eisenbahnkreuzung zu übersetzen. Vgl auch § 20 zweiter Satz.

Die Vorschrift des letztes Satzes wirkt der Kolonnenbildung hinter großen und langsamen Fahrzeugen entgegen und liegt damit im Interesse der Verkehrssicherheit und -flüssigkeit.

§ 19 Verhalten bei Eisenbahnkreuzungen, die durch Lichtzeichenanlagen gesichert sind

(1) Wenn an einer Eisenbahnkreuzung, die durch eine Lichtzeichenanlage gesichert ist, gelbes oder rotes Licht

aufleuchtet oder akustische Zeichen einer etwaigen Zusatzeinrichtung wahrgenommen werden, müssen die Straßenbenützer vor der Eisenbahnkreuzung anhalten. Wenn ein sicheres Anhalten bei Aufleuchten gelben Lichts nicht mehr möglich ist, so haben die Fahrzeuglenker weiterzufahren. Auf Freilandstraßen haben die Lenker von Lastkraftwagen, Sattelkraftfahrzeugen und selbstfahrenden Arbeitsmaschinen mit einem höchsten zulässigen Gesamtgewicht von mehr als 7,5 t sowie von Zugmaschinen, Fuhrwerken und Motorkarren, sofern die Notwendigkeit zum Anhalten vor der Eisenbahnkreuzung bereits aus einer entsprechenden Entfernung erkennbar ist, in einem Abstand von etwa 20 m vor dem Standort der mit einem Balken versehenen Straßenverkehrszeichen „Baken" und, wo solche fehlen, in einem Abstand von etwa 100 m vor der Eisenbahnkreuzung anzuhalten, damit die Lenker anderer Fahrzeuge in der Lage sind, sich vor ihnen einzureihen.

(2) Die Eisenbahnkreuzung darf erst übersetzt werden, wenn an der Lichtzeichenanlage das gelbe und das rote Licht erloschen sind und die akustischen Zeichen einer etwaigen Zusatzeinrichtung verstummt sind.

(3) Die Straßenbenützer haben besonders darauf zu achten, ob nicht nach der Vorbeifahrt eines Schienenfahrzeuges ein weiteres nachfolgt oder ob sich nicht aus der Gegenrichtung ein Schienenfahrzeug nähert.

(4) Wenn bei der Lichtzeichenanlage das Straßenverkehrszeichen „Halt" angebracht ist oder wenn keine Lichtzeichen wahrnehmbar sind und die Annäherung eines Schienenfahrzeuges wahrgenommen wird, ist vor der Lichtzeichenanlage anzuhalten. Die Eisenbahnkreuzung darf erst und nur dann übersetzt werden, wenn sich die Straßenbenützer durch alle ihnen zu Gebote stehenden Mittel überzeugt haben, daß ein gefahrloses Übersetzen möglich ist.

Abs 1:

Früher zeigte gelbes Blinklicht an, dass die Eisenbahnkreuzung gefahrlos übersetzt werden kann. Seit der Novelle 1988 gibt es für den Straßenbenützer keinen derartigen Hinweis mehr; es besteht lediglich ein Anhaltegebot, wenn entweder ein rotes Blinklicht oder ein gelbes nicht blinkendes Licht und anschließend rotes nicht blinkendes Licht aufleuchtet (oder allfällige akustische Zusatzzeichen ertönen). Aus Gründen der Verkehrssicherheit erscheint die Neuregelung bedenklich.

Die Vorschrift des dritten Satzes dient entsprechend § 18 Abs 2 ebenfalls der Verhinderung von Kolonnenbildungen.

§ 20 Verhalten bei Eisenbahnkreuzungen, die durch Bewachung gesichert sind

Bei Annäherung an Eisenbahnkreuzungen, die durch Bewachung gesichert sind, haben die Straßenbenützer auf Arm- oder Lichtzeichen oder mittels Hilfseinrichtungen gegebene Zeichen zu achten und sich dananch zu verhalten. Wenn bei Einrichtungen zur Abgabe von Lichtzeichen ein sicheres Anhalten bei Aufleuchten des gelben Lichts nicht mehr möglich ist, so haben die Fahrzeuglenker weiterzufahren. Den Weisungen der Bewachungsorgane ist Folge zu leisten.

§ 21 Verhalten bei sichtbehindernden Verhältnissen

Bei sichtbehindernden Verhältnissen (§ 11) haben sich Straßenbenützer, die sich einer Eisenbahnkreuzung ohne Schranken- oder Lichtzeichenanlage nähern, durch besondere Achtsamkeit auf beleuchtete Zugspitzensignale und akustische Signale zu überzeugen, ob in einer der beiden Fahrtrichtungen ein Schienenfahrzeug sichtbar ist. Die Eisenbahnkreuzung darf nur übersetzt werden, wenn sich der Straßenbenützer die Gewißheit verschafft hat, daß ein gefahrloses Übersetzen möglich ist. Schließen die sichtbehindernden Verhältnisse das rechtzeitige optische Wahrnehmen eines sich der Eisenbahnkreuzung nähernden Schienenfahrzeuges aus, und liegen gleichzeitig Verhält nisse vor, die das Wahrnehmen abgegebener akustischer Signale beeinträchtigen, so dürfen solche Eisenbahnkreuzungen während der Dauer dieser Verhältnisse nicht übersetzt werden.

Während der in § 11 umschriebenen sichtbehindernden Verhältnisse (Dämmerung, Dunkelheit, Nebel oder sonstige sichtbehindernde Witterung) muss am ersten Schienenfahrzeug das Zugspitzensignal leuchten. Wenn die Sicht durch Nebel, Schneefall, hohe Schneelage oder dgl behindert ist, so müssen vom Schienenfahrzeug aus wiederholt akustische Signale abgegeben werden.

GehbehindertenausweisV.

II.

Verordnung des Bundesministers für Verkehr, Innovation und Technologie vom 8. August 2000, BGBl. II Nr. 252/2000 über den Ausweis für dauernd stark gehbehinderte Personen

Auf Grund des § 29b Abs. 1 der Straßenverkehrsordnung 1960, BGBl. Nr. 159, zuletzt geändert durch BGBl. I Nr. 134/1999, wird verordnet:

§ 1 Der Ausweis für dauernd stark gehbehinderte Personen im Sinne des § 29b StVO ist plastifiziert und mit einer Höhe von 106 mm und einer Breite von 148 mm auszuführen. Der Ausweis ist mit einem Foto des Ausweisinhabers zu versehen.

§ 2 Das Aussehen und der Inhalt des Ausweises hat dem in der Anlage enthaltenen Muster zu entsprechen.

§ 3 (1) Diese Verordnung tritt am 1. Jänner 2001 in Kraft.
(2) Mit Inkrafttreten dieser Verordnung tritt die Verordnung des Bundesministers für Verkehr vom 16. November 1976 über den Ausweis für dauernd stark gehbehinderte Personen im Sinne des § 29b der Straßenverkehrsordnung 1960, BGBl. Nr. 655/1976, zuletzt geändert durch BGBl. Nr. 80/1990, außer Kraft.

§ 4. Ausweise, die vor Inkrafttreten dieser Verordnung ausgegeben wurden und die der Verordnung des Bundesministers für Verkehr vom 16. November 1976 über den Ausweis für dauernd stark gehbehinderte Personen im Sinne des § 29b der Straßenverkehrsordnung 1960, BGBl. Nr. 655/1976, zuletzt geändert durch BGBl. Nr. 80/1990, entsprechen, bleiben weiterhin gültig.

Anmerkungen:
Vom Abdruck des im BGBl. gezeigten Musters wurde aus Gründen der Platzersparnis abgesehen. Auf die Anmerkungen zu § 29b wird hingewiesen.
Das Muster ist auf der Internet-Site der ÖAMTC-Rechtsdienste www.oeamtc.at/recht unter „Fachbuch-Aktuell“ dargestellt.

AlkomatV.

III.

Verordnung des Bundesministers für Inneres über die zur Atemalkoholuntersuchung geeigneten Geräte und die zu deren Handhabung zu ermächtigenden Organe der Straßenaufsicht

BGBl. Nr. 789/1994 idF BGBl. II Nr. 146/1997

Auf Grund des § 5a Abs. 3 der Straßenverkehrsordnung 1960 (StVO 1960), BGBl. Nr. 159, in der Fassung der 19. StVO-Novelle, BGBl. Nr. 518/1994, wird im Einvernehmen mit dem Bundesminister für öffentliche Wirtschaft und Verkehr verordnet:

§ 1 Geräte

Für die Untersuchung der Atemluft auf Alkoholgehalt sind Alkomaten (§ 5 Abs. 3 StVO) geeignet, die nach dem Maß- und Eichgesetz, BGBl. Nr. 152/1950, eichfähig sind. Derzeit besitzen
diese Eichfähigkeit folgende Geräte:
1. Hersteller: Siemens AG
Gerätebezeichnung: Alcomat M 52052/A15
2. Hersteller: Dräger AG
Gerätebezeichnung: 7110 MKIII A

§ 2 Organe der Straßenaufsicht

(1) Die Behörde darf zur Untersuchung der Atemluft auf Alkoholgehalt mit Alkomaten nur hiefür besonders geschulte Organe der Straßenaufsicht ermächtigen.
(2) Der Inhalt der Ermächtigung ist in einer dem Organ zu übergebenden Urkunde anzuführen. Das Organ ist verpflichtet, diese Urkunde auf Verlangen jener Person, deren Atemluft untersucht werden soll, bei der Amtshandlung vorzuweisen.

§ 3 Schulung

Die für die Ermächtigung erforderliche Schulung hat sich 1. auf die Feststellung der gesetzlichen Voraussetzungen für die Vornahme der Untersuchung der Atemluft auf Alkoholgehalt und auf die Bedeutung des Er-

gebnisses dieser Untersuchung für den Betroffenen und
2. auf die Wirkungsweise, die Handhabung und die zweckmäßige Anwendung der Alkomaten sowie
3. auf die Vorschriften des § 4 zu erstrecken.

§ 4 Untersuchung

Die Untersuchung der Atemluft auf Alkoholgehalt ist am Ort der Amtshandlung vorzunehmen; sie kann jedoch auch bei der nächsten Dienststelle (§ 5 Abs. 4 StVO), bei der sich ein Alkomat befindet, vorgenommen werden, wenn vermutet werden kann, daß sich der Proband in einem durch Alkohol beeinträchtigten Zustand befindet oder zur Zeit des Lenkens befunden hat. Die Untersuchung ist unter größtmöglicher Schonung des Ansehens des Probanden vorzunehmen.

§ 5 Inkrafttreten und Aufhebung

Diese Verordnung tritt mit 1. Oktober 1994 in Kraft. Die Verordnung des Bundesministers für öffentliche Wirtschaft und Verkehr vom 12. März 1987, BGBl. Nr. 106, in der Fassung der Verordnung BGBl. Nr. 390/1988, tritt mit Ablauf des 30. Septembers 1994 außer Kraft; Organe der Straßenaufsicht, die aufgrund dieser Verordnung ermächtigt wurden, gelten als nach der vorliegenden Verordnung ermächtigt.

Alkomat- und Drogen- Erlass

III A.

Richtlinien für das Einschreiten der Organe der Straßenaufsicht bei Beeinträchtigung durch Alkohol oder Suchtgift

(Zahl: 17000/655-IV/19/02 vom 17. Juli 2002)

Im Einvernehmen mit dem Bundesministerium für Verkehr, Innovation und Technologie und den Landesregierungen wird folgendes festgelegt:

I. Beeinträchtigung durch Alkohol

1. Alkomat-Einsatz:
Es dürfen nur Alkomaten gemäß § 1 der Alkomatverordnung BGBl. 1994/789 idF BGBl. 1997/146 verwendet werden.
Die Verwendung von Vortestgeräten ist daher nicht zulässig.

1.1. Verdachtslos (nur an Ort und Stelle)
Die Vornahme eines Alkomattestes darf jederzeit („verdachtslos“) von Personen, die ein Fahrzeug lenken, in Betrieb nehmen oder zu lenken oder in Betrieb zu nehmen versuchen, verlangt werden; dies aber nur, wenn ein Alkomat an Ort und Stelle, also im Umfeld des Anhalteortes zur Verfügung steht. Das Vorliegen von Symptomen ist hiefür nicht Voraussetzung. Die Weigerung, sich dem Test zu unterziehen ist – unabhängig vom tatsächlichen Alkoholkonsum –strafbar.
Von der Berechtigung, „jederzeit“ an Ort und Stelle einen Alkomattest durchführen zu können, darf jedoch nicht in unsachlicher Weise Gebrauch gemacht werden (Grundsatz der Verhältnismäßigkeit). Das Organ ist berechtigt jederzeit die Amtshandlung abzubrechen, wenn er der Ansicht ist, dass der Betroffene nicht durch Alkohol beeinträchtigt ist.

1.2. Bei Vermutung einer Beeinträchtigung durch Alkohol darf der Betroffene auch zur nächstgelegenen Dienststelle, bei der sich ein Alkomat befindet, gebracht werden, sofern

1.2.1. Symptome, die für eine Alkoholbeeinträchtigung sprechen (wie Alkoholgeruch aus dem Mund, schwankender Gang, Rötung von Gesicht oder Augen, lallende Sprache etc.), vorliegen und er

– entweder ein Fahrzeug lenkt, in Betrieb nimmt oder zu lenken oder in Betrieb zu nehmen versucht oder

– als Fußgänger verdächtig ist, in einem vermutlich durch Alkohol beeinträchtigten Zustand einen Verkehrsunfall verursacht zu haben.

1.2.2. er verdächtig ist, in diesem Zustand ein Fahrzeug gelenkt zu haben.

Gründe, die diesen Verdacht rechtfertigen (Zeugenaussagen etc.) sind aktenkundig zu machen. Symptome der Beeinträchtigung durch Alkohol müssen zum Zeitpunkt der Aufforderung zum Alkomattest nicht mehr vorliegen.
Die „nächstgelegene Dienststelle, bei der sich ein Alkomat befindet“, muss nicht eine Dienststelle im Sprengel der örtlich zuständigen Behörde sein, d.h. es besteht eine Berechtigung zur sprengelüberschreitenden Vorführung.
Der Alkomat ist in Fällen der Sprengelüberschreitung (§ 5 Abs. 4 StVO) von den örtlich zuständigen Organen zu bedienen.
Auch die Vorführung zum Standort eines mobil eingesetzten Alkomaten in einem Stkw gilt als Bringen zu einer Dienststelle.

1.3. Bei jedem Unfall mit Personenschaden ist gemäß Pkt. 1.1. ein Alkomattest bei allen unfallbeteiligten Lenkern durchzuführen.

1.4. Ein Alkomattest darf in den Fällen des § 5 Abs. 2a StVO auch bei Beifahrern durchgeführt werden.

2. Durchführung des Alkomat-Tests:

2.1. Mit der Messung ist erst zu beginnen, wenn sichergestellt ist, dass

2.1.1. seit dem letzten bekannten Alkoholkonsum vor der Betretung 15 Minuten vergangen sind und

2.1.2. der Proband innerhalb der letzten 15 Minuten nichts getan hat, das geeignet wäre, die Messung des Atemalkoholgehaltes zu behindern. Als solche Behinderung werden etwa die Verwendung eines Mundsprays und der Konsum von Alkohol, Flüssigkeiten, Nahrung, Genussmittel, Medikamente oder Nikotin nach der Betretung anzusehen sein.
Eine Mundspülung ist, da die Gefahr der Verfälschung besteht, keinesfalls durchzuführen.

2.2. Allfällige Angaben des Probanden über Alkoholmengen und Zeitpunkt (Beginn, Ende) der Einnahme sind aktenkundig zu machen.

2.3. Eine abgeschlossene Atemalkoholuntersuchung besteht aus zwei verwertbaren Messungen (Protokollausdruck: „Messung(en) verwertbar").
Verwertbar sind zwei Messungen dann, wenn sie von geeichten Alkomaten als solche ausgewiesen werden, also der geräteinternen Plausibilitätskontrolle entsprochen haben.
Als Ergebnis gilt der relevante Messwert (der niedrigere Wert).

2.3.1. Kommen zwar zwei Messwerte zustande, sind diese aber nicht verwertbar (Protokollausdruck: „Probendifferenz – Messung(en) nicht verwertbar") so hat der Proband seiner Verpflichtung, sich der Atemalkoholuntersuchung zu unterziehen, noch nicht entsprochen; er hat weitere Versuche vorzunehmen, damit es zu zwei verwertbaren Messungen kommt (siehe dazu auch Pkt. 2.3.2.).

2.3.2. Liegen – trotz ordnungsgemäß durchgeführter Probenabgaben – wieder zwei nicht verwertbare Messwerte vor, so ist zu prüfen, ob für das Misslingen, in der Person des Probanden liegende, einen Alkomattest nicht von vornherein ausschließende Gründe (z.B. Hustenreiz, Nervosität etc.) ausschlaggebend waren.

Scheinen die Ursachen für das bisherige Misslingen behebbar und daher verwertbare Messwerte durch einige weitere Blasversuche Absehbar zu sein, so sind diese vom Probanden vorzunehmen.

Andernfalls ist wie folgt vorzugehen:
1. Ist der Alkomattest aus in der Person gelegenen Gründen nicht möglich, ist der Proband
1.1. nach § 5 Abs. 4a StVO zur Blutabnahme oder, wenn notwendig
1.2. nach § 5 Abs. 5 Z. 2 StVO zur Untersuchung zu bringen

2. Hat der Alkomattest keinen den gesetzlichen Grenzwert erreichenden Alkoholgehalt ergeben, ist der Proband nach § 5 Abs. 5 Z.1 StVO zur Untersuchung zu bringen

3. Im Falle der verdachtslosen Kontrolle (Pkt. 1.1.) ist die Amtshandlung zu beenden.
Zwei voneinander abweichende Messwerte sind kein Hinweis auf einen Gerätedefekt (diesbezüglich siehe Pkt. 2.3.4.).
2.3.3. Liegt nach den ersten vier Blasversuchen überhaupt kein Messwert oder nur einer vor, ist auch hier zu prüfen, ob für das Misslingen behebbar scheinende Gründe vorliegen. In diesem Fall sind weitere Blasversuche vom Organ der Straßenaufsicht zuzulassen, andernfalls ist nach Punkt 2.3.2. vorzugehen.

Wird der Proband wegen Weigerung angezeigt sind die konkreten Umstände, aus denen die Weigerung zutage tritt (etwa der Wortlaut der ausdrücklichen Weigerung oder das auf eine bewusste Weigerung hinweisende Verhalten) in der Verwaltungsstrafanzeige klar zum Ausdruck zu bringen.

2.3.4. Tritt vor oder während einer Atemalkoholuntersuchung ein Defekt am Alkomaten auf, ist
– bei verdachtsloser Kontrolle entweder sofort ein funktionstüchtiger Alkomat einzusetzen oder die Amtshandlung im Sinne des Pkt. 1.1. Abs. 2 abzubrechen
– bei Vermutung einer Beeinträchtigung durch Alkohol (Pkt. 1.2.) entweder ein funktionstüchtiger Alkomat einzusetzen oder der Proband zur nächstgelegenen Dienststelle, bei der sich ein funktionstüchtiger Alkomat befindet, zu bringen. Bezüglich nächster Dienststelle siehe auch die Ausführungen unter Pkt.1.2.2.

Ein Gerätedefekt rechtfertigt nicht das Verbringen des Probanden zu einer ärztlichen Untersuchung.

2.4. Das Messprotokoll, das als Beweismittel für den festgestellten Atemalkoholwert oder als Nachweis von Fehlversuchen dient, ist vom einschreitenden Organ der Straßenaufsicht entsprechend dem Vordruck mit Namen, Vornamen und Geburtsdatum des Probanden auszufüllen. Es ist vom Beamten zu unterschreiben und mit seiner Dienstnummer zu versehen. Dem Probanden ist das zweite für ihn vorgesehene Druckerprotokoll auszufolgen.

Wenn es zu keiner Anzeigeerstattung kommt und das Messprotokoll auch sonst nicht als Beweismittel benötigt wird („negativer" Alkomattest), kann das Messprotokoll vernichtet werden. In diesen Fällen erfolgt auch keine Ausfolgung an den Probanden, sofern dies nicht ausdrücklich verlangt wird.
Andere Anordnungen zur Dokumentation der Amtshandlungen bleiben jedoch unberührt.

2.5. Abgrenzung zu § 14 Abs. 8 Führerscheingesetz 1997 (FSG):
Der § 14 Abs. 8 FSG verbietet das Lenken oder Inbetriebnehmen eines Kraftfahrzeuges, wenn beim Lenker der Alkoholgehalt des Blutes 0,5 g/l (0,5 Promille) oder mehr oder der Alkoholgehalt der Atemluft 0,25 mg/l oder mehr beträgt.
Wird ein Atemalkoholgehalt von 0,25 mg/l bis 0,39 mg/l festgestellt, liegt der Verdacht eine Übertretung nach § 14 Abs. 8 FSG vor.
Auf eine tatsächliche Beeinträchtigung kommt es nach dem FSG nicht an.

2.6. 0,1 Promille-Regelungen:
In folgenden Gesetzen bestehen 0,1 Promille-Regelungen:

2.6.1. KFG:
1) § 114 Abs. 4 Z. 1 KFG bzgl. Fahrlehrer
2) § 122 Abs. 5 KFG bzgl. Begleiter einer Übungsfahrt
3) § 122a Abs. 5 KFG bzgl. Ausbildner bei einer Lehrfahrt

2.6.2. FSG:

1) § 4 Abs. 7 erster Satz FSG bzgl. Probeführerscheinbesitzer,
2) § 6 Abs. 3 erster Satz FSG bzgl. Bewerber um eine Lenkberechtigung,
3) § 6 Abs. 3 zweiter Satz FSG bzgl. Besitzer einer Lenkberechtigung für die Klasse F bis zur Vollendung des 20. Lebensjahres,
4) § 19 Abs. 6 erster Satz FSG bzgl. Bewerber um eine Lenkberechtigung,
5) § 19 Abs. 6 erster Satz FSG bzgl. Begleiter von Ausbildungsfahrten,
6) § 20 Abs. 5 FSG bzgl. Lenker von Fahrzeugen der Klasse C, deren höchste zulässige Gesamtmasse mehr als 7,5 t beträgt,
7) § 21 Abs. 3 FSG bzgl. Lenker von Fahrzeugen der Klasse D und
8) § 31 Abs. 5 FSG bzgl. Besitzer eines Mopedausweises, die das 20. Lebensjahr noch nicht vollendet haben.

2.6.3. GGBG:

Im § 13 Abs. 4 Gefahrgutbeförderungsgesetz 1998 ist die 0,1 Promilleregelung für Lenker von Gefahrgutbeförderungseinheiten, für die eine Lenkerausbildung vorgeschrieben ist, normiert (Rn10315 ADR idF Nov 1999 bzw. Abschnitt 8.2.1. ADR idF Nov 2001).

2.7. Eichung:

Messgeräte zur Bestimmung des Alkoholgehaltes in der Atemluft unterliegen gemäß § 13 Abs. 2 des Maß- und Eichgesetzes 1950 idgF der Eichpflicht, wenn diese Geräte bei straßenaufsichtsbehördlichen Kontrollen verwendet oder dafür bereitgehalten werden. (vgl. Punkt 1.)

Nachweis der erfolgten Eichung ist der am Gerät angebrachte Eichstempel des Bundesamtes für Eich- und Vermessungswesen. Der Eichstempel besteht aus dem Eichzeichen (in Form eines stilisierten Adlers) und dem dreistelligen Jahreszeichen (letzten drei Stellen des Jahres, in dem die Eichung erfolgte),

Als geeicht ist ein entsprechendes Gerät nur dann zu betrachten und darf vom einschreitenden Beamten verwendet werden, wenn dieser sich davon überzeugt hat, dass:

1. das Messgerät eine gültig erfolgte Eichung und deren Nachweis durch den Eichstempel aufweist bzw. dieser unbeschädigt und nicht entwertet ist,
2. die vorgeschriebenen Sicherungszeichen (Beiplomben bzw. Versiegelungsaufkleber) und Bezeichnungen ordnungsgemäß aufgebracht, unbeschädigt und nicht entwertet sind,
3. die Verwendungsbestimmungen der Zulassung zur Eichung eingehalten werden (Einhaltung der Wartezeit von 15 Minuten, Einhaltung der vorgeschriebenen halbjährlichen Genauigkeitsüberprüfungen,...)
4. das Messgerät lt. Bedienungsanleitung der Herstellerfirma verwendet wird,
5. die gesetzliche Nacheichfrist nicht abgelaufen ist,
6. und das Messgerät nicht offensichtlich unrichtig geworden ist (z.B. bekannter Gerätedefekt vgl. Punkt 2.3.4.)

Die gesetzliche Nacheichfrist für Alkomaten beträgt zwei Jahre und beginnt mit dem der letzten Eichung folgendem Kalenderjahr. Auf den aktuellen Ablauf der Nacheichfrist wird auch durch einen farbigen Aufkleber des Bundesamtes für Eich- und Vermessungswesen hingewiesen.
Beispiel Eichung 7. Mai 2002 (Eichstempel-Jahreszeichen: „002"), Beginn der Nacheichfrist ab 1. Jänner 2003, Ablauf der Nacheichfrist 31. Dezember 2004 (Aufkleberaufschrift: „Nacheichung spätestens 2004")

Vom Bundesamt für Eich- und Vermessungswesen wird eine Eichbestätigung (Eichschein) über die erfolgte Eichung ausgestellt und den Geräten beigelegt.

Bemerkt wird, dass nach ständiger Judikatur des VwGH bei der Alkomatmessung keine Eich- bzw. Verkehrsfehlergrenzen abzuziehen sind.

3. Blutabnahme:

3.1. Auf Veranlassung des Straßenaufsichtsorganes:

Eine Blutabnahme zum Zweck der Bestimmung des Blutalkoholgehaltes (§ 5 Abs. 6 StVO) ist nur noch an Personen möglich, die gemäß § 5 Abs. 4a StVO (aus in der Person gelegenen Gründen Unmöglichkeit zum Alkomattest) zu einem im öffentlichen Sanitätsdienst stehenden, bei einer Bundespolizeidirektion tätigen oder bei einer öffentlichen Krankenanstalt diensthabenden Arzt gebracht werden und verdächtig sind, sich in einem durch Alkohol beeinträchtigten Zustand zu befinden.

3.2. Auf Veranlassung des Probanden:
Unterzieht sich eine Person freiwillig nach einem „Positiven Alkomattest" einer Blutabnahme in einer öffentlichen Krankenanstalt, ist der diensthabende Arzt verpflichtet, die Blutabnahme vorzunehmen (§ 5 Abs. 8 StVO), wobei die Ärzte verpflichtet sind, sich von der Identität des Probanden zu überzeugen. Dies geschieht z.B. durch Einsicht in einen Lichtbildausweis.
Das Organ der Straßenaufsicht ist jedoch nicht verpflichtet, über Verlangen des Probanden eine Blutabnahme zu veranlassen.

3.3. Der Arzt hat die Blutprobe zusammen mit Namen, Geburtsdatum und Adresse des Probanden ohne unnötigen Aufschub der nächstgelegenen Polizei- oder Gendarmeriedienststelle zu übermitteln, sowie den Zeitpunkt der Blutabnahme bekanntzugeben (§ 5 Abs. 8 zweiter Satz StVO).
Diese Dienststelle hat die Blutprobe direkt an das Gerichtsmedizinische Institut bzw. an die jeweils für die Auswertung der Blutprobe vorgesehene Institution weiterzuleiten und so weit als möglich, allenfalls durch telefonische Rücksprache mit dem Arzt, nähere Hinweise über Ort und Zeitpunkt des Alkomattests zu ermitteln.

4. Amtsärztliche Untersuchungen:

Organe der Straßenaufsicht sind berechtigt, nachstehend angeführte Personen zum Zwecke der Feststellung des Grades der Beeinträchtigung durch Alkohol, zu einem im öffentlichen Sanitätsdienst stehenden, bei einer Bundespolizeibehörde tätigen Arzt oder zum diensthabenden Arzt einer öffentlichen Krankenanstalt zu bringen:

4.1. Personen, mit einem unter 0,4 mg/l liegenden Atemalkoholwert (Verkehrsverhalten, Symptomen etc. sogenannte „Minderalkoholisierung“), von denen vermutet werden kann, dass sie sich in einem durch Alkohol beeinträchtigten Zustand befinden (§ 5 Abs. 5 Z. 1 StVO),

4.2. Personen, von denen vermutet werden kann, dass sie sich in einem durch Alkohol beeinträchtigten Zustand befinden und die einen Alkomattest aus in der Person des Probanden gelegenen Gründen nicht durchführen können (§ 5 Abs. 5 Z. 2 StVO).
Gemeint sind hier Fälle dauernder oder vorübergehender körperlicher Unmöglichkeit, z.B. Asthma-Erkrankung oder Verletzungen im Mundbereich.

5. Führerscheinabnahme – Abnahme des Mopedausweises:

Für die Führerscheinabnahme oder die Mopedausweisabnahme gelten die Vorschriften des § 39 Abs. 1 FSG.

Eine Führerscheinabnahme oder die Abnahme des Mopedausweises ist nur an Ort und Stelle (Unfallort, Anhalteort, Ort des Einschreitens) im zeitlichen Zusammenhang mit der Amtshandlung zulässig.

Es wird darauf hingewiesen, dass diese Bestimmung zwingend ist und in folgenden Fällen daher jedenfalls mit einer Führerscheinabnahme oder die Abnahme des Mopedausweises vorzugehen ist:

1) bei Kraftfahrzeuglenkern, die in Folge von Alkohol- oder Suchtmittelgenuss nicht mehr die volle Herrschaft über ihren Geist und ihren Körper besitzen,
bei Kraftfahrzeuglenkern bei denen ein Alkoholgehalt des Blutes von 0,8 g/l (0,8 Promille) oder mehr oder ein Alkoholgehalt der Atemluft von 0,4 mg/l oder mehr festgestellt wurde,
bei Kraftfahrzeuglenkern, die ein Verweigerungsdelikt gemäß § 99 Abs. 1 lit. b oder c StVO 1960 begangen haben.

Beachte:
1. Ab 1.10.2002 ist der Führerschein oder der Mopedausweis jedenfalls abzunehmen, und zwar auch dann, wenn der Betreffende erklärt, dass er kein Fahrzeug mehr lenken wird.
2. Die Vorschriften über die Abnahme des Mopedausweises gelten erst ab 1.10.2002.

6. Zwangsmaßnahmen (§ 5 b StVO):
Personen, die sich
– offenbar in einem durch Alkohol oder Suchtgift beeinträchtigten Zustand befinden oder
– bei denen der Alkoholgehalt des Blutes 0,5 g/l (0,5 Promille) oder mehr, oder
– der Alkoholgehalt der Atemluft 0,25 mg/l oder mehr beträgt, sind am Lenken oder Inbetriebnehmen eines Fahrzeuges zu hindern.
Zu diesem Zweck sind falls erforderlich je nach Lage des Falls und Art des Fahrzeuges Zwangsmaßnahmen wie etwa Abnahme der Fahrzeugschlüssel oder Absperren oder Einstellen des Fahrzeuges, Anlegen von technischen Sperren oder dergleichen anzuwenden.
Die Zwangsmaßnahmen sind auch zu setzen, wenn bei Fahrlehrern, Begleitern oder Ausbildern als Beifahrer von Schul-, Lehr- oder Ausbildungsfahrten ein Alkoholgehalt des Blutes von 0,5 g/l (0,5 Promille) oder mehr oder ein Alkoholgehalt der Atemluft von 0,25 mg/l oder mehr festgestellt wird.
Bei den 0,1 Promille-Tatbeständen (siehe unter Pkt.2.6.) sind Zwangsmaßnahmen unzulässig.
Da iSd § 2 Abs. 1 VVG das gelindere Mittel (die Zwangsmaßnahme) gesetzlich nicht vorgesehen ist, darf in diesen Fällen auch nicht nach § 35 Z. 3 VStG vorgegangen werden.

7. Kosten
Rechnungen über Kosten der ärztlichen Untersuchung, der Blutabnahme und der Blutalkoholbestimmung sind der zuständigen Behörde weiterzuleiten.

II. Beeinträchtigung durch Suchtgift:

1. Allgemeines:

Wer durch Suchtgift beeinträchtigt ist, darf ein Fahrzeug weder lenken noch in Betrieb nehmen (§ 5 Abs. 1 erster Satz StVO).

Anders als bei der Beeinträchtigung durch Alkohol sind für die Beeinträchtigung durch Suchtgift keine Grenzwerte vorhanden. Es gelten daher weiterhin die Kriterien des § 58 Abs. 1 StVO, wonach eine Person ein Fahrzeug nur lenken darf, wenn sie sich in einer solchen körperlichen und geistigen Verfassung befindet, in der sie ein Fahrzeug zu beherrschen und die beim Lenken eines Fahrzeuges zu beachtenden Rechtsvorschriften zu befolgen vermag.

Ist eine Beeinträchtigung der Person aber zumindest zum Teil auf Suchtgift zurückzuführen, sind ausschließlich nur die Bestimmungen der §§ 5 Abs. 1 iVm 99 Abs. 1b StVO anwendbar.

2. Erkennbarkeit und Symptome suchtgiftbeeinträchtigter Lenker:

Folgende Verhaltensweisen bzw. Auffälligkeiten gelten z.B. als Hinweis auf eine mögliche Suchtgiftbeeinträchtigung: krass situationsunangepasstes Verhalten, hastige Erregtheit, Schläfrigkeit, Angstzustände, Nichtgehorchen der Sinne, außergewöhnliche Schweißneigung, Unruhe und Zittern, ungewöhnliche Benommenheit, gerötete Augenbindehäute, enge oder sehr weite Pupillen.

Hinweise auf Suchtgiftbeeinträchtigung können sich auch aus ungewöhnlichen und unerklärlichen Unfallsituationen ergeben (z.B. ungebremstes Auffahren oder Abkommen von der Straße). Weiters können auf Suchtgiftkonsum und eine allfällige Suchtgiftbeeinträchtigung hinweisen:

Plastik-Einwegspritzen im Fahrzeug, berusste *[„berußte"]* Löffel, Watte, abgerissene Zigarettenfilter, Bänder, Schnüre, Riemen, Gummischläuche und Ähnliches zum Abbinden der Vene, Kapseln, Behältnisse mit unbekannten pulvrigen Substanzen etc.

Es darf darauf hingewiesen werden, dass der körperliche Zustand und die sonstigen Merkmale, die auf eine Suchtgiftbeeinträchtigung hinweisen, sehr ausführlich beschrieben werden müssen, da diese Feststellungen des Straßen-

aufsichtsorganes die Voraussetzung für die Vorführung zum Amtsarzt sowie für die Durchführung eines ordnungsgemäßen Verfahrens, bzw. für die Strafbarkeit sind.
Für die Erkennung von Symptomen bzgl. Suchtgift ist das in der Beilage angeschlossene Formular zu verwenden (Beilage).

3. Abgrenzung „Alkohol“, „Suchtgift“ und „andere körperliche und geistige Beeinträchtigung“:

Wird eine Person wegen Lenkens in einem durch Alkohol beeinträchtigten Zustand beanstandet und kommt eine „Minderalkoholisierung“ (z.B. Alkomatergebnis 0,0 mg/l) oder Suchtgiftbeeinträchtigung nicht in Betracht, ist im Sinne des § 58 Abs. 1 StVO zu prüfen, ob nicht eine andere körperliche und geistige Beeinträchtigung (z.B. außergewöhnlicher Erregungs- oder Ermüdungszustand) vorliegt.

4. Amtsärztliche Untersuchungen:

4.1. Gemäß § 5 Abs. 9 StVO gelten die Bestimmungen des § 5 Abs. 5 StVO auch für Personen, von denen vermutet werden kann, dass sie sich in einem durch Suchtgift beeinträchtigten Zustand befinden oder zur Zeit des Lenkens befunden haben.
Ist der Verdacht einer Suchtgiftbeeinträchtigung gegeben, sind die Organe der Straßenaufsicht berechtigt, die Personen zu einem im öffentlichen Sanitätsdienst stehenden, bei einer Bundespolizeidirektion tätigen oder bei einer öffentlichen Krankenanstalt diensthabenden Arzt zur Untersuchung zu bringen.

4.2. Dasselbe gilt für den Fall, dass ein Fußgänger in Verdacht steht, in einem durch Suchtgift beeinträchtigten Zustand, einen Verkehrsunfall verursacht zu haben.

4.3. Verweigert der Proband die Vorführung oder unterzieht er sich nicht der ärztlichen Untersuchung, so liegt Strafbarkeit gemäß § 99 Abs. 1 lit. b StVO vor. Die Verweigerung der Abgabe einer Harnprobe ist nicht strafbar. Ab 1.1.2003 ist eine Blutabnahme bei Feststellung einer Beeinträchtigung, die auf eine Suchtgifteinnahme schließen lässt, vorzunehmen (§ 5 Abs. 10 StVO). Die Verweigerung ist strafbar (§ 99 Abs. 1 lit. b StVO).

4.4. Rechnungen über Kosten der ärztlichen Untersuchung, der Blutabnahme und der Bestimmung des Suchtgiftgehaltes des Blutes sind der zuständigen Behörde weiterzuleiten.

5. Führerscheinabnahme (siehe unter I.5.)

6. Zwangsmaßnahmen (siehe unter I.6.)

7. Drogenanalysegeräte:
Mit den derzeit auf dem Markt befindlichen Drogenanalysegeräten können zwar Harnuntersuchungen zur Feststellung von Cannabis, Kokain und sogenannten Morphin-Derivaten durchgeführt werden, Aussagen über eine Suchtgiftbeeinträchtigung zum Zeitpunkt des Lenkens können daraus jedoch in Ermangelung von Grenzwerten nicht abgeleitet werden. Somit sind solche Geräte für den Einsatz durch Straßenaufsichtsorgane nicht geeignet.
Eine allfällige Verwendung eines Drogenanalysegerätes erfolgt daher ausschließlich im Rahmen einer amtsärztlichen Untersuchung. Eine Mitwirkung der Organe der Straßenaufsicht, z.B. hinsichtlich Aufforderung zur Harnabgabe, deren Überwachung, bzw. Harnauswertung, ist gesetzlich nicht vorgesehen. Ab 1.1.2003 kann das Bundesministerium für Inneres im Einvernehmen mit dem Bundesministerium für Verkehr, Innovation und Technologie geeignete Geräte und Testverfahren zur Feststellung einer Beeinträchtigung durch Suchtgift bestimmen (§ 5 Abs. 11 StVO).

8. Die Bestimmungen des § 5 Abs. 8 StVO (Punkt 3.3.) gelten ab 1.1.2003 auch bzgl. Suchtgifteinnahme.

9. Verständigung der Bezirksverwaltungsbehörde – keine Strafanzeige:
Ab 1.1.2003 ist an Stelle einer Strafanzeige der für den Hauptwohnsitz der untersuchten Person zuständige Bezirksverwaltungsbehörde als Gesundheitsbehörde mitzuteilen (§§ 12 bis 14 des Suchtmittelgesetzes, BGBl. I Nr. 112/1997), dass bei dieser Person anzunehmen ist, dass sie Suchtgift missbraucht.

III. Abgrenzung zum SPG:

Es wird darauf hingewiesen, dass das Einschreiten in diesem Bereich der Richtlinien der zu § 31 SPG im Einvernehmen mit dem Bundesminister für Verkehr, Innovation und Technologie erlassenen Richtlinienverordnung (RLV), BGBl.Nr. 266/1993, unterfällt, sofern das einschreitende Organ der Straßenaufsicht auch Organ des öffentlichen Sicherheitsdienstes ist. Dementsprechend haben alle von einem solchen Einschreiten im Rahmen des § 5 StVO Betroffenen einen Anspruch auf Einhaltung der Richtlinien (freiwillige Mitwirkung, § 4 RLV; Achtung der Menschenwürde, § 5 RLV; Umgang mit den Betroffenen, § 6 RLV; Bekanntgabe der Dienstnummer, § 9 RLV).

IV. Aufhebung von Richtlinien:

Die Richtlinien vom 11. August 1995, Zl. 31415/18-II/19/95 (Ges-Erl v. 5.10.1995, Zl. 4001/143-II/23/95) werden aufgehoben.

IV. *[offenbar gemeint V.]* **Schulung:**

Diese Richtlinien sind allen Organen der Bundessicherheitswache und der Bundesgendarmerie, die an der Vollziehung des § 5 StVO mitzuwirken haben, zur Kenntnis zu bringen und zum Gegenstand einer besonderen Schulung zu machen.

Zusatz für den Gendarmeriebereich:
Diese Richtlinien werden in die GES aufgenommen.

Kurzparkzonen-Überwachungsverordnung

IV.

Verordnung des Bundesministers für öffentliche Wirtschaft und Verkehr, BGBl. 1994/857, über die Überwachung der Einhaltung der Parkdauer in Kurzparkzonen.

Auf Grund des § 25 Abs 4 und 4a der Straßenverkehrsordnung 1960, BGBl. Nr 159, zuletzt geändert durch BGBl. Nr 518/1994, wird verordnet:

§ 1 Kurzparknachweise

(1) Hilfsmittel zur Überwachung der Kurzparkdauer sind folgende Kurzparknachweise:
1. Parkscheibe
2. Parkschein
3. Automatenparkschein
4. Parkometer
5. Parkzeitgeräte
6. Sondernachweise im Sinne des § 9 Abs. 1

(2) In Gemeinden, in denen Parkzeitgeräte gemäß § 8 vorgesehen sind, muß zusätzlich ein anderer Kurzparknachweis zugelassen sein.

(3) Die Behörde, die eine Kurzparkzone bestimmt, hat für die Bereithaltung von entsprechenden abgabenrechtlichen Kurzparknachweisen, die gemäß Abs. 1 auch als Hilfsmittel zur Überwachung der Kurzparkdauer gelten, während der Geltungsdauer der Kurzparkzone zu sorgen.

§ 2 Pflichten des Lenkers

(1) Wird ein mehrspuriges Fahrzeug in einer Kurzparkzone abgestellt, so hat der Lenker
1. das Fahrzeug für die Dauer des Abstellens mit dem für die jeweilige Kurzparkzone entsprechenden Kurzparknachweis zu kennzeichnen und
2. dafür zu sorgen, daß das Fahrzeug spätestens mit Ablauf der höchsten zulässigen Parkzeit entfernt wird.

(2) Parkscheibe, Parkschein, Automatenparkschein, Parkzeitgeräte oder Sondernachweise sind bei Fahrzeugen mit einer Windschutzscheibe hinter dieser und durch diese von außen gut lesbar, bei anderen Fahrzeugen an einer sonst geeigneten Stelle gut wahrnehmbar und lesbar anzubringen; es dürfen an den genannten Stellen nur jene Kurzparknachweise sichtbar sein, die sich auf den jeweiligen Parkvorgang beziehen.

(3) Eine Verwaltungsübertretung begeht, wer entgegen Abs. 1 Z. 2 durch Änderungen am oder des Kurzparknachweises die höchste zulässige Parkdauer zu überschreiten versucht.

Allgemeines:

Kurzparkzonen (s die Erläuterungen zu § 25) sind an ihren Rändern durch die Vorschriftszeichen gemäß § 52 Z. 13 d, e gekennzeichnet (vgl jedoch die diesbezügliche Anmerkung); innerhalb der Zone ist eine Wiederholung der Beschilderung nicht erforderlich.

Abs 1:

Die Kurzparkzonen-Vorschriften gelten nur für mehrspurige Fahrzeuge.

Auch dann, wenn in einer Kurzparkzone bloß gehalten wird (Fahrtunterbrechung bis zu zehn Minuten oder für die Dauer der Durchführung einer Ladetätigkeit), muss der Kurzparknachweis angebracht werden. Für Wien (nur amtliche Vordrucke erlaubt) und Niederösterreich gibt es sog „10-Minuten-Kurzparkscheine", die ein gebührenfreies Halten ermöglichen.

§ 3 Verwendung der Kurzparknachweise

(1) Wer ein mehrspuriges Fahrzeug in einer gebührenpflichtigen Kurzparkzone Abstellt, hat als Kurzparknachweis zu verwenden:
1. Parkschein,
2. Automatenparkschein,
3. Parkometer,
4. Parkzeitgeräte oder
5. Parkscheibe, sofern für den betreffenden Haltevorgang keine Gebührenpflicht besteht oder die Gebühr gemäß § 9 Abs. 2 entrichtet wird.

(2) Wer ein mehrspuriges Fahrzeug in einer gebührenfreien Kurzparkzone Abstellt, hat als Kurzparknachweis eine Parkscheibe zu verwenden.

(3) Wer gemäß § 45 Abs. 2, 4 oder 4a StVO. von der Einhaltung der vorgeschriebenen Kurzparkdauer befreit wurde, hat als Kurzparknachweis einen Sondernachweis gemäß § 9 Abs. 1 zu verwenden.

§ 4 Parkscheibe

(1) Parkscheiben sind nach dem in der Anlage 1 gezeigten Muster auszuführen. Der Durchmesser des Zifferblattes hat

mindestens 10 cm zu betragen. Der Zeiger oder das Zifferblatt ist verstellbar anzubringen. Der Zeiger und die Darstellung des Zifferblattes sind in dunkler Farbe (schwarz, dunkelblau oder dgl.), der Untergrund des Zifferblattes in heller Farbe (weiß, gelb oder dgl.) auszuführen. Auf den Parkscheiben dürfen Aufdrucke angebracht werden, sofern dadurch die Kontrolle der richtigen Einstellung der Parkscheibe nicht erschwert wird.

(2) Der Zeiger hat die Ankunftszeit anzuzeigen, wobei auf die dem Zeitpunkt des Abstellens folgende volle Viertelstunde aufgerundet werden kann.

(3) Parkscheiben, die der Parkscheiben-Verordnung BGBl. Nr. 249/1961 entsprechend aus geführt sind, dürfen mit der Maßgabe weiterverwendet werden, daß die schwarze Spitze des Doppelzeigers gemäß Abs. 2 eingestellt wird; die rote Spitze des Doppelzeigers bleibt dabei ohne rechtliche Bedeutung.

Abs 1:

Das im BGBl. gezeigte Muster der Parkscheibe wurde aus Platzersparnisgründen hier nicht abgedruckt. Das Muster ist aber auf der Internet-Site der ÖAMTC-Rechtsdienste www.oeamtc.at/recht unter „Fachbuch-Aktuell" dargestellt.

§ 5 Parkscheine

(1) Parkscheine dürfen als Kurzparknachweis verwendet werden, wenn sie dem aus der Anlage 2 ersichtlichen Muster entsprechen und von einer Gebietskörperschaft herausgegeben werden.

(2) Auf dem Parkschein muß die herausgebende Gebietskörperschaft sowie die Parkdauer, für die er gilt, ersichtlich sein. Es dürfen auch solche Parkscheine als Kurzparknachweise verwendet werden, die Zusätze wie durchlaufende Numerierung und dgl. oder verschiedene Farben entsprechend der jeweils gültigen Parkdauer aufweisen.

(3) Bei Parkscheinen ist der Zeitpunkt des Abstellens des Fahrzeuges durch deutliches Ankreuzen der betreffenden Kalenderdaten und der Uhrzeit sowie durch Eintragen des Kalenderjahres auf dem Parkschein zu markieren; hierbei kann auf die dem Zeitpunkt des Abstellens folgende volle Viertelstunde aufgerundet werden. Bis zum Ausmaß der insgesamt erlaubten Parkdauer dürfen auch mehrere

Parkscheine mit geringerer Geltungsdauer angebracht werden, wobei auf jedem Parkschein der Zeitpunkt des Abstellens des Fahrzeuges zu markieren ist.

Abs 1:

Vom Abdruck des im BGBl. gezeigten Musters des Parkscheines wurde aus Gründen der Platzersparnis abgesehen. Das Muster ist aber auf der Internet-Site der ÖAMTC-Rechtsdienste www.oeamtc.at/recht unter „Fachbuch-Aktuell" dargestellt.

§ 6 Automatenparkscheine

Auf Parkscheinen, die von Parkschein-Ausgabe-Automaten ausgegeben werden, muß mindestens ersichtlich sein:
1. Datum,
2. Uhrzeit des Beginns oder des Endes der Parkzeit und
3. die Höhe der dafür entrichteten Gebühr.

§ 7 Parkometer

Automaten im Sinne des § 25 Abs. 4a StVO. sind Parkuhren (Parkometer), die für jeden einzelnen Stellplatz der Kurzparkzone aufgestellt sind und gegen Geldeinwurf Dauer und Ende der zulässigen Parkzeit anzeigen.

§ 8 Parkzeitgeräte

Parkzeitgeräte sind Geräte, die die Parkgebühr elektronisch von einer nicht personenbezogenen Magnetkarte abbuchen. Auf dem Gerät muß mindestens ersichtlich sein:
1. Datum des Abstellens,
2. Ende der zulässigen Parkzeit und
3. Codenummer der Gemeinde, in der das Gerät verwendet wird.

§ 9 Sondernachweise

(1) Die vorgeschriebene Kurzparkdauer muß dann nicht eingehalten werden, wenn das Abstellen erlaubt wurde durch Bescheid, auch in Form einer einheitlichen Parkkarte oder einer Klebevignette, die von der jeweiligen Gemeinde im eigenen Wirkungsbereich ausgegeben worden ist.

(2) Andere als die in § 3 Abs. 1 Z. 1 bis 4 genannten abgabenrechtlichen Nachweise, wie z.B. Pauschalzahlungsbe-

lege, die keine Ausnahme von der zulässigen Parkdauer begründen, gelten nicht als Kurzparknachweise. In diesem Fall ist zusätzlich eine gemäß § 4 Abs. 2 eingestellte Parkscheibe zu verwenden.

§ 10 Inkrafttreten

Diese Verordnung tritt mit 1. Jänner 1995 in Kraft. Die Kurzparkzonen-Überwachungsverordnung, BGBl. Nr. 250/1983, in der Fassung BGBl. Nr. 411/1989 tritt mit Ablauf des 31. Dezember 1994 außer Kraft.

Wiener ParkometerG.

IVA

Gesetz über die Regelung der Benützung von Straßen durch abgestellte mehrspurige Fahrzeuge (Parkometergesetz) idF LGBl. Nr. 28/2000

Der Wiener Landtag hat beschlossen:

§ 1. (1) Der Gemeinderat kann für das Abstellen von mehrspurigen Fahrzeugen in Kurzparkzonen (§ 25 der Straßenverkehrsordnung 1960 in der Fassung des Bundesgesetzes BGBl. Nr. 275/1982) nach Maßgabe der folgenden Bestimmungen die Entrichtung einer Abgabe vorschreiben.

(2) Die Art der von den Abgabepflichtigen zu verwendenden Kontrolleinrichtungen ist unter Bedachtnahme auf eine möglichst einfache Handhabung und auf die Auswirkungen auf das Stadtbild sowie unter Rücksichtnahme auf zur Überwachung von Parkzeitbeschränkungen vorgeschriebene Kontrolleinrichtungen durch Verordnung der Landesregierung zu bestimmen. Aus Gründen der Verwaltungsvereinfachung kann in dieser Verordnung festgelegt werden, daß Abstellzeiträume bis zu fünfzehn Minuten unberücksichtigt bleiben.

(3) Zur Entrichtung der Abgabe sind der Lenker, der Besitzer und Zulassungsbesitzer zur ungeteilten Hand verpflichtet. Jeder Lenker eines mehrspurigen Fahrzeuges, der ein solches Fahrzeug in einem Gebiet Abstellt, für das eine Anordnung nach Abs. 1 getroffen wurde, hat die Parkometerabgabe bei Beginn des Abstellens des Fahrzeuges zu entrichten. Die Lenker haben bei der Durchführung der angeordneten Kontrollmaßnahmen mitzuwirken.

(4) Der Begriff „Abstellen" umfaßt sowohl das Halten als auch das Parken von mehrspurigen Fahrzeugen. Der Begriff „Fahrzeug" ist im Sinne der Begriffsbestimmung des § 2 Abs. 1 Z. 19 der Straßenverkehrsordnung 1960 in der Fassung des Bundesgesetzes BGBl. Nr. 209/1969 zu verstehen.

(5) Die Bestimmungen der Straßenverkehrsordnung 1960 in der Fassung des Bundesgesetzes BGBl. Nr.

275/1982 sowie die darauf gestützten Verordnungen und Anordnungen werden durch dieses Gesetz nicht berührt.

Anmerkungen:

Abs 1:

Hier ermächtigt der Landesgesetzgeber den Verordnungsgeber, in Kurzparkzonen für das Abstellen von Fahrzeugen eine Gebühr zu verlangen. Er verpflichtet ihn, diesfalls die Gebühr hinsichtlich aller mehrspurigen Fahrzeuge (also auch von Fuhrwerken etc.). Daher kann in Wien keine Verordnung erlassen werden, nach der für das Abstellen von Motorrädern eine Parkgebühr verlangt werden kann. Sehr wohl möglich ist es aber, dass auch einspurige Fahrzeuge von Bestimmungen über die höchste zulässige Parkdauer betroffen sind.

Abs 4:

Hier wird der Begriff des „Abstellens" definiert. Wien entschied sich hier für die „große Variante", nämlich auch das Halten und die Ladetätigkeit gebührenpflichtig zu machen.
Die Erlaubnis, und die Voraussetzungen dafür ein Fahrzeug höchstens 10 Minuten ohne Entrichtung einer Gebühr Abstellen zu dürfen, wurde in einer eigenen Verordnung geregelt.

Abs 5:

Diese Bestimmung macht deutlich, dass die Querschnittsmaterie „Kurzparkzonen" sich auf Landes- und Bundeskompetenzen erstreckt. Letztere werden durch die Kurzparkzonenbestimmungen in § 25 StVO und in der Kurzparkzonenüberwachungsverordnung (abgedruckt unter IV) wahrgenommen.

§ 1 a. (1) Der Zulassungsbesitzer und jeder, der einem Dritten das Lenken eines mehrspurigen Kraftfahrzeuges oder die Verwendung eines mehrspurigen Fahrzeuges überläßt, für deren Abstellen Parkometerabgabe zu entrichten war, hat, falls das Kraftfahrzeug oder das Fahrzeug in einer gebührenpflichtigen Kurzparkzone abgestellt war, dem Magistrat darüber Auskunft zu geben, wem er das Kraftfahrzeug oder das Fahrzeug zu einem bestimmten Zeitpunkt überlassen gehabt hat.

(2) Die Auskunft, welche den Namen und die Anschrift der betreffenden Person enthalten muß, ist unverzüglich, im Falle einer schriftlichen Aufforderung binnen zwei Wochen nach Zustellung zu erteilen; wenn eine solche Auskunft ohne entsprechende Aufzeichnungen nicht erteilt werden könnte, sind diese Aufzeichnungen zu führen.

Anmerkungen:
Diese Bestimmungen entsprechen im wesentlichen den Pflichten gem. § 103 Abs 2 KFG, s ÖAMTC-Fachbuch, „Verkehrsrecht, Band II"

§ 2. (1) Der Gemeinderat hat die Parkometerabgabe durch Verordnung festzusetzen. Die für das Abstellen eines mehrspurigen Fahrzeuges zu entrichtende Parkometerabgabe darf nicht niedriger als mit 0,15 Euro und nicht höher als mit 0,75 Euro für jede halbe Stunde festgesetzt werden. Die Abgabe ist auch für eine angefangene halbe Stunde in der vollen für eine halbe Stunde festgesetzten Höhe zu entrichten.
(2) Aus Gründen der Verwaltungsvereinfachung kann der Magistrat mit den Abgabepflichtigen Vereinbarungen über die Höhe und die Form der zu entrichtenden Abgabe treffen. Hiebei können insbesondere Pauschalierungsvereinbarungen und Vereinbarungen über die Fälligkeit getroffen werden. Zur Erleichterung und Vereinheitlichung dieser Vereinbarungen hat die Landesregierung durch Verordnung Pauschalierungsrichtlinien festzulegen, die auf das unterschiedliche Abstellverhalten der Wohnbevölkerung in Gebieten, die gemäß § 43 Abs. 2a StVO 1960, in der Fassung des Bundesgesetzes BGBl. Nr. 423/1990, verordnet sind, des Wirtschaftsverkehrs und des sonstigen Verkehrs Bedacht nehmen.
(3) Die Bemessung der Abgabe erfolgt durch formlose Zahlungsaufforderung.

Anmerkungen:
Abs 1:
Durch die gesetzlichen Grenzen für die Gebühr wird der Verordnungsgeber gebunden, für die jeweilige konkret verordnete

Kurzparkzone keine niedrigeren bzw. höheren Gebühren vorzuschreiben.

Abs 2:
Durch diese Bestimmungen wird die gebührenrechtliche Seite (Pauschalierung) des sogenannten „Parkpickerls“ geschaffen. Daher nimmt Abs 2 auf die gem § 43 Abs 2a StVO erlassenen „Gebietsverordnungen“ Bezug.

§ 3. (1) Die Abgabe ist nicht zu entrichten für:
a) Fahrzeuge, die für den Bund oder eine andere Gebietskörperschaft zugelassen sind, ausgenommen Personenkraftwagen;
b) Einsatzfahrzeuge;
c) Fahrzeuge, die von Ärzten bei einer Fahrt zur Leistung ärztlicher Hilfe von ihnen selbst gelenkt werden und die beim Abstellen mit einer Tafel entsprechend den Vorschriften der Straßenverkehrsordnung gekennzeichnet sind;
d) Taxis, die zum Zwecke der Kundenaufnahme oder -abfertigung anhalten;
e) Fahrzeuge, die von Inhabern eines Ausweises gemäß § 29b Abs. 1 oder 5 der Straßenverkehrsordnung 1960, BGBl. Nr. 159, in der Fassung des Bundesgesetzes BGBl. I Nr. 134/1999, selbst gelenkt werden sowie Fahrzeuge in der Zeit, in der sie im Zusammenhang mit einer Beförderung eines Inhabers eines Ausweises gemäß § 29b Abs. 1 oder 5 leg. cit. abgestellt sind, sofern diese Fahrzeuge mit diesem Ausweis im Original deutlich sichtbar gekennzeichnet sind.
(2) Weiters ist die Abgabe nicht zu entrichten für Fahrzeuge, die beim Abstellen mit einer vom Magistrat ausgestellten, gültigen Bescheinigung über die Befreiung von der Entrichtung der Parkometerabgabe, die das kraftfahrrechtliche Kennzeichen des abgestellten Fahrzeuges aufweist, im Original deutlich sichtbar gekennzeichnet sind. Der Magistrat hat über Antrag eine solche Bescheinigung über das Zutreffen der Befreiung von der Abgabe auszustellen, sofern der Antragsteller gemäß § 2 Abs. 1 Z. 12 des Kraftfahrzeugsteuergesetzes 1992, BGBl. Nr. 449, in der Fassung des Bundesgesetzes BGBl. Nr. 798/1996, von der Entrichtung der Kraft-

fahrzeugsteuer befreit wurde oder von der motorbezogenen Versicherungssteuer aus den Gründen des § 4 Abs. 3 Z. 9 Versicherungssteuergesetz 1953, BGBl. Nr. 133, in der Fassung des Bundesgesetzes BGBl. I Nr. 106/1999, ausgenommen ist, die Befreiung oder die Ausnahme nachweist und nicht Inhaber eines gültigen Ausweise gemäß § 29b Abs. 1 oder 5 der Straßenverkehrsordnung 1960, BGBl. Nr. 159, in der Fassung des Bundesgesetzes BGBl. I Nr. 134/1999 ist. Bei Nichtvorliegen oder Wegfall der angeführten Voraussetzungen (Gründe) ist die Befreiungsbescheinigung, unabhängig vom Datum ihrer Ausstellung, ungültig und vom Inhaber dem Magistrat unverzüglich abzuliefern; kommt der Inhaber der Befreiungsbescheinigung dieser Verpflichtung nicht nach, so hat der Magistrat die Befreiungsbescheinigung mit Bescheid zu entziehen. Die Strafbarkeit tritt mit Rechtskraft des Entziehungsbescheides ein.

Anmerkung:
Das Land Wien hat mit diesen Bestimmungen über die Mitnahme von Gehbehinderten, die nicht selbst ein Fahrzeug lenken, der letzten Änderung des § 29b StVO entsprochen.

§ 4. (1) Handlungen oder Unterlassungen, durch die die Abgabe hinterzogen oder fahrlässig verkürzt wird, sind als Verwaltungsübertretungen mit Geldstrafen bis zu 210 Euro zu bestrafen.
(2) Übertretungen des § 1a sind als Verwaltungsübertretungen mit Geldstrafen bis zu 210 Euro zu bestrafen.
(3) Die sonstigen Übertretungen der Gebote und Verbote dieses Gesetzes und der auf Grund dieses Gesetzes erlassenen Verordnungen sind als Verwaltungsübertretungen mit Geldstrafen bis zu 70 Euro zu bestrafen.
(4) Bei allen gemäß Abs. 1 und 3 mit Strafe bedrohten Übertretungen der Gebote und Verbote dieses Gesetzes können mit Organstrafverfügung Geldstrafen bis zu 21 Euro eingehoben werden.

§ 5. Der Nettoertrag der Parkometerabgabe ist für Maßnahmen zu verwenden, die der Erleichterung des innerstädtischen Verkehrs dienen. Darunter sind vor allem Maßnahmen zu verstehen, die den Bau von Garagen

fördern, die der Verbesserung von Einrichtungen der städtischen Verkehrsbetriebe dienen, oder solche, die zu einer Funktionsaufteilung zwischen Individual- und Massenverkehr führen. Unter Nettoertrag der Parkometerabgabe ist der um die Kosten der Kontrolleinrichtungen verminderte Abgabenertrag zu verstehen.

§ 6. (1) Die Überwachung der Einhaltung der von der Landesregierung gemäß § 1 Abs. 2 angeordneten Kontrollmaßnahmen erfolgt durch besonders ermächtigte Organe der Stadt Wien.
(2) Die Landesregierung kann durch Verordnung die Führung von Dienstabzeichen und Dienstausweisen anordnen und dabei Form, Größe und Ausführung des Dienstabzeichens und den Inhalt des Dienstausweises festlegen.

Anmerkung:
In Wien erfolgt die Parkraumüberwachung durch Organ der MA 67, die auch das Verwaltungsstrafverfahren gem § 7 führt.

§ 7. Die Gemeinde hat ihre in diesem Gesetz geregelten Aufgaben mit Ausnahme der Durchführung des Verwaltungsstrafverfahrens im eigenen Wirkungsbereich zu besorgen.

SchulwegsicherungsV.

V.

Verordnung des Bundesministers für Inneres, BGBl. 1994/790, über die Sicherung des Schulweges und des Weges zum und vom Kindergarten (Schulwegsicherungs-Verordnung) In der Fassung der V BGBl. II Nr. 371/1998.

Auf Grund des § 29a Abs 4 und § 97a Abs 2 der Straßenverkehrsordnung 1960 (StVO 1960), BGBl. Nr 159, in der Fassung der 20. StVO-Novelle, BGBl. I Nr 92/1998, wird verordnet:

§ 1 Schülerlotsen und betraute Personen

Die Behörde hat Schülerlotsen (§ 29a StVO.) und mit der Sicherung des Schulweges, des Weges zum oder vom Kindergarten oder mit der Begleitung von geschlossenen Kindergruppen betrauten Personen (§ 97a StVO.) für die Dauer ihrer Betrauung zur Verfügung zu stellen:

1. einen Signalstab (§ 2),

2. eine Schutzausrüstung (§ 4) und

3. Schülerlotsen einen Ausweis nach dem Muster der Anlage 1, gemäß § 97a StVO. betrauten Personen einen Ausweis nach dem Muster der Anlage 2.

Aus Gründen der Platzersparnis wurden die beiden Anlagen hier nicht abgedruckt. Die Anlagen sind auf der Internet-Site der ÖAMTC-Rechtsdienste www.oeamtc.at/recht unter „Fachbuch-aktuell“ dargestellt.

§ 2 Signalstab

(1) Der Signalstab muß aus einem Stiel aus leichtem Material und einer an einem Stielende angebrachten runden Scheibe bestehen.

(2) Die Scheibe des Signalstabes hat einen weißen Rand aufzuweisen und muß beiderseits rot sein. Sie muß entweder voll rückstrahlend oder in der Mitte beleuchtet und mit rückstrahlendem Rand versehen sein. Bei Dunkelheit und klarer Sicht muß sie auf eine Entfernung von 200 m im Scheinwerferlicht deutlich rot rückstrahlen oder deutlich rotes Licht ausstrahlen.

§ 3 Zeichengebung

(1) Gemäß § 97a StVO. betraute Personen haben von der Fahrbahn aus durch Hochheben des Signalstabes die Aufforderung zum Anhalten zu geben. Schülerlotsen haben bei der Begleitung der die Fahrbahn überquerenden Kinder den Signalstab hochzuhalten.
(2) Der Signalstab ist bei der Zeichengebung senkrecht zur Fahrtrichtung zu halten, daß seine Scheibe für Lenker herannahender Fahrzeuge deutlich sichtbar ist.

§ 4 Schutzausrüstung

(1) Die Schutzausrüstung besteht aus einem hellen Mantel und aus einer hellen Mütze. Der Mantel kann mit roten Streifen aus rückstrahlendem Material versehen werden.
(2) Sofern sich auf der Schutzausrüstung eine Aufschrift befindet, darf diese nach ihrer Größe und Beschaffenheit nicht die Erkennbarkeit der Schutzausrüstung beeinträchtigen.

§ 5 Übergangsbestimmung

Bisherige Betrauungen mit der Sicherung des Schulweges nach § 97a StVO. und ausgestellte Ausweise behalten ihre Gültigkeit.

§ 6 Inkrafttreten

Diese Verordnung tritt mit 1. Oktober 1994 in Kraft. Die Verordnung des Bundesministers für Verkehr vom 25. November 1976, BGBl. Nr. 677, in der Fassung der Verordnung, BGBl. Nr. 493/1984, über die Sicherung des Schulweges tritt mit Ablauf des 30. September 1994 außer Kraft.

SicherheitsgurtenG.

VI.

Bundesgesetz vom 7. 7. 1976, BGBl. 352, mit dem das Kraftfahrgesetz 1967 geändert (3. Kraftfahrgesetz-Novelle) und zivilrechtliche Bestimmungen über den Gebrauch von Sicherheitsgurten getroffen werden.
IdF der 21. KFG Novelle (BGBl. I Nr. 80/2002)

Auszug:

(1) Ist ein Sitzplatz eines Kraftfahrzeugs mit einem Sicherheitsgurt ausgerüstet, so sind Lenker und beförderte Personen, die einen solchen Sitzplatz benützen, je für sich zum bestimmungsgemäßen Gebrauch des Sicherheitsgurtes verpflichtet. Die Verletzung dieser Pflicht begründet, jedoch nur soweit es sich um einen allfälligen Schmerzensgeldanspruch handelt, im Fall der Tötung oder Verletzung des Benützers durch einen Unfall ein Mitverschulden an diesen Folgen im Sinn des § 1304 ABGB. Das Mitverschulden ist so weit nicht gegeben, als der Geschädigte (sein Rechtsnachfolger) beweist, daß die Folge in dieser Schwere auch beim Gebrauch des Sicherheitsgurts eingetreten wäre.

(2) Der Abs. 1 gilt nicht

1. auf Landflächen, die nicht Straßen mit öffentlichem Verkehr sind,

2. bei ganz geringer Gefahr, wie etwa beim Einparken oder langsamen Rückwärtsfahren, oder bei besonderer Verkehrslage, die den Nichtgebrauch des Sicherheitsgurts rechtfertigt,

3. bei Unmöglichkeit des bestimmungsgemäßen Gebrauchs des Sicherheitsgurts wegen der Körpergröße oder schwerster körperlicher Beeinträchtigung des Benützers,

4. bei Einsatzfahrzeugen (§ 107 KFG. 1967) und bei Fahrzeugen des öffentlichen Sicherheitsdienstes, die keine Einsatzfahrzeuge sind, wenn der Gebrauch des Sicherheitsgurts mit dem Zweck der Fahrt unvereinbar ist,

5. für den Lenker eines Kraftfahrzeugs in Ausübung des Taxi-Gewerbes bei der gewerbsmäßigen Beförderung eines Fahrgastes.

6. [Aufgehoben.]

(3) [Aufgehoben.]

(4) Die Behörde hat auf Antrag festzustellen, daß die im Abs. 2 Z. 3 angeführte schwerste körperliche Beeinträchtigung vorliegt; § 67 Abs. 2 erster Satz KFG. 1967 gilt sinngemäß. Die Feststellung hat sich je nach den Ergebnissen des Ermittlungsverfahrens auf das Vor liegen einer allgemeinen Unmöglichkeit des bestimmungsgemäßen Gebrauches eines Sicherheitsgurtes oder der Unmöglichkeit bei Benützung bestimmter Sitze, bestimmter Fahrzeuge oder Fahrzeuge bestimmter Typen zu beziehen; die Feststellung ist zu befristen, wenn angenommen werden kann, daß die körperliche Beeinträchtigung nicht dauernd in vollem Umfang gegeben sein wird. Über die Feststellung ist eine Bestätigung auszustellen.

(5) Wer

a) als Lenker eines Kraftfahrzeuges oder

b) als mit einem Kraftfahrzeug beförderte Person

die im Abs. 1 erster Satz angeführte Verpflichtung nicht erfüllt, begeht, wenn dies bei einer Anhaltung gemäß § 97 Abs. 5 StVO. 1960 festgestellt wird, eine Verwaltungsübertretung, welche mit einer Organstrafverfügung gemäß § 50 VStG. 1950 mit einer Geldstrafe von 21 Euro zu ahnden ist. Wenn die Zahlung des Strafbetrages oder die Entgegennahme eines zur postalischen Einzahlung des Strafbetrages geeigneten Beleges verweigert wird (§ 50 Abs. 6 vierter Satz VStG. 1950), ist von der Behörde eine Geldstrafe bis zu 72 Euro, im Falle der Uneinbringlichkeit eine Freiheitsstrafe bis zu 24 Stunden zu verhängen.

(6) Für die Vollziehung der Abs. 4 und 5 ist in erster Instanz die Bezirksverwaltungsbehörde, im örtlichen Wirkungsbereich einer Bundespolizeibehörde diese, und in zweiter Instanz der Landeshauptmann zuständig; § 105 StVO. 1960 bleibt unberührt.

Anmerkungen:

Von detaillierten Erläuterungen dieser im Kraftfahrgesetz geregelten Materie wird in diesem Band abgesehen und auf die detaillierten Kommentierungen und Ergänzungen im ÖAMTC-Fachbuch „Verkehrsrecht, Band II“ hingewiesen.

Abs 5:

Wegen des verminderten Schuldgehaltes dieser hauptsächlich dem Selbstschutz dienenden Vorschrift darf eine Bestrafung nur bei Anhaltung durch ein Exekutivorgan erfolgen (§ 97 Abs 5 StVO). Wird die Aufforderung zum Anhalten nicht befolgt, ist der Tatbestand des § 97 Abs 5 StVO in Verbindung mit § 99 Abs 3 lit j StVO gegeben (nicht jedoch nach diesem Absatz).

Weiters darf eine Bestrafung vorerst nur in Form einer Organstrafverfügung erfolgen: Das einschreitende Organ der Straßenaufsicht muss den Beanstandeten auffordern, die Geldstrafe einer Organstrafverfügung zu zahlen oder einen Erlagschein (§ 50 Abs 6 VStG) entgegenzunehmen. Wenn die Zahlung oder die Annahme des Erlagscheines verweigert wird, ist Anzeige an die Behörde zu erstatten. Ist das beanstandete Organ nicht ermächtigt, eine Organstrafverfügung zu verhängen, darf es keine Anzeige erstatten. Dasselbe gilt, wenn die betreffende Behörde keine Erlagschein-Organstrafverfügung vorgesehen hat oder das einschreitende Organ über keinen solchen Erlagschein verfügt – immer vorausgesetzt, der Beanstandete war zahlungswillig.

In dem auf Grund einer Anzeige durchzuführenden Verfahren – in der Regel mit einer Strafverfügung gemäß § 47 VStG – beträgt die Obergrenze der Geldstrafe seit der 21. KFG Novelle 72 Euro.

Die den Behörden und Exekutivorganen im § 21 VStG eingeräumte Möglichkeit des Absehens von der Strafe bzw von der Erstattung der Anzeige bei Vorliegen der dort angeführten Voraussetzungen bleibt unberührt.

SturzhelmG.

VII.

Bundesgesetz vom 30. 11. 1977, BGBl. 615, mit dem das Kraftfahrgesetz 1967 geändert wird (4.Kraftfahrgesetz-Novelle) und zivilrechtliche Bestimmungen über den Gebrauch von Sturzhelmen getroffen werden.

In der Fassung des BG vom 13. 6. 1984, BGBl. 253 ("Gurt-Helm"-Novelle) sowie des Art II der 20. KFG-Novelle BGBl. I Nr. 93/1998.

(1) Der Lenker eines Kraftrades oder eines Kraftwagens mit drei Rädern und einem Eigengewicht von mehr als 400 kg, ausgenommen Fahrzeuge mit geschlossenem, kabinenartigem Aufbau, und eine mit einem solchen Fahrzeug beförderte Person sind je für sich zum bestimmungsgemäßen Gebrauch eines Sturzhelmes verpflichtet. Die Verletzung dieser Pflicht begründet, jedoch nur soweit es sich um einen allfälligen Schmerzengeldanspruch handelt, im Fall der Tötung oder Verletzung des Benützers durch einen Unfall ein Mitverschulden an diesen Folgen im Sinne des § 1304 ABGB. Das Mitverschulden ist so weit nicht gegeben, als der Geschädigte (sein Rechtsnachfolger) beweist, daß die Folge in dieser Schwere auch beim Gebrauch des Sturzhelmes eingetreten wäre.

(2) Der Abs. 1 gilt nicht

1. auf Landflächen, die nicht Straßen mit öffentlichem Verkehr sind,

2. bei ganz geringer Gefahr, wie etwa beim Einparken oder bei besonderer Verkehrslage, die den Nichtgebrauch des Sturzhelmes rechtfertigt,

3. bei Unmöglichkeit des bestimmungsgemäßen Gebrauches des Sturzhelmes wegen der körperlichen Beschaffenheit des Benützers.

(3) Der Zulassungsbesitzer hat, sofern er der Dienstgeber des Lenkers ist, diesem und einer in seinem Interesse beförderten Person einen geeigneten Sturzhelm beizustellen.

(4) Wenn die im Abs. 2 Z. 3 angeführte Unmöglichkeit aus anderen Gründen als der Kopfgröße vorliegt, hat die Be-

hörde dies auf Antrag festzustellen; § 67 Abs. 2 erster Satz KFG. 1967 gilt sinngemäß. Die Feststellung ist zu befristen, wenn angenommen werden kann, daß eine körperliche Beeinträchtigung nicht dauernd in vollem Umfang gegeben sein wird. Über die Feststellung ist eine Bestätigung auszustellen.

(5) Wer

1. als Lenker eines Kraftfahrzeuges oder

2. als mit einem Kraftfahrzeug beförderte Person

die im Abs. 1 erster Satz angeführte Verpflichtung nicht erfüllt, begeht, wenn dies bei einer Anhaltung gemäß § 97 Abs. 5 StVO. 1960 festgestellt wird, eine Verwaltungsübertretung, welche mit einer Organstrafverfügung gemäß § 50 VStG. mit einer Geldstrafe von 21 Euro zu ahnden ist. Wenn die Zahlung des Strafbetrages verweigert wird, ist von der Behörde eine Geldstrafe bis zu 72 Euro, im Falle der Uneinbringlichkeit eine Freiheitsstrafe bis zu 24 Stunden zu verhängen.

(6) Für die Vollziehung der Abs. 3 bis 5 ist in erster Instanz die Bezirksverwaltungsbehörde, im örtlichen Wirkungsbereich einer Bundespolizeibehörde diese, und in zweiter Instanz der Landeshauptmann zuständig; § 105 StVO. bleibt unberührt.

Anmerkungen:

Aus verwaltungsstrafrechtlicher und zivilrechtlicher Sicht sind die gleichen Sanktionen wie bei Nichtgebrauch von Sicherheitsgurten vorgesehen (vgl Art III der 3. KFG-Novelle (SicherheitsgurtenG, Anhang VI). Im Sturzhelmgesetz findet sich – im Gegensatz zum SicherheitsgurtenG – eine Beschneidung der Rechte des beanstandeten Lenkers insoweit, dass es hier nicht mehr möglich ist, vom Exekutivbeamten die Übergabe eines Erlagscheines zur Einzahlung des Organmandates zu verlangen, wenn man nicht genügend Bargeld bei sich hat; dieser Umstand wird faktisch einer Verweigerung der Zahlung gleichgestellt, die eine Anzeige zur Folge hat. Durch die AVG-Änderung 1996, welche die Einführung der Strafenzahlung durch Kreditkarte mit sich brachte, wurde aber dieser Benachteiligung die Schärfe genommen.

Von weitergehenden Erläuterungen dieser im Kraftfahrgesetz geregelten Materie wird in diesem Band abgesehen und auf die detaillierten Kommentierungen und Ergänzungen im ÖAMTC-Fachbuch „Verkehrsrecht, Band II“ hingewiesen.

FahrradV.

VIII.

Verordnung der Bundesministerin für Verkehr, Innovation und Technologie vom 6. April 2001, BGBl. II Nr. 146/2001, über Fahrräder, Fahrradanhänger und zugehörige Ausrüstungsgegenstände.

Auf Grund des § 66 Abs. 2 der Straßenverkehrsordnung 1960, BGBl. Nr. 159, zuletzt geändert durch BGBl. I Nr. 134/1999, und auf Grund des § 8 Abs. 1 des Produktsicherheitsgesetzes 1994, BGBl. Nr. 63/1995, wird – nach erfolgter Notifizierung gemäß der Richtlinie 98/34/EG des Rates vom 22. Juni 1998 (Notifikationsnummer 99/536 A) – hinsichtlich der Bestimmungen der §§ 1 Abs. 1 bis 3, 2, 3 Abs. 1, 4 Abs. 2, 5 Abs. 1 bis 3 sowie Abs. 5 und 6, 6 Abs. 2 und 3 sowie § 8 im Einvernehmen mit dem Bundesminister für Justiz, verordnet:

§ 1 Allgemeines

(1) Jedes Fahrrad, das in Verkehr gebracht wird, muss – sofern sich aus den folgenden Bestimmungen nichts anderes ergibt – ausgerüstet sein:

1. mit zwei voneinander unabhängig wirkenden Bremsvorrichtungen, mit denen auf trockener Fahrbahn eine mittlere Bremsverzögerung von 4 m/sec² bei einer Ausgangsgeschwindigkeit von 20 km/h erreicht wird;
2. mit einer Vorrichtung zur Abgabe von akustischen Warnzeichen;
3. mit einem hellleuchtenden, mit dem Fahrrad fest verbundenen Scheinwerfer, der die Fahrbahn nach vorne mit weißem oder hellgelbem, ruhendem Licht mit einer Lichtstärke von mindestens 100 cd beleuchtet;
4. mit einem roten Rücklicht mit einer Lichtstärke von mindestens 1 cd;
5. mit einem weißen, nach vorne wirkenden Rückstrahler mit einer Lichteintrittsfläche von mindestens 20 cm²; der Rückstrahler darf mit dem Scheinwerfer verbunden sein;
6. mit einem roten, nach hinten wirkenden Rückstrahler mit einer Lichteintrittsfläche von mindestens 20 cm²; der Rückstrahler darf mit dem Rücklicht verbunden sein;

7. mit gelben Rückstrahlern an den Pedalen; diese können durch gleichwertige Einrichtungen ersetzt werden;
8. mit Reifen, deren Seitenwände ringförmig zusammenhängend weiß oder gelb rückstrahlend sind, oder an jedem Rad mit mindestens zwei nach beiden Seiten wirkenden gelben Rückstrahlern mit einer Lichteintrittsfläche von mindestens 20 cm² oder mit anderen rückstrahlenden Einrichtungen, die in der Wirkung den zuvor genannten entsprechen;
9. wenn das Fahrrad für den Transport mehrerer Personen bestimmt ist, für jede Person mit einem eigenen Sitz, mit einer eigenen Haltevorrichtung und eigenen Pedalen oder Abstützvorrichtungen.
(2) Bei bestimmungsgemäßer Verwendung von Fahrrädern Abseits der Fahrbahn muss die Bremsverzögerung – unbeschadet des Abs. 1 Z. 1 – einen Wert erreichen, der einen sicheren Gebrauch des Fahrrades gewährleistet.
(3) Sofern Scheinwerfer oder Rücklicht mit einem Dynamo betrieben werden, gilt Abs. 1 Z. 3 und Z. 4 mit der Maßgabe, dass die dort genannte Wirkung ab einer Geschwindigkeit von 15 km/h erreicht werden muss.
(4) Bei Tageslicht und guter Sicht dürfen Fahrräder ohne die in Abs. 1 Z. 3 und 4 genannte Ausrüstung verwendet werden.

Anmerkungen:

Der ÖAMTC geht davon aus, dass vor allem die normierten Verzögerungs- und Leuchtwerte für fabriksneue Fahrräder (also für den Inverkehrbringer) gelten und nicht die Wirkung haben, dass der Benützer darauf achten muss, dass sein Fahrrad die dem Auslieferungszustand entsprechenden Werte erfüllt.
Eine regelmäßige Überprüfung des Fahrrades durch den Fachhandel ist aber – schon im Interesse der Vermeidung einer Mitschuld an allenfalls auf technische Mängel zurückzuführenden Unfällen – dringend empfohlen.

§ 2 Mehrspurige Fahrräder

Die Bestimmungen des § 1 gelten für mehrspurige Fahrräder mit folgenden Maßgaben:
1. es müssen jeweils zwei Rücklichter und Rückstrahler in gleicher Höhe so angebracht sein, dass sie die seitliche Begrenzung des Fahrrades erkennen lassen;

2. die Bremsen müssen auf alle Räder und innerhalb einer Achse gleichzeitig und gleichmäßig wirken;
3. wenn das Fahrrad für den Transport mehrerer Personen bestimmt ist, muss abweichend von § 1 Abs. 1 Z. 9 für jede beförderte Person lediglich ein eigener Sitz vorhanden sein.

§ 3 Bestimmungen über das Ziehen von Anhängern

(1) Für Fahrräder, die einen Anhänger ziehen, gelten außer den Vorschriften der §§ 1 und 2 noch folgende Bestimmungen:
1. der Tretmechanismus des Fahrrades muss zumindest eine Gangstufe mit einer Entfaltung von höchstens 4 m pro Kurbelumdrehung aufweisen;
2. wenn mit dem Anhänger Kinder befördert werden, ist das Fahrrad oder der Anhänger so auszurüsten, dass ein Berühren der Speichen durch beförderte Kinder und ein Einklemmen von Gliedmaßen zwischen Hinterrad und Radabdeckung ausgeschlossen ist;
3. das Fahrrad muss über einen Fahrradständer verfügen.

(2) Rennfahrräder dürfen nicht zum Ziehen von Anhängern verwendet werden.

§ 4 Rennfahrräder

(1) Als Rennfahrrad gilt ein Fahrrad mit folgenden technischen Merkmalen:
1. Eigengewicht des fahrbereiten Fahrrades höchstens 12 kg;
2. Rennlenker;
3. äußerer Felgendurchmesser mindestens 630 mm und
4. äußere Felgenbreite höchstens 23 mm.
(2) Rennfahrräder dürfen ohne die in § 1 Abs. 1 Z. 2 bis 8 genannte Ausrüstung in Verkehr gebracht werden; bei Tageslicht und guter Sicht dürfen Rennfahrräder ohne diese Ausrüstung verwendet werden.

Anmerkungen:

Diese Bestimmungen entsprechen wörtlich den bisher geltenden Normen, die in der gem § 9 Abs 2 außer Kraft getretenen Rennradverordnung verankert waren. Sie erscheinen allerdings in Anbetracht des technischen Fortschrittes bei Rennrädern (Materialien, Fertigungstechniken, Design) nicht mehr sachgerecht.

§ 5 Fahrradanhänger

(1) Jeder Fahrradanhänger, der in Verkehr gebracht wird, muss ausgestattet sein:
1. mit einer vom Fahrrad unabhängigen Lichtanlage,
2. mit einem roten Rücklicht,
3. vorne mit einem weißen und hinten mit einem roten Rückstrahler; die roten Rückstrahler dürfen mit den Rücklichtern verbunden sein; sowie
4. jeweils einem gelben Rückstrahler an den seitlichen Flächen.
Bei Anhängern, die breiter als 60 cm sind, sind jeweils zwei Rücklichter sowie zwei weiße und zwei rote Rückstrahler so anzubringen, dass die Breite des Anhängers zweifelsfrei erkennbar ist. Sämtliche Rückstrahler müssen eine rückstrahlende Fläche von jeweils mindestens 20 cm² aufweisen.
(2) Fahrradanhänger sind einachsig und mit einer Radblockiereinrichtung, die auf beide Räder wirkt, oder einer Feststellbremse auszustatten.
(3) Zum Personentransport bestimmte Fahrradanhänger müssen unabhängig von Abs. 1 und 2 zusätzlich ausgerüstet sein:
1. mit geeigneten Rückhalteeinrichtungen,
2. mit einer mindestens 1,5 m hohen, biegsamen Fahnenstange mit leuchtfarbenem Wimpel und
3. mit einer Vorrichtung, die zur Abdeckung der Speichen und der Radhäuser und gegenüber Hinausbeugen und gegenüber Kontakt der Beine mit der Fahrbahn wirksam ist.
(4) Personen dürfen nur in Fahrradanhängern befördert werden, die zum Personentransport bestimmt sind (Abs. 3). Die Angaben des Herstellers über Gewicht, Größe und Anzahl der zu transportierenden Personen sind einzuhalten. Die Befestigung am Fahrrad darf ausschließlich über eine betriebssichere Kupplung erfolgen.
(5) Die Beschaffenheit der Kupplung muss gewährleisten, dass der Anhänger aufrecht stehen bleibt, wenn das Zugfahrrad umkippt.

(6) Fahrradanhänger dürfen nur zusammen mit 1. einer leicht verständlichen Betriebsanleitung für die sichere Befestigung am Fahrrad
a) in deutscher Sprache oder
b) in Form einer bildlichen Darstellung und
2. sofern der Anhänger für den Personentransport bestimmt ist, einem Sicherheitshinweis
a) in deutscher Sprache laut Anhang I oder
b) in bildlicher Darstellung, wobei die Inhalte laut Anhang I dargestellt werden müssen,
in Verkehr gebracht werden.

Anmerkung:

Beachte die gem Abs 6 beim Inverkehrbringen verpflichtend anzubringenden Hinweise gem Anhang I. dieser Verordnung.

§ 6 Kindersitze

(1) Der für ein mitfahrendes Kind bestimmte Sitz muss mit dem Fahrradrahmen fest verbunden sein. Der Sitz ist hinter dem Sattel so anzubringen, dass der Fahrer nicht in seiner Sicht, Aufmerksamkeit oder Bewegungsfreiheit behindert oder in seiner Sicherheit gefährdet werden kann. Die Beförderung von mehr als einem Kind ist unzulässig.
(2) Jeder Kindersitz, der in Verkehr gebracht wird, muss ausgestattet sein:
1. mit einem Gurtsystem, das vom Kind nicht leicht geöffnet werden kann,
2. mit einem höhenverstellbaren Beinschutz,
3. mit Fixierriemen für die Füße und
4. mit einer Lehne, die das Abstützen des Kopfes erlaubt.
(3) Kindersitze dürfen nur mit einem Sicherheitshinweis
1. in deutscher Sprache laut Anhang II oder
2. in bildlicher Darstellung, wobei sämtliche Inhalte laut Anhang II dargestellt werden müssen,
in Verkehr gebracht werden.

Anmerkung:

Beachte die gem Abs 3 beim Inverkehrbringen verpflichtend anzubringenden Hinweise gem Anhang II. dieser Verordnung.

§ 7 Ladegewicht

Das Ladegewicht darf bei der Beförderung von Lasten oder Personen nicht überschreiten:

1. bei mehrspurigen Fahrrädern 250 kg,

2. bei durchgehend- und auflaufgebremsten Anhängern 100 kg,

3. bei ungebremsten Anhängern 60 kg.

§ 8 Gleichwertigkeitsklausel

Von den in den §§ 1 bis 7 beschriebenen Anforderungen für Fahrräder, Fahrradanhänger und zugehörige Ausrüstungsgegenstände darf dann abgegangen werden, wenn diese in anderen Mitgliedstaaten der Europäischen Union sowie in anderen Vertragsstaaten des Abkommens über den EWR rechtmäßig hergestellt oder in Verkehr gebracht werden dürfen und die Anforderungen dasselbe Niveau für den Schutz der Gesundheit und für die Verkehrssicherheit gewährleisten, wie in dieser Verordnung verlangt.

Anmerkungen:

Diese „Gleichwertigkeitsklausel" entwertet wohl weitgehend die detaillierten Ausstattungsregeln dieser Verordnung, wenn ein Produkt aus dem EU- bzw. EWR-Gebiet in Verkehr gebracht wird.

§ 9 Inkrafttreten

(1) Diese Verordnung tritt mit 1. Mai 2001 in Kraft.

(2) Mit Inkrafttreten dieser Verordnung tritt die Verordnung des Bundesministers für öffentliche Wirtschaft und Verkehr vom 24. April 1986 über die technischen Merkmale von Rennfahrrädern, BGBl. Nr. 242/1986, außer Kraft.

§ 10 Übergangsbestimmungen

(1) Fahrräder, die beim Inkrafttreten dieser Verordnung in Verwendung stehen und den Bestimmungen der Straßenverkehrsordnung 1960 idF der 19. StVO-Novelle, BGBl. Nr. 518/1994, nicht aber dieser Verordnung entsprechen, sind innerhalb von zwei Jahren ab dem Inkrafttreten entsprechend dieser Verordnung nachzurüsten; bis zu diesem Zeitpunkt dürfen sie weiter verwendet werden.

(2) Fahrradanhänger, die nicht den Bestimmungen dieser Verordnung entsprechen und bezüglich derer vor dem Inkrafttreten dieser Verordnung die Beförderung von

Personen durch die Behörde bewilligt wurde, gelten als dieser Verordnung entsprechende Anhänger, sofern der Bewilligungsbescheid während der Beförderung mitgeführt wird.

Anhang I
Sicherheitshinweise für Fahrradanhänger zum Personentransport

Da Kinder im Fahrradanhänger bei einem Unfall (Sturz) einem besonderen Risiko ausgesetzt sind, sollten Sie diese niemals ohne Fahrradhelm oder unangegurtet transportieren.
Achten Sie darauf, dass die Kinder nicht in die Speichen greifen können, sich nicht hinausbeugen und mit den Beinen nicht mit der Fahrbahn in Kontakt kommen können.
Hinaushängende Schals und dergleichen können in die Räder gelangen und zur tödlichen Falle werden.
Verwenden Sie keinen Schal im Anhänger.

Anhang II
Sicherheitshinweise für Fahrradkindersitze

Nach der Montage des Kindersitzes sollten Sie nochmals überprüfen, ob alle Bauteile gemäß der Montageanleitung montiert und solide befestigt worden sind.
Beim Befördern eines Kindes ändern sich die Fahreigenschaften des Fahrrades. Eine Probefahrt mit dem Kind gibt Ihnen für die Verwendung auf der Straße die nötige Sicherheit. Kontrollieren Sie anschließend die Befestigung der Bauteile.
Da nicht auszuschließen ist, dass sich das Kind mit den Beinen aus der Schutzvorrichtung befreit, sollten die Speichen des Fahrrades, auf das der Kindersitz montiert ist, möglichst weiträumig abgedeckt sein. Ein Speichenschutz ist im Fachhandel erhältlich.
Um zu vermeiden, dass sich das Kind mit den Fingern in die Stahlfedern des Sattels einklemmt, sollte ein Sattel ohne Stahlfeder oder eine Sattelfederabdeckung montiert werden, die im Fachhandel erhältlich ist.
Transportieren Sie das Kind niemals, ohne den Sicherheitsgurt und den Fußriemen zu befestigen.

Da Kinder auf dem Fahrradsitz bei einem Unfall (Sturz) einem besonderen Risiko ausgesetzt sind, sollten Sie diese niemals ohne Fahrradhelm transportieren.
Lassen Sie das Kind niemals alleine im Kindersitz!
Schon durch eine kleine Bewegung des Kindes kann das Fahrrad umstürzen.

Autobahnen-Nacht-Tempolimit V.

IX.

Verordnung des Bundesministers für öffentliche Wirtschaft und Verkehr vom 2. November 1989, BGBl. 527, über Geschwindigkeitsbeschränkungen auf bestimmten Autobahnen zur Nachtzeit
IdF d V BGBl. II Nr. 473/2001

Auf Grund des § 43 Abs 1 und 2 lit a Straßenverkehrsordnung 1960, BGBl 159, wird verordnet:

§ 1 Zur Sicherheit des Verkehrs und zur Fernhaltung von Gefahren und Belästigungen, insbesondere durch Lärm und Schadstoffe, wird für den Bereich der nachstehend angeführten Autobahnen in der Zeit von 22.00 Uhr bis 5.00 Uhr die erlaubte Höchstgeschwindigkeit

a) für die Lenker von Lastkraftfahrzeugen mit einem höchsten zulässigen Gesamtgewicht von mehr als 7,5 t mit 60 km/h,

b) für die Lenker von Omnibussen mit 90 km/h und

c) für die Lenker der übrigen Kraftfahrzeuge mit 110 km/h festgesetzt:

1. Tauernautobahn A 10 im gesamten Bereich, ausgenommen Tauern- und Katschbergtunnel;

2. Inntalautobahn A 12 im gesamten Bereich;

3. Brennerautobahn A 13 im gesamten Bereich;

4. Rheintalautobahn A 14 im gesamten Bereich.

Anmerkungen:

Lit a wurde durch § 42 Abs 8 StVO am 1. 1. 1995 gegenstandslos; lit. b und c gelten jedoch unverändert weiter.

Gleichlautende Tempolimits auf der A 8 und A9 traten mit 1. Jänner 2002 außer Kraft.

§ 2 Rechtsvorschriften, mit denen geringere als die oben angeführten Fahrgeschwindigkeiten angeordnet werden, bleiben unberührt.

Tiroler LKW-Nachtfahrverbot V.

IXA

Verordnung des Landeshauptmannes von Tirol, mit der auf einem Teilbereich der A 12 Inntalautobahn verkehrsbeschränkende Maßnahmen erlassen werden

Auf Grund der §§ 10, 11 und 14 Immissionsschutzgesetz-Luft (IG-L), BGBl. I Nr. 115/1997, zuletzt geändert durch das Bundesgesetz BGBl. I Nr. 102/2002, wird verordnet:

§ 1 Zielbestimmung
Das Ziel dieser Verordnung ist, die durch den Menschen beeinflussten Emissionen, die zu einer Immissions-Grenzwertüberschreitung geführt haben, zu verringern und somit die Luftqualität zu verbessern. Diese Verbesserung dient dem dauerhaften Schutz der Gesundheit des Menschen, des Tier- und Pflanzenbestands, ihrer Lebensgemeinschaften, Lebensräume und deren Wechselbeziehungen sowie der Kultur- und Sachgüter vor schädlichen Luftschadstoffen sowie dem Schutz der Menschen vor unzumutbar belästigenden Luftschadstoffen.

§ 2 Sanierungsgebiet
Als Sanierungsgebiet im Sinne des § 2 Abs. 8 IG-L wird der Abschnitt der A 12 Inntalautobahn zwischen km 20,359 im Gemeindegebiet von Kundl und km 66,780 im Gemeindegebiet von Ampaß festgelegt.

§ 3 Verbot
In dem nach § 2 festgelegten Sanierungsgebiet ist in der Zeit vom 1. Oktober eines jeden Jahres bis 31. März des Folgejahres, und zwar jeweils von 22.00 Uhr bis 5.00 Uhr des Folgetages das Fahren mit Lastkraftwagen oder Sattelkraftfahrzeugen mit einer höchsten zulässigen Gesamtmasse von mehr als 7,5 t und von Lastkraftwagen mit Anhängern, bei denen die Summe der höchsten zulässigen Gesamtmassen beider Fahrzeuge mehr als 7,5 t beträgt, verboten.

Einer bescheidmäßigen Anordnung einer Behörde bedarf es nicht, das Verbot wirkt direkt.

§ 4 Ausnahmen

Vom Verbot des § 3 sind über die Ausnahmen nach § 14 Abs. 2 IG-L hinaus ausgenommen:

1. Fahrten zum überwiegenden Transport leicht verderblicher Lebensmittel mit einer Haltbarkeit von nur wenigen Tagen oder zum ausschließlichen Transport von periodischen Druckwerken;

2. Fahrten zur Aufrechterhaltung dringender medizinischer Versorgung;

3. Fahrten, die den Straßenbauvorhaben auf der A12 oder A13 oder dem Ausbau der Zulaufstrecke Nord der Eisenbahnachse Brenner – München – Verona dienen;

4. Fahrten des Abschleppdienstes oder der Pannenhilfe;

5. unaufschiebbare Fahrten des Bundesheeres oder der UNPROFOR, SFOR oder KFOR oder Fahrten von Hilfstransporten anerkannter Hilfsorganisationen;

6. Fahrten mit Fahrzeugen, deren NOx-Emission nicht mehr als 3,5 g/kWh beträgt, wenn dies durch ein COP-Dokument gemäß Anhang B der Verordnung (EG) Nr. 3298/94 der Kommission vom 21. Dezember 1994, in der Fassung der Verordnung (EG) Nr. 2012/2000 des Rates vom 21. September 2000, das mitzuführen und auf Verlangen vorzuweisen und auszuhändigen ist, nachgewiesen wird.

§ 5 In-Kraft-Treten

Diese Verordnung tritt mit 1. Oktober 2002 in Kraft.

Anmerkungen:

Das „IG-L" erscheint als Grundlage für ein de facto landesweit und auf Dauer geltendes Nachtfahrverbot im Hinblick auf die sonst geltenden strengen Vorgaben des § 43 StVO zweifelhaft.

TunnelV.

X.

Verordnung der Bundesministerin für Verkehr, Innovation und Technologie über Beschränkungen für Beförderungseinheiten mit gefährlichen Gütern beim Befahren von Autobahntunneln

Gemäß § 43 Abs. 2 lit. a der Straßenverkehrsordnung 1960, BGBl. Nr. 159, zuletzt geändert durch das Bundesgesetz BGBl. I Nr. 142/2001, wird verordnet:

§ 1 Geltungsbereich

Diese Verordnung gilt für Tunnel der im Anhang 1 angeführten Kategorien auf Autobahnen mit Ausnahme des Karawankentunnels.

§ 2 Fahrverbot

In den unter § 1 fallenden Tunneln ist das Fahren mit Beförderungseinheiten, mit denen gefährliche Güter gemäß den Vorschriften über die Beförderung gefährlicher Güter befördert werden und die gemäß diesen Vorschriften zu kennzeichnen sind, verboten.

§ 3 Ausnahmen

(1) Mit Beförderungseinheiten, die gemäß den Vorschriften über die Beförderung gefährlicher Güter orangefarbene Kennzeichnungen aufweisen müssen, deren Nummern zur Kennzeichnung der Gefahr mit der Ziffer 2 (wie bei 20, 225 und 23) oder einer Verdoppelung der Ziffer 3, 4, 5, 6 oder 8 (wie bei 33, 333, 336 und 44) beginnen oder den Buchstaben X (wie bei X423) vorangestellt haben, darf gefahren werden

1. in Tunneln der Kategorie A gemäß Anhang 1, wenn mit einer Warnleuchte gemäß Anhang 2 wirksam gewarnt wird und

2. in Tunneln der Kategorie B gemäß Anhang 1, wenn

a) mit einer Warnleuchte gemäß Anhang 2 wirksam gewarnt wird,

b) sie durch ein hinter der Beförderungseinheit fahrendes Begleitfahrzeug gemäß Anhang 3gesichert sind und
c) über sie bei dem Fahrpersonal im Begleitfahrzeug folgende Informationen vorliegen:
– Name des Beförderers,
– amtliche(s) Kennzeichen der Fahrzeuge (des Fahrzeugs) der Beförderungseinheit,
– Angaben des Beförderungspapiers gemäß den Vorschriften über die Beförderung gefährlicher Güter und
– Abschätzbarer Zeitraum des Befahrens.
(2) Mit Beförderungseinheiten, die gemäß den Vorschriften über die Beförderung gefährlicher Güter orangefarbene Kennzeichnungen aufweisen müssen,
1. deren Nummern zur Kennzeichnung der Gefahr andere sind als in Abs. 1 angeführt, oder
2. die keine Nummern zur Kennzeichnung der Gefahr und des Stoffes aufweisen,
darf in Tunneln der Kategorie A und B gemäß Anhang 1 gefahren werden, wenn mit einer Warnleuchte gemäß Anhang 2 wirksam gewarnt wird.

§ 4 In-Kraft-Treten, Außer-Kraft-Treten

(1) Diese Verordnung tritt am 1. Dezember 2001 in Kraft.
(2) Mit dem In-Kraft-Treten dieser Verordnung tritt die Verordnung des Bundesministers für Wissenschaft und Verkehr über Beschränkungen für Gefahrgutfahrzeuge beim Befahren von Autobahntunneln mit Gegenverkehr, BGBl. II Nr. 196/1999, außer Kraft.

Anmerkung:
Vom Abdruck des im BGBl. gezeigten Musters wurde aus Gründen der Platzersparnis abgesehen. Die Anhänge können aber auf der Internet-Site der ÖAMTC-Rechtsdienste www.oeamtc.at/recht unter „Fachbuch-Aktuell“ abgerufen werden.

SommerreiseV.

XI.

Verordnung des Bundesministers für Verkehr, Innovation und Technologie, mit der zur Erleichterung des Sommerreiseverkehrs für bestimmte Straßen ein Fahrverbot für Lastkraftfahrzeuge verfügt wird (BGBl. II Nr. 208/2000)

Auf Grund des § 42 Abs. 5 Straßenverkehrsordnung 1960, BGBl. Nr. 159, zuletzt geändert durch BGBl. I Nr. 34/1999, wird verordnet:

§ 1. (1) Das Fahren mit Lastkraftwagen oder Sattelkraftfahrzeugen mit einem höchsten zulässigen Gesamtgewicht von mehr als 7,5 t und von Lastkraftwagen mit Anhängern, bei denen die Summe der höchsten zulässigen Gesamtgewichte beider Fahrzeuge mehr als 7,5 t beträgt, ist auf den in Abs. 2 und Abs. 3 genannten Straßen im Jahr 2000 vom Beginn des der Kundmachung folgenden Tages bis zum 31. August und in den Folgejahren vom 1. Juli bis zum 31. August jeweils in der Zeit von 8 Uhr bis 15 Uhr an allen Samstagen verboten.

(2) Das Verbot des Abs. 1 gilt auf folgenden Autobahnen in beiden Fahrtrichtungen:

1. Westautobahn A 1 vom Knoten Wien/Auhof bis zur Anschlussstelle Wallersee;
2. Ostautobahn A 4 von der Anschlussstelle Schwechat bis zur Staatsgrenze bei Nickelsdorf;
3. Mühlkreisautobahn A 7 vom Knoten Linz (A 1-A 7) bis zur Anschlussstelle Salzburgerstraße;
4. Tauernautobahn A 10 von der Anschlussstelle Salzburg/Süd bis zur Anschlussstelle Werfen und von der Anschlussstelle Eben bis zur Anschlussstelle Villach;
5. Inntalautobahn A 12 von der Staatsgrenze bei Kufstein bis zur Anschlussstelle Imst;
6. Brennerautobahn A 13 im gesamten Bereich;
7. Wiener Außenring Autobahn A 21 vom Knoten Steinhäusl (A 1-A 21) bis zur Anschlussstelle Brunn am Gebirge;
8. Linzerautobahn A 25 vom Knoten Haid (A 1-A 25) bis zur Anschlussstelle Wels/Ost;

9. Kremser Schnellstraße S 33 vom Knoten St. Pölten (A 1-S 33) bis zur Anschlussstelle St. Pölten-Ost;
10. Südautobahn A 2 vom Knoten Vösendorf bis zur Anschlussstelle Packsattel;
11. Pyhrnautobahn A 9.
(3) Das Verbot des Abs. 1 gilt auf folgenden Bundesstraßen außerhalb des Ortsgebietes in beiden Fahrtrichtungen:
1. Seefelder Bundesstraße B 177 im gesamten Bereich;
2. Achensee Bundesstraße B 181 im gesamten Bereich;
3. Loferer Bundesstraße B 178 von Lofer bis Wörgl;
4. Fernpass Bundesstraße B 179 von Nassereith bis Bieberwier.

§ 2. Ausgenommen von diesem Fahrverbot sind:
1. Fahrten, die ausschließlich der Beförderung von Schlacht- oder Stechvieh oder leicht verderblichen Lebensmitteln, periodischen Druckwerken, der Getränkeversorgung in Ausflugsgebieten, der unaufschiebbaren Belieferung von gastronomischen Betrieben und Veranstaltungen oder Reparaturen an Kühlanlagen, dem Abschleppdienst, der Pannenhilfe, dem Einsatz in Katastrophenfällen, der medizinischen Versorgung, dem Einsatz von Fahrzeugen des Straßenerhalters oder Fahrzeugen in seinem Auftrag zur Aufrechterhaltung des Straßenverkehrs, dem Straßen- oder Bahnbau, dem Einsatz von Fahrzeugen des öffentlichen Sicherheitsdienstes, der Feuerwehr, der Müllabfuhr, der Entsorgung von Abfällen, dem Betrieb von Kläranlagen oder dem Einsatz von Fahrzeugen eines Linienverkehrsunternehmers zur Aufrechterhaltung des regelmäßigen Linienverkehrs dienen, sowie unaufschiebbare Fahrten mit Lastkraftwagen des Bundesheeres oder der UNPROFOR, SFOR oder KFOR oder Fahrten von Hilfstransporten anerkannter Organisationen;
2. Fahrten im kombinierten Güterverkehr Schiene-Straße vom Versender bis zum nächstgelegenen technisch geeigneten Verladebahnhof oder vom nächstgelegenen technisch geeigneten Entladebahnhof bis zum Empfänger und zurück zum nächsten Verladebahnhof, sofern ein vollständig ausgefülltes Dokument (CIM/UIRR-Vertrag) mitgeführt wird, aus dem hervorgeht, dass das Fahrzeug oder dessen Aufbauten (Wechselbehälter, Container) mit der Eisenbahn befördert werden oder bereits befördert wurden;

3. Fahrten mit Leerfahrzeugen an Samstagen in der Zeit von 8 bis 10 Uhr bis zum Wohnsitz des Lenkers, Sitz des Firmenunternehmens, Güterterminals, LKW-Hofes, dauernden Standort des Fahrzeuges oder jenem Standort, an dem der Unternehmer dem Lenker eine entsprechende Rückfahrtmöglichkeit mit öffentlichen Verkehrsmitteln oder einem Firmenkraftfahrzeug bereitstellt.

§ 3. Rechtsvorschriften, mit denen weitergehende Fahrverbote angeordnet werden, bleiben unberührt.

Anmerkung:
Die SommerreiseV ergänzt die sich aus § 42 StVO ergebenden Verkehrsbeschränkungen für Kfz gem § 1 Abs 1.
Vom Abdruck der bis 31.12.2002 geltenden Ferienreiseverordnung wurde aus Gründen Absehbar mangelnder Aktualität zum Erscheinungstermin dieses Buches abgesehen.
Sie ist aber auf der Internet-Site der ÖAMTC-Rechtsdienste www.oeamtc.at/recht unter „Fachbuch-Aktuell" abrufbar.

Richtlinien-Verordnung – RLV

XII.

Verordnung des Bundesministers für Inneres, mit der Richtlinien für das Einschreiten der Organe des öffentlichen Sicherheitsdienstes erlassen werden (BGBl. Nr. 266/1993)

Auf Grund des § 31 des Sicherheitspolizeigesetzes (SPG), BGBl. 1991/566, wird im Einvernehmen mit den Bundesministern für Justiz und für öffentliche Wirtschaft und Verkehr verordnet:

§ 1 Aufgabenerfüllung

(1) Die Organe des öffentlichen Sicherheitsdienstes haben innerhalb der Sicherheitsverwaltung (§ 2 Abs. 2 SPG) jene Aufgaben zu erfüllen, die im Rahmen des Exekutivdienstes, insbesondere durch die Ausübung verwaltungsbehördlicher Befehls- und Zwangsgewalt zu besorgen sind. In anderen Bereichen der Verwaltung haben die Organe des öffentlichen Sicherheitsdienstes solche Aufgaben auf Grund besonderer gesetzlicher Anordnung zu erfüllen.

(2) Die Organe des öffentlichen Sicherheitsdienstes haben im Dienst ihre Aufgaben zu erfüllen, soweit dies auf Grund ihres Ausbildungsstandes und ihrer beruflichen Erfahrung von ihnen erwartet werden kann. Insoweit die Aufgabenerfüllung eine besondere Ausbildung erfordert (z.B. im Falle einer Geiselnahme, eines Gefahrengütertransportes oder einer Bedrohung mit Sprengstoff) und ein entsprechend ausgebildetes Organ nicht zur Stelle ist, haben andere Organe des öffentlichen Sicherheitsdienstes nur einzuschreiten, wenn die erwarteten Vorteile sofortigen Handelns die Gefahren einer nicht sachgerechten Aufgabenerfüllung auf Grund besonderer Umstände überwiegen.

(3) Außerhalb des Dienstes haben die Organe des öffentlichen Sicherheitsdienstes zur Erfüllung ihrer Aufgaben nur dann einzuschreiten, wenn sie erkennen, daß dies zur Abwehr einer gegenwärtigen oder unmittelbar drohenden Gefahr für Leben, Gesundheit, Freiheit von Menschen oder

für fremdes Eigentum in großem Ausmaß erforderlich und wenn ihnen dies nach den eigenen Umständen zumutbar ist. Im übrigen haben sie in Fällen, in denen Einschreiten durch Ausübung sicherheitsbehördlicher Befehls- und Zwangsgewalt dringend geboten erscheint, die Sicherheitsbehörde hievon zu verständigen.

§ 2 Führung
Organe des öffentlichen Sicherheitsdienstes in Vorgesetztenfunktion haben, soweit sie Amtshandlungen unmittelbar wahrnehmen, darauf zu achten, daß ihre Mitarbeiter diese Richtlinien bei der Erfüllung ihrer Aufgaben einhalten.

§ 3 Eigensicherung
Die Organe des öffentlichen Sicherheitsdienstes haben auf die Vermeidung von Gefahren für sich selbst zu achten, die zur Aufgabenerfüllung nicht erforderlich oder unverhältnismäßig sind. Sie sind nicht verpflichtet, zum Schutze von Rechtsgütern anderer einzuschreiten, wenn die drohende Gefahr offenkundig und erheblich weniger schwer wiegt als die Gefährdung der eigenen körperlichen Sicherheit, die in Kauf zu nehmen wäre.

§ 4 Freiwillige Mitwirkung oder Duldung
Soll ein Mensch an einer Amtshandlung freiwillig mitwirken oder sie freiwillig dulden, so dürfen die Organe des öffentlichen Sicherheitsdienstes diese Freiwilligkeit nur in Anspruch nehmen, wenn nach den Umständen des Falles kein Zweifel daran besteht, daß der Betroffene sich der Freiwilligkeit bewußt ist.

§ 5 Achtung der Menschenwürde
(1) Die Organe des öffentlichen Sicherheitsdienstes haben bei der Erfüllung ihrer Aufgaben alles zu unterlassen, das geeignet ist, den Eindruck von Voreingenommenheit zu erwecken oder als Diskriminierung auf Grund des Geschlechtes, der Rasse oder Hautfarbe, der nationalen oder ethnischen Herkunft, des religiösen Bekenntnisses, der politischen Auffassung oder der sexuellen Orientierung empfunden zu werden.

(2) Die Organe des öffentlichen Sicherheitsdienstes haben alle Menschen, bei denen dies dem üblichen Umgang entspricht oder die es verlangen, mit „Sie“ anzusprechen.

(3) Die Organe des öffentlichen Sicherheitsdienstes haben dafür zu sorgen, daß die Durchsuchung eines Menschen (Durchsuchung der Kleidung und Besichtigung des Körpers) nur von jemandem desselben Geschlechtes oder von einem Arzt vorgenommen wird; dies gilt nicht, soweit ein hiezu erforderlicher Aufschub der Durchsuchung deren Zweck gefährden würde. Hievon ist die Durchsuchung von Kleidungsstücken ausgenommen, die nach den Umständen ohne Verletzung des Anstandes und ohne Verletzung anderer schutzwürdiger Interessen des Betroffenen abgelegt werden können.

§ 6 Umgang mit Betroffenen

(1) Wird ein Mensch von der Amtshandlung eines Organs des öffentlichen Sicherheitsdienstes betroffen, so gelten hiefür, sofern gesetzlich nicht anderes vorgesehen ist, folgende Richtlinien:

1. Dem Betroffenen ist bei der Ausübung von Befehls- und Zwangsgewalt auf Verlangen mitzuteilen, welche Rechte ihm in dieser Eigenschaft jeweils zukommen; dies gilt nicht, solange dadurch die Erfüllung der Aufgabe gefährdet wäre. Soll eine Mitwirkungsverpflichtung des Betroffenen in Anspruch genommen werden, so ist er von deren Bestehen in Kenntnis zu setzen.

2. Dem Betroffenen ist der Zweck des Einschreitens bekanntzugeben, es sei denn, dieser wäre offensichtlich oder die Bekanntgabe würde die Aufgabenerfüllung gefährden.

3. Opfer von Straftaten sowie Menschen, die aus physischen oder psychischen Gründen nicht in der Lage sind, die Umstände der Amtshandlung zu erkennen oder sich diesen entsprechend zu verhalten, sind mit besonderer Rücksicht zu behandeln.

(2) Für Befragungen und Vernehmungen gilt zusätzlich:

1. Dem Betroffenen ist nach Möglichkeit zu gestatten, sich niederzusetzen.

2. Eine Frau, die sich über ein Geschehen aus ihrem privaten Lebensbereich äußern soll, im Zuge dessen sie von einem Mann mißhandelt oder schwer genötigt worden ist, ist von einer Frau zu befragen oder zu vernehmen, es sei

denn, daß sie dies nach entsprechender Information nicht wünscht oder daß dies aufgrund besonderer Umstände die Aufgabenerfüllung gefährden würde. Sie ist vor der Befragung oder Vernehmung darauf hinzuweisen, dass auf ihren Wunsch der Befragung oder Vernehmung eine Person ihres Vertrauens beigezogen werde, es sei denn, daß dies aufgrund besonderer Umstände die Aufgabenerfüllung gefährden würde.
3. Unmündige sind von hiefür besonders geschulten Beamten oder sonst besonders geeigneten Menschen zu befragen oder zu vernehmen, es sei denn, daß dies nach dem Anlaß verzichtbar erscheint oder die Aufgabenerfüllung gefährden würde.
(3) Für Vernehmungen während einer Anhaltung gilt überdies:
1. Vernehmungen sind, außer bei Lokalaugenscheinen, in Diensträumen durchzuführen. Hievon kann eine Ausnahme gemacht werden, wenn dies zur Erreichung des Zwecks der Vernehmung erforderlich ist.
2. Länger andauernde Vernehmungen sind in angemessenen Zeiträumen für Pausen zu unterbrechen.
3. Über die Vernehmung ist eine Niederschrift anzufertigen, die auch die Namen (Dienstnummern) aller Anwesenden, die Zeiten der Vernehmungen und der Unterbrechungen sowie jeweils den Ort (Dienstraum), an dem die Vernehmung stattgefunden hat, enthalten muß. Soweit der Betroffene zustimmt, können dessen Aussagen statt durch Niederschrift oder zusätzlich mit einem Bild- oder Schallträger aufgezeichnet werden.

§ 7 Ausübung von Zwangsgewalt
(1) Wenn Absehbar ist, daß es im Zuge einer Amtshandlung zur Ausübung verwaltungsbehördlicher Zwangsgewalt kommen wird, und zu befürchten ist, daß dadurch Unbeteiligte gefährdet werden, haben die Organe des öffentlichen Sicherheitsdienstes diese davon in Kenntnis zu setzen, es sei denn, die Mitteilung würde die Erfüllung der Aufgabe gefährden.
(2) Die Organe des öffentlichen Sicherheitsdienstes haben dafür zu sorgen, daß Menschen, in deren Rechte durch Zwangsgewalt eingegriffen wurde und die diesen Eingriff

nicht unmittelbar wahrgenommen haben, hievon verständigt werden.
(3) Einer Verständigung gemäß Abs. 2 bedarf es nicht, wenn der Eingriff für den Betroffenen folgenlos geblieben ist, es sei denn, es handelt sich um das Betreten oder die Durchsuchung von Räumen oder es wäre gesetzlich anderes angeordnet.

§ 8 Informationspflichten
(1) Sofern das Gesetz einem Menschen ein Recht auf Verständigung oder Beiziehung einer Vertrauensperson oder eines Rechtsbeistandes einräumt, haben ihn die Organe des öffentlichen Sicherheitsdienstes von diesem Recht in Kenntnis zu setzen
1. bei Festnahmen, Hausdurchsuchungen und Durchsuchungen nach § 40 Abs. 4 SPG;
2. sobald abzusehen ist, daß die Amtshandlung länger als eine Stunde dauern wird.
(2) Ist der Betroffene nicht in der Lage, selbst eine Verständigung der Vertrauensperson oder des Rechtsbeistandes zu veranlassen, so ist er auch davon in Kenntnis zu setzen, daß er die Verständigung durch die Behörde verlangen kann.
(3) Die Organe des öffentlichen Sicherheitsdienstes haben einen Angehaltenen, der von einem von der Behörde beauftragten Arzt untersucht werden soll, davon in Kenntnis zu setzen, daß es ihm freisteht, zu dieser Untersuchung auf seine Kosten einen Arzt seiner Wahl beizuziehen, sofern dies ohne wesentliche Verzögerungen der Untersuchung bewirkt werden kann.

§ 9 Bekanntgabe der Dienstnummer
(1) Die Organe des öffentlichen Sicherheitsdienstes haben von einer Amtshandlung Betroffenen auf deren Verlangen ihre Dienstnummer bekanntzugeben. Dies gilt nicht, solange dadurch die Erfüllung der Aufgabe gefährdet wäre. Die Bekanntgabe der Dienstnummer aus anderen Anlässen ist dem Organ freigestellt.
(2) Die Dienstnummer ist in der Regel durch Aushändigung einer mit der Dienstnummer, der Bezeichnung der Dienststelle und deren Telefonnummer versehenen Karte bekanntzugeben. Sofern gewährleistet ist, daß dem Betroffe-

nen die Dienstnummer auf andere Weise unverzüglich zur Kenntnis gelangt, kann diese auch auf andere zweckmäßige Weise bekanntgegeben werden. Die zusätzliche Nennung seines Namens ist dem Organ des öffentlichen Sicherheitsdienstes freigestellt.
(3) Im Falle des gleichzeitigen Einschreitens mehrerer Organe des öffentlichen Sicherheitsdienstes oder einer geschlossenen Einheit kann die Auskunft (Abs. 1) auch der Kommandant erteilen. Er kann den Betroffenen, sofern er ihm seine eigene Karte aushändigt, hinsichtlich jener Organe, die gegen ihn eingeschritten sind, auf eine schriftliche Anfrage verweisen. Das einzelne Organ kommt seiner Verpflichtung (Abs. 1) auch dann nach, wenn es den Betroffenen an den Kommandanten verweist.

§ 10 Dokumentation
(1) Üben die Organe des öffentlichen Sicherheitsdienstes verwaltungsbehördliche Befehls- und Zwangsgewalt aus oder nehmen sie Freiwilligkeit in Anspruch (§ 4), so haben sie dafür zu sorgen, dass die für ihr Einschreiten maßgeblichen Umstände später nachvollzogen werden können. Soweit dies hiezu erforderlich ist, sind die Organe des öffentlichen Sicherheitsdienstes auch ermächtigt, Namen und Adressen von Menschen zu ermitteln, die über das Einschreiten Auskunft geben können.
(2) Im Falle des gleichzeitigen Einschreitens mehrerer Organe des öffentlichen Sicherheitsdienstes oder einer geschlossenen Einheit hat der Kommandant angemessene Vorkehrungen dafür zu treffen, daß nach Möglichkeit festgestellt werden kann, welches Organ im Einzelfall eingeschritten ist.
(3) Die bloß für Zwecke der Dokumentation vorgenommenen Aufzeichnungen über eine Amtshandlung sind nach sechs Monaten zu löschen. Kommt es innerhalb dieser Frist wegen der Amtshandlung zu Rechtsschutzverfahren, so sind die Aufzeichnungen erst nach Abschluß dieser Verfahren zu löschen. Regelungen, denen zufolge bestimmte Daten länger aufzubewahren sind, bleiben unberührt.

§ 11 Inkrafttreten
Diese Verordnung tritt mit 1. Mai 1993 in Kraft.

Verkehrsstrafen-Überblick

XIII.

Strafen und Rechtsfolgen nach Verkehrsdelikten in Österreich (Beispiele)

Die folgende Tabelle listet häufige Verkehrsübertretungen auf. Es handelt sich hier um eine Auswahl meist straßenverkehrsrechtlicher Bestimmungen, denn eine abschließende Aufzählung aller denkbaren Deliktskonstellationen würden den Rahmen dieses Fachbuches sprengen. Im Gegensatz zu manchen Ländern Europas besteht in Österreich kein einheitlicher Delikts- und Strafenkatalog. Beachten Sie auch die in § 99 StVO aufgezählten Delikte und die dort genannten Strafrahmen für das ordentliche Verwaltungsstrafverfahren.

Bundesländerweise werden Kataloge für Organstrafverfügungen gem § 50 VStG erstellt, wobei hier bundesweit weitestgehende Einheitlichkeit besteht. Die in der Spalte OM dargestellten Organmandate werden daher zumeist in dieser Höhe ausgesprochen (bzw „angeboten“) werden.

Anders verhält es sich bei der Höhe der durch Anonymstrafverfügung gem § 49a VStG. Schwankungen im Ausmaß von 50 % zwischen den einzelnen – formell für jeden Behördensprengel – erstellten Kataloge sind durchaus nicht selten. Daher wurde in der Spalte „AV“ meist eine „Bandbreite“ angegeben, innerhalb derer sich nach den dem ÖAMTC vorliegenden Informationen die ausgesprochenen Strafsätze bewegen. Diese Aufstellung kann daher nur als unverbindliche Orientierungshilfe für die Angemessenheit einer Anonymverfügung angesehen werden.

In der rechten Spalte finden sich Ziffern zu folgenden Anmerkungen. Wird das Delikt nicht durch Organstrafverfügung oder Anonymverfügung sanktioniert, wird ein ordentliches Verwaltungsstrafverfahren und allenfalls auch ein Verfahren zur Entziehung der Lenkberechtigung eingeleitet. Die in der Folge dargestellten Anmerkungen wollen zu diesen weiteren Sanktionen eine Orientierung bieten.

Hinweis:
Die ÖAMTC Rechtsberatung des jeweiligen Bundeslandes steht im Einzelfall gerne zur Verfügung, um Auskünfte über die Angemessenheit einer durch Anonymverfügung oder Strafverfügung (bzw Straferkenntnis) ausgesprochenen Strafe zu geben und Empfehlungen über das weitere Verhalten im allenfalls eingeleiteten Verwaltungsstraf- oder Führerscheinentziehungsverfahren zu geben.
Die Adressen finden sich im Anhang XIV.

Delikt	Übertretung	O M	AV (ca.)	Anm
Alkohol beeinträchtigt, auch unter 0,4 mg	§ 5, 99 Abs 1b	-	-	3
Alkohol konsumiert, Kfz, ab 0,25 mg	§ 26 FSG	-	-	3
Alkohol konsumiert 0,4 bis unter 0,6 mg	§ 5, 99 Abs 1b	-	-	3
Alkohol konsumiert 0,6 bis unter 0,8 mg	§ 5, 99 Abs 1a	-	-	3
Alkohol konsumiert ab 0,8 mg	§ 5, 99 Abs 1	-	-	3
Alkotest verweigert	§ 5, 99 Abs 1	-	-	3
Drogen beeinträchtigt	§ 5, 99 Abs 1b	-	-	3
Drogentest verweigert	§ 5, 99 Abs 1	-	-	3
Fahren gegen die Einbahn	§ 7 Abs 5	€ 36	€ 35 bis 54	1
Durchfahren einer Nebenfahrbahn	§ 8 Abs 1	€ 7	€ 10 bis 21	1
Überfahren von Sperrlinien oder Sperrflächen	§ 9 Abs 1	€ 36	€ 50 bis 72	1
Behinderung Fußgänger am Schutzweg	§ 9 Abs 2	€ 36	€ 35 bis 54	1
Nicht blinken vor dem Fahrtrichtungswechsel	§ 11 Abs 3	€ 21	€ 21 bis 36	1
Vorschriftswidrig rechts oder links überholen	§ 15 Abs 1 bzw 2	€ 21	€ 21 bis 36	1
Beschleunigung während überholt werden	§ 15 Abs 5	€ 21	€ 21 bis 36	1
Überholen bei ungenügender Sicht	§ 16 Abs 2 lit b	€ 36	€ 35 bis 72	2
Zu geringer Sicherheitsabstand	§ 18 Abs 1	€ 21	€ 36 - 72 oder -	1

Vorrangverletzung	§ 19 Abs 7	€ 36	€ 58 bis 72 oder -	1
Unbegründetes behinderndes Langsamfahren	§ 20 Abs 1	€ 14	~ € 25	1
Geschw. Überschr. bis 20 km/h im Ortsgebiet	§ 20 Abs 2	€ 21	€ 29 bis 36	1
Geschw. Überschr. bis 25 km/h im Ortsgebiet	§ 20 Abs 2	€ 29	~ € 50	1
Geschw. Überschr. bis 30 km/h im Ortsgebiet	§ 20 Abs 2	€ 36	~ € 72	1
Geschw. Überschr. bis 40 km/h im Ortsgebiet	§ 20 Abs 2	-	.	2
Geschw. Überschr. über 40 km/h im Ortsgebiet	§ 20 Abs 2	-	-	2
Geschw. Überschr. bis 20 km/h, Freiland	§ 20 Abs 2	€ 21	€ 21 bis 29	1
Geschw. Überschr. bis 25 km/h, Freilandstraße, Autobahn	§ 20 Abs 2	€ 29	€ 43 bis 50	1
Geschw. Überschr. bis 30 km/h, Freilandstraße, Autobahn	§ 20 Abs 2	€ 36	€ 65 bis 72	1
Geschw. Überschr. bis 50 km/h, Freilandstraße, Autobahn	§ 20 Abs 2	-	-	2
Geschw. Überschr. über 50 km/h, Freilandstraße, Autobahn	§ 20 Abs 2	-	-	2
Vorschriftswidriges Hupen oder Nicht-Hupen	§ 22 Abs 1 od. 2	€ 7	~ € 21	1
Nichtbeachten eines Halte- und Parkverbotes	§ 24 Abs 3	€ 21	€ 21 bis 36	1

Verstoß gegen gelbes (Dauer-) Ampellicht	§ 38 Abs 1	€ 21	€ 32 bis 42	1
Trotz „Grün“ nicht weitergefahren	§ 38 Abs 5		€ 21	1
Verstoß gegen rotes Ampellicht	§ 38 Abs 5	€ 36	72 € oder -	2
Missachten einer Fahrstreifen-signalisierung	§ 38 Abs 10	€ 21	€ 32 bis 42	1
Verstoß gegen Vorschriftszeichen	§ 52	€ 21 bis 36	€ 21 bis 58	1
ges. widrig ausgestattetes Fahrzeug (nicht Kfz)	§ 60 Abs 1	€ 7	-	1
Freihändig Rad fahren	§ 68 Abs 3 lit a	€ 7	€ 32 bis 42	1
Kinder auf oder neben der Straße spielen lassen	§ 88 iVm 99 Abs 4 lit e	€ 7	-	4
Straße verunreinigen oder vorschriftswidrig nicht säubern	§ 92 bzw 93, § 99 Abs 4	€ 7	-	4
Überholen oder Parken vor Eisen Eisenbahnkreuzung oder Nicht anhalten bei Stop etc.	§ 16 ff EKV	€ 36	€ 40 bis 70	2
Vorschriftswidriges Kurzparken	§ 25, KPÜV, LParkGe	€ 14 bis 21	€ 14 bis 29	5
Verstoß gegen Gurtenpflicht	Sicherheits-gurtenG (Anh VI)	€ 21	-	6
Verstoß gegen Sturzhelmpflicht	SturzhelmG (Anh VII)	€ 21	-	6

Anmerkung 1:
Wird weder eine Organstrafverfügung noch eine Anonymverfügung ausgestellt bzw fristgerecht eingezahlt, wird die Behörde eine Strafverfügung erlassen. Der Strafrahmen reicht hier bis 726 Euro. Meist wird bei durchschnittlichen Einkommens- und Vermögensverhältnissen sowie ohne

„Vorstrafen" in einer Höhe von ca 120 bis 300 % der Anonymverfügung verhängt. Dies ist freilich nur ein Richtwert. Bei sehr schwerer Schuld und zahlreichen Vorbestrafungen kann der Strafrahmen bis zum Maximum ausgeschöpft werden. Bei besonders geringem Verschulden kommen andererseits außerordentliche Strafminderung gem § 20 VStG oder die Einstellung oder Ermahnung gem § 21 VStG in Betracht.
War das Delikt geeignet besonders gefährliche Verhältnissen herbeizuführen oder wurde es mit besonderer Rücksichtslosigkeit gegen andere Straßenbenützer begangen, (§ 99 Abs 2 lit c StVO), so ist von einem Strafrahmen zwischen 36 Euro (Mindeststrafe) und 2.180 Euro auszugehen. Überdies wird mangelnde Verkehrszuverlässigkeit anzunehmen sein, was gem § 7 FSG (s ÖAMTC-Fachbuch „Verkehrsrecht, Band III") zu einer Entziehung der Lenkberechtigung (meist 3 Monate) führen wird.

Anmerkung 2:
Diese Delikte nur in Ausnahmefällen durch Anhaltung und Organstrafverfügung bestraft. Anonymverfügung sind zwar manchmal vorgesehen, obwohl eigentlich die Ausforschung des konkreten Täters aus Gründen der Verkehrssicherheit erforderlich wäre.
Neben einer Verwaltungsstrafe im ordentlichen Verfahren (hier wird meist durch Straferkenntnis in Höhe von ca 75 bis 220 Euro vorgegangen) bestehen gem § 7 Abs 3 Z 3 FSG (s ÖAMTC-Fachbuch, „Verkehrsrecht-Band III") Sonderbestimmungen betreffend die Entziehung der Lenkberechtigung. Bei den hier genannten Delikten wird bei der ersten Übertretung eine Entziehung von 2 Wochen, bei der ersten Wiederholung von 6 Wochen und bei weiteren gleichartigen Übertretungen von mindestens 3 Monaten ausgesprochen.

Anmerkung 3:
Alkohol- und Drogendelikte werden ausnahmslos nicht mit Organstrafverfügung oder Anonymverfügung bestraft. Hier erfolgt grundsätzlich die Einleitung eines ordentlichen Verwaltungsstrafverfahrens. Unbeschadet dessen sind sowohl Sanktionen wegen mangelnder Verkehrszuverlässigkeit als auch Maßnahmen wegen fehlender gesundheitli-

cher Eignung zum Lenken eines Kraftfahrzeuges zu erwarten.
Zu den differenzierten Folgen von Alkohol- und Drogendelikten wird auf § 99 Abs 1 ff StVO (in diesem Band) sowie auf die im ÖAMTC-Fachbuch „Verkehrsrecht, Band III“ abgedruckte Tabelle betreffend Alkohol-Sanktionen (auch für Fahranfänger, LKW-Lenker etc) hingewiesen.

Anmerkung 4:
Diese Delikte werden ohne die Benützung eines Kraftfahrzeuges begangen und werden dementsprechend milder bestraft. Andererseits entfällt die Anonymverfügung. Strafrahmen reicht hier nur bis 72 Euro (s § 99 Abs 4 StVO).

Anmerkung 5:
Zu den Folgen von Kurzparkzonen-Vergehen beachte die Darstellungen im Anhang IV und IVa.

Anmerkung 6:
Zu den Rechtsfolgen des Verstoßes gegen das SicherheitsgurtenG beachte Anhang VI. bzw. gegen das SturzhelmG Anhang VII. Hier entfällt die Anonymverfügung, weil nicht nur ein Lenker sondern jeder Insasse des Fahrzeuges, der den Verstoß begeht, zu bestrafen ist.

ÖAMTC-Adressen

XIV.

Dienststellen zur Rechtsberatung beim ÖAMTC

ÖAMTC Wien, NÖ, Bgld.:
Zentrale, Schubertring 1-3
1010 Wien
Telefon-Terminvereinbarung für alle in Wien, NÖ und Bgld:
Telefon 01 / 71199-1530, Fax 01 / 71199-1352

ÖAMTC-Beratungszentren in Wien
Schubertring 1-3,
1010 Wien,
Montag – Donnerstag, 9 – 18 Uhr, Freitag, 9 – 16 Uhr

Wienerbergstraße 27c;
1100 Wien,
Dienstag + Donnerstag, 9 – 12 Uhr

Schanzstraße 44
1150 Wien,
Montag + Mittwoch, 8 – 17 Uhr

Breitenleer Straße 29,
1220 Wien,
Dienstag + Donnerstag, 8 – 12 Uhr

ÖAMTC-Stützpunkt Krems
Donaulände 19
3500 Krems / Donau
Mittwoch, 16 – 18 Uhr

ÖAMTC-Stützpunkt St. Pölten
Schulze-Delitzsch Straße 3
3100 St. Pölten,
Samstag, 9 – 12 Uhr

ÖAMTC-Stützpunkt Wiener Neustadt
Neunkirchner Allee 200
2700 Wiener Neustadt,
Samstag, 8 – 12 Uhr

ÖAMTC-Stützpunkt Eisenstadt
Mattersburgerstraße, West 34
7000 Eisenstadt,
Mittwoch, 9 – 12 Uhr

OÖAMTC-Oberösterreich:

Wankmüllerhofstraße 58
4021 Linz
Telefon 0732 / 3333-232, 234
Fax 0732 / 3333-296
Montag – Freitag, 8 – 12 und 13 – 17 Uhr

ÖAMTC-Salzburg:

Alpenstraße 102
5020 Salzburg
Telefon 0662 / 63999-132
Fax 0662 / 63999-165
Montag – Freitag, 8 – 12 Uhr
Montag + Mittwoch auch 13 – 17 Uhr

ÖAMTC-Tirol:

Andechsstraße 81
6020 Innsbruck
Telefon 0512 / 3320-6240
Fax 0512 / 3320-6400
Montag – Freitag, 8 – 12 und 13 – 17 Uhr

ÖAMTC-Vorarlberg:

Untere Roßmähder 2
6850 Dornbirn
Telefon 05572 / 23232-7660
Fax 05572 / 33869
Montag – Freitag, 8 – 12 und 13 – 17 Uhr

ÖAMTC-Steiermark:

Reininghausstraße 80
8020 Graz (West)
Telefon 0316 / 504-8222
Fax 0316 / 504-8251
Montag – Freitag, 8 – 12 und 13 – 17 Uhr

Conrad von Hötzendorf Straße 127
8010 Graz (Ost)
Telefon 0316 / 504-8422
Fax 0316 / 504-8451
Montag – Freitag, 9 – 13 und 14 – 18 Uhr

ÖAMTC-Kärnten:

Alois Schader Straße 4
9020 Klagenfurt
Telefon 0463 / 32523-18
Fax 0463 / 381052
Montag – Freitag, 8 – 12 und 13 – 17 Uhr
Gewerbezeile 1
9500 Villach
Telefon 04242 / 34200
Donnerstag in ungerader Kalenderwoche,
13:30 – 16:30 Uhr
(Wenn Feiertag, keine Rechtsberatung!)

STICHWÖRTERVERZEICHNIS

Dieses Verzeichnis verweist in der Regel auf Paragraphen oder Absätze von Paragraphen. Soweit nur Paragraphen angeführt sind, bezieht sich die Verweisung auf die Straßenverkehrsordnung, soweit den Paragraphen eine römische Ziffer vorgestellt ist, bezieht sich die Verweisung auf die mit dieser römischen Ziffer bezeichnete Verordnung. Nur in Einzelfällen ist auf Anmerkung zu Paragraphen verwiesen worden.

A

B

C

D

E

F

G

H

I

J

K

L

M

N

O

P

Qu

R

S

T

U

V

W

Z